親仁與天命

從《緇衣》看先秦儒學轉化成「經」

郭靜云 著

導 論

萬世之經

舉凡世界主要文明，都自有其流傳萬世的經典，足以代表、延續文明的重要思想、價值觀和理念。這些經典書籍的內容多元而廣泛，數百千年以來，雖經學者們不斷地研究，許多內容還是難以理解。

儘管內容不同，各文明的典籍都具有一種特殊性。在筆者的定義中，「經典」本身就是個歷史概念，應歸入歷史的範疇。「經書」的形成與發展是長期演變的結果，這個過程涵蓋了不同的歷史和社會階段，也蘊含了不同時代觀念與理想。這些淵源於古代故事及思想的分散記載，經過幾百年的口傳及抄錄流傳過程後，纔被編輯、合併成經。過程中，每一代的抄錄者都會稍微加入自身的時代背景及理解，或稍微誤解原來的意思；然而從經典的角度來說，這並非「誤解」，因為「經」的核心特質之一，就是它涵蓋了不同時代的觀念。

經書形成的關鍵，乃是被選編為「經」的時段，或可謂之「經化」時代。古代口傳的故事或抄傳的文獻，並非自始即被視為代表文化核心的「經」。在經化之前，哪些文獻將會遺佚？哪些文獻又會成為經典？這些都尚未可知。成為「經」的文獻未必最完美、深刻，甚至也未必是古代社會裡最流行。因此，在原始文獻的研究中，必須脫離「經」的角度，對於被後世遺忘的文獻、被編纂成經的文獻都平等視之，因為它們同樣都代表了古代思想文化的一部分。

「經」本身即是一種歷史的概念，代表不同時代的觀念混合。此外，「經化」概念帶有國家、社會、教會或學派的儀式意味。在選書為「經」的時期，也是頻繁進行編書活動的時段。這些活動涵蓋了兩種編輯措施：其一是針對古代抄本的校勘、編輯，修改為統一的經典版本；其二是將幾個散傳的文獻合併為一部經典。後世編輯者所處的時代背景與狀況迴異於古人，對文獻初撰時的情境理解自然和原始作者不同，其意欲追求的理想也和古人有所差距。在這種情況下，所謂「經本」亦早已不是原本，甚至在某些部分會和原本間有相當大的差異。

「經」的形成，必定蘊合了原意、傳承過程中對原意的理解、經化時期的修編等不同時代的意涵與理想。若非如此，則所謂的經典也將不復存在。即使經本已編輯完成，文字也被確定了，仍不足以使其所載的涵義萬世如一。後世雖不敢擅自修變經書的字句，可是隨之而來的補充、注疏、考證與各類詮釋，都將成為經書內容的一部分。

換言之，經書雖然對後世的生活與思想發生了相當深遠的影響，但後世的見解也會反過來不斷地影響經書。歷代以來，不同背景的人用不同的眼目讀經，進而闡發出每一代都不盡相同的新內容。是故，「萬世之經」本就是蘊含歷史衍化的概念。經書的內容層層套疊，每一層都代表不同時代的觀點與理想；然而各層間卻又藉著經文混為一體，難以區別。

概言之，經書的演化過程約可分為：選經前、成經、成經後。研究經書的主要難題，即是如何區別這些源於不同時代的內容層疊，以溯求文獻的原初面貌，並循跡探究其演化、經化的歷史過程，和成經後的詮釋演變。理論上，各文明的經書研究方法是基本相類的。而其最關鍵的史料，就是經書在不同時代的不同版本，尤其是尚未被選定為經書之前的抄本。

本專書也屬於上述的研究類型，而研究對象則是儒家的重要經典文獻《緇衣》。在以下的內容，筆者將著重探討《緇衣》被選定為經書之前的文獻本意，以及追索其「成經」之歷程軌跡。

目　錄

肆、「好嬍」之方 049

伍、君民心體論與民望概念　113

「外篇」

結語

附錄

壹

總　論

一、儒家經典形成

儒家思想源自先秦，然而兩千年來的儒家典籍均非先秦「原本」，而是經過多次修補的「經本」。造成此一情況的原因很多，其中首推秦始皇所主導的「焚書坑儒」。這件事的歷史意義遠遠超過了它原本想達到的政治目的。秦帝國本欲在統一天下的同時，也統一天下的思想，以確立天下正統的意識形態。由於儒家的社會理想與秦帝國的法制方向相左，亦與大一統帝國的意識形態相違背，所以它便成為秦帝國意欲掃除的對象。儘管如此，基於確立統一國家的政治需求，在焚書的同時，秦代祕府中的文官仍搜集、整理了先秦各家的書籍文獻，並從中摘出合乎帝國思想的觀點，融合為有利於一統天下的意識形態，其中自然也包括了儒家文獻。

在中國歷史上，古籍整理之事不始於秦代。戰國晚期的六國統治者為了統一天下，也紛紛關注於思想綜合的問題。可惜，先秦各國文府幾乎沒有留下任何痕跡；即使是經過整理的秦代典籍，能流傳於後世者亦多缺陷。但我們無疑可以肯定，不管是那一國政府所發起的文獻整理，或多或少都含有建立國家意識形態的目標。基於此一目標，國家所整理出來的經本與原初的文獻就有了刻意造成的不同，包括小部分的刪除、補充、單字的變更與文句的移動等等，而其中大部分都牽涉到文意的調整。當然，後人的修改不全是基於政治目的，其他原因諸如：對先前各種傳抄本的錯誤、歧異所作的校正或考訂，此外，社會觀念、語文習慣的不同也都會影響整理者對古代文獻的理解。而這種種因素，也共同決定了不同時代文本所表現出來的歷史特徵。職是之故，現今可見的所有經籍與傳世文獻，皆經過了不同時代的屢次整理，除原始意涵外，還另外包含了許多累世而來的歷史痕跡。

以儒家經典而言，由於先秦儒家整理文獻的活動沒有被記錄下來，因此目前無法確定在先秦時，是否已有接近漢代經本的編本。秦朝雖在綜合思想的過程中採用了儒家的某些觀點，然因違棄了儒家倫常，所以不會直接表露其所蘊藏的儒家思想，更不可能以儒家的名義來整理、修訂儒家典籍。是故，漢初時的儒籍文本極可能仍是先秦流傳的版本。這些版本雖然累積了歷來因傳抄、修改而發生的訛誤，但直到進入漢朝祕府後，纔因為儒學思想正統化的政治需求而遭竄改。

首先，在西漢武帝、宣帝時，國家博士開始進行儒家文獻的整理；接著在成帝時，劉向與其子劉歆於漢府中再次修正這些文獻；到了東漢，馬融、鄭玄等經學家又做了補充編校，逐漸構成了漢代儒家經籍的樣貌。此後，儒家文獻經過了歷代抄寫、注疏、補充、修正、詮釋的過程，纔形成了今日所見的經籍版本。

換言之，儒家經典源於先秦，編於兩漢。以文物言，今日可見的古本極少有早於宋代者。可以說，儒家經籍的形成經過了不同歷史階段，這些歷史階段在經典文本上疊加了不同時代的層層痕跡。這些痕跡常常難以區分，尤其在追溯原初思想面貌時，情況又更為複雜。

二、出土文獻對儒經的鈎沉作用

兩千多年來，因只有傳世的文本，學者們對於「儒經如何形成」這個問題，一直都難以窺知其堂奧。不過，近幾十年的考古發掘終於為這個領域提供了一些寶貴的先秦簡帛文獻資料。雖然這些出土文獻仍屬有限，但在經典思想的溯源研究上，卻是直接、可靠的第一手證據。是故，簡帛研究在經學中啟動了新機，並產生了「經典形成」這個新學門。

這些出土文獻一方面證明了所謂的「先秦古籍」，確實有先於秦代的版本；另一方面則直接證明了先秦的版本與傳世的修本究竟是如何的不同。藉著這些文獻，吾人既可探索先秦思想的原貌，也可以考證這批文獻從先秦至漢代的演變過程。嚴格說來，只有這些未經後人編修之出土文獻，纔能被稱作是真正的「先秦古籍」。而兩千餘年來所知的先秦典籍，則多是經過漢代學者之手，屢屢編修過的傳本。由於經過歷次的刀筆斧鑿，其展現的泰半是漢代以來編修者的理解，早已失去了先秦時原貌。

由於近來戰國竹簡陸續面世，因而賦予了「先秦古籍」一詞新的涵義。多虧有出土的版本，我們纔不需經手漢代學者，而能直接從第一手文獻來探究先秦的思想觀念。此外，透過簡本與經本的詳細校讎，可以釐清「本意」和「演變」的問題。出土文獻獨具的無上價值即在於此。不過針對出土文獻的研究方法與角度，仍是此一課題的核心所在。對此，筆者擬提出幾項重點：

（一）原始的「歷史正本」與後世的「歷史編本」

從目前學界對出土文獻的探討可見，後期的經本仍然影響著現今學者對先秦思想的理解，甚至有些學者常以經本為正本來解讀出土文獻。但從嚴謹的學術角度來思考，兩者間只有出土文獻纔是確實的（authentic）歷史正本。是故，我們應該盡量擺脫後世文本的影響。

例如，簡本與經本的用字差異，常被視為簡本的筆誤或通假用字，但此說違背了文本的時間順序與邏輯。較合理的作法，應該是從簡本的原字來考證原始的本意，以圖掌握先秦正本的歷史價值。簡本與經本字體之間雖然會有假借的關係，但如果我們把出土文獻所用的字體一律視為傳世文獻的假借字，則完全違反了兩者的時間順序與傳承關係。即使簡本和經本用字的假借可以成立，在判讀上也應該是反過來，優先以早期文本為本字，將後期文本視為假借纔是。

當然簡本也會用一些假借字，更不能排除早期版本出現假借或錯字，反倒由後期的版本保留了更完整的原始面貌，不過這類情況總是較為罕見。以時間來說，戰國時期的版本，應更接近先秦思想家的原始創作文本〔尤其郭店竹簡的年代不會晚於戰國中期〕，而漢代的抄本又比戰國晚得多。理論上，抄本越晚，它與原本的差距就越多。因此以後期經本的字體為本字，以簡本字體為假借的機會並不大。此外，儘管思想在口耳相接、流傳轉抄間出現了用字、詞彙的變化，或者累積了許多錯別字和語音假借；但在落筆成文時，創作原始版本的學者應該會在用字遣詞上作嚴密的思考和準確的選擇。不論從何種角度來看，時間愈接近原始版本，在用字方面的準確性也會愈高。因此，將出土文獻定義為「歷史正本」，乃是筆者解讀出土文獻的主要原則。

（二）先秦社會的「文人儒家」與帝國社會的「正統儒家」

儒家思想濫觴於春秋戰國時期，其反映的也是當時自由文人的社會理想，以及其所處的社會情況。而春秋戰國時期的多國競爭景象，與秦漢大統一的帝國社會體系間，有著全然不同的社會思想條件，甚至可被形容為「百家爭鳴」與「統一思想」兩種相反的思想活動。

先秦儒家不是統治者的學說，而可稱之為「自由文人儒家」的學說。因此，先秦儒家的文獻顯然不會被視作「天下經典」，只能是流傳於民間的私學。如郭店楚墓出土的先秦儒書，乃是當時文人自己蒐集而來的書籍；郭店墓中的私人書庫，絕對無法代表戰國時期某個國家的意識形態，這一點正是其與漢代版本最關鍵的不同處。

從出土文獻的內容也可以發現，先秦儒家沒有帝國思想的特性。因之，先秦儒家文獻的原意是難以應合帝國意識形態的。然而，在歷史上所發生的重大社會變革，一定會牽動人們的思想焦點和價值觀的變化。從秦漢社會來說，漢朝人對先秦社會思想的理解，必然含有與先秦人不同的社會經驗和理念基礎。尤其在漢代官方將儒家選定為帝國正統思想後，更使得儒家文獻必定會遭到扭曲，以牽強符合於帝國的意識形態。

綜言之，先秦正本與漢代經本的歧異出於兩種緣由：其一是時代與社會情況不同，其二是兩者的立場也不相同。先秦儒家非但不是統治者的學說，反而表達了當時文人對統治者的批判和要求，因此可視之為文人的「理想政治」倫理——只是他們很少有實現理想的機會。依據傳說，春秋戰國時的王侯並不看重孔子的學說，基本上，他的德政之說並未對當時的政治發生作用。對於當時儒師在社會中的處境，《莊子・漁父》有頗為鮮明的描繪：

> 孔子遊乎緇帷之林，休坐乎杏壇之上。弟子讀書，孔子弦歌鼓琴。奏曲未半。有漁父者，下船而來，須眉交白，被髮揄袂，行原以上，距陸而止，左手據膝，右手持頤以聽。曲終而招子貢、子路，二人俱對。客指孔子曰：「彼何為者也？」子路對曰：「魯之君子也。」客問其族。子路對曰：「族孔氏。」客曰：「孔氏者何治也？」子路未應，子貢對曰：「孔氏者，性服忠信，身行仁義，飾禮樂，選人倫，上以忠於世主，下以化於齊民，將以利天下。此孔氏之所治也。」又問曰：「有土之君與？」子貢曰：「非也。」「侯王之佐與？」子貢曰：「非也。」……[1]

若參《史記・孔子世家》所述的孔子生平，則更是一條危途敗道。

換言之，先秦儒家既不代表統治者的立場，又不被統治者採用，當然更沒有符合國家意識形態的必要。直至西漢武帝獨尊儒術，並借此強調漢朝實現了古代政治理想。從漢代政策而言，這顯然是極有智慧的作法；但從歷史思想來說，被選為帝國意

1 戰國宋・莊周著、王叔岷，《莊子校詮》，臺北：中央研究院歷史語言研究所，1999，頁 1229-1230。

識形態的儒學必然蘊含了新內容，而且它的教導立場和方向正好倒過來了：先秦是從自由文人的立場教導王侯公伯，而帝國正統思想是從帝王的立場教導臣屬。

以「百家爭鳴」為例，雖然漢帝國舉辦過講論、爭議的活動，但此種天子面前的諸生爭論，其情景和目標皆與先秦百家爭鳴不同。由於秦漢統治者的目標，都是借用、結合各家的學說優點，來強固其統一天下的合理性。因此在皇宮論及五經異同的諸生，皆以協調觀點進而統一經學為目標，能在爭辯中勝出並吸引天子重視的編本，纔能成為代表帝國正統思想的經本。

反觀戰國時期，乃「百家爭鳴」的時代，當時各學派斟酌、設計其政治主張，並爭論彼此的概念優長。每一家的思路流程都經過仔細地推敲，採用精確的論證方法，設計出系統性的思想，並勾勒出其理想中的社會藍圖，並企圖據以改善社會。直至天下統一的時代，「改善」的目標已被帝國的框架所限。儒師們成為文官，他們已不需要和其他非正統的學派爭論，論述的重心也開始放在形塑天下大統一的意識形態及其實際作用上。百家爭鳴時代的文獻原本著重於思想闡發，帝國時代的經本則著重於政治指導，此一差異即造成了修改原本的必要性。[2]

歷來傳世的版本，都是出自漢代秘府，因此也都是合乎帝國意識形態的修訂本，只能表達出「漢代正統儒家」的思想。至於出土文獻，則是未經過意識形態修訂的原文，因此方能表達文獻的原意。如果在釋讀簡本文獻時，能脫離經本的影響，直接考證原文的涵義，則較容易回復到先秦儒家思想的真實本旨；同時，通過簡本與經本的校讐，亦有助於理解思想演變之軌跡。

這裡筆者希望再次強調：漢代以前的儒家文獻呈現出多元多類的面貌，這是處於未成經的情況。其實在戰國時期，學者們也難以預料到儒家思想終能成為國家正統的意識形態，且文獻還能被指定為經書。固然，戰國時期已有「經」的概念，但先秦竹書又同時證明了：先秦之「經」即是「六經」，雖受儒家尊崇，但並非儒家創定的古書，故當時還不可名為「儒家經書」。如郭店楚簡《語叢一》簡 XXXVI-XLIV 曰：

> 《易》所以會天衍（道）、人衍（道）XXXVI 也。XXXVII《詩》所以會古含（今）之恃（志）XXXVIII 也者。XXXIX《春秋》所以會古含（今）之 XL 事也。XLI 豊

2 在此筆者贊同王博和韓碧琴的觀點。「百家爭鳴」時的文本著重於概念之斟酌與設計，而帝國時代的經本著重於政治之導向和概念之實務。參見王博，《簡帛思想研究》，臺北：臺灣古籍，2001，頁 20；韓碧琴，〈《禮記・緇衣》與郭店楚簡〈緇衣〉之比較〉，《興大人文學報》第 33 期，2003，頁 111。

(《禮》),交之行述也。XLII《樂》,或生或教者也。XLIII〔《書》,……〕者也。XLIV[3]

郭店楚簡《六德》又曰:

> 雚(觀)者(諸)峕(《詩》)、箸(《書》)則亦才(在)壴(矣);雚(觀)者(諸)XXIV 豊(《禮》)、《樂》則亦才(在)壴(矣),雚(觀)者(諸)《易》、《春秋》則亦才(在)壴(矣)。[4]

簡文中雖然不用「經」字,但曹峰先生準確地指出:「《六德》說的是夫、婦、君、臣、父、子六位,聖、智、仁、義、忠、信六德,率、從、使、事、教、受六職之間存在對應關係,而這種理想的對應關係正見於《詩》、《書》、《禮》、《樂》、《易》、《春秋》六書之中,這裡雖然沒有稱六書為六經,但將此六書和政治上最為重要的六位、六德、六職配合對應起來,可見具有經典般的地位。」[5]

在傳世文獻中,「六經」的概念首見於《莊子》,[6]而非儒書,顯見其並不僅僅是儒家所獨有的概念。《莊子》雖是不知何時被修訂的傳世文獻,然對照上述的出土文獻的充分證明,無論先秦《莊子》原本是否採用「經」字,均不能否定戰國時代已有「經」的概念,且「六經」的原始概念也非儒家所創始衍生。對此,還有三個關鍵性的理由:首先,六經源自古老且跨越學派的重要文獻;其次,戰國時期的六經原貌也和現在所見的漢代正統儒家編本不同;其三,先秦儒家的著作相當多元,乃歸入「諸子百家」的類型,而不屬經典文獻,例如《緇衣》篇,漢代以來雖將其載於《禮》,使之成為六經的一部分,但楚簡資料顯示,《緇衣》是儒家學派的著作之一,原非「經」書中的文章。

在楚簡中,像《緇衣》這類的儒家文獻佔了絕對多數。針對其內容,曹峰先生指出:「其中出現了不少以孔子口吻敍述的文句,也出現了很多《史記・孔子世家》和

---

3 荊門市博物館編著,《郭店楚墓竹簡・語叢一》,北京:文物出版社,2003,頁 18-22。本文凡引用出土文獻,均以粗體字標示之;羅馬數字則為竹簡編號,以下皆同。

4 荊門市博物館編著,《郭店楚墓竹簡・六德》,北京:文物出版社,2003,頁 22-23。

5 曹峰,〈第十二章、儒家經典與出土文獻〉,鄭傑文、傅永軍主編,《儒學十二講》,北京:中華書局,2007,頁 317。

6 《莊子・天運》曰:「丘治《詩》、《書》、《禮》、《樂》、《易》、《春秋》六經,自以爲久矣,孰知其故矣。」參戰國宋・莊周著,王叔岷撰,《莊子校詮》,頁 546。

《史記・仲尼弟子列傳》中的人物，如顏回、仲弓、子路、子貢、子游、子夏、曾子、子羔、子思等。因此，新出土資料對瞭解孔子死後『儒分為八』的情況，對推進『七十子』研究，對探討『子思學派』的存在與否，提供了幫助。」[7]這些話雖無可置疑，不過有趣的是，除了《緇衣》之外，其他諸書都不見於傳世文獻中！郭店和上博楚簡中的《性自命出》(或《性情論》)、《五行》、《魯穆公問子思》、《窮達以時》、《忠信之道》、《唐虞之道》、《成之聞之》、《尊德義》、《六德》、《三德》、《語叢》、《語叢二》、《語叢三》、《孔子詩論》、《子羔》、《魯邦大旱》、《民之父母》、《從政》、《相邦之道》、《仲弓》、《弟子問》、《君子為禮》、《季康子問於孔子》等等，都不見用於漢代以後的儒家學說，也未載於傳世文獻。

在出現很多新文獻的同時，目前還有很多傳世古籍尚未發現出土的先秦版本。因此曹峰先生認為：「出土文獻具備了改變思想史面貌的可能性。然而，出土文獻只是為我們提供了改寫思想史的可能性，也就是說創造了條件，並不等於有了出土文獻就有了一切。」[8]確然，目前出土的文獻資料仍有侷限，我們無法據以完整地瞭解先秦思想。可是反過來看，出土的文獻已足以讓我們知道，若純粹根據傳世文獻來探究先秦思想，也是根本不可能的事。

此外，出土文獻也啟發了我們對儒家的另一種想像。在尚未成為帝國的正統思想時，天下間有很多類型的儒者〔或謂八派儒師及其學徒〕都曾肇作文獻，論述其各自的思想理念。兩千多年來，學者們只能看到儒家思想被正統化之後的少數固定文本，不能意識到先秦「儒分為八」的論爭景況。現今出土的文獻則為我們揭示了先秦儒林學者們眾聲喧嘩的氣象，讓我們藉此鉤沉拾遺，從第一手的資料中更直接地感受到先秦的學術實況。

質言之，最近出土的簡牘只不過源自戰國時期的幾家私人書庫，仍不足以由之窮盡一切問題。可是，只有根據這些出土的書庫，纔可以觀察到戰國文人們論述各自思

7 曹峰，〈第十二章、儒家經典與出土文獻〉，頁 316。

8 曹峰，〈出土文獻可以改寫思想史嗎？〉，《文史哲》2007 年第 5 期，頁 38-51。筆者不贊同部分學者完全從傳世文獻釋讀出土文獻的作法，包括以傳世文獻的用字來認定出土文獻的字體。但曹峰先生似乎並不全然否定此種研究方法，其謂：「有的學者強調不受傳世文獻詮釋系統的影響，對出土文獻作獨立、客觀的研究，這雖然是一種科學的精神，但如果走向極端，拋開傳世文獻的印證和啟發，主題先行，憑空解釋，其結論可能更不可信。」根據筆者的理解，脫離傳世文獻過度的壓力，並不等於「拋開傳世文獻的印證」，只是在進行出土、傳世版本的對讀時，必須認清：出土文獻比傳世的版本更早，其內容未必與傳世文獻相同。所以我們應該尊重出土的版本，而非視之為傳世文獻的另一種抄本，因為這基本上違背了歷史順序。反之，我們應該先由出土版本的文字本身出發，來進行各方面的考證，這在方法上會較為妥當。

想的氛圍。此外，根據少數同時存有出土、傳世版本的文獻，也使得學者們得以具體觀察先秦文人儒家與後世正統儒家的差距。

(三) 從「文人儒家」文獻到「正統儒家」文獻的經化過程

對照「文人儒家」著作的簡本與「正統儒家」編就的經本，既可追溯文獻原貌，又可瞭解先秦與漢代版本的差異，具體地觀察文獻在「未成經」與「成經」之間的編修經化過程，並據以分析社會思想之演化。先秦自由文人的著作會被改造成經書，除了歷來積累的各項因素外，最重要的是漢帝國文官們編修文獻的措施。

戰國時期的百家思想，在天下一統及秦漢帝國的形成過程中，一直發揮著主導作用。正因如此，戰國晚期以來，列國君主統一天下的目標和統一思想的志望向來都是密不可分的。為了統一天下，統治者們紛紛關注於思想整合的問題。筆者以為，許多先秦文獻在戰國晚期都曾經過這種由政治權威主導的整理過程。以從郭店竹簡為例，戰國早中期的思想典籍都是針對某一具體問題而發的單篇論述，也尚未見有儒、道之間的相互否定；但到了戰國晚期，儒（以荀子為例）、法（以韓非子為例）、道（以黃老為例）、陰陽五行等思想流派，都開始被用來形塑社會意識形態。

其中關於道家的正統化，出土版本表現得最清楚。從馬王堆發掘出來的道家文獻，均為有系統的思想全書，討論天地與社會的整體問題，而且對儒家思想的防禦也較突出。亦即這些典籍表達的思想，既是多元全面，且又兼有明確的反對對象，這多是正統思想形成的標誌。宋代的陸游曾有詩云：「嗚呼大廈傾，孰可任梁棟？願公力起之，千載傳正統。」[9]為「正統化」的過程提供了生動的描述。

從這個定義出發，筆者以爲馬王堆《德道經》與《黃帝四經》的結構、內容均有編輯過的痕跡，可視為後世正統道家的思想典籍。在傳世文獻中，《淮南子》似亦屬於這類建設社會意識形態的套書。換言之，從戰國末年以來，正統化的過程就已經牽涉到了各學派的思想及其著作。

在大一統思想的形成過程中，官方雖數次啟動編寫為己所用的「正書」，但在歷史上，這類活動未必都能獲致成功的結果。許多被定為「天下公用」的文集版本，實際上並沒有成為正統思想的代表典籍。如《黃帝四經》，甚至沒有傳世的版本，馬王堆漢墓發掘前，吾人尚不知世間有此書。儘管如此，這些書的形式結構與秦漢帝國編

9 參陸游，〈喜楊廷秀祕監再入館〉，《陸放翁全集》，台北：世界書局，1990，下冊，頁362。

修的「正統公書」相當接近，應視為同一種類型。

在歷史上唯一成功的例子，當推秦朝的《呂氏春秋》。這本書的結構完整，且有多元、全面的論述形式，具備了成為「天下之經」的條件。而《呂氏春秋》的駁斥對象也很明確，遭其抗辯的又是儒家思想。何以早期的帝國統治者均保持對儒家的防衛態度？這顯然和儒家的自由文人政治理想，不能見容於帝國意識形態有相當大的關係。

儘管如此，西漢孝武帝還是將儒學選為國家的正統學術。從國家政治的角度來說，這極有智慧之作法，顯示漢武帝作為偉大政治家的高明手腕。儒家學人主張的是地方諸侯的親民理論，而一貫否定統一帝國的法治政體，因之自然會被當作敵視帝國的思想流派。況且自秦始皇坑儒以來，儒家就成了反抗帝國體制的代表性學派。

漢初時，儒家仍有一定的影響力，但這也是對抗政權的一股力量。反對天子施行法治的諸侯，經常將儒家學說視為理想的治國原則，這對維繫帝國權力來說，已隱然成為一種威脅。因此，漢武帝獨尊儒術的決定，一方面將這些具有影響力的潛在敵人變成支持漢家政權的朋友；另一方面則強調，漢朝不同於秦帝國，是準備實現古代政治理想的政權。這項政治手法獲取了極大的成功，使漢朝成為當時的偉大帝國。從儒家學者來說，顯然也願意藉此入仕的契機來發揮自己的影響力，進而實現其政治理論。只不過，為求能在官場上有所展現，儒家學者們也不得不逐步修正其觀點來配合帝國的政治型態，並放棄一些帝國統治者所不能接受的看法和立場。

由儒家文獻的變化，可以清楚明晰地觀察出此一正統化的過程。漢孝武請儒師當官，這些儒師充任國家的文官後，也開始從帝國的角度編輯儒家文獻。換言之，儒家思想的正統化與儒家文獻的經化，是同時並行且密切相關的。

當然，後人的修改並不完全基於政治目的。諸如社會觀念的變化以及各方面語文的演變等，都會影響整理者對古代文獻的理解。曹峰先生認為：「文本並不是一成不變的，由於時代不同，政治觀念不同，其面貌也會隨之發生一定變化。」[10]這誠然如此。此外，從戰國流傳至西漢，文獻在每次抄錄時，都有不斷地累積筆誤和修訂見解的可能。這一切因素共同決定了不同時代之文本面貌，及其所表現出來的歷史特徵。

世界各文明的傳世文獻與經籍，皆經歷過不同時代的多次整理，除其原意外，另含有許多累世而來的編修痕跡，和不同歷史階段、觀念帶來的影響。然而，最關鍵者並非出於這些自然發生的變化，而是故意的編造；其反映的不僅僅是社會觀念的變

---

10 曹峰，〈第十二章、儒家經典與出土文獻〉，頁 326。

化，且主要取決於主事者使用文本的意圖。一方面，自然產生的改動牽涉範圍多半不大；再者，不致出現系統性、整體性甚或具特定目標的變化。而基於國家意識形態的修正，則往往會表現出一致性的變化趨勢。換言之，社會的變化仍不足以視為文本的竄改，主事者對該文獻具目標性的修改意圖纔是造成前後文本鉅大差異的原因所在。

對於文獻經化的曲折原委，目前同時擁有三種不同時代版本的《緇衣》一文無疑是頗為珍貴的史料。我們既可從中觀察「經化」之前的文本變化，又可觀察儒學正統化與儒文經化之過程。

通過對《緇衣》郭店楚墓簡本、上海博物館先秦簡本、《禮記》中傳世經本的章句校讎，筆者認為：最早的文本是郭店楚墓簡本（後稱「郭店簡本」)。在三種版本中，這個版本的抄寫年代與原初《緇衣》的創作年代最為接近（或許相同)，可視為最接近作者意旨之「原本」。

郭店本《緇衣》發表後，大部分學者因習慣《禮記・緇衣》的版本，認為簡本的論述不如《禮記》。然而當時廖名春先生即已提出：「楚簡本《緇衣》勝過《禮記・緇衣》，應較《禮記・緇衣》更接近古書原貌。從《禮記・緇衣》篇的來源看，這是非常合乎邏輯的。」[11]從研究歷史文獻的角度來看，廖名春此言確實無可置疑。

其次是上海博物館先秦簡本（後稱為上博簡本)，文本年代比郭店晚幾十至一百多年，由這兩份簡本可隱約觀察出《緇衣》在戰國中晚期社會中的流傳情形。在經過屢次抄錄後，與郭店簡本相比，上博簡本可見到些微的變動，如字形之簡化、異化、少數用字的更改等細部之調整。但這類變動不多，且少有牽連文意變化者。不過從這些少數的文意變動，仍可看出一些社會觀念的變化。

最後是《禮記》中的經本（後稱為禮記經本)。有些學者認為，既然先秦時已有不同傳本的存在，故「後世史家在總結各種傳本的基礎上，對文獻進行了補充和闡釋，這些都是正常的現象。」[12]這類的看法似乎將統一文獻的措施太過簡化了。漢代編本是被西漢政府確定為天下通用的「經本」。此本雖奠基於戰國晚期的抄本上，但經過漢朝學者的重修與編排。儘管經本僅修改個別的字詞、調整章節順序，卻對文意造成關鍵性的重要改變。易言之，在《禮記》中的《緇衣》經本雖源自先秦抄本，但表達的並非先秦的社會思想。

---

11 廖名春，〈郭店楚簡《儒家》著作考〉，《孔子研究》1998 年第 3 期，頁 71。

12 駢慧娟，〈從三種《緇衣》看先秦文獻的傳播〉，《上海師範大學學報》，卷 32，2003 年第 4 期，頁 56-60。

（四）文官編修天下之經並非隨意，而有其方法

漢代文官編輯經籍時，必然受到了許多方面的限制。首先，由於先秦儒家的著作被選為經典，因此他們只能運用這些文獻，且不能隨意修改，每一個修正都要有根據。但另一方面，經過這些文獻的編輯，文官們必須滿足天子與帝國的政治需求。因此文官們採用各種智巧的方法，讓古代文獻合乎新的時代氛圍，比如運用單字的通假，文序的調整等等。從文本溯源來說，如果我們將出土文獻的用字視為傳世文獻的假借字，則不僅違背了解讀史料的歷史順序原則，更是重複、或認同了漢代文官的編修方式。漢代文官為了配合當時的政策與權勢，纔作了這許多調整。因此在尋求文獻原貌的研究中，應盡量脫離這些運作，方能進一步追本溯源。

此外，兩千餘年來流傳的先秦典籍，都出自漢朝文官的編修，故經由先秦簡本與帝國經本的比較研究，我們能夠釐清漢朝文官採行的編修方法，並進一步理解漢代文官此舉之用意。這也是頗為關鍵的研究議題。

秦漢秘府收藏了很多包括儒家文獻在內的前代文書，其中大部分應屬於「私書」。漢孝武決定以儒家思想作為治國之本後，西漢文官即從許多不同時代的私書版本中進行校刊，決定公用的經書版本。筆者經由《緇衣》簡、經本的對照，歸納了以下幾種整理、編修經籍的方法：全篇編排結構的變動、單字的更改（包括用假借字、新時代歷史語言的用字等）、保留原字但調整字詞的用意、竄入註明的文句，或者以結構的變動和用字的調整來更改全篇主題。[13]這些系統性的改動都指向同一種政治態度，我們也可以從而觀察出其一貫性的徹底修改手法。

（五）不同時代的「歷史語言」

並不是所有的簡、經本差異都出自漢朝秘府文官有企圖的竄改，另外也可能有其他不同學派的修訂本在民間流傳，或者是戰國中晚期的儒生創發了新的觀點或分析視角，以致《緇衣》版本受到多樣化的影響等等。

此外，自然語言的變化往往也會影響後人的理解。這種歷史性的語言差異乃文獻演變中頗為關鍵的要素之一。所有的語言都處於不斷的發展變化狀態，各時代的習慣

13　筆者曾專門提出過討論此問題，參見郭靜云，〈試探西漢文官編修「天下之經」方法——以《緇衣》篇為例〉，（韓國）《中國古中世史研究》第二十輯，2008年8月，頁253-285。

用詞不同，字詞用意也不停地演化。因此戰國時期的「歷史語言」與漢代的「歷史語言」也會有所不同。對漢朝人而言，姑不論漢朝人對古代實際情況的陌生，在秦代文字統一之後，有些簡文字彙早已絕跡，戰國版本均被歸入古書之林，而非尋常易懂的書籍。因而漢人整理古代文獻時，多會在有意、無意間作用字的調整，以新字取代漢時已絕用或改義的字詞。一切用字的調整，又離不開漢代時期的歷史語言和用字習慣。

歷史語言具有多項特徵，其主要者有三。其一，在不同時代的語言中，往往會用不同的字彙指出相近的觀念，這可謂之不同時代用的同義字。有時候，這些同義字也是同音字。在這樣的情況下，後人一般會直接用新字取代古字。但若更進一步研考同義字的關係，則會發現其用意常有若干差異。由於這些差異，所以同義字的更換還是仍有造成整個文義變化的可能性。

其二，在歷史語言的發展過程中，字彙的用意也處於不停變化的狀態，這往往會影響人們對文獻的理解。是故，漢代文官編輯先秦文獻時，他們會依據漢代主流的字彙用意對文獻作一些調整。

其三，在語文的發展下，許多古字衍生出幾個字體，然同時亦有相反的情形。兩個同音的古字可能在後世被合併為同一個字，或一個字衍生出幾個不同的字。這些都是最基本的字體發展狀況。此外，手寫抄本的字形簡化或異文，過了幾百年後，亦會造成後世人的誤解。[14]

以現代研究者的立場來說，我們應該慎重於文獻時代的「歷史語言」，盡量避免以後期的字彙取代文獻的原字，應該以其他同時代文獻的例證，來研考用字的歷史涵義。循此纔能回復先秦時代的「歷史語言」，進而更接近、瞭解先秦文獻的本意。

三、補記：今人在先秦文獻研究上的優勢

最後筆者擬補充強調，在上述的研究領域裡，有兩種態度是很危險的。部分學者認為漢人的誤解與成見太多，對先秦社會文化的理解反倒不如現代的研究者；又或者以為傳統的版本學研究比不上現代學術的科學方法。對此，筆者皆深不以為然。因為單就時間而言，漢朝人對先秦的瞭解應該更勝於我們。而在研究方法上，版本學歷經

14 筆者曾以專文討論此一問題，請參郭靜云，〈由竹簡《緇衣》論戰國時期歷史語言的問題〉，《簡帛研究 2007、2008》，桂林：廣西師範大學出版，2009，頁 21-39。

兩千餘年的發展傳統，已能提供頗為精準的分析意見，這些都是不容輕易忽視的。可是另有兩個相反的理由也必須加以考慮：第一，雖然漢朝人的先秦知識和所見資料比我們多，但漢代還是版本考證的晨旦時期，當時學者缺乏考證文本資料的方法與知能（尤其是西漢），東漢經學家們的考證方法雖趨於成熟，但先秦的文獻原本至此已所剩不多了。第二，後世對傳統經書的校讐方法又更精準，可是在考證興盛的時代，學者們無緣見到先秦的出土資料；即便偶然見到，也沒有斷代分析的能力，無法從漢代以後的諸多民間散佚文獻中，將這些來路不明的文本區分出來。要之，我們現在共有兩個研究優勢：首先，可以從兩千餘年來的考證學傳統中繼承嚴謹而精準的研究方法；其次，我們猶如身處文本學晨旦時代的學者，擁有親眼目睹先秦版本的機會，且具備確定版本年代的科學能力。此外，我們只是作研究，並沒有塑造「經本」權威的目的，所以沒有意識形態的壓力。然若想對古人的舊說陳見提出一點質疑或新解，還是必須經過嚴謹的校讐分析。

四、《緇衣》對研究儒家經典形成的作用

以上所述均為筆者對研究「儒家經典形成」的學術觀點與研究方法上的淺見。漢代以後傳世的儒家經書，目前仍在出土的文獻中還是極少數。儘管如此，有一篇儒家文獻卻很難得地有兩種先秦版本出土，此即《緇衣》篇。雖然出土古籍本身帶有偶然性，但在文獻稀少的情況下來看，其竟能出土兩種不同版本，我們約略可推知在先秦社會中，《緇衣》已是一相當流行且重要的著作。是故，在先秦社會的思想研究中，如何理解《緇衣》本意應是一項頗為關鍵之研究課題。此外，因有完整的先秦簡本與《禮記》中的漢代經本，簡、經本之對讀也有助於釐清漢府文官編輯經書之趨勢。郭店楚墓出土和上海博物館收藏的《緇衣》簡，即目前所發現的兩種先秦抄本，為探索「儒家經典形成」的問題提供了現有最豐富的資料。因此，筆者選擇《緇衣》作為簡、經本互相校讐的對象，來探索先秦儒家政治思想的原貌，以及漢代儒家政治思想的正統變化。

經過對每一章的考證與解讀，筆者企圖將《緇衣》恢復成先秦的樣貌，並探討其全文結構、旨意、形成的情況、在不同時代的作用，以及儒家經典的形成問題。

本研究主要依循《緇衣》簡本的結構，進行文本的章句校讐。內容主要包含原文

並列、[15]釋文校勘、文字考釋及訓詁、簡本釋文與譯文、文義詮釋等問題研究。希望據此逐步瞭解先秦《緇衣》的原貌，及其在戰國時期的演化，以及漢代經化的趨向和方法。因《緇衣》多引《詩》、《書》二經，故版本的校讐也涵蓋傳世的《詩》、《書》經版本。簡本引《詩》、《書》的部分，大多與《毛詩》和《尚書》經本不同，因此本研究，除了《緇衣》之外，還涉及對《詩》、《書》的本義考證。

15 簡本版本來源乃荊門市博物館編著，《郭店楚墓竹簡・緇衣》，北京：文物出版社，2002；馬承源主編，《上海博物館藏戰國楚竹書（一）》，上海：上海古籍出版社，2001；經本圖案用參缺唐開成二年拓本。

貳

簡本與經本《緇衣》的結構差異

一、簡本與經本結構的相左問題

思想的傳世與演化必定會受到各方面歷史因素的影響，這在文獻的經化過程中尤為複雜。此中除了思想變想之外，亦含有各項語文方面的歧異，所以簡、經本的比較間具備了多元的探討空間，雖有許多學者已作過簡本與經本《緇衣》的互補研究，但仍有甚多問題懸而未解。

以《緇衣》的結構為例，虞萬里先生認為：

> 簡本之章節排列雖顯出一定的類，但只是部分類聚，除以類項後的章節之外，其他略顯凌亂。[1]

然而曹峰先生在研讀過簡本《緇衣》後，卻獲得相反的感受，其謂：

> 簡本《緇衣》的簡序反映出內在的邏輯關聯，可以組成一個有機體。而今本則顯得散亂，章節前後的關聯性也不如簡本那麼緊密。通過比較，我們還可以看出，不同的文本反映出不同的時代特徵，這也從另一個側面顯示出《禮記》的變化過程。……從《緇衣》來看，簡本主題突出，內部結構緊密，而今本則思想性弱、結構鬆散，這也證明並非時代越晚，文本就越完善。[2]

---

1 虞萬里，〈《緇衣》簡本與傳本章次文字錯簡異同考徵〉，《中國經學》第一輯，桂林：廣西師範大學出版社，2005，頁 145。

2 曹峰，〈第十二章、儒家經典與出土文獻〉，頁 326。

據筆者淺見，簡本《緇衣》纔是完整的原始儒家作品。其內容前後貫徹，以君子治國為敘述重點，並建構了一個完美的政治理想。

二、簡本思路的一貫性和結構的完整性

簡本的一貫性和完整性，可由兩方面觀察出來：

(一) 各章觀點清楚，前後文順義通，章文與引文相輔相應

關於簡本與經本的關係，邢文先生認為：

> 今本對於簡本加以改寫、闡釋的特點更為突出，幾達疏說申論的程度。[3]

然而，經本的闡釋通常用以突出原文沒有的觀點。好像漢代整理者為了配合當時的社會需求，而調整了原文所載的古代理想，只是先秦所流傳的版本不完全符合漢代的政治思想方針，因此文本上常可見到牽強縫合的痕跡。

先秦《緇衣》的許多觀點與帝國政治幾乎背道而馳。然而儒家卻已被官方確立為國家的學術正統，先秦儒家的文獻必須被收入具權威地位的「經書」中。社會思想的轉變，與政治企圖的干擾，都造就了《緇衣》原始文義與漢代修編用意間的矛盾。修編後的《禮記・緇衣》既然摻進了這許多有意或無意的變化因素，其論述便不能如簡本那樣的澄明而透徹連貫。

據虞萬里先生的考證，《緇衣》章文約可以「故」字作分段。「故」字之前可能是作者記錄孔子的說法，因此使用「子曰」描述其來源；「故」之後是《緇衣》作者對孔子所言的補充說明或引申發揮。[4]此說雖然沒有充分的證據，卻能相當合理地解釋《緇衣》的章節結構。因之，我們大致可以將《緇衣》每章的構成區分為三段：首先

3 邢文，〈楚簡《緇衣》與先秦禮學〉，《郭店楚簡國際學術研討會論文集》，武漢：湖北人民出版社，2000，頁 156。

4 虞萬里，〈儒家經典《緇衣》的形成〉，中央研究院中國文哲研究所，「儒家經典之形成」計畫專題演講稿，臺北，2006 年 11 月（手稿）。有其他學者們認為，《緇衣》中「子曰」的「子」是指子思子。如李學勤，〈荊門郭店楚簡中的《子思子》：郭店楚簡研究〉，《中國哲學》第二十輯，瀋陽：遼寧教育出版社，2000，頁 75-80。但筆者目前所見資料尚不足以確定這一問題。

是陳明「子曰」所言；其次有「故」作為對「子曰」內容的解釋或發揮；章末則節取《詩》、《書》作為引證。

這個結構在簡本上形成頗為完整的串連，每一章的引文都被適切地用來引證章文的觀點，與章文間有相當緊密的結合。但經本中的章文、引文在竄改後，就顯得關係不夠明確，部分章節甚至更替了不同的引文。（本研究透過逐章校讐，突顯出簡本《緇衣》各章的涵義，由此可具體觀察到，簡本的觀點確較經本表達得更清楚。）

（二）全篇的論述一致，章節的次序非偶然而有前後意義上的連接，全篇的順序具有明晰的規律，揭示了一結構性的著作

學界對《緇衣》的結構看法不一，有些學者認為其章次不帶任何意義，有些則認為這樣的編排具有目的性。筆者較贊同後者的看法，從內容來看，簡本《緇衣》各章逐步論證先秦儒家的治國理想，就像一名儒師按著課程進度，按部就班地教導統治者如何施行德政。[5]而章辭間的排列正呼應著主題的開展，從中心思想漸次推衍出各種治國原則，彼此環環相扣。如此鮮明的結構，使我們不得不肯定簡本的內容應即《緇衣》的原貌。

關於簡本的通篇結構，鍾宗憲先生認為：

> 第一章為全篇的總綱，應視為第一段；第二至第七章為第二段；第八至第十三章為第三段；第十四至第十九為第四段；第二十至二十三為第五段。[6]

而韓碧琴先生則有不同的分段方式，他認為：

> 第一部分是一至四章，論為政者好賢惡惡，必小信謹慎，為民表率。……第二部分是五至九章，論上行下效，君民一體之理。……第三部分是十至十三章，

5 李存山先生認為，《緇衣》可謂「先秦儒家的政治倫理教科書」，筆者認為其說頗為準確。參見李存山，〈先秦儒家的政治倫理教科書──讀楚簡《忠信之道》及其他〉，《中國文化研究》1998 年冬之卷（總第 22 期），頁 20-26。

6 鍾宗憲，〈《禮記・緇衣》的論述結構及其版本差異〉，《新出楚簡與儒家思想國際學術研討會論文集（續）》，武漢：湖北人民出版社，2000，頁 75-76。

> 論治國教行之理……第四部分是十四至十九章，論為政者應言行一致。……第五部分是二十至十三章，論交友之道，應結交好仁惡惡，不留私惠之德，以「恆」作結。[7]

歐陽禎人的分段與韓碧琴約略相同，其謂：

> 簡文《緇衣》第一章至第四章，闡述好惡之理；第五章至第九章，闡述上下之理；第十章至第十三章，闡述教刑之理；第十四章至第十九章，闡述言行之理；第二十章至二十二章，闡述交友之理，第二十三章則綜括全文，以「恆」作為終結，各章互為支持，融會貫通，建構起了儒家倫理學說方方面面的價值觀念。[8]

雖然筆者不能完全贊同韓碧琴和歐陽禎人的分段方法和主題定義，尤其所謂第二部分的「上行下效」是已蘊藏於首章的觀點；更不能贊同韓碧琴先生以經本的「好賢惡惡」文句來確定簡本的涵義。但是兩位學者的分段仍較鍾說合理而準確，且有充分的根據。

比對簡、經本的篇章，李零先生發現兩者的結構具有對應關係：

> 簡本和今本表面上差距很大，但實際上，它有五組簡文有對應關係，即：簡本第二至四章為一組（A），相當今文第十至十二章（C）；簡本的第六至八章為一組（B），相當今本的第四至六章（A）；簡本的第十和十一章為一組（C），相當今本的第十四和十五章（D）；簡本第十四章為一組（D），相當今本的第七和八章（B）（簡本第十五章的「子曰」，今本沒有，故今本只有兩章）；簡本第十七至二十三章為一組（E），相當今本第十九至二十五章（E）。這五組簡文雖然位置不同（指在所有各章的順序上位置不同，前者的 A、B、C、D、E 相當後者的 C、A、D、B、E），順序也略有差異（指在這一組中的順序略有差異），但彼此對應。可見它們的差異，主要還是屬於「板塊移動」。[9]

---

7 韓碧琴，〈《禮記．緇衣》與郭店楚簡〈緇衣〉之比較〉，頁 110。
8 歐陽禎人，〈郭店簡〈緇衣〉與〈禮記．緇衣〉的思想異同〉，《楚地出土簡帛文獻思想研究（二）》，武漢：湖北教育出版社，2005，頁 208-220。
9 李零，《上博楚簡三篇．校讀記》，臺北：萬卷樓，2002，頁 111。

這些板塊移動與原來的結構相關，且非出自偶然。經本的章節移動切斷了先秦原本的意思聯結。比方說，經本雖保留了第二至四章和第六至八章的關係，但失去了第一至九章的連貫思路；或者原本第十二、十三章文意相互聯絡且互不可缺，但在經本中卻被硬生生地分隔開來。

簡本全篇的論述通順，且切合主題。邢文先生認為，從結構、內容來說：

> 今本《緇衣》在《禮記》成書過程中的改編，是不成功的……楚簡《緇衣》的結構非常清楚，前後一貫……但今本《緇衣》則沒有這樣的特點，引《詩》與引《書》的位置前後不一，而且也有錯簡的問題。[10]

筆者部分贊同此說，也認為簡本《緇衣》的結構很清楚，而在《禮記‧緇衣》裡確實有許多文義矛盾，不過這些矛盾可能並不是成功與否的問題。透過簡本與經本的比較，筆者得到的啟發是，經本的這些斷裂或錯簡可能都是有意造成的。不過經本的結構並不全都散亂，章節的移動代表正統化的目標，這個目標關乎了整個主題的調換以及全篇敘述邏輯的調整。

先秦簡本與漢代經本的主題不同，兩者代表了不同時代的思想重點，其文本結構也是基於各自的論述目標而設計。不過經本畢竟不是原始的著作，而是源於主題、目標都和漢代正統化需求不盡相合的先秦文獻。由於這層限制，導致重新編排後的文章結構失去了先前既有的規律，也使得經本中章辭間的連結遠不如簡本通順。

三、簡本內容可分為內、外、雜篇

關於簡本的敘述邏輯，及其各章之間的關係，筆者認為：簡本《緇衣》第一至九章當為全篇的論述核心，應是一位儒師撰寫的著作，可謂《緇衣》「內篇」。第十至十九章是對內篇意旨的發揮，其寫作年代應與「內篇」相近，或由同一學派的儒師撰成，也有可能與「內篇」作者相同，但討論的內容是「內篇」結論之外，下一步的問題，故可稱之為《緇衣》「外篇」。根據討論的議題，又可分別成「外篇題一」（第十至十一章）、「外篇題二」（第十二至十三章）、「外篇題三」（第十四至十九章）。「外

10 邢文，〈楚簡《緇衣》與先秦禮學〉，頁 160。

篇」共有三個小段落，彼此雖各有主題，但都建基在「內篇」的論述上，且具有緊密相連的內部邏輯。

漢代編成的《禮記・緇衣》為因應正統化，而將外篇的第二個論題變成全文唯一的主題，外篇的第一個論題則經過了關鍵性的變化，成為全文的附題。但從簡本可知，這並非先秦作者的原意。

第二十至二十三章，可謂之《緇衣》「雜篇」。「雜篇」的每一章均論述獨立的議題。雖然二十三章的撰寫時代相差不遠，我們可以推論其作者必定屬於同一學派。也許各撰寫人之間有密切的來往，甚至可能是同一人。但從文本內容來看，筆者認為還是可將之區分成這三個部分。[11]

以下的篇幅，筆者將透過三種《緇衣》版本的對讀，揭示簡、經本的敘述邏輯與編排差異。由於二者的結構變動與全篇主題更改相關，因此，我們首先要了解簡本與經本的主題異同。[12]

不過，筆者必須在此強調：簡本的論述是圍繞著「內篇」主題而展開的，先秦《緇衣》的「內篇」九章已是完整不可分割的著作。第十章之後的部分，雖與「內篇」在主題、內容上均有密切的關係，但卻衍生出各自的小主題。故以下的討論主題，主要是指「內篇」而言。

至於經本的主題，則源自簡本「外篇」的前兩個主題。因此，為求能夠更加仔細地分析、比較先秦與漢代兩種版本間的主題關係，本文的探討範圍也隨之限制在簡本「內篇」和「外篇」的前兩題中，亦即簡本的第一至十三章。至於先秦簡本第十四至十九章為完整的「言行論」，筆者日後將針對這個部分和「雜篇」作後續的詳細討論。

---

11 針對《緇衣》的結構「內篇」、「外篇」、「雜篇」的定義，首由中正大學歷史研究所博士研究生王世駿先生提出了，筆者支持他的說法，認為在全篇的分析用「內」、「外」、「雜」篇的概念非常妥當。

12 筆者日前已曾針對《緇衣》主題作專文討論。參見郭靜云，〈由簡本與經本《緇衣》的異同論儒家經典的形成〉，《第五屆中國經學研究會國際學術研討會》，臺北：國立政治大學中文學系，2009，頁 301-326。

【内篇】

先秦簡本與帝國經本的主題差異

一、經本的篇首與其主題的表達

經本首章曰：「子言之曰：為上易事也；為下易知也，則刑不煩矣。」明示全文宗旨在倡言捨棄刑法制度的政治理想。鄭玄注也強調此主題：「言君不苛虐，臣無姦心，則刑可以措。」[1]

楚簡《緇衣》雖然同樣否定法制，卻沒有這段文字。學界大都同意，經本的首章與全篇的其他部分有兩個顯著的不同，足以顯明此章本來不是《緇衣》的內文。其一，《緇衣》諸章以「子曰」開頭，但此章則以「子言之曰」開頭；其二，《緇衣》全篇對於治國倫理的解說、純德的理想、教導的出發點，都是以《詩經》的《緇衣》為主題，但經本首章並未提及《緇衣》，到了次章纔破題，因而經本的次章更適合當作篇首。簡本恰好沒有經本的首章，而用經本的次章作為篇首。這都證明了，經本的次章纔是《緇衣》原文的篇首，而經本的首章本來不是《緇衣》的內文。

其實，唐代孔穎達早已發現這兩個問題，但因為沒有見過戰國時期的「歷史正本」，所以只能以臆測代替解釋，其謂：

> 此篇凡二十四章，唯此云子言之曰，餘二十三章皆云子曰，以篇首宜異故也……君易事臣易知，故刑辟息止不煩動矣。然此篇題緇衣而入文，不先云緇衣者，欲見君明臣賢，如此後乃可服緇衣也。[2]

1 漢・鄭玄注、唐・孔穎達疏，《禮記注疏》，《十三經注疏》，臺北：新文豐出版公司，2001，頁 2307。

2 漢・鄭玄注、唐・孔穎達疏，《禮記注疏》，頁 2307。

從最近出土的戰國簡本來看，孔穎達所言只是後人推測出來的可能解釋。事實上，這些疑問也是基於後人的竄入才產生的。先秦《緇衣》根本沒有「子言之曰」的首章，且直接由「緇衣」開始論述。

從結構來看，簡本的首章開宗明義地指出文章主題，並輔以《詩》文的譬喻，呼籲君臣修養純德，遵守樸實的正道，掃除譖人的佞舌。而後由此出發，全文逐步地敘述早期儒家的政治理想。

關於經本的首章，在學界有兩種說法流行，或者認為經本的首章是出自漢朝人的增補章辭；[3]或者認為經本的首章亦源自先秦文獻，例如，虞萬里先生據《荀子》推論：「《緇衣》的首章與孔子以及儒家之淵源關係」。[4]只不過，即便此章可以找到先秦儒家的文獻根據，依然不能否定它是經漢朝人之手才竄入《緇衣》的文本中。筆者認為，經本的首章有可能出自某部先秦文獻的內文，[5]但絕不會是《緇衣》的內文，更不可能是《緇衣》的首章。

基本上，西漢正統思想的重點並非提出一套新鮮的理論，而在於「融合」不同的先秦觀點，使之形成嶄新的「正統思想」體系。如果在先秦儒家的文獻中已有某種記載，但不見於《緇衣》的內容裡；若後世將這段記載竄入《緇衣》，一定會對其原來的文義產生影響。同樣，如果有某種觀念本來不是儒家思想的重點，後來卻被當作儒家思想的核心，即使這項觀念和儒家思想沒有根本上的矛盾，但這類思想重點的轉移仍然會造成整個思想體系本質上的變化。因此經本增入「子言之曰」的首章後，全篇《緇衣》的內容就出現了主題的轉向。

夏含夷先生認為，漢朝人在《緇衣》的古本前另外增入了此章，乃有其具體目的，亦即強調《緇衣》的中心思想為否定「爵刑」制度。這個目標恰與西漢政治思想的論爭主題相關，然而，成書於戰國時期的《緇衣》顯然不可能去關照漢代的爭辯焦點。是故，儘管《緇衣》的政治思想也涵蓋了刑措理想，但否定爵刑法制卻並非《緇衣》唯一的目的。[6]筆者贊同夏含夷先生的見解，雖然先秦《緇衣》無疑是站在否定

3 參見：彭浩，〈郭店楚簡《緇衣》分章及相關的問題〉，《簡帛研究》第三輯，1998，頁 44-45；廖名春，〈荊門郭店楚簡與先秦儒學〉，《中國哲學》第 20 輯，遼寧教育出版社，1999，頁 36-74；周桂鈿，〈郭店楚簡《緇衣》校讀札記〉，《中國哲學》第 20 輯，遼寧教育出版社，1999，頁 204-216；陳金生，〈郭店楚簡《緇衣》校讀札記〉，《中國哲學》第 21 輯，遼寧教育出版社，2000，頁 134-135 等等。

4 虞萬里，〈《緇衣》簡本與傳本章次文字錯簡異同考徵〉，頁 145-147。

5 學界對於該章的來源的看法不一，且各有證據，目前這個問題仍未能解決。

6 夏含夷先生詳細論述簡文與經文的開頭差異，便說：“It is apparent that the opening two or three pericopes in manuscripts and Li ji versions of Zi yi, different as they very much are, both represent

爵刑制度的立場，但「刑可以措」卻不是這篇文章唯一的寫作目標。

綜言之，為了確定新主題，整理者採用了三個明顯的手段。（一）作了新的篇首；（二）修改了原來的首章且竄入了簡本所無的「爵不瀆而民作愿，刑不試而民咸服」文句；（三）將原來的第十二章移至第三章的位置。關於第十二章的移動，若從簡本結構來看，第十至十三章是完整的段落，相當於經本的第十三至十五章。尤其簡本第十三章的內容與第十二章非常接近，在先秦的《緇衣》中，只有這兩章纔提出了刑措觀點，但這個觀點只是全篇論述的一個環結。基於漢代社會的需求，整理者將其中一章挪至前文，由此與經本的首章產生聯絡，藉以強調刑措觀點為全篇的目標。

透過這三種編輯手段，經本以前三章的組合，開始特意強調「刑法」，所以本來只存於第十二、十三章的觀點，便成為全文的主題。除了明顯的章辭移動、新文竄入外，整理者另採用了許多細微的編輯手段，如單字的更改、文法的調整等等。從簡本首章（經文次章）的微調亦可見通篇改動的趨向，都是為了讓經文符合新的主題。但是由於《緇衣》本來並不是特別為了否定刑法而寫的文章，於是漢代編輯者無法將全文改成通篇批判刑法的理論。是故，從經本的結構來看，雖然漢代編輯者採用各種作法，將原文牽強附會為符合當時政治思想需求的文章，但終究還是造成了經本內容的不一貫。

下文筆者將以簡本第一章與經本第二章的校讐，來具體地闡述原本的主題以及漢代修編的特意性。

---

reasonable and consistent editorial perspectives, the sequence of Manuscripts emphasizing the superior's role as a model for the people below him, while that of Received asserts instead the disadvantages of ruling through the use of punishments." (E.Shaugnessy. *Rewriting Erly Chinese Texts*. N.Y.:St University of NY Press, 2006, p.76.)

二、簡本的篇首與其主題的表達

(一)原文並列

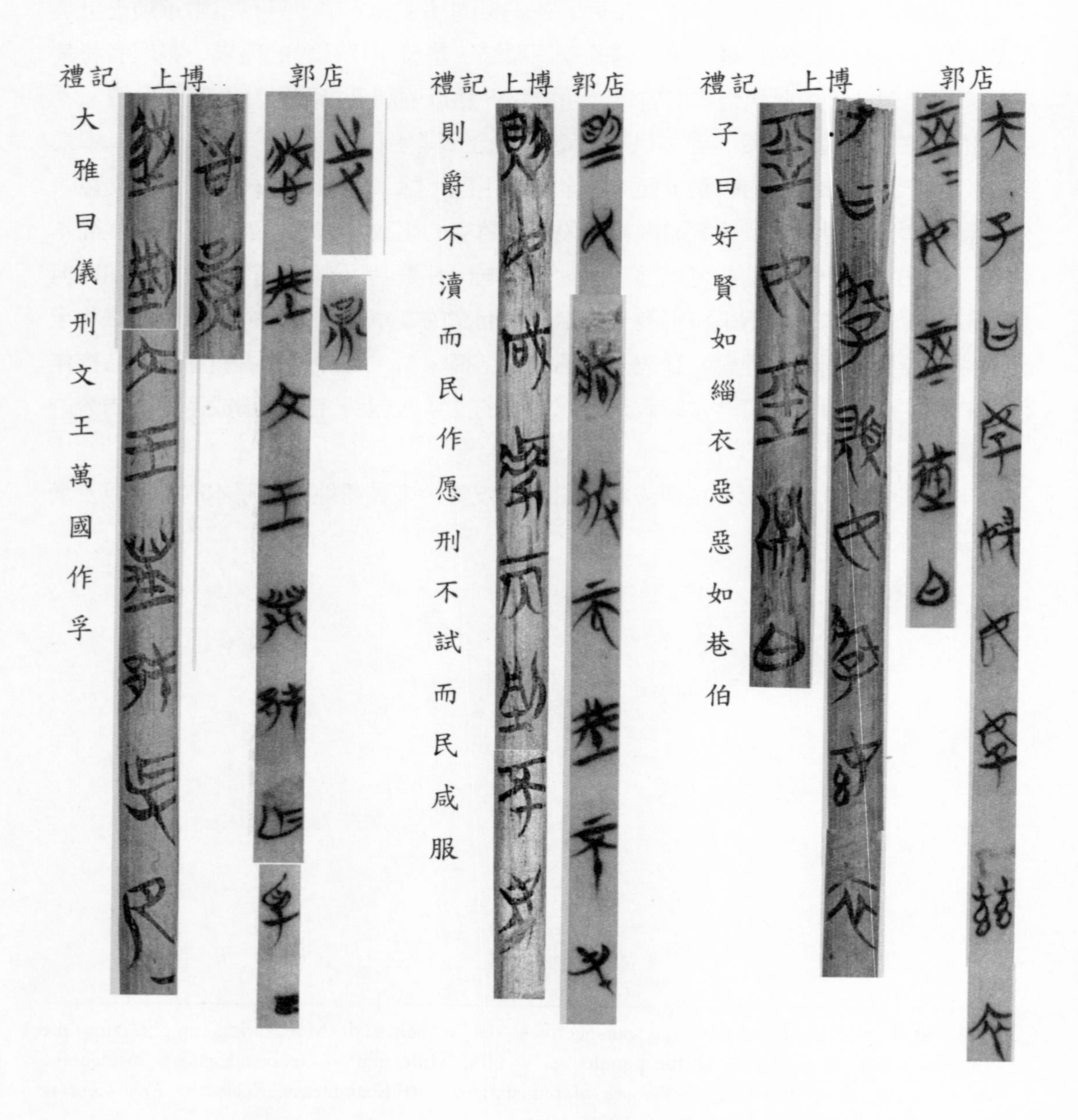

（二）釋文校勘

郭店第一章：夫子曰：好媺女好茲衣，亞二女亞遊白，則　　　民臧服而埜不屯。
上博第一章：　子曰：毌䊋女毌紂衣，亞二女亞衒白，則　　　民咸㣈而劃不刡。
禮記第二章：　子曰：好賢如　緇衣，惡惡如巷伯，則爵不瀆而民作愿，刑不試而民咸服。

《歨》Ⅰ　員：𢘓埜文王，萬邦乍孚。■
《告》　員：埶剉文王，䒗邦㚇艮。＿
《大雅》曰：儀刑文王，萬國作孚。
毛詩經本《大雅・文王》：儀刑文王，萬邦作孚。

（三）文字的考釋及訓詁

甲、夫子曰／子曰／子曰

郭店簡本前有「夫」字，以標出篇首。上博簡本為郭店之後的抄本，顯示在屢次抄錄過程下，「夫」字已經脫漏。這也讓更後來的抄錄者可以不必把該章視為全篇首章。

乙、好媺／毌䊋／好賢

（甲）郭店簡本與禮記經本皆作「好」；上博簡本作「毌」。
「毌」為上博竹簡通用「好」的異體字，此字在三個版本中都用作動詞。

（乙）考「媺」（上博簡本或作「䊋」），並論述其與「美」及「賢」概念區別。

1. 郭店作「媺」，媺也，从女，凫（𢼸、微）聲。

在校讀楚簡時，幾乎所有的學者都會把「媺」字視為「美」的通假字。[7]但此種

7 如參見：劉信芳，〈郭店簡《緇衣》解詁〉，《郭店楚簡國際學術研討會論文集》，武漢：湖北人民出版社，2000，頁 165；涂宗流、劉祖信〈郭店楚簡《緇衣》通釋〉，《郭店楚簡國際學術研

通假好像違背了語文發展的歷程。漢代以降罕有用「嬍」字者，在其使用上，幾乎完全被「美」字取代，但這並不表示「嬍」與「美」之間可以劃等號。

首先據文獻來說，「嬍」字具體地代表了先秦時代的用字情況，這應是先秦歷史語言的字彙；其次，「嬍」與「美」雖是同音及同義字，但二字的確切用意仍有區別。為了從歷史語言的角度更深入了解「嬍」字的來源與涵義，以下有必要對該字在甲骨、金文、簡文、傳世文獻中的使用進行通考。[8]

參照甲骨文、金文、簡文「𡵂」和「𢼸」字的文例，筆者推斷如下：

（1）「𡵂」、「𢼸」既是「微」，也是「嬍」的本字。

在甲骨文、金文、簡文中都有「𡵂」或「𢼸」字體。甲骨文的寫法為「𡵂」和「𢼸」，出現次數不多，卜辭有殘缺，[9]但基本上用作人名或地名：

丁卯卜：戌允出弗伐𡵂《合集》28029
己亥卜在𡵂……《合集》36356

由於古代有微國，乃殷紂王的庶兄微子的封地（見《尚書・微子》），[10]所以該字一般

討會論文集》，武漢：湖北人民出版社，2000，頁 182；陳佩芬，〈緇衣〉，馬承源主編，《上海博物館藏戰國楚竹書（一）》，頁 169；黃人二，《上海博物館藏戰國楚竹書（一）研究》，臺北：高文出版社，2002，頁 113；劉釗，《郭店楚簡校釋》，福建：福建人民，2003，頁 51；虞萬里，〈上海簡、郭店簡《緇衣》與傳本合校補證，上〉，《史林》2002 年 2 期，頁 1 等等。

8 將「嬍」字的問題，筆者曾提出過討論。參見郭靜云，〈論「𡵂」、「𢼸」、「微」、「嬍」、「美」字的關係〉，《第五屆國際中國古文字學研討會論文集》，合肥：安徽大學，2008 年，頁 391-396。

9 甲骨卜辭的例子參見姚孝遂主編，《殷墟甲骨刻辭類纂》，北京：中華書局，1998，頁 31-33。甲骨文另有較常見的「[illegible]」和「[illegible]」字，與「𡵂」應不是同一字。另外《合集》666、667、4555-4561、6986、6987、7571、11446 以及《花東》267、6、333、481 出現了「[illegible]」字形，可能要隸為「[illegible]」，學界也被釋為「𡵂」字的異體字。參見《殷墟甲骨刻辭類纂》，頁 31-33；中國社會科學院歷史研究所編、郭沫若主編，《甲骨文合集》，北京：中華書局 1982（簡作《合集》）；中國社會科學院考古研究所編著，《殷墟花園莊東地甲骨》，雲南人民出版社 2003 年（簡作《花東》），頁 1559。卜辭中的用處如下：「子卜曰：未子[illegible]？」《花東》267；「乙丑卜：有吉[illegible]，子具[illegible]其以入若永，有[illegible]德？用。」《花東》6、333、481。若「[illegible]」確為「𡵂」字，亦即「嬍」的異體字，則「有嬍德」一句巧得不可思議！不過「[illegible]」與「𡵂」是否為同一字仍待考，尚不能排除兩者間有差異的可能性。

10 據歷史地理的學者考證，古代有幾個微地，在今山西潞城縣之東北；在今四川巴縣；在今山東梁山之西北。此外在山東滕縣之南；湖南臨湘縣有微水等。見臧勵龢等編，《中國古今地名辭典》，臺北：臺灣商務印書館，1993，頁 1003-1004。

都讀作「微」。尤其《說文・人部古字》曰：「𢼸，眇也」，段玉裁注：「微妙」。[11]

而該字在殷商金文的寫法為「[古文字]」（𢆉），同樣用作人名，如安陽出土的[古文字]鼎。[12]西周金文該字的寫法為「[古文字]」（敳），也作地名和人名，如陝西出土的一系列西周中期青銅器上，即出現了用作地名的「敳邑」地名（裘衛盉[13]）以及「敳伯」敳地之君，如敳伯㾓簋、[14]敳伯㾓匕、[15]敳㾓盆、[16][古文字]作敳伯妘氏鼎。[17]在這些文物上的「敳」字應該讀為「微」。

在郭店與上博竹簡上也出現了大量的「𢆉」與「敳」字體，寫法為「[古文字]」與「[古文字]」，不過並不用作地名。同時該字在竹簡裡另外寫成「[古文字]」或「[古文字]」，應隸為「媺」無疑是「嬍」字。在郭店與上博竹簡上，「[古文字]」、「[古文字]」、「[古文字]」、「[古文字]」字的用義相同，都是用作「嬍」。

實際上，甲骨文的「𢆉」不僅用作地名和人名，還出現在如下的卜辭中：

戊卜，貞：𢆉亡至艱？（《花東》208）

在這裡，「𢆉」與「艱」是反義字，讀作「微」不通，讀作「嬍」纔通順。《周禮・天府》曰：「季冬，陳玉，以貞來歲之嬍惡。」[18]顯示「嬍」字有吉祥的意思。兩者相較，卜辭上的「嬍」與「艱」，似與《周禮》的「嬍惡」同樣表達「吉」與「凶」的對立。由此推論，「𢆉」與「敳」從甲骨文開始就不僅用作「微」，同時也用作「嬍」。

金文中西周晚期的嗣工殘鼎[19]，在殘缺的銘文上出現「冊敳[古文字]」殘句。「[古文字]」應是

---

[11] 漢・許慎著、清・段玉裁注，《說文解字注》，臺北：藝文印書館，1966，頁 374 上。不過，「眇」與「妙」通，所以還是釋為「微」或「嬍」都可以。

[12] 參見中國社會科學院考古研究所編，《殷周金文集成》，上海市：中華書局，1984~1994（後引作《集成》），器號 1031，現藏於旅順博物館。

[13] 《集成》器號 9456，現藏於岐山縣博物館。

[14] 《集成》器號 4681，現藏於陝西省周原博物館。

[15] 《集成》器號 972-973，現藏於陝西周原扶風文管所 。

[16] 《集成》器號 10324、10325，現藏於周原博物館。

[17] 《集成》器號 2490，藏處不明。

[18] 漢・鄭玄注、唐・賈公彥疏，《周禮注疏》，《十三經注疏》，臺北：新文豐出版公司，2001，頁 665。

[19] 參見羅西章，〈扶風出土的商周青銅器〉，《考古與文物》1980 年 4 期，頁 22，圖 21.1，陝西扶風縣出土；《集成》器號 2501，現藏於扶風縣博物館。

「鬻」，《玉篇・鼎部》：「鬻，式羊切，煮也，亦作鬺」，[20]銘文中用來指禮器，如西周早期的婦鼎：「婦」、[21]西周晚期王作鬻彝簋蓋：「王作彝」。[22]嗣工殘鼎的文句殘缺，因此這裡的「散」究竟是指器主之名，或為讚美禮器的形容詞，現已不可知。如果在這裡「散」不是人名，則讀為「媺鼎」比讀為「微鼎」更合乎古人對鼎的讚美之意。在西周中晚期史牆盤銘文上，「散」字同樣明確地用以表達「媺」的字義：

青幽高且才（祖在）散霝（媺靈）處，雩武王既𢦏殷。[23]

此處所謂「媺靈」之處，乃指吉祥墓地而稱。

質言之，「𢼸」與「散」係「微」與「媺」二字的本字。至於目前在戰國楚簡中所見的文例，「𢼸」、「散」、「娓」都用作「媺」字。

（2）「媺」義

在楚簡所見的文例中，「𢼸」、「散」、「娓」都用以表達「媺善」的意思，如：

𢼸與惡，相去何若？（郭店《老子乙》簡 IV）
求乎大人之興，散也。（郭店《唐虞之道》簡 XVII）
君子不啻明乎民散而已，或以知其弍矣。（郭店《六德》簡 XXXVIII）
堯聞之，而散其行。（上博《曹沫之陳》簡 III）
此不貧於散，而富於德歟？（上博《容成氏》簡 XIII-XIV）
天下皆知散之為娓也，惡已；皆知善，此其不善已。郭店《老子甲》簡 XV
君子娓其情。（郭店《性自命出》簡 XX）
未言而信，有娓情者也。（郭店《性自命出》簡 LI）
宮室過度，皇天之所惡，雖成弗居。衣備過折，失於娓，是謂達章，上帝弗諒。（上博《三德》簡 VIII）
吾幣帛甚娓於吾先君之量矣。（上博《競公瘧》簡 I）

20 梁・顧野王著，《大廣益會玉篇》，北京：中華書局，1987，篇中，卷十五，頁五十二（78 下左）。
21 《集成》器號 1714，現藏於美國紐約某處。
22 《集成》器號 3389，現藏於扶風縣博物館。
23 《集成》器號 10175，現藏於陝西省周原博物館。

> 鋁龔為上，故不敚，如敓之，是樂殺人。（郭店《老子丙》簡 VII）
> 夫子曰：好敚媺如好茲衣，惡惡如惡巷伯（郭店《緇衣》簡 I）
> 民不能大其敚，而小其惡。（郭店《緇衣》簡 XXXV）
> 子曰： 好顓如好紂衣，惡惡如惡巷伯（上海《緇衣》簡 I）
> 民不能大其顓，而小其惡（上博《緇衣》簡 XVII-XVIII）
> 有顓有善（郭店《語叢一》簡 XV[24]）

《老子丙組》另用从「口」的「敓」，而上博《緇衣》和郭店《語叢一》另用从「頁」的「顓」，都是「媺」的異體字。

由上述文例可知，「媺」與「惡」的字意相對，而「媺」字的用意是「媺善」，並非「美麗」。傳世文獻中罕見有使用「媺」字者，但《周禮》保留了這個古字，其謂：

> 禮俗、喪紀、祭祀，皆以地媺惡為輕重之法而行之。（〈地官・土均〉）
> 季冬，陳玉，以貞來歲之媺惡。（〈春官・天府〉）
> 以時數其眾庶，而察其媺惡而誅賞。（〈地官・鄙師〉）

鄭玄注〈地官・大司徒〉曰：

> 媺，善也。[25]

顯然《周禮》的「媺」字用意與楚簡相同，都有「媺惡」的對立的概念。「媺惡」應是先秦常用的套語，表達「善惡」的意思（察其媺惡而誅賞），並有「吉凶」的意味（歲之媺惡）。

綜言之，在出土與傳世文獻中，「媺」字不曾用以表達外在可見的美色，而單指

---

24 參見荊門市博物館，《郭店楚墓竹簡》，北京：文物出版社，1998，頁 7、40、72、4、62、65、9、17、19、78；馬承源主編，《上海博物館藏戰國楚竹書（一）》，頁 44、61-62；馬承源主編，《上海博物館藏戰國楚竹書（二）》，上海古籍出版社 2002，頁 105-106；馬承源主編，《上海博物館藏戰國楚竹書（四）》，上海古籍出版社，2004，頁 94；馬承源主編，《上海博物館藏戰國楚竹書（五）》，上海：上海古籍出版社，2005、頁 134；馬承源主編，《上海博物館藏戰國楚竹書（六）》，上海：上海古籍出版社，2006，頁 17。

25 漢・鄭玄注、唐・賈公彥疏，《周禮注疏》，頁 428、665、859、651、396。

內在的善性。甲骨文的用意也相近，表達的是吉祥的狀態。

（3）「媺」與「美」

若從甲骨、金文中探討「媺」與「美」的關係，可以發現這兩個字雖然都曾出現在甲骨和金文中，不過在戰國末期之前的出土文獻上，从「大羊」的「美」字僅限於用作地名或人名。筆者推測，「大羊」之「美」很可能是從族名發展出來的字體。

甲骨文中的「□」、「□」（美）字結構與「□」（羌）、「□」（豢）、「□」（虎）、「□」（虡）等字相類，人和某動物，也都作為人名。從人類學的角度來說，這一系列的字體或許源自先民的圖騰觀念。也就是說，商周「美」字的本義為族名，原來並不表示古人所謂的美感，段玉裁注《說文》所言的：「羊大則肥美」，[26]實際上找不到任何古文字方面的證據。至於甲骨文中的「□」字形，則或許是用來形容「羽人」這樣的完美想像。

從最早期的甲骨文開始，𢼸（媺）字既用來指稱地名、人名，也用來表達「媺善」之義。在郭店與上博楚簡中，「美」字都寫作「媺」，且常用「媺惡」作為相對概念。因此，「媺」不宜視作「美」的假借字。反過來說，「媺」纔是原來的古字，只是「美」、「𢼸」、「敚」讀音相同，所以後期纔改以「美」字代替「敚」字。不過此種通假的例子，最早只能上溯到戰國末期的中山王䜌方壺，其文曰：

> 因載所美，卲（昭）跋皇功，詆郾（燕）之訛，以憼（警）嗣王。[27]

中山王䜌方壺以「美」字表示「善」的文義，亦即原來「敚」字的用意。但這個文例的發生年代甚至還晚於郭店楚簡。

經過這樣的古文字分析，我們實在很難把郭店簡本中的「媺」認定為「美」的通假字。如果反過來將後世所用的「美」字當作「媺」的語音通假字，其可能性會更大。戰國晚期會開始以「美」取代「媺善」的「媺」，不僅因為兩者讀音相同，可能也因為被當作族徽的「美」字本來就从「羊」，字形上接近於「善」。是故，古人纔會將它轉化作「媺善」之義。這個戰國晚期才出現的假借狀況，到了後世幾乎是被全面性地接受了，我們甚至可以說「美」這個字不論在語言或文字的使用上，都取代了原有的「媺」。

---

26 漢・許慎著、清・段玉裁注，《說文解字注》，頁 146 下。

27 《集成》器號 9735，現藏於河北省文物研究所。

不過在進行古文字研究時，我們仍須清楚地知道：「媺」、「美」不僅是單純的古今字關係而已。古代的「媺」字用法和指稱範圍，與現今的「美」字並不盡相同。「媺惡」一詞表達的「善惡」是帶有「吉凶」意味的。至於「美惡」一詞，雖也用以表達「善惡」之義，但已失去了「吉凶」的意味，反倒增加了外在的「美醜」、「好壞」等等，原來「媺惡」所無的諸種涵義。如：

通財貨，相美惡，辨貴賤，君子不如賈人。(《荀子・儒效》)
鏡以精明，美惡自服。(《說苑・談叢》[28])

可見，楚簡的「媺惡」屬於先秦的慣用詞彙，其源自於殷商甲骨文，也有《周禮》等傳世文獻的文例證明；且「媺惡」的指涉範圍，無論如何都比「美惡」更能準確地表達《緇衣》原文的意涵。尤其在文獻中，「好美」的意思與「好媺」根本不同，這從《戰國策・中山策》的記載裡可見其一斑：

今者，臣來至境，入都邑，觀人民謠俗，容貌顏色，殊無佳麗好美者。[29]

從出土與傳世文獻的字義表達來看，古人在要表達內在的「媺善」時，纔會使用「敳」(媺)字；而涉及外觀的「美麗」時，則不用「媺」。雖在後期的文獻上，「美」能同時涵蓋此兩種用意，但從簡本的確切字義來說，「媺」、「美」之間不宜劃上等號。除了「美」字，「媄」也可以用來表達「美色」的意思。《說文・女部》曰：「**媄，色好也**」，[30]但此一「媄」字的字形是从「美」，而非「敳」。

(4) 總結

綜上所述，甲骨金文所見的「㞷」、「敳」字形乃是「微」與「媺」二字的本字，且已有寫作「媺」的文例。而「媺」的本字在甲骨文中與「艱」、「難」為反義字，表示吉祥的狀況。「敳」字在金文中出現不多，大多作為地名，目前還沒有足夠的證據

---

28 戰國趙・荀況著、清・王先謙，《荀子集解》，臺北：華正書局，1991，頁 78；漢・劉向著、盧元駿、陳貽鈺注譯，《說苑今注今譯》，臺北：臺灣商務印書館，1988，頁 532-533。

29 漢・高誘注，《戰國策》，《四部備要・史部》，冊 284，臺北：臺灣中華書局，1981，卷三十三，頁四。

30 漢・許慎著、清・段玉裁注，《說文解字注》，頁 618 上。

可以說明其與「媺」義的關係。但在戰國出土文獻上常見有「媺惡」一詞，是「善惡」的意思，且蘊含著「吉凶」的意味，傳世的《周禮》也保留了這個古代詞彙。

至於从「大」从「羊」的「美」字，早期應為族名，直至戰國末期纔通假作「美善」的「美」。這不僅因為「美」與「媺」的音同，同樣關鍵的是在戰國時期的觀念中，从「羊」的字體均帶有「善」義，這一情況在西周尚未形成。西周的「善」字用為「膳」的本字，尚未有善祥之義，故从「羊」字昇華為代表美善之義，應該還不是西周人的觀念。或許因為商周時期祭儀中，牛、羊都視為犧牲，羊牲並不佔優勢；而戰國時代以羊為犧牲較多，[31]所以在戰國人的觀念中，「羊」已是主要的吉牲，而帶有「祥」義。戰國文字中便發生了从「羊」的字體均有善義的情況，「美」正好成為這一系列的字詞之一。「美」的字形既與「善」、「義」相近，皆从「羊」部，自然也容易被認為具有美善之義，陳陳相因遂致積重難返，到後期便直接取代了「媺」的古字。

況且从「女」的字體自戰國晚期開始，被認為均帶有姦義，似乎不適合用來表達善美之義，這個觀念的之形成應該也曾對「媺」字的絕用產生了部分推波助瀾的影響。但根據現今所見的出土文獻，戰國末期以前都慣用「媺」和「媺惡」，而不用「美」字。況且古代「媺」字的意義與後期的「美」義有所差異，「媺」字從不用以表達外見的美色，而指內在的善性。因此在校讀楚簡時，不宜把「媺」視作「美」的通假。

2. 釋「䚷」

上博《緇衣》和郭店《語叢一》都有「頝」字，从頁、𢼸聲，可視為「䚷」的異體字。「䚷」，覹也，从見、𢼸（𢼸、微）聲。《說文・見部》云：「覹，司也，从見，微聲。」段玉裁注曰：「司者，今之伺字，許書無伺，司下當有視字。[32]既然「娓」與「頝」、「媺」與「覹」讀音皆从「𢼸」（微），則此處上博簡本所用的「頝」，實係「媺」字的語音通假字。或許因為从「女」字偏旁，在戰國晚期多已開始被當作不善、且帶有姦義的字彙，所以形成於戰國晚期的上博簡本乃將「媺」改寫从「見」的「䚷」。

---

31 是故《論語・八佾》錄：「子曰：『賜也，爾愛其羊，我愛其禮。』」魏・何晏等注、宋・邢昺疏，《論語注疏》，《十三經注疏》，臺北：新文豐出版公司，2001，頁76。

32 漢・許慎著、清・段玉裁注，《說文解字注》，頁408下。

3.「𡢃」與「賢」概念之別

禮記經本，既不用「𡢃」，也不用「美」。筆者推測，由於在文字發展的歷程中，古代的「𡢃」字已被「美」字取代，故「𡢃」字在漢朝已很少見。然若換為「美」字，與下句「惡」字相對，則意義不夠準確，且帶有凡俗的「美醜」意味，不合乎文章意旨。或許因為「𡢃」、「美」的指涉差異仍在，漢代以來的文獻在表達內在的倫常時，均不用「好美」，而用「好善」一詞稱之，如：

> 除其怨惡，同其好善。(《周禮・夏官・合方氏》)
> 有問曰：「若是乎君子之惡惡道之甚也。」孔子對曰：「惡惡道不能甚，則其好善道亦不能甚；好善道不能甚，則百姓之親之也亦不能甚《詩》云：『未見君子，憂心惙惙，亦既見止，亦既覯止，我心則悅。』《詩》之好善道之甚也如此。」(《說苑・君道》第五章)
> 好善惡惡，賞罰嚴明，治之材也。(亦作「嫉惡」)(《潛夫論・實貢》)
> 好善惡惡，人人如此。(《說岳全傳》第七三回[33])

然而《緇衣》的經典整理者並未把「𡢃」改成同義詞「善」，而改作「賢」。「𡢃」與「賢」的字義本來就不相同，「𡢃」指的是廣義「善」，而「賢」則單指「賢臣」。這不僅是棄用前代的字彙，也是文意的重大變化。

丙、女好茲衣／女毌紂衣／如緇衣

（甲）簡本作「女」，經本作「如」。「女」係「如」的本字。
（乙）經本刪除了簡本重複的「好」字，使此句的文法產生了變化。
（丙）郭點簡本作「茲衣」；上博簡本作「紂衣」；禮記經本作「緇衣」。
郭店簡本所用的「茲」字即「緇」的語音通假字。

上博簡本的「紂」字从「才」得聲，古代「才」、「茲」音同。不過楚文中的「才」字一般都寫作「[illegible]」，而「屯」則作「[illegible]」；篆文「屯」字寫作「[illegible]」，又與「[illegible]」（才）更為相近，因之，「才」與「屯」兩字同型。尤其從上博簡本來說，其第一簡

33 漢・鄭玄注、唐・賈公彥疏，《周禮注疏》，頁 1422-1424；漢・劉向著、盧元駿、陳貽鈺注譯，《說苑今注今譯》，頁 5；漢・王符著、彭丙成注譯、陳滿銘校閱，《新譯潛夫論》，臺北：三民書局，1998，頁 157；清・錢彩，《說岳全傳》，上海：上海古籍出版社，1979，頁 592。

下面另有寫作「[illegible]」的「[illegible]」字，裡面的「[illegible]」字偏旁與「[illegible]」毫無分別。因此上博簡本的「[illegible]」字可同時隸定作「紂」或「純」。此處，筆者贊同虞萬里先生的見解，上博簡本將「緇」寫成「[illegible]」，既證明了鄭玄注《禮記・玉藻》所言：「純當為緇」，亦確認了段玉裁以為古文「緇」、「純」字同的說法。[34]也就是說，「純」與「緇」的關係不僅是意義相近，而且本來就是同一個字。「紂衣」既可讀為「緇衣」，也可以讀為「純衣」。

丁、亞=女亞遀白／亞=女亞衖白／惡惡如巷伯

（甲）「亞=」，「惡惡」也，「=」係重文符號。

（乙）《巷伯》的「巷」字，郭店簡本作「遀」，上博簡本作「衖」。

《包山楚簡》第 142 簡中已有寫成「衖」的「巷」字，《上海博物館・周易》第 32 簡、《上海博物館・魯邦大旱》第 3 簡亦有「[illegible]」字。[35]在古文字中，「行」、「[illegible]」、「辶」偏旁常被混用，是以衖、[illegible]、遀應為同一字，都是「衖」的異體字。《楚辭・離騷》曰：「五子用失乎家衖。」朱熹集注：「衖，一作巷，與巷同。」[36]對於此字的釋讀，學者的看法率多一致。

戊、民臧[illegible]而[illegible]不屯／民咸[illegible]而[illegible]不[illegible]／刑不試而民咸服

（甲）郭店簡本作「臧」；上博簡本作「咸」；禮記經本作「咸」。

上博簡本尚未發現時，有些學者曾根據「臧」的字形，將之讀為「臧」（藏），[37]但上博簡本的「咸」寫法已足以證明二者都是「咸」的異體字。[38]

---

34 漢・鄭玄注、唐・孔穎達疏，《禮記注疏》，頁 1406，《論語・子罕》：「麻冕，禮也；今也純，儉。吾從眾。」何晏注：「麻冕，緇布冠也。純，緇也」。參見：魏・何晏等注、宋・邢昺疏，《論語注疏》頁 194；漢・許慎著、清・段玉裁注，《說文解字注》，頁 651 下。虞萬里，〈上海簡、郭店簡《緇衣》與傳本合校補證，上〉，頁 2。

35 張光裕主編、袁國華合編，《包山楚簡文字編》，臺北：藝文印書館，1992，頁 824；馬承源主編，《上海博物館藏戰國楚竹書（三）》，頁 44；馬承源主編，《上海博物館藏戰國楚竹書（二）》，頁 53。

36 戰國楚・屈原著、宋・朱熹集注，《楚辭集注》，上海：上海古籍出版社、合肥：安徽教育出版社，2001，頁 16。

37 涂宗流、劉祖信〈郭店楚簡《緇衣》通釋〉，頁 182。

38 儘管如此，黃錫全先生卻認為，郭店與上博用不同的「臧」與「咸」字。參見：黃錫全，〈讀上博楚簡札記〉，《新出楚簡與儒學思想國際學術研討會論文集》，北京：清華大學思想文化研究所，臺灣輔仁大學，2002，頁 26-32。鄒濬智先生也認為，郭店臧是「咸」誤為「臧」。參見：季旭昇主編，陳霖慶、鄭玉姍、鄒濬智合撰，《上海博物館藏戰國楚竹書(一)讀本》，臺北：萬卷樓圖書，2003，頁 81。

（乙）郭店簡本作「㚇」；上博簡本作「㚇」；禮記經本作「服」。

郭店中的「㚇」，李零先生將之釋為「力」字。[39]不過筆者贊同其他多數學者的看法，此字應是偏旁从「力」的「服」字。

對於上博簡本的「㚇」字，學者歧見頗多，不過大部分學者都認為「㚇」字應从「力」得聲。[40]然筆者以為「力」應為該字的義符，而非聲符。亦即郭店的「㚇」與上博的「㚇」二字義符相同，「㚇」的聲符應是其上的「卜」字，所以此字應該與郭店簡本、禮記經本同樣讀作「服」

（丙）郭店簡本作「坓」；上博簡本作「㓝」；禮記經本作「刑」。

大部分學者都將此字釋作「刑」，並與經本同樣解釋為「刑法」。然而，這一章的引文是《詩・大雅・文王》，其文云：「儀刑文王，萬國作孚」，根據引文，「刑」字在這裡應解作「型」，亦即效法文王的意思。鄭玄注解這段文字道：「刑，法也。孚，信也。儀法文王之德而行之，則天下無不為信者也。」東漢王符在《潛夫論・德化》裡也引用了這句話，只是將「刑」寫作「形」。[41]《書・文侯之命》也有以「刑」作「型」的文例，其謂：「汝肇刑文、武。」毛傳：「言汝今始法文武之道矣。」《荀子・強國》亦言：「刑範正，金錫美。」同樣是以「刑」表達「型」的字義。[42]

就經本而言，既然該章在引文中的「刑」字必然釋作「型」，本文裡的「刑」應該也同樣解為「型」字，兩者均表達效法文王的意念。且就簡本的字形來看，「坓」、「㓝」本即是「型」字。因此，筆者贊同李零先生直接以「型」釋讀此字的看法。[43]

（丁）郭店簡本作「屯」；上博簡本作「𠟴」；禮記經本作「試」。

許多學者忽視了簡、經本《緇衣》的時代社會觀念差異，也未著意區分兩者間不同的社會觀念，因此以為簡本「坓不屯」與經本「刑不試」的意思相同。但「屯」與「試」畢竟是兩個不同的字，於是出現了一些企圖將「屯」字牽連到刑法字義的說

---

39 李零，《上博楚簡三篇・校讀記》，頁 49。

40 如徐在國、黃德寬，〈《上海博物館藏戰國楚竹書（一）・緇衣、性情論》釋文補正〉，《古籍整理研究學刊》，2002 年第 3 期，頁 1；吳建偉，〈上博簡《緇衣》文字考釋四則〉，《語言研究》卷 26 帝 2 期，2006 年 6 月，頁 103。

41 《新譯潛夫論》，頁 384。《潛夫論・德化》云：「『上天之載，無聲無臭，儀形文王，萬邦作孚。』此姬氏所以崇美於前，而致刑措於後也。」恐怕係受《緇衣》的影響而敷衍之，《大雅・文王》的本文根本不涉及刑措之討論。

42 漢・鄭玄注、唐・孔穎達疏，《禮記注疏》，頁 2308；漢・孔安國傳、唐・孔穎達等正義，《尚書正義》，《十三經注疏》，臺北：新文豐出版公司，2001，頁 816；戰國趙・荀況著、清・王先謙，《荀子集解》，頁 194。

43 李零，《上博楚簡三篇・校讀記》，頁 94。

法。其中孟蓬生先生認為「乇」實際上是「弋」的誤字，因此，上博簡本的「𠚤」其實是从「弋」从「刀」的「試」字異體。[44]然而此說仍嫌牽強，因為「乇」與「弋」並不是通用的字體；其次，《緇衣》兩個簡本都有「弋」字，字形與「乇」完全不同，更遑論古文字中尚未出現从「刀」的「試」字。

筆者認為，直接以簡本的筆誤來解釋簡、經本的不同，並非適當的作法。尤其郭店與上博是兩個時代不同的簡本，卻能出現相同的筆誤，這實在有點匪夷所思！儘管孟蓬生先生的假設因缺乏證據而少有學者認同，但其他學者的釋讀方式卻也多有雷同。

其中劉釗先生以為「乇」在甲骨、金文裡常作「春」用，據以認定這裡的「乇」即是「春」或「蠢」，故可釋之為啟動的意思。[45]雖有些學者贊同劉釗先生的見解，但鄙見以為，「春」或「蠢」多用來表達萬物萌生等正面意涵，實不宜釋作使用刑罰。

《楚辭・離騷》有言：「屯余車其千乘兮」，王逸注之曰：「屯，陳也」。劉信芳先生乃據之以為，此處簡本《緇衣》的「乇」字也可釋為「陳」義，[46]亦即以陳列馬車譬喻刑罰的安排。這個推論有其根據，也被大部分學者接受，但鄙見以為，此種譬喻說仍略嫌牽強。《楚辭》與《緇衣》的兩個文句意義相去甚遠，因之不適合以此一孤證定案。

其實，「乇」字本身在先秦文獻的用意，應最合乎本文意旨，不需另求解釋。在先秦文獻中有「乇」字文例如下：

> 屯，剛柔始交而難生。（《易・屯》《彖傳》）
>
> 九五，屯其膏。（《易・屯》），程頤傳：「唯其施為有所不行，德澤有所不下，是屯其膏，人君之屯也。屯，吝嗇；膏，恩澤。後因以『屯膏』謂恩澤不施於下。」[47]
>
> 心若縣於天地之間，慰暋沈屯。（《莊子・外物》），陸德明引司馬彪：「屯，難也。」

---

44 孟蓬生，〈上博簡《緇衣》三解〉，上海大學古代文明研究中心、清華大學思想文化研究所編，《上博館藏戰國楚竹書研究》，上海：上海書店出版社，2002，頁 443。

45 劉釗，《郭店楚簡校釋》，頁 52；虞萬里，〈上海簡、郭店簡《緇衣》與傳本合校補證，上〉，頁 3。

46 劉信芳〈郭店簡《緇衣》解詁〉，頁 166。

47 戰國宋・莊周著、王叔岷，《莊子校詮》，頁 1043、1048；魏・王弼、晉・韓康伯注、唐・孔穎達等正義，《周易正義》，《十三經注疏》，臺北：新文豐出版公司，2001，頁 73-74。

也就是說，「屯」字指窒塞難行的意思，北魏酈道元《水經注・河水四》也用「屯」字來表示「堵塞」之義，其謂：

> 長津碩浪，無宜以微物屯流。[48]

筆者以為，「**坓不屯**」意指效法範式不會窒塞難行的意思。上博簡本作从「刀」的「㔀」，猶如「刪」字亦从「刀」，同樣是以「刀」作為義符，強調效法不會遭到堵截的涵義。

李零先生在這裡的「屯」釋為「頓」，[49]意思也基本相同。先秦有「頓」字的文例曰：

> 其無及廢先王之訓，而王幾頓乎？（《國語・周語上》），韋昭注：「頓，敗也。」
>
> 師徒不頓，國家不罷。(《左傳・昭公元年》)，楊伯峻注：「頓，疲弊也，挫傷也。」[50]

夏含夷先生接受李零的解讀，將「**型不頓**」視為「效法不敗」。[51]筆者的理解也相近，只是「屯」字本身已足以表達此種意涵，未必需要以「頓」的通假作迂迴解釋。尤其是《周易》中有「屯」卦，這說明了，「屯」在古代思想中已是相當重要的概念。《緇衣》作者用此概念表達「緇衣」的理想所在：國君若愛好純樸的表現，則百姓皆能服從且倣效國君的典型而不阻輟。

己、《𡳿》員／𦫳員／《大雅》曰

郭店簡本作「**𡳿員**」；上博簡本作「**𦫳員**」；禮記經本作「大雅曰」。

由於許多古字的「止」字偏旁在後期變形為「士」，循此，郭店的「𡳿」應即是「寺」的古字無疑，也就是「詩」的本字。上博的「**𦫳**」即「**旹**」的簡文，由於自古

48 魏・酈道元，《水經注》，臺北：世界書局，1956，頁 50。
49 李零，《上博楚簡三篇・校讀記》，頁 49、89。
50 戰國周・左丘明作、上海師範大學古籍整理研究所校，《國語》，上海：上海古籍，1988，頁 7；晉・杜預注、唐・孔穎達等正義，《春秋左傳正義》，《十三經注疏》，臺北：新文豐出版公司，2001，頁 1809-1812；楊伯峻編，《春秋左傳注》，北京：中華書局，1990，頁 1201。
51 「model will not crumble.」E.Shaugnessy. *Rewriting Erly Chinese Texts*. p.95.

以來「口」字即可與「言」互替，故「峕」亦即「詩」字。「員」字在楚文則用來表示「人云」的「云」字。[52]在本章中，《緇衣》作者引用《大雅・文王》之詩句來證明其論點。

庚、悉型文王／埶刲文王／儀刑文王

郭店簡本作「悉」；上博簡本作「埶」；禮記經本作「儀」。

兩個簡本的第三章均有「義」字，其寫法是从「我」、「羊」的「義」，但在這裡不从「羊」。以筆者淺見，這裡用了「悉」和「埶」兩個異體字形，可見該字並非「義」字，而是「儀」字的本字，和經本的用字相同。此處可以參考《語叢三》第三十五簡的文例，其謂：「喪，㥯也；悉，宜也」，[53]或可讀為「喪，仁也；儀，宜也」。相較於「義」，「儀」字在用法和意思確實更近於「宜」字。關於「儀」字从「心」的寫法本旨，虞萬里先生已為文作過探討。[54]

辛、萬邦乍孚■／墓邦复艮＿／萬國作孚／萬邦作孚

（甲）郭店簡本與禮記經本作「萬」；上博簡本作「墓」。「墓」字从「土」，為「萬」的異文，已可見於春秋晚期邾宣公的鼄（邾）公牼鐘銘文上。[55]

（乙）兩種簡本與毛詩經本作「邦」；禮記經本作「國」。

禮記經本將「邦」改成「國」，應是漢代避漢高祖劉邦名諱而改。

（丙）郭店簡本作「乍」；上博簡本作「复」；禮記經本作「作」。

在上博楚簡《恆先》的宇宙生成論中，有「乍」和「复」兩種「作」字的寫法。且其「乍」字用在「無有」的宇宙生成階段中，而「复」用在「有有」的階段中。馮時先生曾發現此種異體字的用意區分，他認為，《恆先》裡的「或乍」表達的是「無有」形態中抽象的「始作」，而「复」則表示實際的造做，即「有氣焉有有……氣自生自复」。[56]筆者贊同此說，且「复」字既然寫从「又」，又表達比「乍」字更實際的

---

52 這些字形由虞萬里先生足以探討。參見虞萬里〈上海簡、郭店簡《緇衣》與傳本合校補證，上〉，頁3。

53 荊門市博物館編著，《郭店楚墓竹簡・語叢三》，北京：文物出版社，2002，頁18。

54 虞萬里〈上海簡、郭店簡《緇衣》與傳本合校補證，上〉，頁4。

55 《集成》器號149-152，現藏於北京故宮博物院（音樂大系）、南京博物院 、上海博物館。

56 參見〈恆先〉，馬承源主編，《上海博物館藏戰國楚竹書（三）》，上海：上海古籍出版社，2003，頁 105-117。馮時先生未發表此見解。亦參見郭靜云，〈閱讀《恆先》〉，簡帛研究網 2008-7-25，http://jianbo.sdu.edu.cn/admin3/2008/guojingyun006.htm.

造做，若再進一步推論，或許我們可將之視為「做」的本字。

（丁）郭店簡本作「孚」；上博簡本作「𠬝」；禮記經本「孚」。

《說文・又部》：「𠬝，治也，从又、卪，卪，事之節。」段玉裁注：「說从卪之義。房六切。古音在一部。」[57]代「治」字可涵蓋主動和被動的意思，既曰「上治」（上位統治的意思），亦言「天下治」（天下被治理的意思）[58]；既可表示王治，亦可表示治於王。許慎也指出，「𠬝」字的義符為有「事」之義。故從字形、字義、字音來看，「𠬝」與「服」都可視為同一個字。因此筆者贊同黃人二將「𠬝」釋作「服」的說法[59]，而郭店所用的「孚」字與「服」讀音、涵義皆同。王平先生更進一步認為，因在甲骨文中，「𠬝」作「[illegible]」形（以《合集》702 正為例），而「孚」字則寫作「[illegible]」（以《合集》903 正為例）。故「『𠬝』與『孚』為同源字。」[60]王平先生的見解未必完全準確，不過上博簡使用「𠬝」字的讀音和文意，與其他版本使用的「孚」字相同。

（戊）郭店簡本作「■」；上博簡本作「＿」。章節結束符號，兩種簡本每一章後皆有之。

（四）簡本釋文與譯文

經過上述的文字考釋，吾人可得簡本第一章文字如下：

郭店：子曰：「好𡠬如好緇衣，惡惡如惡巷伯，則民咸服而型不屯。」《詩》云：「儀型文王，萬邦作孚。」■

上博：子曰：「好𡠬如好純衣，惡惡如惡巷伯，則民咸服而型不屯。」《詩》云：「儀型文王，萬邦做服。」＿

既然「緇」與「純」是同一字、「作孚」與「做服」的意義相同，於是兩種簡本第一章的文義也相同，可作如下譯文：

---

57 漢・許慎著、清・段玉裁注，《說文解字注》，頁 116 上。

58 引《周易・乾》，見魏・王弼、晉・韓康伯注、唐・孔穎達等正義，《周易正義》，頁 47。

59 黃人二，《上海博物館藏戰國楚竹書（一）研究》，頁 113-115。何琳儀和房振三將此字隸為「巴」，筆者以為不妥。參見何琳儀、房振三，〈釋巴〉，《東南文化》2008 年第 1 期，頁 58-60。

60 王平，〈上海博物館藏《戰國楚竹書・緇衣》引《詩》異文考〉，《華東師範大學學報》，卷 35 帝 4 期，2003 年 7 月，頁 74

子曰：「如果對孅善的愛好，猶如對樸素的『緇衣』純德的愛好，且同時對邪惡的憎惡，猶如對萋斐和譖言的憎惡，則民眾皆會服從，而效法此君的德性佳範也不困難。」《詩》云：「效法文王，則萬邦孚佑。」

（五）思想的詮釋

甲、「好孅」與「好賢」的分別

簡本《緇衣》首章的第一句，即顯示了文章的主題與《詩・鄭風・緇衣》有密切的關係。傳世的《毛詩》中，〈緇衣〉一詩全文如下：

緇衣之宜兮，敝予又改為兮。適子之館兮，還予授子之粲兮。
緇衣之好兮，敝予又改造兮。適子之館兮，還予授子之粲兮。
緇衣之蓆兮，敝予又改作兮。適子之館兮，還予授子之粲兮。

毛傳：「美武公也，父子並為周司徒，善於其職，國人宜之，故美其德，以明有國善善之功焉。」[61]其闡明了《詩》以「緇衣」譬喻君子懷抱純德的表現，此一譬喻也成為《緇衣》全文的出發點。上博簡本的「緇」字寫作「純」，不僅是因為古代「緇」、「純」同字，在儒家傳統中，「緇衣」也正好被用來作為「純德」的象徵。

相對於《詩・小雅・巷伯》所言：

萋兮斐兮，成是貝錦，彼譖人者，亦已大甚。
哆兮侈兮，成是南箕，彼譖人者，誰適與謀。
緝緝翩翩，謀欲譖人，慎爾言也，謂爾不信。
捷捷幡幡，謀欲譖言，豈不爾受，既其汝遷。[62]

這兩首詩的意義正好相反。《緇衣》一文的作者對《巷伯》所述「萋斐貝錦」、「緝緝翩翩」的「譖言」表示憎惡，也正好呼應了兩詩間的這種反差。

---

61 漢・毛公傳、鄭玄箋、唐・孔穎達等正義，《毛詩正義》，《十三經注疏》，臺北：新文豐出版公司，2001，頁 442-446。有關《鄭風・緇衣》詩的歷史背景，參見虞萬里先生的考證。虞萬里，〈《鄭風・緇衣》詩旨與鄭國史實、封地索隱〉，《史林》2007 年第 1 期，頁 114-136。
62 漢・毛公傳、鄭玄箋、唐・孔穎達等正義，《毛詩正義》，頁 1183-1192。

禮記經本首先將「爋」改作「賢」，因此造成了文義的變化。假如整理者把「爋」改作「善」，可視之為因歷史語言變化而作的修訂，然而「爋」與「賢」本來就不是同義詞，所以此種字詞的更換應視為有目的的竄改。若用「爋」，則其意與緇衣所象徵的純德相關；若用「賢」，則非意指純德的倫常，而是具象地指稱賢臣的德行。其次，經本中第二個「好」字被刪除，因此文句的讀法也有了變化。這兩種輕微的修改在意義上造成了沉重的結果：「好賢如緇衣，惡惡如巷伯」的意義是說：「愛好如《緇衣》中的賢人，而厭惡如《巷伯》中的奸佞」，但經本的重點卻從倫常轉到合乎此一倫常的誠臣。據筆者的感覺，經本用「賢」的竄改正好是為了呼應經本的主題：準確選人，任用有德性的賢臣當官，而非以爵刑法制來治理天下。

如果從《鄭風・緇衣》這首詩的內容來說，穿緇衣的人本身具有公伯的身份。而戰國時期的王侯公伯正是《緇衣》這篇儒家文獻意欲教導的對象。儒家教導公伯作君子，解釋君子的表現猶如緇衣般質樸真實，而以譬喻的說法呼籲王侯公伯穿上緇衣，以作為純德價值觀的標準。《禮記》則從另一個角度讀《緇衣》這首詩，其關注的是穿緇衣者的臣子身份，所以從天子的立場，強調選擇具備樸實緇衣表現的臣僚。

經本猶如《書・大禹謨》所言：「克勤于邦，克儉于家，不自滿假，惟汝賢。」[63]強調的是「賢臣」概念。此一方面的文句失去了原文「爋」、「惡」的互文對稱，另一方面，文義也失去了對倫常概念的基礎性認定。事實上，「賢臣」也在簡本《緇衣》的探討範圍內，但只是第十至十一章（經本第十五、十四章）所談的問題。經本在其他章節竄入了賢臣概念，便調整了全篇的旨意。幸有先秦簡本出土，纔使我們得知原來《緇衣》的重點是在呼籲王侯們愛好樸實的純德，而不在呼籲王侯愛好賢臣。所以經本的修改恐怕違背了文獻的原意，只從漢代帝王的立場表示挑選賢臣的原則。

乙、釋「型」

從章文、引文的比較，已足以闡明此章的意思並不涉及爵刑的批判，只是強調「型」的概念，即效法聖王的意義。簡本第一章的涵義相當通順，觀點也清楚，章文和引文的關係密切且沒有矛盾。

《大雅・文王》「型文王」實際上是保留了更古老的「型先王」觀點。西周早期大盂鼎載：

63 參見漢・孔安國傳、唐・孔穎達等正義，《尚書正義》，頁 154。

王若曰：「盂，不（丕）顯玟王，受天有（祐）大令（天命）……今我隹（唯）即井亩（型廩）于玟王正德，若玟王令二、三正。……」[64]

銘文以「型」字表達了周王承諾效法文王之正德。西周中晚期的銘文亦顯現出此種「型」的概念：

王若曰：「……今余隹（唯）帥井（型）先王令（命）。……」（師虎簋）[65]
女（汝）母（毋）弗帥用先王乍（作）明井（型）。（毛公鼎）[66]

西周銘文中的「型」，應該還不能理解為倫理方面的效法德行之義。「型先王命」主要是表達周代信仰：先王受天命，繼承王位者以其本身來體現先王所受的天命，繼承王位而作聖王之「明型」，由此掌握統治天下的神聖權威。《大雅・文王》即源於此，但已另外帶有倫理的觀點。從銘文與詩文對讀，可看出從「體現天命」之信仰發展至「效法聖王」道德概念的過程。

春秋列國統治者也繼續採用「型」的概念，如秦公鎛・甲載：

秦公曰：不（丕）顯朕皇且（祖）受天命，竈有下國，十又二公不墜才（在）上，嚴龏夤天命，保𤔲氒（業厥）秦，虩事蠻（蠻）夏；曰：余雖小子，穆穆帥秉明德，睿尃明井（型）……[67]

此外，從西周晚期以來的銘文可見，「型」的概念範圍不限於表達王侯祖子的關係，也指涉著各種祖孫關聯：

梁其肇帥井（型）皇且（祖）考，秉明德，虔夙夕，辟天子。（梁其鍾）[68]
番生不敢弗帥井（型）皇且（祖）考。（番生簋蓋）[69]

---

64 《集成》器號 2837，現藏於中國歷史博物館。
65 《集成》器號 4316，現藏於上海博物館。
66 《集成》器號 2841， 現藏於臺北故宮博物院。
67 《集成》器號 270，別名：秦銘勳鐘、盄和鐘、秦公鐘，藏處不明。因有兩種銘文不同的秦公鎛，且本文兩種都會用，故以甲、乙來區分。
68 《集成》器號 187，藏處不明。
69 《集成》器號 4326， 現藏於美國堪薩斯市納爾遜美術陳列館。

旅敢肇帥井（型）皇考。（虢叔旅鐘）[70]

在周代末年的銘文上，可見「型」的概念確實從統治者繼承先祖的意思，進一步發展出道德性的涵義，西周末年牧簋的銘文最詳細地揭示了當時「型」概念之演變：

> **王乎（呼）內史吳冊令牧。王若曰：「牧，昔先王既令女（汝）乍（作）嗣（嗣）土。今余唯或𣪕改，令女（汝）辟百寮，有同吏，包廼多𤔲（亂），不用先王乍（作）井（型），亦多虐庶民，氒𡅢（厥訊）庶右𧮫（粦），不井（型）不中，廼侯之精，以今既司匐氒𡅢（厥訊）召故。王曰：牧，女毋（毋）敢□□先王乍（作）明井（型），用雩乃𡅢（訊）庶右𧮫（粦），毋（毋）敢不明不中不井（型），乃□政事，毋（毋）敢不尹，其不中不井（型）……」。**[71]

牧簋之「型」從祖子關聯擴展到君臣間的關係，且明顯含有倫理的涵義。統治者「型」先王，而其臣民則「型」其君，由此聖王之德安寧天下。若臣屬與庶民違背聖王之道，則天下多亂，必須重新依先王之「型」加以治理。

這種「型」的概念源流應是來自先秦儒家。在此基礎上，儒家更進一步提出「臣型君」，即「君對民作榜樣」的核心概念。若君效法樸實純德，則民型其君之純德、倫常。《緇衣》原本從首章開始，一貫地論述王侯公伯的道德行為，並強調「君對民作榜樣」的核心概念。

先秦儒家由上下的親密關聯來討論國家制度，準此，國君的行為乃是國民的範例和表率。或可說，國民把國侯的德性當作「型範」。《荀子・強國》有言：「刑範正，金錫美。」即以金錫譬喻強調「正型」的概念，這應該是先秦儒家思想的主要論點之一。只是荀子在這裡表達的理想「型範」是「禮」，而《緇衣》則以國君本身作為臣民的「型範」。《緇衣》表達了比荀子更早期的儒家思想，應該可視為更早於孟子之前的子思學家的學說。[72]

---

70 《集成》器號 238-242，現藏於北京故宮博物院、日本東京書道博物館、上海博物館。

71 《集成》器號 4343。北宋時發現牧簋，藏處不明。關於其斷代郭沫若和容庚視為是恭王時期，馬承源視為懿王時期，吳其昌視為孝王時期，王世民等視為西周中期偏晚當孝夷前後之物，還有一些學者視為宣王時期，最近陝西出土的逨鼎、逨盤器物後，李學勤先生提出，牧簋銘文與逨鼎銘文對讀補充證明牧簋應是宣王時期的器物。

72 以李學勤先生的定義，郭店文獻年代是孔孟之間的時期。見：李學勤，〈郭店楚簡儒家典籍的性質與年代〉，《李學勤文集》，上海：上海辭書出版社，2005，頁 425-429。

在此需要進一步說明《緇衣》的「子曰」，對於其「子」字的指稱對象，學術界有兩種看法，或認為應指孔子，或認為係子思子。但無論何說，學者們均一致認為《緇衣》乃子思子學派的著作。在此，筆者傾向保守的態度，畢竟目前還沒有充分的證據可以決定「子」究竟是哪位聖子。可是依據郭店版本的形成年代，我們可以較確定地說：《緇衣》成書於孟子之前，故其代表孟子之前的子思子學派的學說。

據《緇衣》可知，學承子思子的儒師們直接把國家興亡的責任都放在王侯身上，如果統治者循著邪道，則國家型範不正，民眾不信服，社會就會混亂。是故，統治者具有德行，才能保證國家與社會的健康。簡本《緇衣》的首章確立了此一中心觀點，並從首章起即不斷強調「緇衣」的樸實性乃是純粹德行的理想標準，因此呼籲王侯遵守「緇衣」的標準，且通篇一貫地解釋統治者的何種行為符合德政，何者又不是德政。

丙、經本竄修的意義

經本將「**民咸服而型不屯**」一句改成「**爵不瀆而民作愿，刑不試而民咸服**」，由此將效法聖王的涵義改成對爵刑制度的批判，這造成了章文與引文間的矛盾，觀點變得複雜而不一致。是故，經本的涵意並不如簡本通順。夏含夷先生曾提出，經文的「**則爵不瀆而民作愿，刑不試而民咸服**」一句，完全不合乎該章的原始意義，應是漢人所竄入。[73]在此，筆者擬進一步說明經本在該章中的一切竄改，究竟代表何種思想趨向。

經本首章曰：「**為上易事也；為下易知也，則刑不煩矣。**」次章就順著刑措主題展開討論：對賢臣的愛好與對奸佞的憎惡，如何有助於避免使用爵刑制度。這樣的連結正好與「**好媺如好緇衣**」改成「**好賢如緇衣**」，以及「**民咸服而型不屯**」改成「爵不瀆而民作愿，刑不試而民咸服」的意思一致，都與新主題相關。從這些竄改中可明顯看到，漢代的經本《緇衣》是帝國的正統學說，重點為培養臣民、移除奸佞且少用爵刑。至於戰國時期的簡本，反而是從不秉持政權的文人角度來教導統治者「媺惡」、「純雜」、「誠偽」等倫常，呼籲王侯公伯保持純粹的內在與樸實的表現，以成為德行的型範，給臣民作可取的榜樣。

73 E.Shaugnessy. *Rewriting Erly Chinese Texts*. p.72-74.

三、從簡本到經本的主題變化

在思想家所撰寫的理論性文章中，總是在起首就確定了全文的主題，所以簡、經本《緇衣》首章的差異乃牽涉到頗為關鍵的主題修正。對此，早經學者發現論述，如曹峰先生說：

> 以國君應該喜歡什麼、不應該喜歡什麼的「好惡」論為例，簡本《緇衣》意識到國君的好惡對其民眾與臣下具有規範的意義，因而國君作為政治上的統治者兼道德上的指導者，有責任將自己的好惡明確無誤地傳達給民眾與臣下，不然的話，民眾就會陷於混亂。我們可以從中看出簡本《緇衣》對民心統一與服從之期待以及對君權的強調，因此「好惡」論具有特定的涵義。然後，到了漢以後，這種政治意識顯然淡化了，從文本上看，簡本第一章的「好媺」在今本第二章成為「好賢」；簡本第二章的「有國者章好章惡」在今本第十一章中成為「章善癉惡」；簡本第六章的「章志以昭百姓」在今本第六章中成為「章志貞教敬仁」；今本第六章所見的「以子愛百姓」不見於簡本第六章；今本第十二章中所見「臣儀行，不重辭」則不見於簡本第四章。種種跡象表明，簡本《緇衣》由「好惡」所體現的強烈政治意識到今本時弱化、淡化為一般和普遍意義上的君子道德論。[74]

曹峰先生的觀察頗為準確。在此，筆者只想進一步強調，主題的更改代表著有系統的編輯活動。

據上所述，先秦的《緇衣》作者是不秉持政權的自由文人，他的寫作目的是教導王侯成為君子，而帝國的《緇衣》則從統治者的立場討論如何培養賢臣。簡本的主題，乃以《詩》文譬喻，呼籲王侯遵守樸實正道且掃除飾偽假冒，由此一出發點，全文逐步地敘述早期儒家的政治理想。經本之出發點，卻在於論述刑法問題。

先秦儒師當然不會同意國君採用法家的爵刑制度，但是否定爵刑制度只是整個理論的一個環結。全篇一直到第十二章「**教之以政，齊之以刑，則民有遯心**」，以及第十三章「**正之不行，教之不成也，則刑罰不足恥，而爵不足權**」，作者纔表示了刑措

74 曹峰，〈第十二章、儒家經典與出土文獻〉，頁 326。曹峰先生用「美」字，筆者根據原文復改為「媺」。

的態度。由此可見，刑措雖然是《緇衣》原本已有的觀點之一，但先秦的《緇衣》明顯不是專為否定爵刑制度而作的文章。至於漢代的《禮記》版本，其開頭的修改就足以闡明文章主題在於不以爵刑的培養賢臣。此種主題已不能說是文人對王侯的教導，反而是王侯對臣民的教導，故經本已遭修改成適用於帝王時代的學說。

因為經本教導的方向與原文不同，所以選定的主題也不同。由於經典形成的需求，漢代整理者必須讓先秦文本合乎正統思想以及新選定的主題，因此漢代編本既可見文字修改，亦有文句竄入和結構調整的痕跡。

為了讓先秦的《緇衣》符合漢代政治思想的需求，漢代編輯者首先在簡本的第一章上竄入了簡本所無的「爵不瀆而民作愿，刑不試而民咸服」新文；其次，把簡本提及「教之以政，齊之以刑，則民有遯心」的第十二章，移動到第一章後；第三，由於只用原文仍不足以明確地變更主題，所以另外再加入新的首章。其實，漢朝人的目標是高舉第十二章所提出的刑措觀點作為全文的主題，所以把它往前移動，由新首章和原來第一章的修改加強了它的內容。可以說，經本的前三章組合，全是為了特意強調刑法問題。

由此可見，漢代對《緇衣》的修正乃是一種系統性的修正，只不過，由於《緇衣》原文表達的是另一種系統性的理論，所以在修正的結果中，漢代編本無法達成原文的一貫性；漢代編輯者實際上是牽強地改變了原文，藉以表達漢代的正統儒家思想，但終究造成了文義的矛盾和全文意旨的不連貫。

我們可以透過此具體的例子看出，儒家經典的形成既有先秦的根源，也涉及到漢代正統思想對於先秦觀點的修正，正由此種複雜的思想綜合過程，纔有國家經本的誕生。

肆

「好媺」之方

一、第二至四章的「板塊」

了解簡本與經本間的主題差異後，以下將依循著先秦儒師的思路，逐步了解各章之間的思想串連。簡本首章提出了「好媺」的目標，並將「媺」譬喻為樸實無飾的「緇衣」。第二至四章，則逐步闡明了「好媺」的方向、方法，以及其對教民與治國的作用。

據李零先生的研究，簡本第二至四章相當經本第十至十二章，是經本所移動的「板塊」之一。[1]而經本的移動，已斷碎了本「板塊」與前後的承續關係。關於簡本第二章的移動，韓碧琴先生論曰：

> 此章為經本第十一章，簡本則為第二章，與首章意同旨近，「好媺」與「章好」，「惡惡」與「章惡」銜接得宜，而今本《緇衣》第三章論「民教之以德，齊之以禮」治民重在尊德抑刑，與「好媺惡惡」所論顯然有別，簡本以「章好章惡」接「好媺惡惡」章，似較為合理。[2]

筆者贊同此說。透過下文的研究，我們可以進一步肯定此段在經本的位置，不如其在簡本中的地位來得清楚、重要。在簡本裡的位置，纔能使這個「板塊」接續由首章所確定的主題，呼籲王侯固守樸素之純德、明確區分「媺惡」，且讓臣民看清媺惡

1 李零，《上博楚簡三篇・校讀記》，頁 111。筆者曾已初步論述過第二至四章的「板塊」，參見郭靜云，〈由《緇衣》看討先秦與西漢儒家觀點之異同——以簡本第二至四章為中心〉，《中國經學》第 4 輯，桂林：廣西師範大學出版社，2008，頁 53-90。

2 韓碧琴，〈《禮記・緇衣》與郭店楚簡〈緇衣〉之比較〉，頁 86。韓碧琴先生用「美」字，筆者根據原文復改為「媺」。

之別，不致迷惑，並循此效法王侯的德行；循此基本思路，這個「板塊」也強調君臣坦誠相對、彼此信任，以達上下一德的境界。我們可以看到《緇衣》從首章到第四章的論述是逐步而連貫的，有明確的內在邏輯、方向及目的。其思路是依循王侯治國的基本原則，漸次發展到君與民的互相作用；循此，作者在第五章便提出了「君民為一體」的儒家政治理想，亦即《緇衣》論述的中心概念。在經本中的第五章已被移動為第十六章，但其內容實與前四章的關係至為密切。簡本前五章的論述不僅不顯混亂，反而敘述連貫，切合主題，表達了一個完整的思想體系。

我們可以發現除了這三章的「板塊」移動之外，經本還竄改了這三章之間的順序。簡本二、三、四章，變成經本的十一、十、十二章。經過下文的研究，我們也可以見到，經本對調了簡本第三、二章的順序後，兩章間的思想邏輯已遭到破壞，使經本的論述系統往往不如簡本原有的排序。

此外，第二至四章的修改，不僅涉及章文，還包括了對重要引文的修改。據此三章，不僅可見《緇衣》的原文變化，還可以針對《詩》的本義和發展問題作延伸性的討論。

二、第二章的校讎：媺惡之區分

（一）原文並列

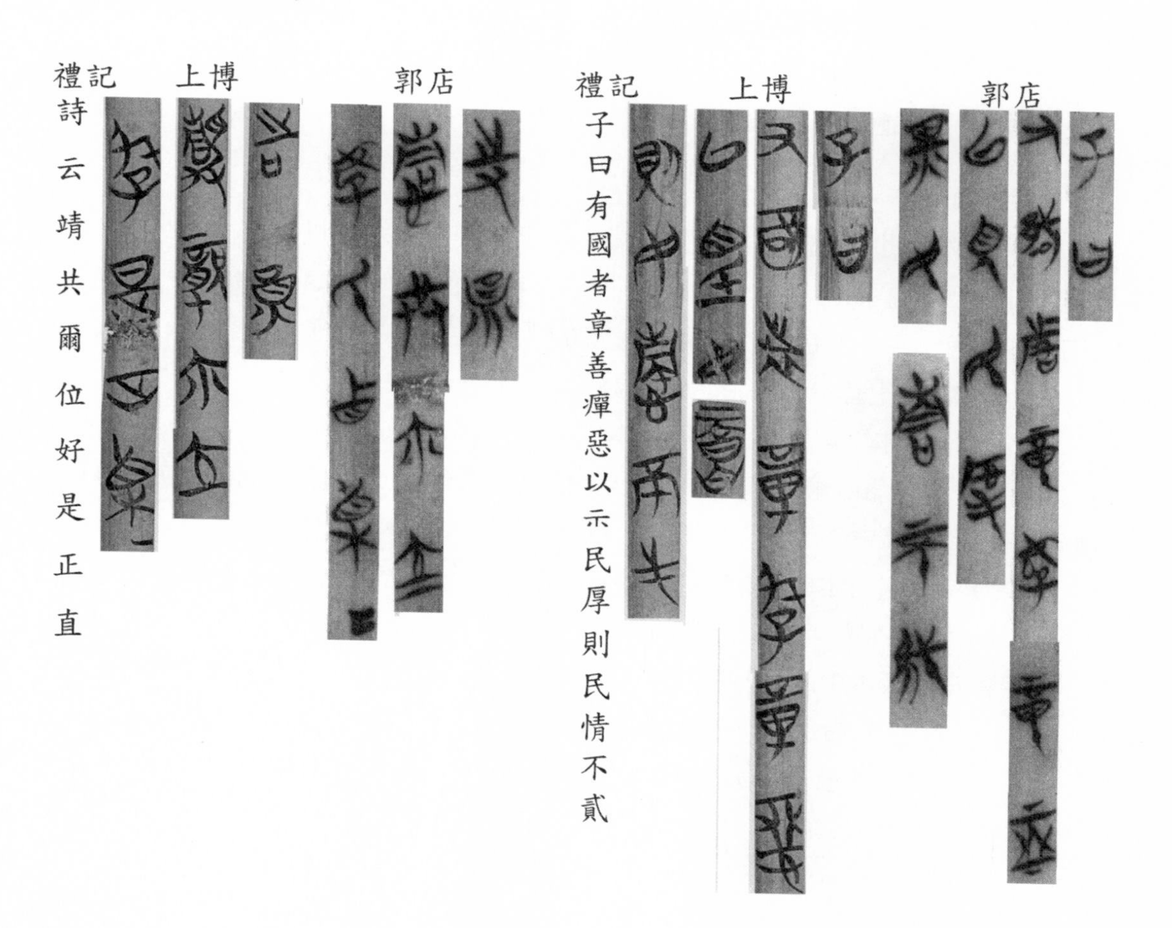

（二）釋文校勘

郭店第二章：　子曰：又𨛭者，章好章亞，以見民 厚，県民青不紑。
上博第二章：　子曰：又𨜏者，章丮章恶，以眡民I 厚，則民情不弋。
禮記第十一章：子曰：有國者，章善癉惡，以示民 厚，則民情不貳。

《𦍘》員：情共介立，好氏貞植。■
《告》員：静𢍰介立，𢀛是正植。＿
《詩》云：靖共爾位，好是正直。
毛詩經本《小雅・小明》： 靖恭爾位，好是正直。

（三）文字的考釋及訓詁

甲、又㽣者／又𡇫者／有國者

（甲）簡本作「又」；經本作「有」。

在甲骨文一期中「有」的本字係「㞢」，但自甲骨文二期以來已被「ㄡ」（又）所取代。雖然西周早期出現从「肉」的「有」字，如𣪕尊作「𠂇」，[3]楚簡上亦可見从「肉」的「有」字，如包山竹書第 123 簡的「𠂇」，[4]但這些例子仍屬罕見，在大部分先秦出土文獻上，「有」仍採用原始的「又」字形。

（乙）郭店簡本作「㽣」；上博簡本作「𡇫」；禮記經本作「國」

郭店之「㽣」和上博之「𡇫」，都是「國」的異體字，結構與「國」同，都是會意兼聲的字形。其中「或」均作聲符，且帶有「國」、「域」的字義。《說文・戈部》曰：「或，邦也。」[5]西周金文的「國」字亦都寫作「或」，[6]可知「或」即為「國」的本字。

此字在三種版本中的義符各為「邑」、「匸」、「口」。《說文・邑部》曰：「邑，國也」；《說文・匸部》曰：「匸，受物之器」；《說文・口部》則謂：「國，邦也，从口、从或」；「口，回也，象回帀之形之」，段玉裁注：「帀，周也」。[7]

---

3 《集成》器號 6014，現藏於寶雞市博物館。

4 參見張光裕主編、袁國華合編，《包山楚簡文字編》，頁 801。後文所用包山簡字形均參本文字編。

5 漢・許慎著、清・段玉裁注，《說文解字注》，頁 631 上。

6 如西周早期𣪕尊、中甗（《集成》器號 949，藏處不明）、𡨦鼎（《集成》器號 2740-2741，藏處不明）、中鼎（《集成》器號 2751-2752，藏處不明）、明公簋（《集成》器號 4029，現藏於上海博物館）、宜侯夨簋（《集成》器號 4320，現藏於中國國家歷史博物館）、班簋（《集成》器號 4341，現藏於北京首都博物館）；西周晚期毛公鼎、㝬鍾（《集成》器號 260，現藏於臺北故宮博物院）、禹鼎（《集成》器號 2833，現藏於中國國家歷史博物館）；春秋早期秦公鐘（《集成》器號 262、264，現藏於寶雞市博物館）、秦公鎛・乙（《集成》器號 267-269，現藏於寶雞市博物館）。

7 漢・許慎著、清・段玉裁注，《說文解字注》，頁 283 上、635 下、277 下、276 下。

1.「㺯」。比對這三種義符後，筆者獲得了一項啟發。就文字結構來看，「㺯」字的義符「邑」應該是最接近「國」字本字的字形。因為「邑」在所有表達「國邦」之義的文字中，形成時代最早。其次則是「邦」字，《說文・邑部》曰：「邦，从邑，丰聲。」[8]「邦」字自古即為形聲字，甲骨文寫作从「田」、「丰」聲（如《合集》595 正）；而從西周早期以降，都改作从「邑」，[9]且頻繁地出現在金文上。[10]「㺯」字似乎是以「或」為聲符，讀作「或」；其結構又與「邦」字同樣從「邑」部，應為「邦」字的異文。西周晚期的金文中已有此字，如師寰簋將之寫作「[illegible]」[11]。而戰國、西漢的出土文獻，如帛書乙 4.21 則作「[illegible]」，[12]楚璽的字形省橫筆作「[illegible]」。[13]包山簡 2.3 另有从「[illegible]」、「㺯」的「[illegible]」字，其實即从「邑」、「㕽」的「㺯」字異文。

2.「㕽」。「㕽」本身也是「國」字的異文，春秋晚期、戰國的金、簡文中都有此字，如春秋晚期的蔡侯樂器銘文有「建我邦國鐘」之句，[14]其中「國」字被寫作「㕽」。戰國㑒距末則作「[illegible]」，[15]包山簡 2.45、2.135 作「[illegible]」。從字形發展來看，「㕽」或是「國」的省文。

3.「國」。上博簡本所用的「國」字也是春秋戰國時代的「國」字的異形，如金文作「[illegible]」，[16]曾侯乙墓第 174 簡則作「[illegible]」。[17]

4.「國」（[illegible]）。从「囗」之「國」字最早見在西周中期的彔卣和西周晚期欒伯盤的銘文上，[18]其餘文例都出現在春秋之後。[19]

---

8 漢・許慎著、清・段玉裁注，《說文解字注》，頁 283 上。

9 如中甗、班簋、大盂鼎、小盂鼎（《集成》器號 2839，藏處不明）、靜簋（《集成》器號 4273，現藏於美國紐約薩克勒氏（薩克勒 1990））

10 《集成》共有 136 筆，參中央研究院歷史語言研究所金文工作室編《殷周金文暨青銅器資料庫》 https://db1n.sinica.edu.tw/textdb/test/bronze/qry_bronze.php

11 《集成》器號 4313-4314，現藏於上海博物館、美國堪薩斯市納爾遜美術陳列館。

12 曾憲通撰集，《長沙楚帛書文字編》，北京：中華書局，1993，頁 64。

13 羅福頤主編、故宮博物院編，《古璽彙編》，北京：文物出版社、香港：中華書局香港分局，1981，號 310，頁 54。

14 蔡侯申鐘（別名：蔡侯紐鐘，《集成》器號 210、211、217、218，現藏於安徽省博物館 、中國國家歷史博物館）、蔡侯申鎛（別名：蔡侯鎛，《集成》器號 219-222，現藏於安徽省博物館 、中國國家歷史博物館）。

15 《集成》器號 11915，藏處不明。

16 以春秋晚期王孫遺者鐘的字形為例，《集成》器號 261，現藏於美國舊金山亞洲藝術博物館布倫戴奇藏品（彙編），另見於戰國早期的國子鼎銘文上，《集成》器號 1348、1935，現藏於山東省博物館。

17 湖北省博物館編，《曾侯乙墓《曾侯乙墓（下冊）》，北京：文物出版社，1989，圖版二二三。

18 《集成》器號 5419-5420，現藏於臺北故宮博物院、美國普林斯頓大學美術博物館薩克勒氏藏

5.「㦸」。西周早期的保卣和保尊另有「𢦏」，从「囗」、「或」，也是「國」的異體字。[20]黃麗娟認為，作「國」字義符時，「口」、「匚」、「𠃊」、「囗」均表示「範圍」的意思，[21]此說均可從。

據上所述，「郕」與「國」應是各自獨立形成，而同時存在的字形。其中「國」純粹是「或」的衍生字，而「郕」係「或」與「邑」、「或」與「邦」的合體衍生字。至於「國」、「國」，則是春秋戰國時期的「國」字異體。到漢代以降，「國」字已統一寫作「國」，而「郕」字則已絕用。

有國者是指王侯。

乙、章好章亞／章善癉惡

（甲）首先，簡本對「好」與「惡」都同樣使用「章」作動詞，由此可知，簡本的「章」字不帶有任何正負評價的色彩。而大部分學者都將之通假作「彰」，釋為彰顯的意思。[22]然筆者以為，「章」本身的字意，更適於突顯出此句的文意。因為除了近於「彰」字的「章顯」、「昭示」[23]之外，「章」字尚有「辨別」、「區分」等涵義，如《孔子家語・曲禮子貢問》：

> 孔子曰：「季氏之婦可謂知禮矣，愛而無私，上下有章。」王肅注：章，別也。[24]

品；《集成》器號 10167，現藏於湖北省浠水縣博物館。

19 如秦公鎛・甲、春秋晉公盆（《集成》器號 10342，藏處不明）、春秋國差𦉜（《集成》器號 10361，現藏於臺北故宮博物院）、春秋早期曾子斿鼎（《集成》器號 2757，現藏於上海博物館）、宗婦鄁嬰鼎、宗婦鄁嬰簋、宗婦鄁嬰盤（《集成》器號 2683-2689、4076-4087、10152，現藏於上海博物館）、宗婦鄁嬰壺（《集成》器號 9698-9699，現藏於南京博物院）。

20 《集成》器號 5415，現藏於上海博物館；《集成》器號 6003，現藏於河南省博物館。

21 黃麗娟，《郭店楚簡緇衣文字研究》碩士學位論文，臺北：國立臺灣師範大學國文研究所，2001，頁 60。

22 如劉信芳，〈郭店簡《緇衣》解詁〉，頁 167；劉釗，《郭店楚簡校釋》，頁 52；季旭昇主編，陳霖慶、鄭玉姍、鄒濬智合撰，《上海博物館藏戰國楚竹書（一）讀本》，頁 83。

23 如《書・堯典》：「九族既睦，平章百姓。」孔穎達疏：「教之以禮法，之使之明著。」漢・孔安國傳、唐・孔穎達等正義，《尚書正義》，頁 46；《國語・周語中》：「且夫兄弟之怨，不徵於他，徵於他，利乃外矣。章怨外利，不義。」韋昭注：「章，明也。」周・左丘明撰、吳・韋昭注，《國語》，《四部刊要・史部・雜史類・事實之屬》，臺北：漢京文化事業有限公司，1983，頁 45、47。

24 楊朝明主編，《孔子家語通解──附出土資料與相關研究》，臺北：萬卷樓，2005 年，525-5260 頁。雖然《孔子家語》成書的時代屬於較晚，但前三十年在安徽阜陽雙古堆西漢墓出土的木牘上有發現了《孔子家語》的資料，此證明了《孔子家語》的早期西漢甚至先秦來源。所以《孔

筆者以為，在「**章好章惡**」句中，作為動詞的「章」字正好帶有「區別」的意味，表達「王侯明確地昭示善惡之別」等觀點。因此在這裡直接取「章」義會比釋為「彰」更加通順。

其次，從文法來說，簡本首章言：「**好嬍如好緇衣，惡惡如惡巷伯**」，「惡」字兼具動詞和名詞兩種用法。當作動詞時，「惡」與「好」相對；作名詞時，則與「嬍」相對。第二章「**章好章惡**」句中，既有類似的「好／惡」對比，或可由此推論該句的「好／惡」與首章相同，都作動詞使用。亦即「好」字並非指「好的情形」，而是指「所愛好的情形」；「惡」非指「惡的情形」，而是指「所憎惡的情形」。所以，簡本此句應解為：明確地區分所愛好和所憎惡的情形。

戰國晚期的《韓非子・主道》從道家的立場上說：

> 道者，萬物之始，是非之紀也。是以明君守始以知萬物之源，治紀以知善敗之端……故曰：君無見其所欲，君見其所欲，臣自將雕琢；君無見其意，君見其意，臣將自表異。故曰：去好去惡，臣乃見素，去舊去智，臣乃自備。
> 《集解》：「好惡不形，臣無所效，則戒而自備。」
> 松皐圓《纂聞》：「君無好惡，則臣無因為偽，其誠素自見矣。」[25]

兩相比較下，韓非子所駁斥的觀點恰好是楚簡《緇衣》所主張的先秦儒家觀點。《緇衣》的作者強調：君王必須讓臣民清楚自己的意念，明確區分愛憎的對象；而韓非子全然反對這種看法，其以為不能將君王的愛憎標準當作關鍵性的作用，反倒應該排除君王的積極性態度，將其好惡完全排除之後，臣民才能見到事件之素性。藉由韓非子的批判，事實上也同時證明了先秦儒家確實有和簡本《緇衣》一致的理念論述。

（乙）「**章好章惡**」之句在兩種簡本相同，但是與經本有別。

首先，經本對「好」與「惡」分別使用了「章」與「癉」兩個不同的動詞。「癉」與「癉」相同，鄭玄注曰：「**章，明也。癉，病也。**」[26]據此，「癉」字無疑帶

子家語》的字義應可用作考證資料。或許《孔子家語》的這一句恰恰保留了先秦「章」字的用意。

[25] 戰國韓・韓非著、清・王先慎撰、鍾哲點校，《韓非子集解》，北京：中華書局，1998，頁 26-27；松皐圓纂聞的《定本韓非子纂聞二十卷》，參見戰國韓・韓非著、陳啟天校釋，《韓非子校釋》，臺北：臺灣商務印書館，1960，頁 686-688。

[26] 漢・鄭玄注、唐・孔穎達疏，《禮記注疏》，頁 2318。

有有負面批駁的意味，而「章」在這裡應是「癉」的反義詞，帶有讚美的意味。筆者推論經本「章」字應與《商君書・說民》「章善則過匿」的用意相近，即有「彰揚」的意味。[27]換言之，經本對「善／惡」分別用了「章／癉」這對反義詞，而非統一使用「章」字，因此便產生了簡本所無的兩種對立動作：「章」是指對於「善」的動作，即彰揚善性；「癉」是指對於「惡」的動作，即控制惡性。

古偽《書・畢命》恰好有完全相同的文句，其曰：「彰善癉惡」，孔傳：「明其為善，病其為惡」。[28]但是原本《緇衣》的意思並非如此。

其次，從文法來說，此句的簡、經本文意也不盡相同。經本中把「好／惡」改成「善／惡」，已造成了內容本質上的差異。亦即，簡本的「好」字是指「所愛好」，而經本的「善」字是指「善性」；簡本的「惡」字是指「所憎惡」，而經本的「惡」字是指「惡性」。經本既以客觀的「善性」與「惡性」為指稱對象，原文強調君王對臧惡判斷的重要性也就消失了。

丙、以見民厚／以眡民厚／以示民厚

簡本「厚」字的字形，皆作異體字，參見鄒濬智先生的考證。[29]

郭店簡「見」係「視」的本字，所以郭店簡的「見」應讀「視」。

上博簡「眡」字从「目」，「氏」聲，應亦為「視」字。所以此處兩種簡本均用「視」字。

然因禮記經本所用為「示」，許多學者也隨之將簡本用字釋為「示」字；[30]另一些學者雖將簡本的字釋讀為「視」，但卻仍以「示」標義。[31]「視」與「示」讀音相同，加上《詩・小雅・鹿鳴》云：「視民不恌」，鄭玄注：「視，古示字也」，[32]所以把簡本的「視」讀為「示」好像毫無疑問。但從整個文句來看，前文的「章」字已帶

27 戰國衛・商鞅撰、賀凌虛注譯，《商君書今注今譯》，臺北：商務印書館，1985，頁 48-49。

28 漢・孔安國傳、唐・孔穎達等正義，《尚書正義》，頁 770。

29 季旭昇主編，陳霖慶、鄭玉姍、鄒濬智合撰，《上海博物館藏戰國楚竹書（一）讀本》，頁 83-84。

30 參見：劉信芳，〈郭店簡《緇衣》解詁〉，頁 166；劉釗，《郭店楚簡校釋》，頁 52；季旭昇主編，陳霖慶、鄭玉姍、鄒濬智合撰，《上海博物館藏戰國楚竹書（一）讀本》，頁 83；韓碧琴，〈《禮記・緇衣》與郭店楚簡〈緇衣〉之比較〉，頁 69-113；李零，《上博楚簡三篇・校讀記》，頁 49、89。

31 涂宗流、劉祖信，〈郭店楚簡《緇衣》通釋〉，頁 183；黃人二，《上海博物館藏戰國楚竹書（一）研究》，頁 116。

32 漢・毛公傳、鄭玄箋、唐・孔穎達等正義，《毛詩正義》，頁 870。

有「昭示」的意思，如果「視」讀為「示」，則「章」、「視」用意幾乎相同，因之這句話就必須被理解為：「昭示所愛好，昭示所憎惡，以昭示民厚」。但這種前後句法沒有任何進一步的意義，且在「民厚」解讀上也產生了問題。

對於此句，季旭昇先生的釋讀為：「掌有國家政權的人，要讓自己的好惡都明白呈顯，以向人民顯示自己的厚實正直的德性」，虞萬里先生則釋讀為：「長民者表彰正義，憎恨邪惡，以向民眾昭示政教的純厚」，[33]但在這類的釋讀方式將「民」「厚」拆開，中間卻沒有表示關係的連接詞，在文法上不夠通順。

依筆者淺見，在這裡的「厚」既可讀為「純厚」，亦可讀為「敦厚」，但表達的不是統治者的純樸誠心，而是指臣民的「敦厚」而言。對照下列文句：

> 惟民生厚，因物有遷。（《書・君陳》）孔傳：「言人自然之性敦厚。」
> 曾子曰：「慎終，追遠，民德歸厚矣。」（《論語・學而》）[34]

《緇衣》中的「民厚」應與《論語・學而》的意義相同。是故，「視」字也不宜釋為「昭示」的意思，更不宜通假為「示」。在這裡的「視」應用以表達「養視」、「看待」、「關注」等先秦文獻所見的涵義。[35]是故，「視民厚」「養視國民的敦厚之心」，亦即教導臣民之德，使歸於敦厚。

經本中，「章」被改成「章／癉」對立，「視」被改成「示」，所以「厚」之義已近於「優勝」，整個文句的意義也隨之被改變了。

丁、鼎民青不�

（甲）楚文「則」均作「[illegible]」，郭店本首章亦如此，然後文不用从「刀」的「則」，而於「[illegible]」下加「火」字偏旁，故此異體字可隸定為「鼎」或「鼎」，亦為「則」字。

---

33 季旭昇主編，陳霖慶、鄭玉姍、鄒濬智合撰，《上海博物館藏戰國楚竹書（一）讀本》，頁83；虞萬里，〈儒家經典《緇衣》的形成〉2006年（手稿）

34 漢・孔安國傳、唐・孔穎達等正義，《尚書正義》，頁 726、725；魏・何晏等注、宋・邢昺疏，《論語注疏》，頁28。

35 如《國語・晉語》所言：「是虎目而豕喙，鳶肩而牛腹，谿壑可盈，是不可饜也，必以賄死。遂不視。」韋昭注：「不自養視。」或者《左傳・成公三年》：「賈人如晉，荀罃視之。」參見周・左丘明撰、吳・韋昭注，《國語》，頁 453；晉・杜預注、唐・孔穎達等正義，《春秋左傳正義》，頁1139。

（乙）郭店簡本作「紑」；上博簡本作「弋」；禮記經本作「貳」，或有的版本作「忒」。

關於「忒」、「弍」，兩字形、義皆相近。筆者雖贊同學者將該字解釋為「忒」，不過仍須注意「忒」字在先秦文獻中主要有以下三種涵義：

1. 差忒、差錯或混淆，如《詩・大雅・抑》：「取譬不遠，昊天不忒。」《詩・魯頌・閟宮》：「春秋匪解，享祀不忒。」《易・豫》：「故日月不過，而四時不忒。」[36]

2. 邪惡，如《書・洪範》：「人用側頗僻，民用僭忒。」陸德明釋文：「忒，馬融云：『惡也』。」[37]

3. 疑貳、變更，如《詩・大雅・瞻卬》：「鞫人忮忒，譖始竟背。」毛傳：「忒，變也」《詩・曹風・鳲鳩》：「淑人君子，其儀不忒。」孔穎達疏：「執義如一，無疑貳之心。」[38]

筆者以為，在這裡若用「忒」字，則其用意或許帶有「違背忠信」、「有疑貳之心」的意味，因而近於上述第三種涵義，且與「弍」的字義也較相近。所以不同的經典版本中，作「弍」或作「忒」，皆同。若進一步來看，郭店第三章有「弋」字，而此處禮記經本與毛詩經本皆用「忒」字。或許郭店簡的「紑」、「弋」的區別恰好表達了「弍」、「忒」仍有不同。故二字雖難以區分：上博簡本兩處都作「弋」，禮記經本既有「忒」字版本亦有「貳」字版本，但筆者還是建議在這裡讀為「弍」會較為允當。

戊、情共尒立／靜龏尒立／靖共爾位／靖恭爾位

（甲）郭店簡本作「情」；上博簡本作「靜」；經本皆作「靖」。

古代三字皆通。其在此處用意應與《論語・雍也》相同，表達穩恆不轉變的意思：

> 子曰：「知者樂水，仁者樂山。知者動，仁者靜。知者樂，仁者壽。」

36 漢・毛公傳、鄭玄箋、唐・孔穎達等正義，《毛詩正義》，頁 1791、2143；魏・王弼、晉・韓康伯注、唐・孔穎達等正義，《周易正義》，頁 170。

37 漢・孔安國傳、唐・孔穎達等正義，《尚書正義》，頁 463。

38 漢・毛公傳、鄭玄箋、唐・孔穎達等正義，《毛詩正義》，頁 1916、754-755。

《詩・周頌・我將》:「儀式刑文王之典，日靖四方。」[39]其「靖」字用意也相近。

（乙）郭店簡與禮記經本皆作「共」；上博簡本作「龏」；毛詩經本作「恭」

「龏」係「龔」，即古代的「恭」字，而「恭」與「共」通常混用。此字究竟是「共」或「恭」，歷來已是經學專家的辯論問題。原來在《毛詩》中此字作「恭」，然而後來鄭玄箋改成「共」字，並訓為「具」，因此後來的經本都改成「共」。不過一直有經學家不贊成此說，如日本竹添光鴻謂:「《緇衣》『靖共爾位』。釋文:『共』本作『恭』。《漢書・宣王元六王傳》亦引作『靖共爾位』。據此則『共』仍訓為恭敬字為是。凡事恭敬，而不敢慢也。」[40]今上博簡本在此處用「龔」字，不得不令我們重新思考這一問題。黃人二先生已提出，在這裡「共」、「龔」應都要讀為「恭」[41]，筆者同意此說，並擬以傳世文獻作爲補充例證:

> 允恭克讓，光被四表，格于上下。(《書・堯典》) 孔穎達疏引鄭玄曰：不懈於位曰恭（龔）。
>
> 敬事供上曰恭。(《逸周書・謚法》) 朱右曾集訓校釋云：敬事，不懈於位。
>
> 恭夙夜而不貳兮，固終始之所服。(張衡〈思玄賦〉) [42]

張衡正好也用「恭」表示「不懈於位」的意思。換言之，出土與傳世資料皆顯示了毛公用「恭」的文本纔是合乎本意的，其他版本的「共」只不過是「恭」的假借字。。

（丙）簡本皆作「尒」；經本皆作「爾」。「尒」係「爾」的古字。

（丁）簡本皆作「立」；經本皆作「位」。「立」係「位」的本字。

「靜（靖）恭爾位」的意思是:「堅定不移，不懈於位」。

---

[39] 魏・何晏等注、宋・邢昺疏，《論語注疏》，頁 142；漢・毛公傳、鄭玄箋、唐・孔穎達等正義，《毛詩正義》，頁 1978。

[40] 日・竹添光鴻撰，《毛詩會箋》，臺北：華國出版社，1975，冊七，卷十三，頁二十六。

[41] 黃人二著，《上海博物館藏戰國楚竹書（一）研究》，116-117 頁。

[42] 漢・孔安國傳、唐・孔穎達等正義，《尚書正義》，頁 44-46；黃懷信、張懋鎔，田旭東撰，《逸周書彙校集注》，上海：上海古籍出版社，2007，頁 639；漢・張衡〈思玄賦〉，梁・蕭統編、唐・李善注，《文選六十卷》，臺北：文津出版社，1987，卷十五，頁 676。

己、好氏貞植／玨是正植／好是正直

（甲）郭店簡本作「氏」；其它版本皆作「是」。

郭店簡本的「氏」是語音假借字，應讀作「是」，故簡、經本皆作「是」。

巫雪如注意到楚簡的《緇衣》都用「此」當作指代詞，而禮記經本全改成「是」。但楚墓簡本在第二章也有使用「是」字者，[43]所以筆者推論，此處「是」字原來並非代詞，而應當作名詞來讀，即指「真理」的意思，猶如《淮南子・脩務》所言：「立是廢非」。[44]

對於經本的「好是正直」，孔穎達疏：「愛好正直的人，然後事之也。引之者証上民情不二，為正直之行。」[45]從文法上說，孔穎達對這四字的釋讀是「動詞——指代詞——形容詞——用作代名詞的形容詞」，但筆者由出土版本推知，此句原來的文法結構應為「動詞——名詞，動詞——名詞」，即動賓結構，應斷為「**好是，貞植**」。實係呼籲統治者「愛好真理」的意思。

（乙）郭店簡本作「貞」；其它版本皆作「正」。

郭店簡本所用的「貞」字與「正」相同。孔安國《尚書傳》曰：「貞，正也。」古代「貞」與「正」確實是同義字，只是「貞」用作動詞較多，而「正」則用作名詞或形容詞較多。傳世文獻中所見「貞」字的用意和定義正好與《緇衣》的意義相近：

> 昔者衛國有難，夫子以死衛寡人，不亦貞乎！（《禮記・檀弓下》）
>
> 子曰：「君子貞而不諒。」（《論語・衛靈公》）
>
> 言行抱一謂之貞。（《賈子・道術》）
>
> 不隱無屈曰貞。（《逸周書・謚法》）[46]

---

43 巫雪如，〈由先秦指代詞用法探討郭店、上博及今本《禮記》〈緇衣〉之相關問題——兼探三本〈緇衣〉之流傳〉，《2007 中國簡帛學國際論壇論文集》，臺北：臺灣大學，2007 年 11 月。

44 何寧撰，《淮南子集釋》，北京：中華書局，1998，頁 1346。

45 漢・鄭玄注、唐・孔穎達疏，《禮記注疏》，頁 2318。

46 漢・鄭玄注、唐・孔穎達疏，《禮記注疏》，頁 463；魏・何晏等注、宋・邢昺疏，《論語注疏》，頁 362。漢・賈誼撰、清・盧文弨校，《新書》，卷八，《叢書集成・初編》第 519 冊，北京：中華書局，1985，頁 82；晉・孔晁注，《逸周書》，《四部備要・史部》，第 86 冊，臺北：臺灣中華書局，1965，卷六，頁二十一。

《逸周書・謚法》將「貞」定義為「不隱無屈」的意思，與《緇衣》的觀點非常切合，即強調不隱無屈者對善惡之區分。清代潘振《周書解義》解義：「反身循理，故氣有伸，而無曲。此御世之貞。」朱右曾《周書集訓校釋》釋《謚法》此句云：「不隱無曲者堅守其正，外內用情者內外如一。」[47]這些話彷彿針對《緇衣》而發，《緇衣》的寫作目的正好就是教導統治者「堅守其正」、「內外如一」等倫常。

郭店簡本係目前可見最早的版本，所以應是最接近於作者原本的版本，其用「貞」字應有其用意，吾人無須將之改成「正」字。郭店簡「貞」字如同上述文獻所表達的「不隱無屈」之意，且當作動詞來用，而「植」字係與「貞」字動詞連接的賓語。

關於兩種簡本皆用「植」字的情況，一般學者都根據經本所錄，將「植」改成「直」。然鄙見以為，不必將簡本「植」字視為「直」的假借字，逕讀其本字，此句意思纔會清晰。「植」字在傳世文獻中用指「根本」、「倚靠」、「基礎」、「主幹」、「首領者」等涵意[48]，其中也有與《緇衣》的意思完全相同的例子：

> 上無固植，下有疑心，國無常經，民力必竭，數也。(《管子・法法》) [49]

此即是言，如果上位者不依靠固定的倫常，則下位者將會有疑心，這正與《緇衣》第二章所論的重點相同！雖然尹知章注：「植，志。」然而「固植」同時也意指堅定不移的根本、基礎，或謂「幹植」。《孔子家語・六本》亦有相近的說法：

> 孔子曰：「貞以幹之，敬以輔之，施仁無倦。見君子則舉之，見小人則退之。」王肅注：「貞，正，以為幹植。」[50]

---

47 黃懷信、張懋鎔，田旭東撰，《逸周書彙校集注》，頁 662。

48 如，《論語・微子》：「植其杖而芸。」魏・何晏等注、宋・邢昺疏，《論語注疏》，頁 413；《淮南子・兵略》：「神莫貴於天，勢莫便於地，動莫急於時，用莫利於人。凡此四者，兵之幹植也，然必待道而後行，可一用也。」何寧撰，《淮南子集釋》，頁 1080；《左傳・宣公二年》：「宋城，華元為植，巡功。」杜預注：「植，將主也。」晉・杜預注、唐・孔穎達等正義，《春秋左傳正義》，頁 944。

49 春秋齊・管仲撰、慧豐學會編，《管子纂詁》，臺北：新文豐，1978，卷六頁三。

50 楊朝明主編，《孔子家語通解——附出土資料與相關研究》，198 頁。「干植」，或作「幹植」，《淮南子・兵略》亦言「兵之幹植」，同樣用以表達「根本」的意思，參見何寧撰，《淮南子集釋》，頁 1080。

在「**好是，貞植**」句中，「好」字無出此篇之例，是用來表達「愛好」的動詞；「貞」字也如常作動詞用，其義猶如《孔子家語・六本》所言：「**貞以幹之**」。雖然上博簡本將「貞」改成「正」，但因「貞」就是「正」，其用法亦相同。「是」、「植」二字乃「好」和「貞」的賓語。「是」指「真理」，猶如《淮南子・脩務》所言：「**立是廢非**」；而「植」是指根本、幹植、幹主，如《管子・法法》所言：「**上無固植，下有疑心，國無常經**」。「好是」的意義是呼籲王侯「愛好真理」、「立是廢非」；「貞植」的意義是呼籲王侯堅定根本、忠貞不二，「遵守『**不隱無屈**』的『**固植**』」。

這樣的解讀不僅呼應《緇衣》的內容，也更能與引《詩》的原義相合。

《詩・小雅・小明》經本云：

> 嗟爾君子，無恆安息，靖共爾位，好是正直，神之聽之，介爾景福。[51]

楚簡的發現不僅有助於釐清《緇衣》的本旨，更可進一步討論《小明》詩的原義。

(四) 簡本釋文與譯文

經過對文字之考釋，可得出第二章的釋文如下：

> **子曰：「有國者，章好章惡，以視民厚，則民情不弍。」《詩》云：「靜（靖）恭爾位，好是貞植。」■**

據上述分析，該章所引用的《詩》應譯為：「堅定不移而不懈於位，愛好真理且堅固其根本，在這方面『**不隱無屈**』」。這樣的解讀方能使詩義明晰，且使簡本文順義通。由章文必與引文相應、互補，闡述亦相貫徹的觀點來看，可得譯文如下：

> 子曰：「既然統治者明確地區分所好和所憎，以培養臣民的敦厚，於是臣民不疑心亦不背棄。」《詩》曰：「穩定地不懈於位，愛好真理，堅固根本。」

51 漢・毛公傳、鄭玄箋、唐・孔穎達等正義，《毛詩正義》，頁 1241。

（五）思想的詮釋

本章以章文、引文的連結，建立了如下概念：明確區分愛好和憎惡的對象，為不混淆是非的基礎。西漢王褒《四子講德論》表達思孟學派的思想云：

> 好惡不形，則是非不分。[52]

此句話頗與《緇衣》第二章的重點契合。

在簡本第二章的章文中，經本有三字遭到修改：首先，首句兩個「章」字改成「章／癉」的相對；其次，「好／惡」原表達君王「所好／所惡」之相對的態度，改成「善／惡」後，只表達了性質上的相反；其三，「視」改作「示」。這些看起來雖然都只是輕微的修改，但在意義上均造成了沉重的變化。

簡本「**章好章惡，以視民厚**」與經本「**章善癉惡，以示民厚**」意義的差距很大，前者言：「彰顯愛憎之別，以培養臣民的敦厚」；而後者言：「揚善而懲惡，以顯示臣民的優良」。由此可見，簡本論及君王的教導作用，以為統治者應宣揚倫常價值，讓臣民可嚴守無誤，以涵養百姓的之德性；而經本所用的「章／癉」相對，實與「爵／刑」相對的意義接近，於是此章的意義又意味著對刑賞制度的討論，即呼應經本《緇衣》開頭所宣告的「爵刑」主題。孔穎達也指出了這一點：「**言為國者有善以賞章明之，有惡則以刑癉病之也。**」[53]可以說，簡本的涵義純粹表達了儒家對統治者的倫常要求；而經本並不對統治者提出倫理上的要求，反而著眼於統治者如何培養忠臣的問題。不過，經本因以先秦原本為依據，改變了原本的主題，故其論述失去了原本的內在邏輯和一貫性。

筆者以為，簡本不僅是章內的文義通順，第一至二章所論述的觀點也一致。兩章共同的重點是，王侯應愛好樸素純德的性質，排斥任何巧飾的偽裝，且明確區分愛憎的對象。如果王侯固守此原則，則臣民皆將順服地效法國君的德行，民情不會疑貳，也不會違背忠信。是故，有君位者必須愛好真理，以正定國家的主幹。

我們可以想像，簡本的章次順序安排，正彷彿一位名儒為統治者的教育所準備

---

52 漢・王子淵，〈四子講德論并序〉，梁・蕭統編、張啟成、徐達等譯注，《昭明文選》，臺北：臺灣古籍，2001，卷十五一，頁 3953。

53 漢・鄭玄注、唐・孔穎達疏，《禮記注疏》，頁 2318。

的課程安排，此課程的教學順序正是逐步地朝著一個統一的教學目標來進行的。第一堂課強調媺惡的區分，且解釋何種情形宜視為「媺」，何種宜視為「惡」。由此觀點出發，儒師在第二堂課進一步對統治者說：您除了自己的「貞植」外，亦必須將自己的態度明確表達給臣民知道，以養視臣民之敦厚，讓民情無有疑貳，這纔是治國愛民的途徑。從第三章來看，先秦《緇衣》這門「課」仍繼續一貫地圍繞著此一主題展開。

由上述分析可見，該章實際上最適合放在第二章的位置。然而在經本中，此章卻被移至十一章的位置，簡本首章與此章之間的關係就因被斷開而隱晦不明了。不過在經本上，首章亦被移至次章，且配合新主題而有了改寫，所以經本的整體意義就變得更加複雜了。

據筆者對於《緇衣》主題的考證，簡本的主題乃以《詩》文的譬喻呼籲王侯遵守樸實的正道，祛除浮華偽飾。由斯發展，全文逐步地敘述早期儒家的政治理想。先秦《緇衣》的寫作目標是教導王侯成為君子，在此目的之上，當然要否定爵刑制度，但刑措是直至第十二章纔提出的觀點。由此可見，雖然刑措是《緇衣》原本已有的觀點之一，但先秦的《緇衣》明顯不是專門為否定爵刑制度所寫的文章。至於漢代《禮記》版本的《緇衣》，其開頭的修改就足以表明，漢代《緇衣》是針對爵刑制度與培養賢臣所寫的文章。為了讓先秦的《緇衣》符合漢代政治思想的需求，漢代編輯者首先在簡本的第一章上竄入了簡本所無的「爵不瀆而民作愿，刑不試而民咸服」的新文；其次，把簡本提及「教之以政，齊之以刑，則民有遯心」的第十二章附於第一章之後；第三，由於僅用原文還是不足以明確變更主題，所以另外又增入了新的首章。經本不僅以前三章的組合與編輯來強調「爵刑」主題，同時亦基於此主題作了全篇的竄改。當然漢代文官在編輯經籍時，也受到了許多方面的限制，其中最大的限制即來自於經典文本本身的限制，由於先秦儒家著作被選為經典，因此他們的編修材料被限制於只能使用這些文獻，且不能隨意修改；但同時透過這些文獻的編輯，他們又必須滿足當時社會與政治上的需求。因此漢代文官只是採用細微的編輯手段，如單字的更改或通假、文法的調整等，但這些輕微的修訂，還是牽動了意義的嚴重變化，且從這些變化中可以看出其一致的修訂趨向。

經本對此章所作的竄改依然與新主題明顯相關：

首先簡本的「章好章惡」只是說：「章顯愛憎之別」，而經本的「章善癉惡」則說：「揚善而懲惡」，「章／癉」相對已帶有「爵／刑」之意味，利於討論善臣以賞彰明，惡臣以刑癉病等問題。其實這也突顯了經本的矛盾，其第二章說：「爵不瀆……

刑不試」，但在這裡卻說「**章善瘅恶**」，雖然尚構不成刑虐，但還是意味著對善惡使用賞刑的趨勢。

其次，經本的第二章（即簡本的首章）將「**好媺如好緇衣**」改成「**好賢如緇衣，惡惡如巷伯**」（愛好如《緇衣》中的賢人，厭惡如《巷伯》中的奸佞），由此把重點從對善惡倫常之態度轉為對合乎此一倫常的誠臣、有德性的賢臣之態度，變成討論統治者用人、選官的準則。在我們所探討的這一章中，經本對於《詩・小雅・小明》的詮釋方法亦屬相同的模式。孔穎達把「**好是正直**」解釋為：「**愛好正直的人**」，這恰好呼應了經本第二章所言的「**好賢**」！由此可見，孔穎達對《小明》的理解實需放在經本結構中，纔能看出前後的互補相應。而且若進一步從此章引文所更動的意義範圍來理解，此「章／癉」的涵義亦必然趨向於表達「彰賞賢臣、刑病奸佞」的意思，因為只有這樣理解，纔能貫串此章本文與引文的文義。或許因為在帝國正統思想中，天子是否合乎倫理的問題早已不能被懷疑，所以重點自然轉到對賢臣的討論上。

然而先秦《緇衣》的重點乃在於嚴格要求統治者合乎倫理，所以在簡本上，此章並不論及「**正直的人**」，而把重點放在呼籲統治者明確區分媺惡上。是故，此種對引文的理解與子所曰的「本文」（以下用「本文」來表達章辭不包括引文的部分）就已有落差。但若依簡本的結構，孔穎達對引文的解釋，就很明顯地並不合乎該章的本文，亦與前章沒有相應關係。「**好是貞植**」即「**愛好真理，堅固根本**」的意思。

關於《小明》本詩的原義，此問題可能還可以進一步研究。

三、第三章的校讎：君民互相透明無疑惑

(一) 原文並列

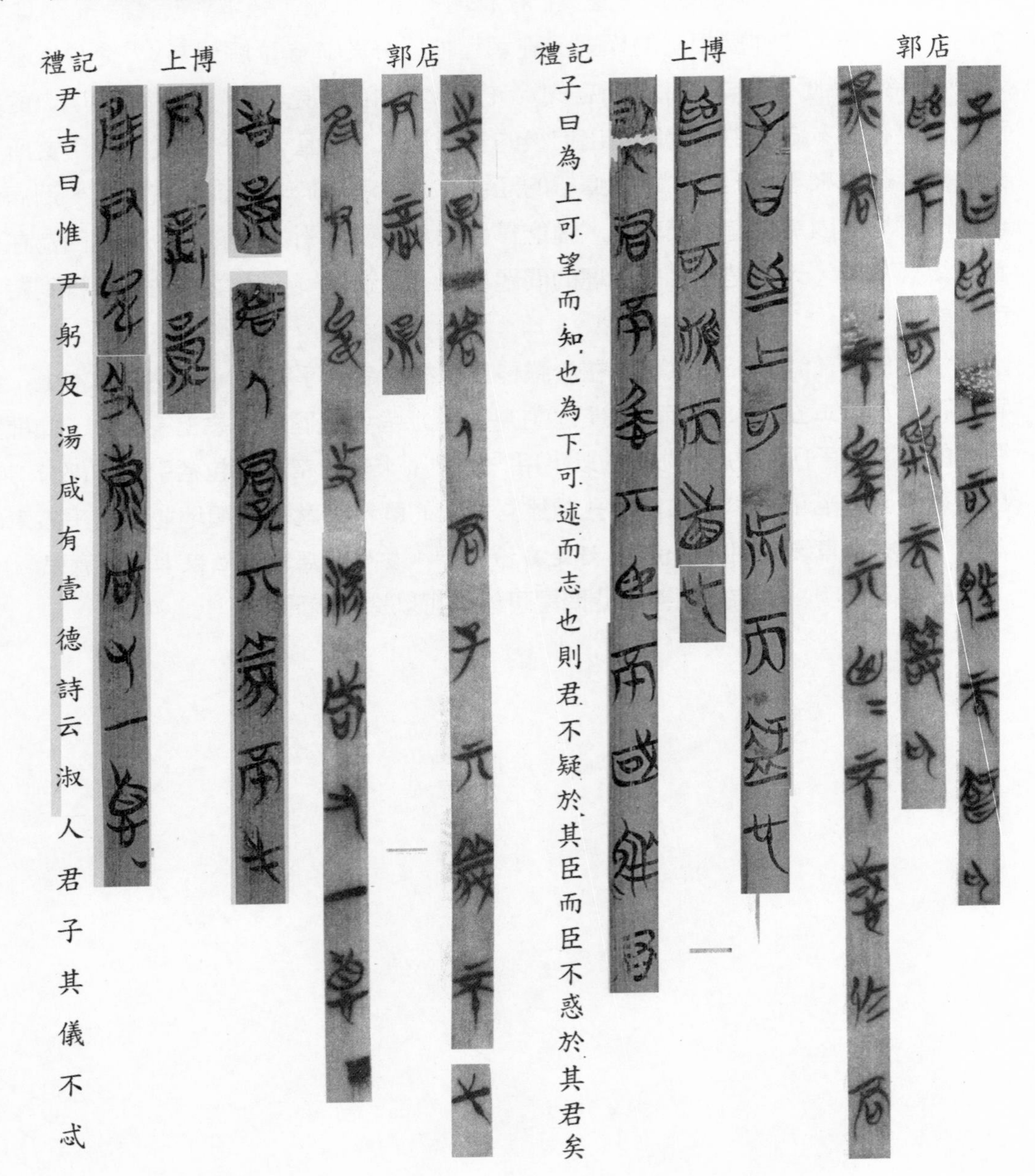

（二）釋文校勘

郭店第三章：**子曰：為上可䁐而智也，為下 III 可頪而篙也，**

上博第三章：**子曰：為上可㝋而䀋也，為下　可槇而𨙶也，**

禮記第十章：子曰：為上可望而知也，為下　可述而志也，

㝵君不悿　其臣，　臣不惑於　君。

則君不悿　其臣，　臣不或於　君。

則君不疑於其臣，而臣不惑於其君矣。

《寺》員：𠳿人君子，其義不 IV 弋。《尹寡》員：隹尹夋及湯，咸又一悳。■

《寺》員：𠳿人君子，其義不　弋。《尹寡》員：隹尹夋及康，咸又一悳。＿

《尹吉》曰：惟尹躬及湯，咸有壹德。《詩》云：淑人君子，其儀不忒。

毛詩經本《曹風・鳲鳩》：淑人君子，其儀不忒。

尚書經本《咸有一德》：惟尹躬暨湯，咸有一德。

（三）文字的考釋及訓詁

甲、為上可䁐而智也／為上可㝋而䀋也／為上可望而知也

（甲）郭店簡本作「䁐」；上博簡本作「㝋」；禮記經本作「望」。

郭店簡的「䁐」是从「見」，「[illegible]」聲，上博簡的「㝋」是从「介」，「亡」聲，二字都是「望見」的「望」。[54]筆者贊同趙平安的看法，其認為上博簡本的「㝋」係「[illegible]」的異體字。[55]在甲骨文中「望」字常見且寫成从「臣」、「王」的「[illegible]」，金文續用此字形，如西周早期的保卣，即將之寫作「[illegible]」，《說文》所載「望」的古字為：「[illegible]」[56]，形亦雷同。此外，金文另有加上「月」旁的「[illegible]」、「[illegible]」、「[illegible]」[57]等，都是

---

54 李零先生認為下面不一定是「介」字（李零，《上博楚簡三篇・校讀記》，頁 50）。不過這還是「介」的字形。

55 趙平安，〈上博藏《緇衣》簡字詁四篇〉，上海大學古代文明研究中心、清華大學思想文化研究所編，《上博館藏戰國楚竹書研究》，上海：上海書店出版社，2002，頁 440。

56 漢・許慎著、清・段玉裁注，《說文解字注》，頁 634 下。

「朢」正字；但在金文中，「臣」的偏旁也同時被簡化成「亡」，且開始被當成聲符來用，如「[illegible]」、「[illegible]」、「[illegible]」。[58]郭店「[illegible]」的「[illegible]」偏旁以「[illegible]」為本字，且加了「見」旁以強調「望見」之義。上博的「[illegible]」字也以「[illegible]」為本字，故是「[illegible]」、「[illegible]」的異體字。

（乙）郭店簡本作「智」；上博簡本作「[illegible]」；禮記經本作「知」。

西周銘文中，「智」字普遍寫作「[illegible]」，與郭店簡的字形相同。《汗簡》：「[illegible]，智，天台碑文」，[59]「[illegible]」正是从「皿」的「智」字，與上博簡的字形相同。「智」通常用以表達「知」義。這些字形相當明確，與經本沒有文意上的區別。

乙、為下可頪而篟也／為下可槓而[illegible]也／為下可述而志也

（甲）大部分學者都認為郭店簡的「頪」係「類」字，而上博簡的「槓」係「述」字。[60]然筆者贊同黃人二的看法，以為兩個都是「類」的異體字。[61]最明顯的證據即是賈誼《新書・等齊》引用此句時，寫作「可類而志」，揭示了此句在漢代仍使用「類」字。[62]關於禮記經本把「類」改成「述」的情況，劉信芳認為：「按『述』古讀如『遂』，與『類』音近；『等』字從竹寺，而『寺』與『志』音近，『述而志也』當是傳鈔之訛。」[63]不過上博簡的字體可以闡明，自郭店至《禮記》的變化非僅發生一次，而是經過戰國晚期抄本中「類」字的異化。況且自「類」至「述」的演變不一定是因為讀音的緣故，而可能是基於字形的相似。雖然郭店簡本的「頪」與「述」不相似，但上博簡本所用的「槓」字寫从「朩」，而「朩」與「述」字的「朮」寫法確實容易被誤認。

57 西周早期士上盉，《集成》器號 9454，現藏於美國華盛頓弗里爾美術博物館；西周早期朢父甲爵，《集成》器號 9094，現藏於上海博物館；西周晚期事族簋蓋，《集成》器號 4089，現藏於中國國家歷史博物館。

58 西周早期伯作文公卣，《集成》器號 5316，現藏於美國紐約大都會美術博物館；西周中期走馬休盤，《集成》器號 10170，現藏於南京博物院；西周晚期無叀鼎，《集成》器號 2814，現藏於鎮江市博物館。

59 北周・郭忠恕撰、清・鄭珍、清・鄭知同箋正，《汗簡箋正》，臺北：藝文印書館，1991，頁 199。

60 李零，《上博楚簡三篇・校讀記》，頁 50；季旭昇主編，陳霖慶、鄭玉姍、鄒濬智合撰，《上海博物館藏戰國楚竹書（一）讀本》，頁 86；陳偉，《郭店竹書別釋》，武漢：湖北教育出版社，2002，頁 33-34 等等。

61 黃人二，《上海博物館藏戰國楚竹書（一）研究》，頁 118。

62 漢・賈誼撰、清・盧文弨校，《新書》，頁 12-13。

63 劉信芳，〈郭店簡《緇衣》解詁〉，頁 167。

（乙）有關「䓯」與「𡕒」字的問題，有些學者認為兩個都是「志」的異體字，[64]然而詳細地參究使筆者發現，這三字的關係可能不完全如此。

1. 郭店簡本在第六、十八章有「志」字，寫法均為「[illegible]」，隸作从「心」、「止」聲的「㞢」，即「志」的古字。而在這裡所用的「䓯」，其寫法是从「口」、「[illegible]」（等）的「[illegible]」，郭店一切文獻皆沒有「䓯」為「志」的文例。由此可見，郭店簡的「[illegible]」（䓯）應不是「[illegible]」（志）字的異文，所以裘錫圭言：「簡文讀為『可類而等之』於義可通，似不必從今本改讀。」[65]

筆者本來也從著將「䓯」視為「等」，而理解為「等同」的意思。[66]可是後來更加全面蒐集有關「等」和「䓯」字的資料而思考，認為本人原來的看法有誤。《說文・竹部》曰：「等，齊簡也。」段注：「齊簡者，疊簡冊。齊者，如今人整齊書籍也。引申為凡齊之偁。」[67]包山簡「笑等」一詞，據劉信芳先生的考證，是指「訴狀『詰』轉錄為官方文書，以移送陰之地方官。『笑等』之性質類似於秦漢『爰書』。」[68]另地 157 簡反言：「以此等至命」[69]，都將「等」用以本義，表達官方文書之義。《上海博物館藏戰國竹書・季康子問於孔子》第 14 簡曰：

> 𠭯（且）夫戭含（今）之𫵖二（先人）𡕒（世？）三代之連叓（傳史），幾（豈）敢不以其𫵖二（先人）之連（傳）等告。

濮茅佐先生，在此處「等」讀為「同等」的意思。[70]可是比者贊成季旭昇相生認為「傳史」與「傳等」互文，前者指涉先人之史，後者表達從先人所傳世的文書，以先人的文書來告知三代之史。[71]所以「等」字依然以本義。

至於从「口」的「䓯」字，包山簡第 9 簡有之，可惜文句殘缺，難以認定。不過《季康子問於孔子》第 6 至 7 簡對此字提供新的資料，其言曰：

---

64 如黄人二，《上海博物館藏戰國楚竹書（一）研究》，頁 118-119。
65 荊門市博物館編著，《郭店楚墓竹簡》，頁 131。劉信芳、涂宗流、劉祖信先生的看法亦如此。
66 參見郭靜云，〈由《緇衣》看討先秦與西漢儒家觀點之異同——以簡本第二至四章為中心〉，頁 66-67、71。
67 漢・許慎著、清・段玉裁注，《說文解字注》，頁 191 上。
68 劉信芳，《包山楚簡解詁》，臺北：藝文印書館，2001，頁 131。
69 劉信芳，《包山楚簡解詁》，頁 164。
70 濮茅佐，〈季康子問於孔子〉，馬承源主編，《上海博物館藏戰國楚竹書（五）》，頁 222。
71 季旭昇〈季康子問於孔子〉，簡帛資料文哲讀書會 2009 年 10 月，讀書會資料。

夫箸=（書者），以箸羣=（著君子）之悳（德）也。

夫時（詩）也，以等羣=（君子）祟=（之志）。

據此可以推斷以下幾項：第一，祟（志）與「等」非同一字；第二「等」作動詞；第三，其義與「著」相近；第四，「等」字可視為从「竹」、「詩」的結構，「等」字讀音應从「詩」，其表達的動作也涉及詩，書來著，而詩來等。據此對照，「等」應相當「誌」字，且可見戰國時「誌」與「志」明顯是不同的兩個字。在《季康子問於孔子》篇上，濮茅佐先生該字早已釋為「誌」，學界均無疑問，以上補充論述。

以筆者淺見，在郭店《緇衣》中「等」亦讀為「誌」是準確，且不必通假為「志」。下文從思想的角度解釋「類」概念後，再將解釋《緇衣》用「誌」字的旨意。

2. 雖在上博簡本上第六、十八章有的「[illegible]」（从「心」，「止」聲），即與郭店本同為是楚文通用「志」字寫法；但在第十八章另有「[illegible]」字，从「目」，「止」聲，也相當郭店的「志」。是故第三章的「[illegible]」，从「因」，「止」聲，亦可視為「志」的異文。也就是說在郭店《緇衣》和在上博《季康子問於孔子》，「志」與「誌」均被分別，則在上博《緇衣》上，因「志」本身有不同的寫法，「志」與「誌」的分別不明。

漢代整理者所見的版本大部分應是類似上博簡本的戰國晚期抄本，遂順著這些抄本在這三處通作「志」。然而郭店版本的時代較早，故而可以採用劉信芳的解釋，將「志」視為原來「等」的訛字。

這也造成先秦原本與漢代編本之間的文意分歧。

丙、𧃍君不㤥其臣，臣不惑於君／則君不㤥其臣，臣不或於君／則君不疑於其臣，而臣不惑於其君矣

（甲）簡本作「㤥」；經本作「疑」。皆同。

（乙）郭店簡本作「惑」；上博簡本作「或」；禮記經本作「惑」。三字皆同。

（丙）經本補充語氣詞，不影響文義。

丁、𠷎人君子，其義不弋／淑人君子，其儀不忒

在禮記經本中，引文的順序被倒過來，先引《書》，後引《詩》。此處文字對照仍以簡本的順序為正。

（甲）簡本皆作「𢍉」；經本皆作「淑」。

在甲骨、金文中，「弔」原考釋讀為「叔」，其通常作「叔」或「淑」之意。「𢍉」是「弔」的異體字，對此學術界看法是一致的。

（乙）在上博簡本上，「君子」均作合文。

（丙）簡本皆作「義」；經本皆作「儀」。

雖然學者都認為，簡本與經本同樣應讀作「儀」，然而筆者卻有不同理解。在第一章「儀型文王」句中，禮記經本作「儀」，郭店簡本作「㦲」，上博簡本作「埶」。從意思上來說，「儀型文王」首字只能讀為「儀」，因此可見，郭店簡的「㦲」、上博簡的「埶」為「儀」字的寫法。而在這裡兩個簡本皆用「義」的字形，且這裡讀為「義」也較為通順。當然，郭店「㦲」與「義」、上博「埶」與「義」可能只是同字的異文；但兩處字形不同牽涉到字義不同的可能性也同樣存在。筆者以為，此處或許不必改作「儀」，而應直接讀為「義」。雖然「義」與「儀」的意義經常被混合，但確切而言，「義不忒」是指君子的內在原則、價值觀、倫常，都一致而無疑二；然「儀不忒」則指君子行為、儀制、法度的一致性。換言之，「儀」字意近於統治者的儀則，而用「義」則表達君子內在的倫常、價值觀。張立文先生認為，「簡本《緇衣》……『義』字雖四見，但均借為『儀』。[72]」但筆者反而認為，此處「義」不宜借為「儀」，這釋作表達內在的「義」字較為適當。若讀為「義」，則先秦《緇衣》所表達的觀點恰好與《論語・里仁》相近：

> 君子喻於義，小人喻於利。[73]

由此，鄙見以為這裡表達內在倫理的「義」字概念，應更合乎原本的觀點。在第三章上，簡本不用第一章「㦲」（或「埶」）字的原因，恰好因為此字與第一章原非同字，第一章的「㦲」（埶）係「儀」的異文，而「義」則依其本義，無須借改。此種理解更能合乎先秦《緇衣》的理念，至於《鳲鳩》的原義，則應進一步研究。

（丁）簡本皆作「弋」；經本皆作「忒」。

從意義來說，讀為「忒」或讀為「弍」的意思皆同。但因為在第二章郭店簡本用的是「紅」字，或許郭店版本中的「紅」與「弋」乃分別表達「弍」與「忒」之意，二者仍有不同，所以在這裡應讀為「忒」。不過，上博簡本兩處都作「弋」，《禮

72 張立文，〈略論郭店楚簡的「仁義」思想〉，《孔子研究》，1999年第1期，頁59-60。

73 魏・何晏等注、宋・邢昺疏，《論語注疏》，頁96。

記》的不同版本既有作「忒」者，亦有作「貳」者，所以這二字尚難區分。本人以為在第二章讀為「式」較合適，而這裡只是為了保留郭店簡的「紑」、「弋」的區分，故第三章的「弋」字應定為與經本相同的「忒」字。

《毛詩・曹風・鳲鳩》經本云：

> 鳲鳩在桑，其子七兮，淑人君子，其儀一兮，其儀一兮，心如結兮。
> 鳲鳩在桑，其子在梅，淑人君子，其帶伊絲，其帶伊絲，其弁伊騏。
> 鳲鳩在桑，其子在棘，淑人君子，其儀不忒，其儀不忒，正是四國。
> 鳲鳩在桑，其子在榛，淑人君子，正是國人，正是國人，胡不萬年。

毛傳云：「鳲鳩。刺不壹也。在位無君子，用心之不壹也。」[74]

戊、《尹弇》員／《尹吉》曰／《尚書・咸有一德》

兩種簡本作「弇」，禮記經本作「吉」。

簡本「弇」从「共」、「言」，即是「誥」的古字。「誥」在西周早期的史䛗簋中寫作「[illegible]」[75]，而同為西周早期的何尊則作「[illegible]」。關於經本的「吉」字，鄭玄注：「吉當為告。告，古文誥字之誤也。尹告，伊尹之告也。《書》〈序〉以為咸有壹德，今亡。咸，皆也。君臣皆有壹德不貳則無疑惑也。」[76]伊尹是商朝成湯的著名輔臣，傳說曾輔助成湯滅夏。《尹誥》屬於《尚書》的古文逸篇，其內容載於古偽《尚書・咸有一德》篇。《緇衣》所引的文句恰好出現在《咸有一德》篇中。《緇衣》簡本一面證明了經本的《尹吉》確實為《尹誥》之筆誤，鄭玄注是對的；另一面則揭示了所謂古偽《尚書・咸有一德》篇中的此段文句，在先秦時確實為《尹誥》內文。

己、隹尹夋及湯，咸又一悳／隹尹夋及康，咸又一悳／惟尹躬及湯，咸有壹德／惟尹躬暨湯，咸有一德

（甲）簡本作「隹」；經本作「惟」。「隹」係「惟」的本字。

（乙）簡本皆作「夋」；經本皆作「躬」。

---

74 漢・毛公傳、鄭玄箋、唐・孔穎達等正義，《毛詩正義》，頁 750-755。

75 《集成》器號 4030，現藏於陝西省歷史博物館。

76 漢・鄭玄注、唐・孔穎達，《禮記注疏》，頁 2317。

筆者以為簡本的「夋」事實上是「俊」，猶「俊士」之美稱。但由於楚文「夋」字的寫法似乎从「身」與「ㄙ」的結構，而「ㄙ」與「弓」自古以來經常混用，故經本中的「夋」被訛誤作「躬」。

（丙）郭店簡本作「湯」；上博簡本作「康」；經本皆作「湯」。

上博簡本的「康」字是「唐」的異文，「湯」的訛字。

（丁）簡本皆作「悳」；經本皆作「德」。「悳」係「德」的異文。

（戊）尚書經本用「暨」繁體字，而禮記經本用「壹」繁體字。

《尚書・咸有一德》經本（注：「伊尹作咸有一德」）：

> 惟尹躬暨湯，咸有一德，克享天心，受天明命，以有九有之師，爰革夏正。非天私我有商，惟天佑于一德；非商求于下民，惟民歸于一德。[77]

從這段引文來看，楚簡的發現不僅有助於釐清《緇衣》的本旨，更有助於進一步討論古文《尚書》的來源。[78]

（四）簡本之釋文

經過上述分析，筆者將郭店簡本視為原本，得出第三章的釋文如下：

> 子曰：「為上可望而知也，為下可類而等也，則君不疑其臣，臣不惑於君。」《詩》云：「淑人君子，其義不忒。」《尹告》云：「惟尹俊及湯，咸有一德。」■

77 漢・孔安國傳、唐・孔穎達等正義，《尚書正義》，頁 323-326。

78 楚簡出土後，學界開始重新討論古偽《尚書》的問題。例如姜廣輝先生準備依據出土資料，專研尚書的考證。加上近來清華大學竹簡出現了很多與《尚書》有關的資料，更使此一問題日漸興盛熱門。關於《緇衣》的引《書》文字，在學界中也受到廣泛的注意，相關研究可參見：黃震云，〈郭店楚簡引《書》考〉，《南陽師範學院學報》，2003 年第 2 期；臧克和，〈上海博物館藏《戰國楚竹書・緇衣》引《尚書》文字考——兼釋《戰國楚竹書・緇衣》有關的幾個字〉，《古籍整理研究學刊》，2003 年第 1 期；張玉金，〈字詞考釋四篇：《上書》新證八則〉，《中國語言》第 312 期，2006 年第三期。不過在這些問題上，目前能夠真正提出解決意見的文章並不多（後文將加以徵引），許多問題的考證仍不夠清楚。或許清華大學的新資料能對我們進一步了解先秦《書》的原貌，提供更多的幫助。

不過，在得出可用的譯文前，尚須詳細地考證三種版本的文意。

（五）思想的詮釋

甲、子曰：「為上可望而知也。」

此句三個版本皆同。孔穎達疏曰：「貌不藏情，可望見其貌，則知其情。」已準確地闡明了其文義。[79]由此可見，第三章《緇衣》著重於探討政權之透明性。

從整個思想歷史背景來說，政權的隱密性或透明性乃是戰國中期政治思想的爭論焦點。韓昭侯時為相的政治思想家申不害著有《申子六篇》，儘管《漢書・藝文志》所言《申子六篇》全部亡佚了，但幸有韓非子的抄錄，我們仍能知道其大概內容。申子認為，政權須保持隱密性，纔是治理天下的聰明之法。《韓非子・外儲說右上》錄之曰：

> 申子曰：「上明見，人備之；其不明見，人惑之。其知見，人惑之；不知見，人匿之。其無欲見，人司之；其有欲見，人餌之。故曰：吾無從知之，惟無為可以規之。」一曰，申子曰：「慎而言也，人且知女；慎而行也，人且隨女。而有知見也，人且匿女；而無知見也，人且意女。女有知也，人且臧女；女無知也，人且行女。故曰：惟無為可以規之。」[80]

筆者比較《申子》和《緇衣》的內容後，感覺到這兩篇文章彼此針鋒相對，《緇衣》這一儒家學派的文章彷彿是專門為批駁申不害的理論而寫的，或可反過來說，《申子》是專門為否定儒家學派觀點而寫的。

其實，申不害的活動年代約於公元前 385~337 年之間，恰恰與郭店《緇衣》的版本同時。我們沒有充足的證據來推論《緇衣》與《申子》的關係，但其意義的關聯性，或許能夠間接地揭示戰國中期這場爭議的情形與命題，即包含了政權的「隱密」與「透明」等關鍵的爭執點。或許我們也可以進一步推論《緇衣》成書的年代應與郭店版本相近，大約是公元前四世紀，這篇文獻正參與了當時儒、法家之間的論戰。

---

79 漢・鄭玄注、唐・孔穎達，《禮記注疏》，頁 2317。
80 戰國韓・韓非著、清・王先慎撰、鍾哲點校，《韓非子集解》，頁 317-318。

儒家觀點認為，為了實現彼此信任以及君臣同德的理想，王侯心中的所思所想與行為必須透明、易知，甚至不許王侯隱藏其過失，對此《孟子・公孫丑下・九》云：

> 古之君子，其過也，如日月之食，民皆見之；及其更也，民皆仰之。[81]

《孟子》的觀點與《緇衣》相同，只是比《緇衣》晚成。這兩本書均表達了儒家思孟學派的觀點。同時，由韓非的記載可知，時代接近的《申子》反而強調，即使知道君主有過失，也絕對不許傳為流言，《韓非子・定法》載：

> 申子言：「治不踰官，雖知弗言。」[82]

在戰國思想中，思孟學派歷經與申子間的爭議後，荀、韓接續了此命題的論辯。韓非子遵從申子，而荀況則在〈正論〉篇中則詳細地論證「主道莫惡乎難知」的概念：

> 世俗之為說者曰：「主道利周。」是不然。主者、民之唱也，上者、下之儀也。彼將聽唱而應，視儀而動；唱默則民無應也，儀隱則下無動也；不應不動，則上下無以相有也。若是，則與無上同也！不祥莫大焉。故上者、下之本也。上宣明，則下治辨矣；上端誠，則下愿愨矣；上公正，則下易直矣。治辨則易一，愿愨則易使，易直則易知。易一則彊，易使則功，易知則明，是治之所由生也。上周密，則下疑玄矣；上幽險，則下漸詐矣；上偏曲，則下比周矣。疑玄則難一，漸詐則難使，比周則難知。難一則不彊，難使則不功，難知則不明，是亂之所由作也。故主道利明不利幽，利宣不利周。故主道明則下安，主道幽則下危。故下安則貴上，下危則賤上。故上易知，則下親上矣；上難知，則下畏上矣。下親上則上安，下畏上則上危。故主道莫惡乎難知，莫危乎使下畏己。[83]

---

81 唐・元宗皇帝御注、宋・邢昺疏，《孝經注疏》，《十三經注疏》，臺北：新文豐出版公司，2001，頁 198-199。

82 戰國韓・韓非著、清・王先慎撰、鍾哲點校，《韓非子集解》，頁 399。

83 戰國趙・荀況著、清・王先謙，《荀子集解》，頁 214-215。

從上述文獻的比較中，筆者獲得一項啟發，即《緇衣》所提出的「可望而知」的理想，乃是先秦儒家社會思想中一頗為關鍵的觀點，亦是儒、法之間的重要論戰議題。[84]

乙、考證與詮釋第二句之異同

郭店：為下可類而誌也

新書：可類而志。

禮記：為下可述而志也

上博簡本的「𢘋」字，可視為「誌」或「志」的異文，故或與郭店或與新書相同。

三個版本的差異引起了學者們的爭論，筆者的看法如下：

（甲）郭店簡本「類」與「誌」概念。

兩種簡本都用「類」字，「類」字在先秦時表達的是一種社會思想概念，此在荀學研究中已多有討論。[85]但據其他文獻來看，「類」實係先秦思想中關鍵概念之一：

心不若人，則不知惡，此之謂不知類也。(《孟子・告子上》)[86]

下之事上也，身不正，言不信，則義不壹，行無類也。(《禮記・緇衣》，簡本

[84] 學術界早已論及儒法關於權勢透明性與隱密性的爭論，其中較早是 1960 年代陸彬（1923-1981）詳細探討此問題，參見 В.Рубин. *Идеология и культура древнего Китая (четыре силуэта)* М.: Наука, 1970 (Vitaly A. Rubin. *Individual and state in ancient China : essays on four Chinese philosophers* / translated by Steven I. Levine. New York: Columbia University Press, 1976)；В.Рубин. Проблема секретности в древнекитайской мысли. *Научная конференция «Общество и государство в Китае»*, вып.2, М.: Наука, 1970. 最近出土文獻能夠更加以顯示此種儒法爭論的情形。

[85] 如參見：陳大齊，《荀子學說》，臺北：中華文化出版事業委員會，1954，第五章第二節「統類與分」；韋政通，《荀子與古代哲學》，臺北：商務印書館，1966，第一章第四節「統與類」；李哲賢，《荀子名學析論》，臺北：文津出版社，2005；陳平伸，〈荀子的「類」觀念及其通類之道〉，《國立臺灣大學哲學論評》第 31 期（2005 年）；眞崎清博，〈荀子の「類」〉，《史學研究》第 134 期（1976 年）；森川重昭，〈荀子思想における「類」概念について〉，《椙山女學園大學研究紀要》第 26 期（1995 年）；鄭宰相，〈荀子の「類」の概念について〉，《立命館東洋史學》24 號（2001 年）；Masayuki Sato, *The Confucian Quest for Order*. Leiden: Brill Academic Publishers, 2003 等。

[86] 漢・趙岐注、宋・孫奭疏，《孟子注疏》，《十三經注疏》，臺北：新文豐出版公司，2001，頁 492。

所無），鄭玄注：「類，謂比式。」孔穎達疏：「行無有比類，言之行之無恒，不可比類也。」陳澔集說：「行無類，或善或否也。」

是故君子反情以和其志，比類以成其行。（《禮記・樂記》）孔穎達疏：「比謂比擬善類，以成己身之美行。」[87]

其後伯禹念前之非度，釐改制量，象物天地，比類百則，儀之于民，而度之于群生。（《國語・周語下》），韋昭注：「類，亦象也。」[88]

明告君子，吾將以為類兮。（《楚辭・九章・懷沙》），王逸注：「類，法也。」[89]

禮者法之大分，類之綱紀。（《荀子・勸學》）楊倞注：「類，謂禮法所無，觸類而長者。」

僻違而無類。（《荀子・非十二子》）王先謙集解：「僻違無類，謂乖僻違戾而不知善類也」

無類，首尾乖戾。（楊倞注《荀子・性惡》）[90]

孔子曰：「……無類之說，不形之行，不贊之辭，君子慎之。」（《韓詩外傳・卷五》）[91]

這些文例發人深思，「類」在先秦似非簡單的詞彙而已，它代表了一個深入的思想概念。

周志煌先生論述「類」概念時強調：「類」即認識、並進而獲取知識的理則，以「類」為基礎，便能使社會秩序合理，君民關係受到規範而不生衝突。此外，周志煌先生以先秦及西漢文獻之對照揭示，「類」與「教」的觀念「可以說是相輔而相成的。」[92]這種理解相當正確，只是周志煌先生認為這是由荀子首倡而建立的概念，影響了漢代的思想，但據《緇衣》的先秦版本可知，這是比荀子更早的子思子學家觀點。

---

87 漢・鄭玄注、唐・孔穎達，《禮記注疏》，頁 2331、1705。

88 周・左丘明撰、吳・韋昭注，《國語》，頁 103-105。

89 戰國楚・屈原著、宋・朱熹集注，《楚辭集注》，頁 89。

90 戰國趙・荀況著、清・王先謙，《荀子集解》，頁 12、94、；荀況著、唐・楊倞，《荀子嘉善謝氏校本》，《子書二十八種》，臺北：廣文書局，1991，卷十七，頁三。

91 漢・韓嬰撰，《詩外傳十卷》，《四部叢刊・初編・經部》，臺北：臺灣商務印書館，1965，冊 1（11），卷五，頁四十六。

92 周志煌，〈「類」與「教」──漢代「天人相應」與「天生人成」的思想綰合及其在風俗信仰的意義〉，《第六屆漢代文學與思想學術研討會》，臺北：國立政治大學中文系，2007 年 3 月 24-25 日。

《論語・衛靈公》有曰：

有教無類。

這句話在《論語》沒有後文。朱子《論語集注》卷八對這句話的理解如下：「人性皆善，而其類有善惡之殊者，氣習之染也。故君子有教，則人皆可以復於善，而不當復論其類之惡矣。」[93]朱子的理解基於人性不同類的看法。然而此一觀點可能源自西漢董仲舒，到了東漢王充纔予以確定。戰國時期針對人性為善或為惡的辯論，其前提總認為人性是公同無二的，董仲舒將人類分為「聖人」、「中人」、「斗筲」三種範疇，王充《論衡・命義》繼之曰：「有三性：有正，有隨，有遭。」從而在中國思想史上纔有了這種新概念。[94]此處我們可以懷疑，春秋戰國時代的這句話究竟有沒有這層意思。因戰國時期的「類」與「教」概念確實相關，所以可推知，孔子在這裡對「類」與「教」的相關性提出自己的看法。可惜，文句不全，難以了解本意。

從《緇衣》的論點來看，一方面「類」是指比較或分別高低、善惡的不同種類，並由此「比類以成其行」；據《緇衣》所言，如果統治者對「媺」與「惡」之態度明顯、易知，則臣民「可類」。另一方面，「類」係表達名與實的一致性，故可視為仁義、道德實現的標準，「有類」是指合乎倫常，「無類」是指違背倫理。

在荀子的思想中「類」進一步被定義為「禮」的功用，[95]可說「類」帶有「教化」的意味；又如《緇衣》所言，臣民既可分類媺惡以知倫理，亦可深受教化，遵守倫常而應變。此外，「類」又有效法標準的意味；如《緇衣》所言，若王侯的行為可以望見而知之，則臣民就有了可以比類而效法的標準，所以「類」的概念，與先秦《緇衣》首章所提及的「型」相應。可知，先秦版本對「類」字的使用牽涉到其通篇完整概念的表達。

至於「誌」字，據《季康子問於孔子》已知，其與「志」的意思有些差異。以筆者淺見，本字在《緇衣》此處的用意相當於誌心、永誌不忘的意思。臣民以見君

93 宋・朱熹，《四書章句集注》，北京：中華書局，年，頁 168。

94 關於董仲舒已有人性「三類」概念學界有邊論。清代蘇輿認為，這句是後人妄竄。即使董仲舒有這一句，這還是漢代，戰國時期人性「三類」概念固然未見。漢・董仲舒、清・蘇輿著，《春秋繁露義證》，北京：中華書局，1992，頁 153-154。漢・王充撰、蕭登福校注，《新編論衡》，臺北：臺灣古籍，2000，頁 169。葛榮晉，《中國哲學範疇通論》無見對「類」範疇的探討。

95 陳大齊先生在《荀子學說》書中將「類」定義為「道的公用」、「條理之所在」。

貌知悉君心、知曉國君的行為，而靠著能夠辨別嬎惡、比類於國君德行，而深誌在心中、永誌不忘，故臣效法於君，可致上下同德。針對此一概念，該章的引文正好也強調「**咸有一德**」社會倫類之理想。

在該章《緇衣》作者要強調，此種上下「一德」的狀態是來自於君臣對道德的共同追求，而這追求是透過君臣的彼此調整與相互適應來進行的，並非臣民單方面地盲從王侯的命令，因此古代思想中明顯強調「同類相從」、「同類相應」、「同類相求」概念，如：

> 同類相從，同聲相應，固天之理也。(《莊子・漁父》)
> 同明相照，同類相求。(《史記・伯夷列傳》)[96]

質言之，「類而誌」意指教化國民，使其分類嬎惡並深誌心中。

（乙）「誌」改為「志」的新義。

對於經本的用「志」字，鄭玄注曰：「**志猶知也。**」[97]將「志」視為「知」。古代「志」與「識」讀音相同，字詞通用，因此「志」本身蘊含了「識」之義，釋為「知」亦可通，此指臣民清楚地了解君的行為。但此意仍較先秦的「類」、「誌」概念淺了一層。

（丙）禮記經本「述」義。

戰國晚期以降，「誌」字被改作「志」，而再後來「類」被改作「述」，由此經本便失去了先秦文本所表達的這項深度概念。

對於經本的「志」與「述」，孔穎達疏之言：「**志，知也。為臣下率誠分奉上，其行可述敘而知。**」[98]將「志」視為「知」，而「述」釋為「述敘」。除了孔穎達的理解之外，《尚書・五子之歌》所云：「**五子咸怨，述大禹之戒以作歌**」，孔安國傳：「**述，循也。**」[99]即把「述」字視為「循從」的意思。由於「類」蘊含了應變的概念，即荀子所言的「**應變不窮**」，[100]故能涵蓋「循」義。陳偉先生論證「述」與

---

96 戰國宋・莊周著、王叔岷，《莊子校詮》，頁 1234；漢・司馬遷撰，《史記》，上海：上海古籍出版社，1997，頁 1659。

97 漢・鄭玄注、唐・孔穎達疏，《禮記注疏》，頁 2317。

98 漢・鄭玄注、唐・孔穎達疏，《禮記注疏》，頁 2317。

99 漢・鄭玄注、唐・孔穎達疏，《禮記注疏》，頁 2317；漢・孔安國傳、唐・孔穎達等正義，《尚書正義》，頁 265。

100 戰國趙・荀況著、清・王先謙，《荀子集解》，頁 88。

「類」的通用時，引用了《國語・楚語上》所言：「心類得音，以德有國。」王引之指出：「類之言率。率，循也。言其心常循乎德音也。」藉此例證，陳偉作出以下的結論：「雖然用字有異，涵義確實相通的。」[101]只不過此種釋讀不僅把「類」的涵義變淺，同時完全失去了「相互」之義。「循」只表達了臣民對王侯的遵從，其它如「比類」而知媺惡、遵守倫常而應變、君臣同類相從，這些「類」原本含有的思想概念就自根本消失了。於是，下面引文所言：「咸有一德」，在經本的本文中就無以相應了。

此外，由於這些變化，該章提出政權透明的理想亦遭削弱了。或許此種變化是基於社會思想的演變。先秦儒家認為臣民可公開評論王侯，以協助改正統治者的錯誤；然而戰國晚期的法家卻以為，人民評論君主不合乎「忠誠」。《韓非子・有度》特別強調這一點：

> 詐說逆法，倍主強諫，臣不謂忠。[102]

秦漢帝國的社會思想，更否定了臣民評論君主的資格。秦始皇有言：

> 子議父，臣議君也，甚無謂，朕弗取焉。[103]

漢帝國雖然否定了秦的天命，卻繼承了許多來自秦帝國的意識形態觀點。坦白說，漢代政權亦是帝國形態，因此漢代社會觀念同樣強調凡人沒有資格評論天子。對漢朝人而言，「下可述」、「下可遵循」比「下可類」更合乎他們對君臣關係的理解。再加上古代「類」與「述」字的寫法相似，因此漢人閱讀古文獻時，便有意無意地把「類」字誤認為「述」了。

丙、章文之意思總結

由於下兩句在三個版本當中皆相同，意義也明確，則經由上述探討，可得此章譯文如下：

---

101 陳偉，《郭店竹書別釋》，頁 33-34。

102 戰國韓・韓非著、清・王先慎撰、鍾哲點校，《韓非子集解》，頁 24。

103 漢・司馬遷撰、日・瀧川龜太郎會注考證，《史記會注考證》卷一百九，頁十，臺北：大安出版社，1998，頁 110。

> 子曰：「如果王侯的心思透明，臣民可以比類而永誌於心中，則君臣彼此相信，君不疑於其臣，而臣不惑於其君。」

文獻揭示了戰國中期社會思想中，子思子學派致力於證明只有君臣互相透明，纔能保證上下互相信任的狀況，上下互信不疑，纔是社會興盛的條件。所以，子思子學派呼籲王侯遵守「緇衣」的樸純，好讓臣民無所疑惑。在同時代的法家思想中，申不害反而強調政權必須隱密，且輕視「信」的重要性，認為政權之「數」纔是關鍵，此「數」即是「權術」、「策略」的概念，其謂：

> 失之數而求之信則疑矣。[104]

從這些說法中可以比較出戰國中期儒、法明顯對立的態度。《緇衣》的作者說：沒有互相信任，就會有疑惑；而申不害則建議不以誠信，而以「數」治理天下，若無政權之「數」而求誠信，只會徒生猜疑。

這些文獻都表達了當時所爭議的關鍵命題，加上其時代也約略相近，因此我們應能推測《緇衣》與《申子》有相當密切的相關性。後來《孟子》繼續發展《緇衣》的觀點，故政權透明性應可視為子思子學派的主張之一。

丁、章文與引文的關係

此章將「淑人君子，其義不忒」當作探討的依據，以此構成與前章之間的連結。第二章指出，透明的治理方法讓民情不忒，於是呼籲王侯正定根幹、固守志義；而第三章則補充說明，有德性的統治者（君子）志義無忒，是因為君子必定懷有「無疑貳之心」。

從第二個引文來說，孔穎達對此句的理解為：「言惟尹躬身與成湯皆有純一之德。引者証上君臣不相疑惑。」[105]但依鄙見，重點可能不在「純一」的德性，而在「同一」的德性，即言君臣德性達成同一性的理想，可見《尚書》的文本實際上亦強調君民一德以及君民不疑的互動關係。

先秦儒家主張，在理想的社會中，既然國君的德性猶如「緇衣」般純樸，臣民

---

104 參見戰國韓・韓非著、清・王先慎撰、鍾哲點校，《韓非子集解》，頁 380。在《申子》與《管子・小問》政治思想中，「數」字用以「權術」、「策略」的意思。

105 漢・鄭玄注、唐・孔穎達疏，《禮記注疏》，頁 2317。

「比類」而效法其君，於是君臣互有一德。此章中「類」與「誌」的概念正好呼應此一觀點。

《緇衣》的「上下同德」理想又與法家相反。申子曰：

> 獨視者謂明，獨聽者謂聰。能獨斷者，故可以為天下主。[106]

強調的是君主的獨立性。由此亦可見，《緇衣》與《申子》討論的問題相近，但主張相反。這或許可以表達戰國中期政治思想的爭論狀況。

戊、第三章在全篇結構中的位置

從全篇的意義發展來說，在第一至二章這兩節「課」上，儒師已充分說明君子必須愛好樸實的純德、憎惡虛偽，且固植於孅惡之別；君子對孅惡之態度無有疑貳，以使臣民亦無疑貳，且能明確地看到正道的方向。來到第三章，在這第三節「課」上，儒師繼續發展此一思路主題，並進而陳述德政的原理，建立「君臣相互透明」的核心概念。如果君臣相知，則彼此就不會有疑惑，臣民辨清孅惡，深受教化，就能效法國君而共同達成同一德性。在何種條件下，臣民會順服地效法國君，進而達成與其等同的德性？第一章已闡明了這些條件：若國君持守如「緇衣」般的樸素純德，則此種境界並不難達成；第二和三章也補充說明了：國君應該明白表達他的心思，讓臣知其君而無疑。[107]

由此可見，從第一至三章，簡本的敘述是一體相連的。

從簡本與經本的比較來說，在引文的部分，簡本先引《詩》後引《書》，而經本先引《書》後引《詩》。有一些學者認為，此應由於簡本為今文學家本。[108]古文學家的六經排列是根據成書時代的先後，故六經的次序為《易》、《書》、《詩》、《禮》、《樂》、《春秋》；今文學家六經的排列次序是根據內容的深淺，於是六經的次序為《詩》、《書》、《禮》、《樂》、《易》、《春秋》。簡本《緇衣》先引《詩》後引《書》，可能是因為思孟學派主張，不管時代先後，應根據六經的內容來一步一步地深入道

---

106 參見《韓非子・外儲說右上》，戰國韓・韓非著、清・王先慎撰、鍾哲點校，《韓非子集解》，頁 241。

107 在這裡筆者贊同涂宗流與劉祖信先生的解釋：「君之待臣，表裡如一、可望而知，臣自然無惑。」涂宗流、劉祖信，〈郭店楚簡《緇衣》通釋〉，頁 184。

108 如黃人二，《上海博物館藏戰國楚竹書（一）研究》，頁 119、161-171 等。

德理念，以教導學徒。《禮記・緇衣》在第五、十五、十七、二十四章中，同樣先引《詩》後引《書》，但第十與十九章，則相反地先引《書》後引《詩》。因此《禮記・緇衣》既不能代表古文學家本，亦不能代表今文學家本，在引詩、書的順序上，經本呈現出結構上的不一貫，而這個問題在學界已有相當的討論。[109]

109 如參見：邢文，〈楚簡《緇衣》與先秦禮學〉；廖名春，〈郭店楚簡《緇衣》篇引《詩》考〉，《華學》第四期，北京：紫禁城出版社，2000。

四、第四章的校讐：君民互不可缺以及君王的責任

(一) 原文並列

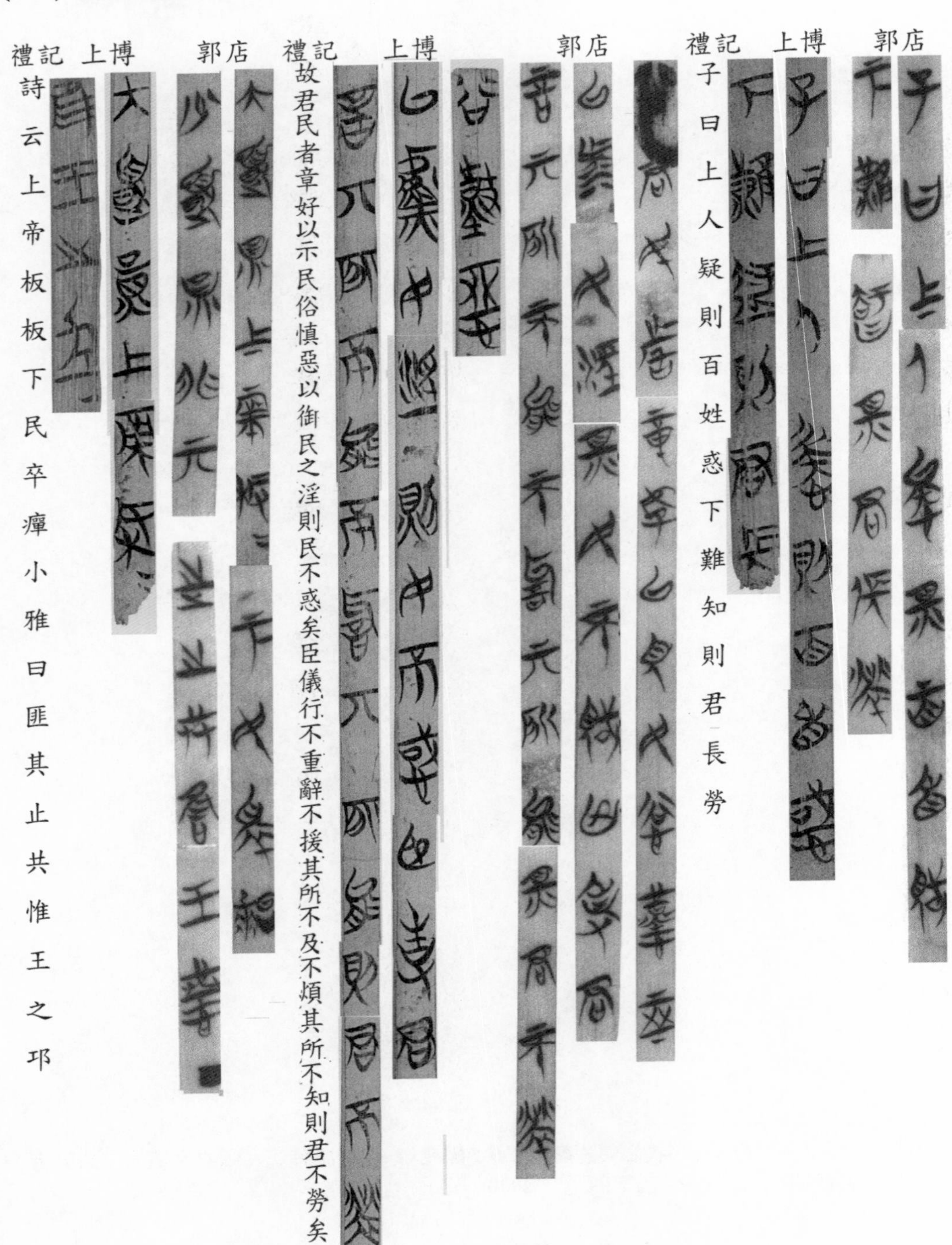

（二）釋文校勘

郭店第四章：　子曰：上人⿰忄矣，県百眚⿺鬼或；下難 V 智，県君倀褮。
上博第四章：　子曰：上人⿰忄矣，則百眚惑；下難　盁，則君長□。
禮記第十二章：子曰：上人疑，則百姓惑；下難　知，則君長勞。

古君民者，章好以見民⿱谷心，慬亞以洙民　淫，県民不⿺鬼或；
□□□□□□□□□ III 谷，⿰堇攵惡以盧民　淫，則民不惑；
故君民者，章好以示民俗，慎惡以御民之淫，則民不惑矣；

臣事君 VI，言其所不能，不訇其所能，　　　　県君不褮。
臣事君，　言其所不能，不訇其所能，　　　　則君不褮。
臣儀行，不重辭，不援其所不及，不煩其所不知，則君不勞矣。

《大頣》員：上帝板二，下民卒担。《少頣》員：非其 VII⿱止土之，共　唯王　⿱共心。■
《大頣》員：上帝板二，□□□□。　□□ □　□□　□□IV　　倠王之功。＿
《詩》云　　：上帝板板，下民卒癉。《小雅》曰：匪其　止　共，惟王之卬。
毛詩經本《大雅・板》：上帝板板，下民卒癉
毛詩經本《小雅・巧言》：　　　　　　　　　匪其　止　共，維王之邛。

（三）文字的考釋及訓詁

甲、県百眚⿺鬼或／則百眚惑／則百姓惑

（甲）簡本皆作「眚」；禮記經本作「姓」。

「姓」字的本字是「生」，古代「姓」並未固定从「女」字偏旁。《汗簡・生部》即謂：「眚，姓。」[110]

（乙）郭店簡本作「⿺鬼或」；上博簡本作「惑」；禮記經本作「惑」。

「⿺鬼或」與「惑」字其形有別，字義表達亦可能不盡相同。

110　北周・郭忠恕撰、清・鄭珍、清・鄭知同箋正，《汗簡箋正》，頁 237。

郭店簡本在第三章「臣不惑於君」之文句上，用从「心」的「惑」字，而上博簡本作「或」；在這裡郭店簡本兩次用从「見」的「䁢」，而上博簡本則兩次都用从「心」的「惑」。第二十一章情況亦同，郭店簡用「䁢」，而上博簡用「惑」。雖然在這些地方禮記經本都用「惑」字，但是兩種簡本的系統性差異或許能夠闡明：第三章的「惑」（或）以及第四和二十一章的「䁢」（惑）具有若干差異性。

對於禮記經本的「上人疑，則百姓惑」，孔穎達疏曰：「在上者君多有疑二，則在下百姓有疑惑也。」[111]此種理解似無疑問，但若看簡文，則又有所不足。關於郭店簡本選用从「見」的「䁢」字，虞萬里先生提出如下見解：「郭店簡作『䁢』从見。此字不見字韻書。竊謂疑惑固從心生，然件之不真，慌惚其物，疑亦生矣，故亦从『見』。」[112]鄙見以為，虞萬里先生的推論很有價值，且適合原文本旨。確實，如果將本章與前文連結則可發現，前章正好說明了：「為上可𥄉而知也」來強調「貌不藏情」的理想，見到國君的表現，即足以了解他對孅惡的區分如何；在繼續討論此觀點的過程中，該章補充說明：如果君王讓人疑惑，則百姓不能清楚地看到孅惡差異，便會因此而恍惚、失去標準、迷惑是非。

如果在這裡的「䁢」（惑）字解釋為疑惑，則「上人疑」與「百姓惑」的意思完全相同，「君讓民疑惑，則民疑惑」，此句確實沒有任何思想內容！[113]該文句的意思應更加準確地表達出以下觀點：如果國君對孅惡的態度不確定、「有忒」而讓人疑惑，則百姓無法掌握價值觀的標準；對國君的懷疑會進一步地造成民眾的迷惑，百姓對是非分辨不清、便會不知愛憎的方向。此即《管子・任法》所說的：

> 百姓迷惑而國家不治。[114]

《緇衣》此句的意思應與《管子・任法》相同。

因此可以說，从「見」的「䁢」有看不真確、視之模糊的意味，而从「心」的「惑」則表達人心裡的疑惑。在第三章的「臣不惑於君」句中，「惑」是心裡疑惑的「惑」，而在這裡的「䁢」並非心裡的疑惑，而是實際上看不清楚標準的情形。簡本

---

111 漢・鄭玄注、唐・孔穎達疏，《禮記注疏》，頁 2319。

112 虞萬里，〈上海簡、郭店簡《緇衣》與傳本合校補證，上〉，頁 8。

113 其實現代學者也都有內涵的解釋，如季旭昇語譯：「居上位的君侯讓人疑惑，下頭的臣民就會迷惘而手足無措。」季旭昇主編，陳霖慶、鄭玉姍、鄒濬智合撰，《上海博物館藏戰國楚竹書（一）讀本》，頁 90。

114 春秋齊・管仲撰、慧豐學會編，《管子纂詁》，卷十五，頁 7。

以不同的字體來表達不同的義涵。將此章與前章的比較，虞萬里先生的推論證據更形充分，尤其在前文中，郭店簡本的「望」字也寫作从「見」的「朢」。或許在戰國中期的歷史語言中，「惑」與「惐」是兩個不同字彙，只是後來合併成今文的「惑」字；又或者在戰國晚期的歷史語言中已不再用「惐」字了，因此上博簡本才分別使用「或」與「惑」，以保留原來兩字間的意義區隔，只是上博本在字義上已無法充分表達兩字的確切指涉。閱讀戰國晚期版本的人們，从「或」與「惑」的字形無法理解兩字的區別理由，於是將兩種寫法統一為「惑」。這應該視為因歷史語言變化的修改。

乙、𣝣君倀㷳／則君長□／則君長勞

（甲）郭店簡本作「倀」；上博簡本與禮記經本皆作「長」。

《緇衣》第六、九章把國君稱為「長民者」，第十二章作「長者」，在這些詞彙上郭店簡本都用「倀」字，因此「倀」可能是「長」的異體字。不過全篇未曾把國君稱為「君長」，所以也有可能「倀」字是用來形容動詞「勞」的副詞，而不一定是「長」的異文。若直接以「倀」之文義來理解，古代文獻中「倀」的文義恰好適合該章主旨：

> 治國而無禮，譬猶瞽之無相與，倀倀乎其何之。（《禮記・仲尼燕居》）
> 人無法則倀倀然。（《荀子・修身》），楊倞注：倀倀，無所適貌，言不知所措履。[115]

如果統治者不知其民之心，則民確實將無所適從，自然就只是白努力了！

關於禮記經本的「**下難知，則君長勞**」，孔穎達疏曰：「**若在下之人心懷欺詐，難知其心，則在上君長治之苦勞。**」[116]不過若郭店簡本的「倀」非「長」字通，則該句的意思應是：「民心難知，則國君將無所適從而徒勞」。

上博簡「長」字也許是「倀」的省文，或許也因此漢代文本中都寫作「長」。

（乙）郭店簡本作「㷳」；禮記經本作「勞」

關於郭店簡本从「卒」的「㷳」字，上博此處有缺，但後文有从「衣」的

115 漢・鄭玄注、唐・孔穎達疏，《禮記注疏》，頁 2130；戰國趙・荀況著、清・王先謙，《荀子集解》，頁 20。
116 漢・鄭玄注、唐・孔穎達疏，《禮記注疏》，頁 2319。

「褮」字。「褮」可見於甲骨、金文，為「褮」的本字；不過金文也有以「褮」假借作「勞」的例子，如春秋中晚期的齊侯鎛銘文曰：「**鮑叔又成褮（勞）于齊邦。**」[117]據此可以肯定，簡本此處的「褮」與經本的「勞」是同一字。郭店此字从「卒」，古代「衣」、「卒」完全是同一字。對此，許慎在《說文・衣部》中已有說明。[118]甲骨文裡，「衣」、「卒」的字形根本不能區分，在「王田衣逐亡災」等常見的田獵卜辭中，[119]「衣」字須讀作「卒」，其義方通。意即：「**王田，卒逐，無災。**」在西周銘文中，西周早期庚贏鼎的「卒」寫作「衣」，西周中期㦰簋則作「衣」，西周晚期的多友鼎作「衣」[120]，均與「衣」的字形相同。只是從戰國以來，「卒」的字形多了一横，寫為「卒」，如□外卒鐸寫作「卒」。[121]從「勞」的字義來看，或許寫為从「卒」的字形更加符合文義。

丙、古君民者，章好以見民忩」／谷／故君民者，章好以示民俗

此處上博簡本殘缺，僅保留了「谷」字。

（甲）郭店簡本作「古」；禮記經本作「故」。「古」，「故」的本字。

（乙）郭店簡本作「見」；禮記經本作「示」。

郭店簡本此處的「見」是「視」的本字，與第二章的「**以見（視）民厚**」相同，用以表達「看待」、「養視」等涵義。且這裡的「視」字對應於「涖」（潓），更證明了其所表達的「養視」之意。經本此處則與第二章同樣將「視」訛為「示」。

（丙）郭店簡本作「忩」；上博簡本作「谷」；禮記經本作「俗」

「忩」，慾也，在郭店本中指臣民的「慾望」，且其意義是正面的。在這裡的「民慾」正相對於負面的「民淫」。上博的「谷」乃「欲」或「慾」的簡寫。然而「谷」也可以是「俗」的本字，是以經本訛為「俗」。

郭店簡本所言「**故君民者，章好以視民慾**」，其意為：「所以君民者，必須章揚其所愛，以培養臣民的慾望」。經本的意思則沒有簡本那麼明確。

---

117 《集成》器號 271，現藏於中國國家歷史博物館。在春秋晚期（齊靈公）叔尸鐘銘文上也出現此種假借文例，《集成》器號 273，藏處不明。

118 漢・許慎著、清・段玉裁注，《說文解字注》，頁 397 上。

119 《殷墟甲骨刻辭類纂》，頁 720-721。

120 《集成》器號 2748，藏處不明；《集成》器號 4322，現藏於扶風縣博物館；《集成》器號 2835，陝西省歷史博物館 。

121 《集成》420，現藏於北京故宮博物院。

丁、慬亞／歏惡／慎惡

學界目前多將郭店簡的「慬」與上博簡的「歏」字釋為「謹」。這基本上並沒有問題，且正可與經本的「慎」字連結。然以筆者淺見，這些字的用意仍需要進一步思考。

（甲）「僅」

雖然簡本的「慬」和「歏」二字，確實可以視為「謹」的假借字，卻不宜釋作「謹慎」的意思。先秦兩漢文獻中，「慎」字一般有正面的意思，用以表達慎重的態度，帶有尊敬的意味，與本文文義不同。在這裡的「慎」或「謹」，都只能釋為「嚴防」的意思，如：

> 無縱詭隨，以謹無良。（《詩・大雅・民勞》）
> 易道路，謹盜賊。（《荀子・王制》），楊倞注：「謹，嚴禁也。」[122]

不過筆者認為，經本雖用「慎」字，其表達的應仍是嚴防之義。因為「謹慎」還含有尊敬的意味，故不論是郭店的「慬」或上博的「歏」，若單純釋讀為「謹」，在此句文義的表達上都有些弱點。或許在考慮過「慬」與「歏」字的本義後，對文本涵義的探討才將會更到位。

（乙）「慬」

郭店簡本所用的「慬」字本身有「愍」、「憂哀」、「勇敢」三種用意：

> 慬，憂也，愍也。（《玉篇・心部》）
> 慬，懄；憂也。（《集韻・平聲・欣韻》）
> 懄、慬，音勤，憂哀。（《龍龕手鏡・心部》）

122 漢・毛公傳、鄭玄箋、唐・孔穎達等正義，《毛詩正義》，頁 1735；戰國趙・荀況著、清・王先謙，《荀子集解》，頁 107。此外在《晏子春秋・內雜上二六》：「恐慎而不能言」之句中「慎」字用來表達恐懼之義（參見周・晏嬰撰、陳益標點，《新式標點晏子春秋》，臺北：新文豐出版社，1978 年，卷五頁二十），但這更加不是《緇衣》所想表達的涵義。其實，清末張純一《晏子春秋校註》提出：「黃云『慎』當作『懼』。李本作『愳』，古『懼』字，今據改。」所以在《晏子春秋》中「慎」可能只是「懼」的訛字。參見周・晏嬰撰、王更生校注，《新編晏子春秋》，臺北：臺灣古籍，2001 年，頁 478。銀雀山漢墓出土的《晏子春秋》簡本上無此篇。參見駢宇騫著，《銀雀山竹簡《晏子春秋》校釋》，臺北：萬卷樓，1998

吾不侵犯之，而乃辱我以腐鼠，此而不報，無以立慬於天下。(《列子·說符》) 張湛注：慬，勇。[123]

「愨」、「謹」二字均作「恭謹」之義，如：

其容愨。(《荀子·非十二子》) 楊倞注：「愨，謹敬。」
是故，愨善不違身。(《禮記·祭義》)[124]

「謹愨」之義實在不適於表達對「惡」的態度。然而「勇敢」和「憂哀」的意思，都可以考慮在此文句的本意上。或許郭店的「**慬亞**」可譯為「勇決地表示對惡的悲哀與反感」。

(丙)「歏」

上博簡本的「歏」字是《說文》所無的，可是「攴」字偏旁通常與「又」和「手」混用，因此「歏」與「撞」應是同一字。在包山楚簡第 133 簡上，「撞」字就寫成「歏」。《說文·手部》曰：「撞，拭也。」[125]由此可見「歏」與「章」是反義字，「章」是指宣揚、呼籲，而「歏」是指揩擦、擦淨、掃除。或許上博的「歏**亞**」可循之釋為「掃惡」。

戊、以洜民淫／以𢘅民淫／以御民之淫

(甲)「洜」

關於郭店簡的「洜」字，學界多贊同裘錫圭先生的解法，將其釋讀為「渫」。[126]李零、徐在國和黃德寬先生認為，「洜」字从「亡」，「亡」、「無」古代同字，與「御」字的讀音近，所以郭店的「洜」、上博的「𢘅」，都可以視為經本「御」字的

123 梁·顧野王著，《大廣益會玉篇》，篇上，卷七，頁七十六 (38 下右)；宋·丁度修、陸費逵總勘，《集韻》，臺北：中華書局，1965，卷二，頁 27。遼·釋行均編《龍龕手鏡 (高麗本)》，北京：中華書局，1985，頁 56。另參見中華民國教育部國語推行委員會編輯，《異體字字典》中華民國教育部，2004，頁 B01171，http://dict.variants.moe.edu.tw/yitib/frb/frb01171.htm；周·列禦寇著、漢·張湛注，《列子》，臺北：臺灣中華書局，1981，頁 263。

124 參見戰國趙·荀況著、清·王先謙，《荀子集解》，頁 65；漢·鄭玄注、唐·孔穎達疏，《禮記注疏》，頁 2067。

125 臧克和、王平，《說文解字新定》，北京：中華書局，2002，頁 800；段玉裁改為「飾」，漢·許慎著、清·段玉裁注，《說文解字注》，頁 600 下。

126 荊門市博物館編著，《郭店楚墓竹簡》，頁 6。

異文。[127]筆者認為這個說法有點牽強。儘管裘先生後來自己對此說提出懷疑，但以筆者仍以為，「⿰氵⿱止木」無疑是「渫」，二字的結構完全相同，上面的「止」、「世」聲符則經常被混用。根據《說文・水部》：「渫，除去也。」[128]「渫」即掃除的意思。因此在郭店簡本上「慬亞以渫民淫」可譯為：「勇決地表示對惡的悲哀反感，以掃除民眾的淫蕩」。

（乙）釋「⿸虍魚」

因上博簡的「⿰⿸虍魚攴」字本身就有掃除的意思，「⿸虍魚」也不應該釋作掃除之義，故此句與郭店簡不同。

關於上博簡的「⿸虍魚」，廖名春與裘錫圭均以為，「⿸虍魚」字从「魚」，而「御」係魚部字，故讀為「御」。[129]學界多贊同此說。另外，陳偉和虞萬里也對兩字的假借關係提出了論證線索「『⿸虍魚』戰國文字多用作『吾』，此不爭之事實。銘文及經傳『吾』多假作『御』」，如毛公鼎銘文即為例證。[130]

不過在簡本《緇衣》第十一章中另有「御」字，且上博、郭店兩簡的寫法相同，皆為楚文通用的「御」字寫法：「[古文字形]」。這已足以讓我們懷疑，這裡的「⿸虍魚」字並非楚簡「御」的假借字，而別有原由。

據筆者的考據，甲骨文中已有「⿸虍魚」字（[古文字形]），如《合集》18356-18358 中所見。然卜辭殘缺，因此字義不詳。但從金文的用法來看，「⿸虍魚」確實用以表達第一人代名詞，即「吾」字。如齊侯鎛銘文記載：

> 𠈇（保）[古文字形]（⿸虍魚=吾）子姓。

春秋晚期的沇兒鎛加上了「攴」字偏旁，寫作「[古文字形]」（⿰⿸虍魚攴）。同樣用作第一人代名詞：

---

127 李零，〈郭店楚簡校讀記〉，《道家文化研究》第 17 輯，1999，頁 485；徐在國、黃德寬，〈《上海博物館藏戰國楚竹書（一）・緇衣、性情論》釋文補正〉，頁 1。

128 漢・許慎著、清・段玉裁注，《說文解字注》，頁 564。

129 廖名春，《新出楚簡試論》，臺北：臺灣古籍出版社，2001，頁 277；裘錫圭〈談談上博簡和郭店簡中的錯別字〉，《新出楚簡與儒學思想國際學術研討會論文集》，北京：清華大學思想文化研究所，臺灣輔仁大學，2002，頁 26-32。

130 陳偉，《郭店竹書別釋》，頁 35；虞萬里，〈上海簡、郭店簡《緇衣》與傳本合校補證，上〉，頁 9。

> 𩾲（吾）以匽（宴）以喜以樂嘉賓。[131]

因此，雖然《玉篇・魚部》云：「𩾲，語居切捕，魚也」、〈瀺部〉：「瀺，語居切捕，魚也，與漁、𩾲同」，[132]但這應該都是更後期的字彙通假情形。先秦時，「𧇖」、「𩾲」都是「吾」的繁體字。

這個說法除了上述文例之外，還可以用其它古文字和傳世文獻資料來旁證。从「虍」字偏旁來說，在楚簡上可見「吾」字寫从「虍」的例子，包括上海博物館楚簡《孔子詩論》第 6 簡「吾敬之」句中，寫作从「虍」、「王」之「虐」。[133]同時从「魚」字偏旁來說，在傳世文獻中亦可見「吾」與「魚」混用，如《史記・河渠書》：「吾山平兮鉅野溢」，裴駰集解引晉徐廣曰：「東阿有魚山」，吾山和魚山正是同一座山（在今山東東阿縣）[134]。換言之，「𧇖」作為第一人稱代名詞的「吾」，可無庸置疑。而且，「吾」與「虍」、「魚」都有混同的文例。筆者以為，甲骨文裡沒有發現「吾」字的原因，正是因為「𧇖」本身就是「吾」的古字。

「𧇖」除了可與「吾」作連接之外，銘文中亦可見其與「衙」的關係。如西周晚期宣王時代的兮甲盤記載：

> 王初各（格）伐厭（玁）執（狁）于𨟭𧇖。[135]

王起初在𨟭𧇖出征玁狁。玁狁係周代的北方游牧民族之一，𨟭𧇖則為地名，據學者的考證，此地應指彭衙（今陝西西白水線東北，古代為秦地）[136]。由此可見，這裡的「𧇖」應為「衙」字。不過「衙」亦从「吾」，因此「𧇖」與「吾」的關聯性仍被保留下來。。

至於「吾」和「御」的關係，在先秦文獻中並沒有明顯的例子。虞萬里先生曾

---

131 《集成》器號 203，現藏於上海博物館。

132 梁・顧野王著，《大廣益會玉篇》，下篇，卷 24，頁 40-41。

133 馬承源主編，《上海博物館藏戰國楚竹書（一）》，頁 18。亦有從吾的寫法為「䖪」，或「啓」、「唇」等簡化字。

134 臧勵龢等編，《中國古今地名大辭典》，頁 870。

135 《集成》器號 10174，藏處不明。

136 此考證較可靠，因此學界都從之，如參加：于省吾主編、姚孝遂按語編撰，《甲骨文字詁林》，北京：中華書局，1996，頁 1756-1757；周法高主編，《金文詁林》，香港：中文大學出版社，1974-1975，卷 11，頁 184；上海博物館商周青銅器銘文選編寫組編、馬承源主編，《商周青銅器銘文選》，北京：文物出版社，1986，第三冊，頁 306。

引用西周宣王時代的毛公鼎「以乃族干吾王身」，將「干吾」釋為「扞禦」，以說明「吾」和「御」字的關係。但筆者在古文字學上仍持較保守的態度，以為此處的「吾」不宜逕釋為「御」，而以釋為「敔」較合適。[137]

關於「敔」字，傳世文獻中有如下記載：

> 敔，禁也。一曰樂器，椌楬也。形如木虎。(《說文・攴部》)[138]
>
> 敔狀如伏虎。敔，衙也。衙，止也。所以止樂也。(《釋名・釋樂器》)[139]
>
> 合止柷敔。(《尚書・益稷謨》)，鄭玄注：「敔，狀如伏虎，背有刻，鉏鋙，以物擽之，所以止樂」[140]、亦注「敔，木虎也。」
>
> 鈁鍾磬柷敔。(《呂氏春秋・仲夏》)，高誘注：「敔，木虎，脊上有鉏鋙，以杖擽之以止樂。」[141]

據文獻可知，「敔」是種虎形的敲擊樂器。其形如下圖所示，從左至右為：宋代《三禮圖》中敔的圖案；[142]兩件清宮中的敔；[143]一件近代民間的敔。[144]

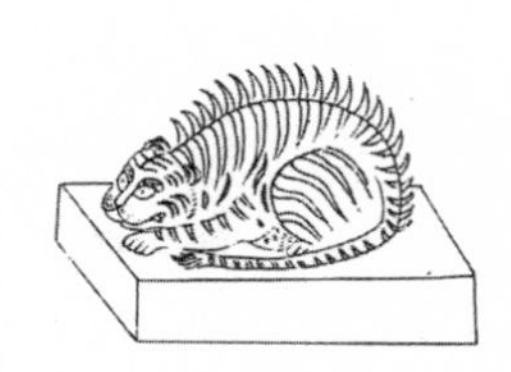

由於殷商木器幾乎沒有保存下來，所以迄今考古乃未發現夏商時代的敔。

敔的歷史源遠流長，其形狀為木虎，其發聲的部分即是在木虎背上的鰭刺。此樂器的形狀提供了些線索，首先「敔」形為虎，即从「虍」。而「虞」、「敔」(或「吾」)有古今字的關係。循此，筆者有六項推論如下：

---

137 如上海博物館商周青銅器銘文選編寫組編、馬承源主編，《商周青銅器銘文選》，頁 317。

138 漢・許慎著、清・段玉裁注，《說文解字注》，頁 126 上。

139 漢・劉熙撰，《釋名》，《叢書集成・初編》，北京：中華書局，1985，冊 1151，卷七，頁 108。

140 漢・孔安國傳、唐・孔穎達等正義，《尚書正義》，頁 194-198。

141 秦・呂不韋著，林品石註譯，《呂氏春秋今註今譯》，臺北：臺灣商務印書館，1983，頁 119。

142 宋・聶崇義撰，《三禮圖集注二十卷》，《景印文淵閣四庫全書》，冊 129，臺北：臺灣商務印書館，1983，卷五，頁 25。

143 現藏於北京故宮博物院。

144 現藏於臺南孔廟中。

第一，「虍」和「魚」的古音相同，皆為「䲆」字聲符。不過除了讀音之外，「虍」和「魚」字偏旁可能還同時表達了象形意義的來源。如「虍」是敔的樂器形狀自不待言，而「魚」則可能與虎背上的魚鰭有關係。筆者推想，殷商時器的木敔形狀或許會比近代更接近虎頭魚的形貌。質言之，「䲆」字的本義是指「背上有魚鰭的木虎」這種敲擊樂器。

第二，據劉熙所言，「敔」義為「衙」（止也），實際上「衙」、「敔」、「吾」都屬於「䲆」字簡寫的今體字。从「虍」、从「魚」繁寫的「䲆」或「𪚥」，與从「吾」簡寫的「敔」、「吾」、「衙」古字相同，這兩種寫法間應有古今字的關係。

第三，寫从「攴」（攴）的「𪚥」（今字作「敔」），和「䲆」（今字作「吾」）之間的關係應猶如「壴」（壴）和「鼓」（鼓）兩字的關係。「攴」字偏旁即是表達敲擊的意思。

第四，由於此樂器是止樂，所以此字除了其本義之外，也有轉義的作用。如在西周金文上（如上述的毛公鼎），或先秦古籍上，都可用以表達抵禦的意思。如《墨子・公孟》：「厚攻則厚吾，薄攻則薄吾。」孫詒讓閒詁：「吾，當為圄之省。」[145]古代䲆、吾、衙、敔、圄都是同一字。《說文・口部》則謂：「圄，守之也。」[146]該字在文獻中用以表達抵禦、遏止、攔阻以及囚禁之義。如《左傳・宣公四年》：「乃以若敖氏之族，圄伯嬴於轑陽而殺之。」杜預注：「圄，囚也。」[147]

第五，上博簡本的「䲆」實係敔、圄、衙、衙的古字，可簡化為「吾」。該字用於轉義後的意思，亦即「抵禦」。因之，其的涵義在表達「敔民之淫」這句話的主旨上，是相當恰當的。

第六，除了本義和轉義之外，該字也經常用以表達第一人稱代名詞，這是語音假借後的用意。

除了上述的字形之外，該字也有寫从「金」的「鋙」，如鄭玄和高誘的注疏都使用「鉏鋙」一詞。从「金」的寫法也有轉義的用法，如《楚辭・九辯》：「圓鑿而方枘兮，吾固知其鉏鋙。」洪興祖補注：「不相當也。」[148]

「敔」是木製的樂器，所以本字寫从「金」好像有疑問。可是最近的考古發現中，在甘肅禮縣大堡子山春秋時期秦公墓旁，發現了祭祀用的樂器坑，坑中有三條

145 宋・墨翟、吳毓江撰、孫啟治點校，《墨子校注十五卷》，北京：中華書局，1993，頁 724。
146 漢・許慎著、清・段玉裁注，《說文解字注》，頁 278 下。
147 晉・杜預注、唐・孔穎達等正義，《春秋左傳正義》，頁 969。
148 戰國楚・屈原著、宋・洪興祖補注，《楚辭補注》，臺北：大安出版社，2004，頁 294。

銅虍，其狀與木敔不同，背上沒有魚鰭形的齟齬（參下圖）。不過，根據測音的試驗，它們還是應該有止樂的作用，所以可定為異型的敔。[149]

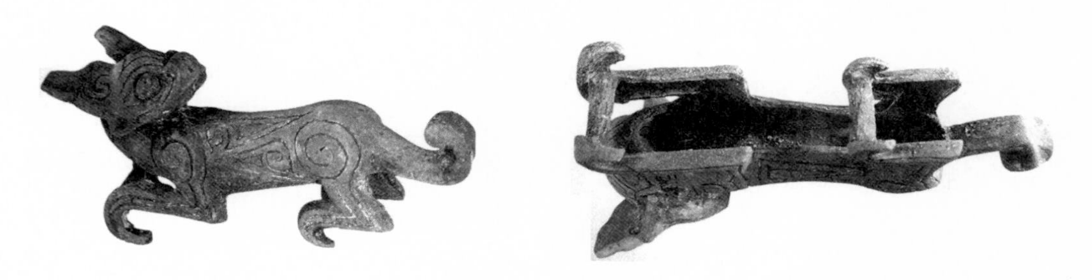

筆者推想，「敔」和「鋙」是指形狀不同而作用相同的樂器，所以兩字轉義後的意思應也相同。或許沒有魚鰭的銅鋙是秦文化中所用的止樂樂器。秦公墓石磬銘文中有曰：

> **百樂咸奏，允樂子（孔）煌。铅（段）虎戴（載）入，又（有）畿戴（載）羕（漾）。**

因「段虎」與「鉏鋙」音同，孫常敘和王輝先生認為，銘文中的「段虎」即是鉏鋙止樂的樂器。而這段文句的意思是：百樂演奏時，鉏鋙入樂，「**致使那正在演奏的『訖事之樂』戛然而止（餘音在漾）。**」[150]秦公石磬的銘文不用从「魚」的「䲚」，而簡寫作「虎」的原因，或許即因為所用的樂器是大堡子山墓出土的無鰭的銅鋙之類。換言之，「敔」和「鋙」可能是指兩種作用相近的樂器。前者是木製的臥虎，虎背上有魚鰭形的櫛齒；後者是銅製的踞虎，背部圓滑，用四足止樂。或許正因為這

149 梁雲先生測驗之結果如下：「樂器坑出土的 3 件銅虍體中空，呈回首蹲踞狀，前後雙腿之間各有一道平撐，四足足底基本在一個平面。銅虎輕小，單手可持握，應是用於止樂的「段虎」。……銅敔背部圓滑，沒有文獻所說的節齒，其使用方法也應不同。筆者做過試驗，握銅虍之背，按其四足於鎛的鼓部，鎛聲戛然而止。3 件銅敔是為 3 件銅鎛專門配置的，其中 1 件出土時位於兩甬鐘之間，應是埋葬過程中或坑坍塌後脫落滾動造成的，已經離開了它原來的位置。換言之，8 件甬鐘可能用不著它來止樂。這各說法除了出土狀況的支持，還可以在甬鐘與鎛構造上的差異找到理由。合瓦形甬鐘鐘體兩側有稜，會對敲擊正鼓部產生的振動起阻尼作用，減短鐘的尾音；甬及其內的泥芯會對敲擊側鼓部產生的振動起阻尼作用；鉦部的枚則對高頻振動起加速衰減作用。橢方體的青銅鎛既無棱，又無枚、甬，本身都件沒有節音功能，受振動後延續音（尾音）會拉得很長，這就需要專門的節餘音之物。」梁雲，〈甘肅禮縣大堡子山青銅樂器坑探討〉，《中國歷史文物》2008 年第 4 期，頁 36-37。

150 王輝、焦南鋒、馬振智，〈秦公大墓石磬殘銘考釋〉，《中央研究院歷史語言研究所集刊》，第 67 本第二分，1996 年 6 月，頁 264-272。

些差異，所以「䖒」、「𠭯」、「敔」字被用來指稱木敔，而「段虎」是指銅的「鉏鋙」。

許慎將「鋙」釋為「鋤」的異體字：「鋤，鉏鋤也，从金御聲，鋙，鋤或从吾。」段玉裁注：「鉏音牀呂切，鋤音魚巨切……齒部齟齬，齒部相值也……吾古讀如魚。」[151]由此可見「吾」和「御」的通假關係。只不過筆者認為此一通假關係是逐步形成的現象，為後期歷史語言的變化，至於商周時代，這兩個字雖然讀音同，但意思範圍較遠，所以未必會有此關聯。。[152]

兩種簡本中的「慬」和「摧」、「渫」和「圄」意義不同，因此可認定上博簡本的「摧惡以圄民淫」，其意思與郭店本亦不相同，可語譯為：「掃惡以遏止臣民的淫蕩」。不過，文句雖有不同，表達意義仍然一致。

（丙）釋「御」與「䖒」之別

經本使用「御」字，這可能是因為受到上博簡本之類的戰國晚期版本影響，且因歷史語言的變化而作了合乎漢代語文的調整。

不過從「御」和「䖒」字的關係來說，原來的「䖒」是「吾」（衙、敔）的古字，而非「御」字，恐怕亦不能視為「御」的假借字。相反地，因「御」與「䖒」音同，故在語文之發展過程中，「御」反倒成了「䖒」（吾、衙、敔、圄）的假借字。因此在《緇衣》的經本上，「䖒」被換成了「御」。筆者認為，這是因歷史語言變化而形成的同義字。若從溯源的角度來看，「䖒」和「御」二者雖然音同，但各有自己的發展脈絡，且在甲骨、金文中尚未見有兩字通用的情況。

甲骨文「御」和「禦」的本字乃「𠚧」（卸），从「午」得聲，共出現了上千次，其中少數寫為从「示」的[illegible]（禦）。在金文中「御」和「禦」共有[illegible]（卸）[153]；[illegible]（卸）[154]；[illegible]、[illegible]、[illegible]（御）[155]；[illegible]、[illegible]、[illegible]（禦）[156]等寫法，亦从「午」得聲，均是

151 漢・許慎著、清・段玉裁注，《說文解字注》，頁 705 下。

152 有關「䖒」和「御」字的關係，筆者日前已作過討論，參見郭靜云，「䖒」與「禦」。論二字在商周語文中的涵義以及其在戰國漢代時期的關係，《語言文字與教學的多元對話》，臺中：東海中文系，2009，頁 343-357。

153 如西周早期山御作父乙器，《集成》器號 10568，藏處不明；西周早期麥盉，《集成》器號 9451，現藏於日本京都泉屋博古館；西周早期御正衛簋，《集成》器號 4044，現藏於臺北故宮博物院；西周早期御史競簋，《集成》器號 4134，現藏於加拿大多倫多安大略博物館；西周中期洺御事罍，《集成》器號 9824，現藏於北京故宮博物院；西周中期剌鼎，《集成》器號 2776，現藏於廣州市博物館等等。

154 西周晚期叔𧗸父簋蓋，《集成》器號 4068-70，現藏於中央研究院歷史語言研究所文物陳列館、中國國家歷史博物館。

155 如西周早期御簋，《集成》器號 3468，現藏於美國哈佛大學福格美術博物館；春秋郳伯御戎

常用的字彙，在銘文上共出現了近百次，此字在甲骨金文裡，有以下幾種用意：

1.「𢓊」都被用來當作動詞，在上千條卜辭上「𢓊」字往往用來描述祭祀之事，這些卜辭均有類似這樣的結構：「𢓊某祭祀對象」。[157]《說文・示部》：「禦，祀也，从示，御聲。」[158]不過以甲骨文來說，原本不从「示」的字體，本意即已為「祀」，故應視為从「𠃨」（卩），「𠂔」（午）聲；「𠃨」係人跪之形，因此自然為「𢓊」之義符。在金文上，「祀」亦為「御」最常見的涵義，其中从「示」的䘖（禦）字形幾乎都為祭名。如西周早期禦父辛觶、西周早期我方鼎有「**御鼎**」（祭用之鼎）一詞；西周中期剌鼎：「**王禘，用牡于大室，禘昭王，剌御，王賜剌貝三十朋**」；作冊益卣：「**大禦于厥祖**」；西周晚期虢叔旅鐘：「**御于天子**」；叔𦟝父簋：「**叔𦟝父御于君**」；㝬簋：「**朕多禦**」；春秋魯正叔盤：「**御盤**」（祭用之盤）；[159]春秋晚期吳王夫差鑑：「**御鑑**」（祭用之鑑）[160]等等。

由此已可知，「𪓰」和「𢓊」的字形來源互無關係：前者是从「虍」、「魚」，其象形意義來源可能源自「敔」的樂器形狀；後者从「卩」、「午」，與人跪祭神的形象有關。字形結構和本意來說，「𪓰」和「𢓊」原來亦無牽連。

將「御」視為从人跪之形、从午得聲的形聲字，以及將「祀」視為「御」之本意，乃最近在學界中的共同看法。關於「御」字所表達的祭祀之義，學界的主流意見多贊同裘錫圭先生，認為，「御」是指除災之祭。[161]不過，許進雄先生早已更進一步探討了「御」的字源，推論「御」可能是會意兼形聲字：

> 《說文》「午啎也」、「啎屰也」、「屰不順也」：午有不順之意，而此祭為祓除不詳之祭，故以𠃨象人跪坐以祈禱狀，而以午聲明所禱者乃有關不順之事。[162]

鼎，《集成》器號 2525，藏處不明；春秋洹子孟姜壺，《集成》器號 9729-9730，現藏於中國國家歷史博物館、上海博物館。

156 如西周早期我方鼎，《集成》器號 2763，現藏於臺北故宮博物院，蓋現藏於中央研究院歷史語言研究所文物陳列館；西周早期禦父辛觶，《集成》器號 6472，藏處不明；西周中期作冊益卣，《集成》器號 5427，現藏於上海博物館；西周晚期厲王㝬簋，《集成》器號 4317 ，現藏於扶風縣博物館。

157 姚孝遂主編，《殷墟甲骨刻辭類纂》，頁 143-156。

158 漢・許慎著、清・段玉裁注，《說文解字注》，頁 7 上。

159 《集成》器號 10124 ，藏處不明。

160 《集成》器號 10294，現藏於中國國家歷史博物館、北京故宮博物院。

161 裘錫圭，〈讀安陽新出土的牛胛骨及其刻辭〉，《考古》1972 第 5 期，頁 43-45。

162 許進雄〈釋御〉，《中國文字》臺北：藝文印書館，1963，頁 3。

筆者認為許進雄先生的見解極有價值，可從之。也就是說「御」祭具有除災以求護祐的目標。

2. 夏含夷先生贊同許進雄先生的見解，且認為「御」字「以此本義從鬼神世引申到人間世，袚除人間世之不祥當指鎮定和遏抑敵人之反抗，即舉行『掃蕩性』征伐。」[163]夏含夷先生即從此角度來解釋甲骨文中出現的「御方」卜辭。

「御方」是卜辭中第二種「卸」字用義。不過相對而言，在用「卸」字的上千卜辭中，「御方」只出現在十幾條上。雖然學界原本認為「御方」是指方國，然而進一步對其用法加以考證後，卻不得不承認此處的「卸」依然是動詞，表達對方國進行的某項動作，而此應與抵禦方國之事有關，可讀為抵禦之義。筆者贊同此說，但不贊同夏含夷先生認為這是「從鬼神世引申到人間世」的說法。甲骨文中有非常多「伐某方國」或「征某方國」的卜辭，而「御方」卜辭應與其不同，依然離不開其祭祀之義，而接近於祈求對祖國的保護。既可指針對別族「狄鬼」的除災去邪之祭，亦能包含對方國戰死者的鬼氣袚除。

從金文來說，在目前所見近百條使用「御」字的銘文上，亦有一條接近此義。西周中期㦰方鼎・甲載：

> 王用肇使乃子㦰率虎臣御淮戎。[164]

傳世文獻中《國語・周語中》亦言:

> 國有郊牧，疆有寓望，藪有圃草，囿有林池，所以禦災也。韋昭注:「禦，備也」[165]

也就是說，「御」義的重點並非「掃蕩」，而在祈求「禦災」、神祇護祐的範圍內。[166]

西周晚期五祀㝬鐘載：「保大命……御大福。」[167]明顯揭示了「御」與「保」的

---

163 夏含夷，〈釋「御方」〉，《古文字研究》第九輯，北京：中華書局，1984，頁 97-101。

164 《集成》器號 2824，現藏於扶風縣博物館。因扶風縣博物館藏兩種銘文不同的㦰方鼎，且本文兩種都會引用，故以甲、乙作為區分。

165 周・左丘明撰、吳・韋昭注，《國語》，頁 70-71。

166 甲骨文另有「𢓊」（衔）、「𢔁」（衙），從「行」，從「午」或從「卸」得聲，其用意可能不帶有祈禱之意，而近於戰勝之意，如《合集》「王申卜，衔召于轢」。不過，此字罕見，所以目前將字義難以確認。

相關性。「御」在甲、金文的各種用法裡，都帶有祈禱祭福的意味。姚孝遂與肖丁先生將甲骨文中的「御」定義為：「**祈福禳災，求神祖之祐護**」[168]，正可應證先秦時「御」字的所有用法均是從此本義衍生而來。如果我們將此銘文的意義與後期的「禦福」用意作比較，可以發現如下的例子，《莊子・徐无鬼》：「**今夫子聞之而泣，是禦福也。**」陸德明釋文曰：「**禦，距也，逆也。**」[169]此處「禦福」用來表達拒絕福祐的意思，反與原來銘文上的意義相反。此種前後時代用意根本無法連結的現象頗為有趣。《莊子・雜篇・徐无鬼》的編成時代不明，據其文本尚難以確認為先秦的用字情況。從這個文例中只能看出，在漢代以後的語文中，「御」的字義有複雜化傾向，導致其本義變得模糊不清。若在此處將「禦」改成「敔」，則「敔福」（止福）文義將比「禦福」更加清楚。或許，此處與《緇衣》相同，亦反映出後期語文將「敔」假借為「御」的情況。

由上述文例可見，先秦時「御」與「啎」、「圉」的涵義實際上差距很大：「啎」、「圉」純粹表達負面、否定、排拒、遏止等意思；而「御」基本上有正面的涵義，主要是表達除災、保護的意思。因之，把古代的「御」字直接視作排拒之義，就歷史語言來說並不恰當。

3. 銘文裡的「御」字不僅不應視為排拒之義，其甚至有與之相反的「迎接」之義。如春秋晚期簷大史甲鼎記載：

> **御賓客。**[170]

傳世文獻亦保留了此種用意，如《逸周書・謚法》：

> **執禮御賓曰恭。孔晁注：「御賓，迎待賓也。」**[171]

王貴民先生認為在甲骨卜辭上，「御」實有「迎迓」之義，如其中的祭祀卜辭中即紀錄了迎神的祭禮。[172]此種釋讀與清代陳逢衡《周書補註》所言「御」字當讀如

---

167 《集成》器號 358，現藏於陝西省歷史博物館。

168 姚孝遂、肖丁合著，《小屯南地甲骨考釋》，北京：中華書局，1985，頁 35。

169 戰國宋・莊周著、王叔岷，《莊子校詮》，頁 969、971。

170 《集成》器號 2732，藏處不明。

171 晉・孔晁注，《逸周書》，卷六，頁 17。

172 王貴民，〈說御史〉，《甲骨探史錄》，北京：三聯書店，1982，頁 303-323。

「迓」的說法相同。[173]雖然筆者贊同前引許進雄、姚孝遂、肖丁等學者對「御」字的定義，但從青銅器銘文與傳世文獻來看，王貴民先生的說法並非無理。一方面，祭拜神祖必有迎神的意味，另一方面，接待賓客亦帶有對賓客的保護意味。因此「御」的字義其實橫跨、包含了「保護」與「迎接」這兩義。

4. 王貴民先生從「迎接」之義來解釋甲骨文中的「御史」一詞。因甲骨文「史」與「事」通，故「御史」均釋為「御事」。此解並無疑問，且卜辭中的「御」字原本就用來當作動詞。因「御事」後有「王弗悔」、「王受有祐」等吉祥紀錄，則可見「御事」應是在表達某種除災動作。王貴民先生將「御事」解釋為「接事」，即帶有接受王事、迎接事務、管事、治事等涵義。此解基本可通，且包含「護事」之義，治事也是保障事務順利進行的意思。

金文上亦有「御事」一詞，用來指治理事務，如西周早期的麥盉、大盂鼎、西周中期的滔御事罍等，均有相關文例。其中，西周早期叔趯父卣記載：

> 叔趯父曰：「余老不克御事。」[174]

春秋洹子孟姜壺亦云：

> 齊侯洹子孟姜喪其人民都邑，瑾宴無用從爾大樂，用鑄爾羞銅，用御天子之事。

傳世文獻中亦有用意相同者，如：

> 乃同召太保奭、芮伯、彤伯、畢公、衛侯、毛公、師氏、虎臣、百尹、御事。孔傳：「諸御治事者。」(《尚書・顧命》)
> 跋涉山林以事天子，唯是桃弧棘矢，以共御王事。(《左傳・昭公十二年》)
> 供，奉獻；御，進也。供御與奉獻同。(《廣雅・釋詁》)
> 百官御事，各即其齋三日。(《國語・周語上》)[175]

---

173 黃懷信、張懋鎔，田旭東撰，《逸周書彙校集注》，頁 641。
174 《集成》器號 5428，現藏於河北省文物研究所。
175 漢・孔安國傳、唐・孔穎達等正義，《尚書正義》，頁 730-731，晉・杜預注、唐・孔穎達等正義，《春秋左傳正義》，頁 2065；周・左丘明撰、吳・韋昭注，《國語》，頁 18。

淊御事罍等銘文上甚至可見治事者的官名。[176]

5. 以上所述應是「御」字的原義，然而《說文・彳部》卻謂：「御，使馬也。从彳、从卸。馭，古文御，从又、从馬。」[177]雖然許慎把「御」定義為使馬，但同時亦說明了古代是以「馭」字表達馭馬之義。而在「御」的字義範圍中，馭馬之義是从「馭」字假借過來的。早期「御」和「馭」並不混用，因此在大于鼎銘文上，二字各有不同的意涵。但後來因為音同，在意義上亦可連接，因此「御」字幾乎取代了「馭」字的使用。此現象最早可見於西周晚期頌鼎、頌簋、頌壺[178]、春秋吳王御士叔緐簠[179]以及西周晚期不嬰簋[180]等銘文上。

從上述「御」字的字源、本義、發展、先秦時的用意，都可知「御」字的正面涵義與「敔」字有著根本上的差異。「御」的本意是指祈禱保護的祭禮，而遏止、攔阻等纔是「敔」（衙、圄）字的原義。是故，毛公鼎所用的「扞吾」一詞不宜視為「扞禦」假借的用法，「扞衙」纔是其本字。

不過，在後期語文的發展中，因為「御」字的保護意涵自然帶有祓除的文義，是故在「御」的信仰內涵減弱後，便發生了「御」與「敔」字的交錯。兩字本來就同音，意義亦確有交疊之處，因此在漢代後，「御」即取代了「敔」字的作用。換言之，秦漢以後的「御」（禦）字既成為「馭」和「敔」（衙、圄）的假借字，而同時涵蓋了「御」、「馭」、「敔」三字的字義，也導致衙、圄等字日趨罕見，其本義在秦漢以後就不再為人所用了。

---

176 「御史」自殷商以來為國君親近之職，既掌文書及記事，亦職使臣等任務。早期「御史」、「御使」、「御事」任務不區分，「御事」乃為治事者官名。參見，俞鹿年著，《中國官制大辭典》，哈爾濱：黑龍江人民出版社，1992，頁 282-283。

177 漢・許慎著、清・段玉裁注，《說文解字注》，頁 77 下。

178 《集成》器號 2827-2829、4332-4339、9731-9732，現藏於北京故宮博物院、臺北故宮博物院、上海博物館、山東省博物館、日本兵庫縣黑川古文化研究所、美國堪薩斯市納爾遜美術陳列館。

179 《集成》器號 4527，現藏於北京首都博物館。御士此官名在傳世文獻見於《左傳・襄公二十二年》：「子南之子棄疾為王御士。」杜預注：「御王車者。」《左傳・僖公二十四年》：「以狄師攻王，王御士將禦之。」杜預注：「王有二十二御士。」楊伯峻注：「御士，蓋王侍御之士」，認為「御士」係近衛之士，具有護王之作用。晉・杜預注、唐・孔穎達等正義，《春秋左傳正義》，頁 1561、663；楊伯峻編，《春秋左傳注》，頁 426。由此可見，「御」能作「馭」之假借字依然與「御」的本意相關。

180 《集成》器號 4329，現藏於中國國家歷史博物館。此外在金文上「御」用為人名，如上已列出的西周早期御簋、山御作父乙器、御史競簋、御正衛簋、西周早期御正良爵（《集成》器號 9103，現藏於中國國家歷史博物館）、春秋郳伯御戎鼎、戰國晚期御司馬戈（《集成》器號 11059，藏處不明）、郾王職戈（《集成》器號 11236，現藏於遼寧省博物館）、郾王喜戈（《集成》器號 11278，現藏於河北省文物研究所）等等。

上博簡本的「虘」係「敔」（禦、圄）之古字，「虘民淫」準確地表達了遏止民淫的意思，毫無不帶有「御」字除災護祐的意味。然而漢代「敔」（禦、圄）已罕有人用，所以為了讓文本合乎當時歷史語言的用字習慣，整理者便依常用的假借方法，將之改成「御」。因為其時「御」字已涵蓋了「敔」義。故此，經本此處的「御」字並不作除災護祐的本義使用。

己、不訂其所能

簡本皆作「訂」；經本無此句。學者大都同意該字應讀為「詞」，而釋為「頌辭」的意思。由此，章文所言的「詞能」即是「誇能」之意。

庚、《大頙》、《少頙》／《詩》、《小雅》

「頙」是現代「題」字的同形字，然楚文中所見的「頙」卻是「夏」的異體字，如在包山第 67 簡中即用作「夏」。「夏」、「雅」音同，可釋為語音假借，故讀作「雅」字無疑。

「小」與「少」常常通用，兩字在古代沒有明顯的區別。

辛、下民秊担／下民卒癚／下民卒癉

郭店簡本作「秊担」；上博簡本殘缺；禮記經本作「卒癚」；毛詩經本作「卒癉」。

古代文字中，旦、亶、單偏旁完全通用，所以担、癚都是「癉」字的異文。

而包山楚簡中，已有過以「秊」為「卒」的異體字。

《詩・大雅・板》：

> 上帝板板，下民卒癉，出話不然，為猶不遠。
>
> 毛傳：「板板，反也。上帝，以稱王者也……王為政反先王與天之道，天下之民盡病，其出言而不行之也。」[181]

在此段引文裡，簡本與經本皆同。然而在《韓詩外傳》中，「卒」字寫作「瘁」，即勞累及生病的意思，古代「卒」、「瘁」二字亦為同字。筆者贊同廖名春先生所言：「『卒癚』結構當與『板板』同，『板板』是復詞同義，「『卒癚』也當是同義復

181 漢・毛公傳、鄭玄箋、唐・孔穎達等正義，《毛詩正義》，頁 1743-1744。

詞。」[182]《詩・小雅・北山》亦言：「或燕燕居息，或盡瘁事國。」鄭玄箋：「盡力勞病。」[183]故在此處「卒」字宜訓為「瘁」的本字。

壬、非其歨止，共唯王𢘓／……隹王之功／匪其止共，惟王之卭／匪其止共，惟王之邛

郭店簡本所引《詩・小雅・巧言》的用字和文法，在學界中都引起了許多爭論。筆者分述如下：

（甲）用字不同

1. 從個別的字體之差異來說，郭店簡本作「非」，而經本皆作「匪」，二字音義皆同。

2. 郭店簡本作「歨」，而經本皆作「止」。郭店本第十五、十六章的「止」字皆作「歨」，而「止」字則用如「之」字。因此這裡的「歨止」也應該直接釋為「止之」。不過「歨」字也可以釋為「齿」，「齿」即「踀」或「澀」的本字，其義為「阻斷」，和「止」義相同。或者「止」、「澀」在古代原本即是同一個字。

3. 郭店簡的「唯」，上博簡的「隹」，禮記經本的「惟」，毛詩經本的「維」，四字經常混用。

郭店簡第三章的引文中有「隹」字，作虛詞用，在經本相應的字寫作「惟」。在第五章引文中又兩次出現「隹」字，分別相當於經本的「誰」與「惟」，但鄙見以為皆應讀作「唯」。十二章亦有相當經本「惟」字的「隹」，筆者認為這仍應讀為「唯」字。在第二十一章，三種版本在句首都有从「口」的「唯」字，而郭店簡本第二十二章的「唯」則對應於經本的「雖」字，故作「雖」解。筆者認為，雖然郭店第三章有用「隹」作虛詞的例子，但此處「隹」係「唯」字，但並不位於句首，故應非虛詞。

4. 「𢘓」、「功」、「卭」、「邛」。

郭店簡本的「𢘓」字，劉信芳釋為「恭」[184]，廖名春釋為「恐」[185]。而上博簡本則提供了將之讀作「功」的線索。「𢘓」的寫法接近「恭」字，然而郭店本第二章的

---

182 廖名春，〈郭店楚簡《緇衣》篇引《詩》考〉，頁 63。

183 漢・毛公傳、鄭玄箋、唐・孔穎達等正義，《毛詩正義》，頁 1231-1232。

184 劉信芳，〈郭店簡《緇衣》解詁〉，頁 169。

185 廖名春，〈郭店楚簡《緇衣》篇引《詩》考〉，頁 64。亦參見廖名春，〈郭店楚簡與《詩經》〉，《文學前沿》，2000 年第 1 期，頁 35-52。

「恭」字寫作「共」，上博簡作「龏」（龔，恭的古字），故此處郭店簡的「恷」、上博的「功」皆非「恭」字。值得注意的是，四個版本的字體皆从「工」，所以釋為「恭」並不妥，若釋為「恐」或「功」反倒有聲韻上的根據，但兩種讀法間的釋義差別很大。

從字形來看，此字在各文本中皆从「工」得聲，寫法也非常相近，故本字可能是「功」。但從字義來看，禮記經本寫作「邛」，鄭玄注：「邛，勞也」；而毛詩經本的「邛」字，鄭玄卻箋之曰：「邛，病也」[186]與「功」的字義完全不同，反與「恐」較接近，所以廖名春的見解似亦有了證據。但兩種讀法的差異實在太大，故筆者擬由其字義入手，進一步思考這兩種釋讀方式的優劣。

（乙）斷句、文法、文義之不同

1. 郭店簡本與其它版本最關鍵的不同處，是把「之」字放在「共」字之前，其它版本的「之」字均在「王」字後。大部分的學者都認為這是郭店簡的筆誤，如廖名春先生以為：「『之』字為抄手誤乙，當屬下句。」[187]黃人二先生亦認為：「郭店簡本《緇衣》似乎有文字錯抄的現象，多一『之』字。」[188]但劉信芳先生的理解卻與此相反，他說：「若變成『小人為王作病』則與上文『子曰上人疑則百姓惑』失卻聯繫，是知《巧言》此二句，當依竹簡所引為是。」夏含夷先生亦將經本的文義視為古本之誤。[189]筆者也贊同後兩位學者的意見，以為郭店簡本的斷句較能表達出《緇衣》文本的原意。

為了理解郭店簡本此句的文法結構，須特別注意其「唯」字的用法。

四個版本中有「唯」、「隹」、「惟」、「維」四個字，若放在句首，則為虛詞；但若放在文句中間，則可讀作「為」，在先秦文獻中可用以表達因果關係。如《左傳・僖公二年》所言：

冀之既病，則亦唯君故。[190]

186 漢・鄭玄注、唐・孔穎達疏，《禮記注疏》，頁 2319；漢・毛公傳、鄭玄箋、唐・孔穎達等正義，《毛詩正義》，1169 頁。

187 廖名春，〈郭店楚簡《緇衣》篇引《詩》考〉，頁 64。

188 黃人二，《上海博物館藏戰國楚竹書（一）研究》，頁 122。

189 劉信芳，〈郭店簡《緇衣》解詁〉，頁 169。E.Shaugnessy. *Rewriting Erly Chinese Texts*, pp.98-100.然兩位學者對「恷」字的理解不同，前者釋為「恭」，而後者釋為「功」。

190 晉・杜預注、唐・孔穎達等正義，《春秋左傳正義》，頁 504。

筆者以為，郭店簡本的「**共唯王恷**」，其文句結構與《左傳》的「**亦唯君故**」相同。「唯」不是語氣詞，而有「因為」的意思。故「**共唯王恷**」可理解為：國家的亂象，「是因為王所造成的後果」，或者可以說「都是王的責任」。循之，則整句「**非其止之，共唯王恷**」的釋讀如下：「沒有（**非**）將它（**其**——是指「長亂」的趨向）阻止（歨）的這個狀況（**之**），都是（**共**）由（**唯**）王（**王**）所造成的後果（恷）」。[191] 或言：「沒能阻止此一情況發生，是王應負的責任」。筆者以為，此種理解應更合乎《詩・小雅・巧言》的本意，《巧言》云：

> 亂之初生，僭始既涵。亂之又生，君子信讒。君子如怒，亂庶遄沮。君子如祉，亂庶遄已。
>
> 君子屢盟，亂是用長，君子信盜，亂是用暴，盜言孔甘，亂是用餤，匪其止共，維王之邛。[192]

簡本的意思是：君子信盜，沒有阻止讒佞的甘言，故國家長亂，而沒有阻止長亂的情形，都是因為國君行為所造就的後果。《巧言》直指亂之初生，實與國君的行為有關，這與簡本文意正合。

從此義來說，郭店簡本的「恷」字應釋為「功」較佳。在這一點上，筆者贊同夏含夷先生的見解。[193]

2. 在上博簡本中，「唯」、「惟」、「誰」、「雖」通作「隹」。但抄錄者將「隹」當作虛詞，放在文句之首。是故，為了保留四言詩的結構，便將「之」字移到「王」字後。

3. 若把「唯」視為虛詞（經本寫「惟」、「維」），則「功」的意思將不通順。於是，經典整理者再作了進一步修訂。不過經本的修訂可能不只是基於對古本的誤解，應與漢代思想的變化有關，在作該章思想詮釋時，筆者將討論這個問題。

---

191 夏含夷先生的譯文省略了「之」字：「They do not uphold this, It is the king's result.」E. Shaugnessy. *Rewriting Erly Chinese Texts*, p.98-100.原本的意思應不是「沒有阻止他們」，而是「沒有阻止他們所造成的亂此一情況」乃是王的責任。

192 漢・毛公傳、鄭玄箋、唐・孔穎達等正義，《毛詩正義》，頁 1168-1169。

193 E.Shaugnessy. *Rewriting Erly Chinese Texts*, p.98-100.

(四) 簡本釋文與譯文

經過上述對文字之考釋，可得簡本釋文如下：

子曰：「上人疑，則百姓䁍；下難知，則君倀勞。」故君民者，章好以視民慾，

（郭店本）：慬惡以渫民淫，

（上博本）：槿惡以㦿民淫，

則民不䁍；臣事君，言其所不能，不詞其所能，則君不勞。《大雅》云：「上帝板板，下民瘁癉。」《小雅》云：「非其止之，共唯王功。」■

其譯文如下：

子曰：「如果君讓人疑惑，則百姓將因無法辨清孅惡而迷惑；同樣的，如果百姓讓君難以知曉，則君將無所適從而徒勞。」因此，君民者必須章揚其所愛，以培養臣民有德性的慾望，

（郭店本）：同時必須勇決地表示對惡的悲哀反感，以掃除臣民的淫蕩。

（上博本）：同時必須掃惡，以遏止臣民的淫蕩。

如果君的治國方法如此，則民將不會迷惑，而君臣之間也能互相信任。若能互相信任，那麼臣民在侍奉君王時，就能坦白說出自己所不能之事，而不必誇耀自己所能之事，那麼君王治民將不會勞累。《大雅》云：「上帝板板，王反先王之道；則天下亂而民眾勞累痛苦。」《小雅》亦云：「非其止之，共唯王功。王沒有阻止讒佞的甘言，故國家長亂，這都是王所造成的。」

(五) 思想的詮釋

根據虞萬里先生的考證，「故」之前的部分是孔子所言，「故」後乃《緇衣》作者基於孔子所言的補充解說與發揮。[194]雖然此說證據不足，但符合《緇衣》每一章

194 虞萬里著，《儒家經典《緇衣》的形成》，2006（手稿）。

的結構，且便於詮釋文義。

甲、聖子之言

子曰：「上人疑，則百姓賊；下難知，則君倀勞。」

也就是說，王侯公伯治國徒勞無功是因為百姓難知，然而百姓難知的原因，是因為國君的行為不明確、不一致，亦即他的「根本」不正（既隱亦屈）。國君自己的行為不當，才使其無法成為可靠的標準，而讓百姓感到迷惑。換言之，儒師要說明的是：你的國家難治僅僅是因為你本身的做法不對。

在該章中，儒師繼續教導讓政治透明化的方法，且進一步說道：若君子有「疑貳之心」、「其義有忒」，則臣民將無法在國君身上清楚地見到其價值標準，於是感到迷惑。同時，儒師亦從反面的角度來說：若君不知民心，其施政也會失去明確的方向，則君亦會因此而白白勞碌。

從此文句的結構來看，可發現前後有互文關係。也就是說：若君對媺惡之態度不清楚而讓人疑惑，則民將會無所適從而迷惑，是非價值的標準感到混淆；同樣，若民情不明而讓國君陷入疑惑，則國君施政亦將無所適從，而致徒勞無功。何以民情會讓國君疑惑難知？此即導因於君心曖昧不明，行為不一致，模糊了標準而使人民迷惑所致。此觀點與《管子・任法》所言：「百姓迷惑而國家不治」的意義確實相同。該章完整地表達了君臣行為互為因果的關係，此即與前章所言的「一德」概念有相關性。不過同時該章也說明了，雖有相互因果關係，但所有的責任仍舊繫於國君身上。若國君之「義有忒」，那麼就算他非常努力地治國，到最後也只是白辛苦一場，因為這樣必定是治不了天下的！

乙、《緇衣》作者的發揮

據聖子之言，郭店本作者的發揮是：「**故君民者，章好以視民慾，慬惡以渫民淫，則民不賊；臣事君，言其所不能，不詞其所能，則君不勞。**」儒師用這些話來教導統治者：如果你認真給百姓指出正確的慾望方向，以嚴防、掃除淫亂，那麼百姓就不會受到迷惑；如果百姓不迷惑，則君知民心亦不難，治國就輕鬆了。也就是說，在此種君臣循環互補的關係上，所有的責任還是在國君的身上。《緇衣》作者要給國君強調的是：你不能說國家無法治理都是因為臣民姦心、讒佞所致，事實上，這都是你本身不勸善、不除惡的結果。

上博簡本「**慬恧以啚民淫**」的文句內容與郭店不同，但其意思完全相同。

該章的結構很明確，先描述國家難治的情況，之後說明使國家大治的條件，而這些問題都以君民的互補關係來回應。其引詩亦頗為準確地配合了該章的論題。

丙、引據

儒師以《大雅・板》來引證其觀點。《大雅・板》所言之「**上帝板板，王反先王之道**」，正好是本文所說的「**上人疑**」的狀況。若「**上帝板板**」，民則迷惑，故天下亂而民盡病。這一條引文與本文的意義相同，因此被用來引證本文觀點。

接下來再以《小雅・巧言》作引據，其謂：「**非其止之，共唯王功**」。從本章的申論內容：「在治國的情形中，君臣具有互為因果的循環關係，只不過關鍵的責任還是在國君的身上」來看，以《巧言》作為引據實是該章的完美總結。

丁、第四章在全篇結構中的位置

儒師給統治者上的第四節課，延續前幾章對政權透明性的論述，進一步說明了如果統治者的態度不一致或被隱藏，則臣民將會迷惑而使國家難治。在此基礎上，儒師提出：君臣行為的相互因果關係，以及君王的「責任」概念，此乃第四章不可互缺的兩項主題。

戊、經本中的文義變化

經本在該章中，亦作了意義上的調整。首先將「**臣事君，言其所不能，不詞其所能**」的部分改作：「**臣儀行，不重辭，不援其所不及，不煩其所不知**」。此句的變化非常大，原來的意思已經失落了，沒有「不能」和「所能」的相對，只是從單方面來說臣民「所不及」和「所不知」的情形，這正表達了帝國天子超然於臣下的思維模式。

接下來，經本引文的意思也和簡本不相同。關於禮記經本的「**邛**」字，鄭玄注：「**邛，勞也。言臣不止於恭敬其職，惟使王之勞，此臣使君勞之詩也。**」關於毛詩經本的「邛」字，鄭玄箋云：「**邛，病也。小人好為讒佞，即不恭其職事，又為王作病。**」[195]經過這些修改，《詩》的此句文義已經不涉及君王的責任。這應該不僅是字體的上誤解而已，也同時表達了帝國意識形態的需求。對漢代帝國思想而言，國

195 漢・鄭玄注、唐・孔穎達疏，《禮記注疏》，頁 2319；漢・毛公傳、鄭玄箋、唐・孔穎達等正義，《毛詩正義》，頁 1169。

家禍亂不可能是受天命的天子造成的。根據帝國的意識形態判斷，造成禍亂的只能是僭偽之君，因此《毛詩》和禮記經本皆失去了此種對王的嚴格批判。這項改變最關鍵的原因，當然是因為戰國晚期已產生了斷句上的不同。在新的斷句上，「唯」只能讀為虛詞，因此文句便失去了君臣互為因果的意義。

另外，從經本的修改亦可看出，漢代整理者在編輯經本時受到了限制，不能完全憑空改字，必須採取智巧的方法。如「功」、「邛」、「叩」不僅是从「工」得聲的同音字，其字形也頗為接近。此外，據《漢書・薛宣傳》可知，漢代「功」有一種與「邛」義相近的特殊意義：「**況首為惡，明手傷，功意俱惡，皆大不敬。**」顏師古注引孟康曰：「**手傷人為功，使人行傷人者為意。**」[196]或許因為「功」的此一用意，經本纔能將「功」字改成音、形相近的「邛」字。不過，若把「功」字讀為此種涵義，則該句本應理解為：「這都是由王所造就的傷害」，卻可反過來讀為「小人害王」的意義。由於經本是站在統治者的立場上，其教導對象不是統治者，而是佞臣，所以「天子造成對國家傷害」不符合其意旨，因此相反的釋讀就被確定下來了。此種修改手法，與第一章將「媺」改作「賢」、第二章將對「愛是，貞植」改成「愛好正臣」的意義都是一致的，都把焦點從君王本身的德行的轉嫁到直臣與佞臣的問題上。

除了上述有意識的竄改之外，第四章另有因歷史語言變動而有的更改。如心裡疑惑的「惑」，與因看不出正道標準而迷惑的「惐」被統一成同一字，雖然這種修改只是代表語言的自然發展，但古代文本還是因此而失去了一些字彙的確切用意。

五、第一至四章在全篇論述中的位置

經由上述各方面文本的比較，筆者有兩種感想。首先，出土的「楚墓簡本」，其文字思路均有前後貫通的內在邏輯。從論述脈絡來看，第二至四章的位置只能放在第一和第五章之間。從首章起，作者的思路清晰，漸次開展。前兩章先對君王指出基本的德政原則，即樸素純德、善惡區分等。前兩章的文章結構很單純——子曰：君如何行為，則對臣民有如何的效果。第三章則由單方面講求國君的責任，轉而討論君臣雙方的互相配合，從政權的透明性、彼此的信任以及追求「君臣同德」的重點深入討論君臣的關係。第三章的文章結構，因為要討論君臣雙方的互動，就必須

196 漢・班固撰、唐・顏師古注、楊家駱主編，《新校本漢書并附編二種》，臺北：鼎文書局，1986，頁 3395。

同時列出雙方的條件——子曰：君如何；民能回應如何，則有何種君臣互補的效果。第四章接續第三章的討論，更進一步討論君臣互不可缺的關係。因此第四章的文句結構又多了一層敘述——子曰：君如何則民如何，若民這樣則君又如何；是故，君應該如何對民纔有善果，民要怎樣回應對君纔有善果；每一章最後都加上引據。此種從治國基本原則貫穿君臣互動的一貫思路，是遞進而持續的，為第五章將提出的「**民以君為心，君以民為體**」核心概念作了很好的鋪墊。

因此筆者無法同意部分學者認為楚墓簡本結構凌亂的說法。實際上，簡本自有其連貫的論述思路和目標，前後章辭皆有連結。兩種簡本中，郭店出土的「楚墓簡本」則更完整地揭示了先秦儒家政治思想原貌及其論辯的命題。

《禮記》內傳世的「天下經本」，其結構實際上亦不顯散亂，且有很清楚的論述目標。但由於此目標牽涉到主題的更換，因此新作的結構必然缺乏上下文的緊密連結與一貫性。在禮記經本中，第二至四章的「板塊」已失去了與第一章和第五章的關係；同時，這三章之間的關係也一併喪失了。從各方面來看，簡本第二、三章間的文義、論述邏輯、教導方法、結構，都有漸次發展延伸的跡象，所以經本將第三章調整到四、二章之前，好像是故意離散了原本的關係，不讓原來的邏輯突顯出來，反將文字內容牽強到另一種思路上。

《緇衣》的「郭店簡本」、「上博簡本」、「禮記經本」，都是不同時代的版本，但比較郭店簡本與上博簡本，兩者的差異性不大。其不同處基本上可歸因於屢次抄錄下所積累的筆誤、字形簡化以及細微的修訂。但兩種簡本與經本之間，其變化卻是多面向的。這是因為簡本與經本中間除了時代的差異之外，還有立場的差異。

先秦《緇衣》、《詩》都不是國家的經本，所以先秦儒家並非從統治者的立場闡發其政治理念。但到了漢代，儒家學說就變味了，開始從皇帝的立場闡發經典思想，因此修改文本主旨便有其必要性。換言之，《禮記》內的「天下經本」揭示出漢代儒家的正統化及其修正思想的範圍。

從具體的文本校讎中可以看出，首章（經本的第二章）「好嬍」的倫常觀點被改為「好賢」；第二章在引用《詩》時，從呼籲統治者愛好真理與固正根本，轉義為「愛好正直的人」，即愛好賢臣，而第二章的本文亦僅有「彰賞賢臣、刑病奸佞」的意味。第三章把「類」的概念改成「述」，表達出臣民只能遵循王侯的意思，抹去了先秦文本中那種君臣互補相應、君民同德的理想色彩，所以對政權透明性的論述也變弱了。或許因為在帝國正統思想中，天子合乎倫理與否的問題是不被討論的。凡人沒有資格評論天子，所以文章的重點便轉到賢臣與奸佞的問題上了。第四章在引文上的變動，同樣讓我們發現：經本中具有源自法家的「王不被論」觀點，由此可知漢代儒法合一的趨勢。關於儒法合一，學界早有論述，通過先秦與漢代《緇衣》的比較，正讓我們有機會具體觀察到此一現象的某些側面。

伍

君民心體論與民望概念

一、簡本第五和經本第十七章

(一)原文並列

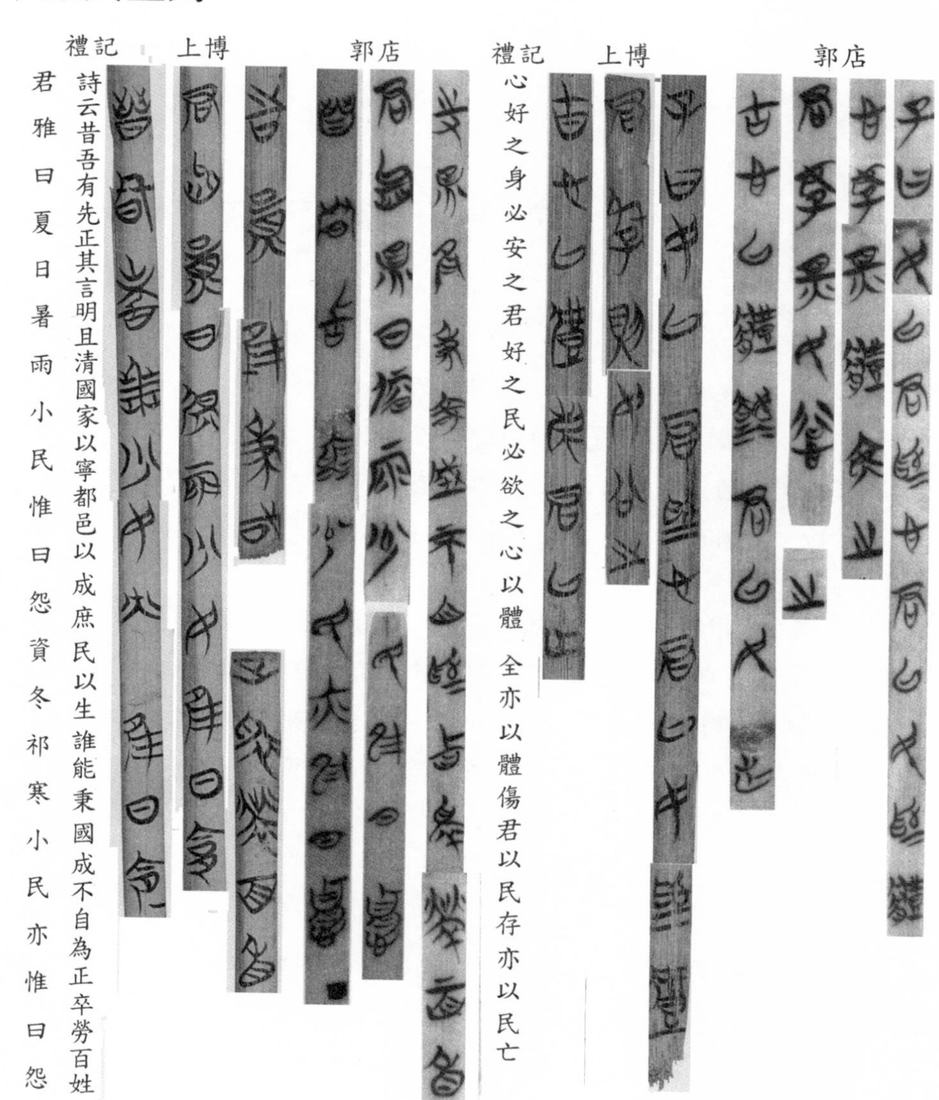

(二)釋文校勘

郭店第五章：　子曰：民以君為心，君以民為體；
上博第五章：　子曰：民以君為心，君以民為僼；
禮記第十七章：子曰：民以君為心，君以民為體；心莊則體舒，心肅則容敬，

心好𣅀體　安之，君好𣅀民　忿VIII之。古心以體瀍，　君以民　芒。
□□□□　□□　君玗則民　谷　之。古心以僼廌，　君以　亡。
心好之身必安之；君好之民必欲　之。　心以體全，亦以體傷；君以民存，亦以民亡。

《𡗝》員：
《𡗝》員：
《詩》云：昔吾有先正，其言明且清，國家以寧，都邑以成，庶民以生；

毛詩經本《小雅‧節南山》：

隹　秉䆅城，不自為貞，　𡚬裻百眚。
隹　秉或□　□□□v正，𡚬裻百眚。
誰能秉國成，不自為正，　卒勞百姓。
誰　秉國成，不自為政，卒勞百姓。

《君舀》員：　日㫚雨少，IX民隹日情；晉㝥旨滄，少民亦隹日悁。■
《君舀》員：　日㫚雨少，　民隹日宛；晉㝥耆滄，少民亦隹日它。__
《君雅》曰：夏日暑雨，小　民惟曰怨；資冬祁寒，小民亦惟曰怨。
尚書經本《君牙》：夏　暑雨，小　民惟曰怨咨；冬祁寒，小民亦惟曰怨咨。

(三)簡本與經本多類差距的問題

禮記經本對前四章的竄改足以闡明漢代編輯活動的趨勢，乃基於帝國對建立天下一統意識形態的需求。除了這些有意的變造之外，戰國時期不同學派的修訂本流

傳、歷來社會觀念變化的積累影響、歷史語言不同所導致的變動等等，都可能造成簡、經本間的內容變異。

而對古字的修改，或者出於有心，例如以新的同義字取代絕用的古字；或者出於無意，如對古字的誤解。這些誤解又可分為有幾種：第一種是基於字義的演化，後世編輯者可能以其當代的用字習慣解讀古代文獻，卻不知道該字的字義已在歷史過程中發生了變化；第二種是手寫抄本上出現的字形簡化或異文，後世者歷經數百年後再讀這些文獻，早已認不得抄本上的字為何字；第三種則涉及單字之間的關係，例如在後世語言中有普遍被使用的複合詞，故後人在古文獻中見到作複合詞的二字並立，以為這就是今用的複合詞，卻不明白這兩個字在古代的用法與關聯，而逕以後代習慣推讀古文；第四種是古文獻中有絕用的字體，後人難以確知其意而加臆測；第五種，古代的複合詞或概念性詞彙在後世絕用或發生變化，導致後世者不知古本所云等等。

從原文並列和釋文校勘中可見，禮記經本對第五章的修改非常多。筆者認為，編輯《緇衣》第五章的過程中，正反映出歷史語言的誤讀，如何導致了兩千餘年來的誤解。《禮記・緇衣》對原來第五章的修改最多，筆者認為此即因為漢朝人對古本所言不甚理解所致。

從現代研究者的角度來考慮，漢朝人對先秦的理解應該遠較現代學者清楚透澈；兩千餘年來對文本的考究、分析成果，自然也不容隨意忽視。不過，若考慮到學術史和出土文獻的長期發展狀況，其實現代學者仍佔有兩項優勢：第一，今人可從兩千餘年來的文本學傳統中，繼承到嚴謹而精準的方法；而漢代還是文本學的晨旦，當時的學者缺乏文本學的考證方法（尤其是西漢），即使東漢經學家的研究方法已漸趨成熟，此時自先秦保存下來的第一手資料已所剩不多了。

第二，傳統經學雖發展出精準的文本校讎方法，但在文本學興盛時代，學者們已經少有見到先秦出土資料的機會；若偶然見到，也沒有能力作斷代分析，只能視之為民間流傳的來源不明文本而已。而現代學者卻猶如文本學晨旦時代的人，能藉由近來的考古發現親睹先秦原本的相貌，且具備確定版本年代的科學技術。

此外，現代學者並沒有編輯經本的壓力，也毋需配合特定的意識形態。祇不過，要在前人的研究成果下提出新的解讀，仍須透過嚴謹的校讎與分析。

因第五章的問題甚多，筆者將分開討論章文、引詩、引書三個部分。根據最近出土的簡本資料，或許有助於釐清《緇衣》第五章的本意。在分別探討過這三個部分之後，將依所得解讀，進入討論章文與引文的結構關係。

二、章文：「君以民芒」原義推論

(一) 文字的考釋

甲、民以君為心，君以民為體／民以君為心，君以民為僼／民以君為心，君以民為體

中山王嚳方壺銘文上有从「身」的「軆」字，而上博楚簡則出現从「人」的「僼」字，二者都是「體」的異體字。故在三種版本中，此句釋讀相同。

乙、心好県體安之，君好県民忩之／……君玝則民谷之／心莊則體舒，心肅則容敬，心好之身必安之，君好之民必欲之

簡本所用的異體字已見於前章，故兩種簡本內容並無二致。不過經本有兩項變化：第一，「體」字在後句改為「身」，使前後文的互應變弱。第二，禮記經本在此處補充「心莊則體舒，心肅則容敬」之句。筆者同意彭浩先生所言：「極可能是後人摻入正文的。」[1]邢文先生認為：「不難看出，簡本辭約，今本辭詳；今本的文字有解釋簡本文字的特點。」[2]不過從內容來說，經本加入的兩句話並無新意。董仲舒《春秋繁露・為人者天》引《傳》曰：「天生之，地載之，聖人教之。君者，君者民之心也，民者君之體也，心之所好體必安之，君之所好民必從之。」[3]也沒有《禮記・緇衣》所補充的這兩句。周桂鈿先生認為，這兩句是「注解心與體的關係的，帶有注解性的，或者正是注文，後誤入正文。」[4]此外，筆者以為還有另一種可能性，亦即這兩句是出於結構性的增文。因為在後文多了兩句簡本所沒有的補充，為了語句對稱，此處纔一併補充兩個句子。不過，後文的補充纔是文章的關鍵。

1 彭浩，〈郭店楚簡《緇衣》分章及相關的問題〉，《簡帛研究》第三輯，1998，頁 44-45。
2 邢文，〈楚簡《緇衣》與先秦禮學〉，頁 155。
3 漢・董仲舒、清・蘇輿著，《春秋繁露義證》，頁 320。
4 周桂鈿，〈郭店楚墓竹簡《緇衣》研究札記〉，《孔子研究》1999 年第 1 期，頁 82。

丙、古心以體灋，君以民芒／古心以僊廌，君以亡／心以體全，亦以體傷；君以民存，亦以民亡

（甲）郭店簡本作「灋」；上博簡本作「廌」；禮記經本作「全」、「傷」。

郭店版本的字形是「[illegible]」，與金文大于鼎的「[illegible]」（「灋」，即「法」）字非常相似。郭店《緇衣》第二十七簡亦有「灋」字，明顯釋作「法」的字義。

上博簡本的「灋」簡化成「廌」。《廣雅・釋詁》：「廌、類、捘、略，灋也。」[5]

經本使用「全」字，實與簡本的「法」字有密切的關係。因為戰國時期的「灋」與「佱」（或「𠊧」）都是「法」的古字。《說文》言：「灋，刑也……法，今文省。佱，古文。」[6]上博《緇衣》第十四簡正好也用「𠊧」作「法」的例子。「𠊧」从「全」、「正」（止），容易被誤認為「全」字，李零、馮勝君、虞萬里對此造成筆誤的線索早已提出過說明。[7]

不過從另一角度來看，我們也可以針對經本的「傷」字再作一些思考。上博的「廌」在這裡應是「灋」（法）的省文。然而，《說文》言：「廌，解廌獸也……从豸省。」「廌」或「豸」不僅指「解廌」（後作「獬豸」）神獸，也可以通假作「止」義。如《左傳・宣公十七年》曰：「郤子其或者欲已亂於齊乎？不然，余懼其益之也。余將老，使郤子逞其志，庶有豸乎！」杜預注：「豸，解也。欲使郤子從政，快志以止亂。」清・顧炎武《日知錄・豸》：「《莊子・在宥》篇『災及草木，禍及止蟲。』止，當作『豸』，古止、豸通用。《左傳・宣十七年》：『庶有豸乎！』豸，止也。」[8]若「廌」、「豸」讀作「止」，則「止」字又與經本所用的「亡」意義接近。如果在禮記整理者所見的版本中，此句在部分版本寫作「佱」（或「𠊧」），而另一部分作「廌」，整理者很可能會以為這是兩個意義不同的文句，因此就這樣分述並錄，寫成兩句。但是從押韻來說，「廌」字不協韻，於是經本又改用陽部字的「傷」字。

（乙）上博缺「民」字，學者們多認為此應是筆誤，筆者亦贊同之。[9]

---

5 三國魏・張揖原著、徐復主編，《廣雅詁林》，南京：江蘇古籍出版社，2000，頁16。

6 漢・許慎著、清・段玉裁注，《說文解字注》，頁470上。

7 虞萬里，《上海簡、郭店簡《緇衣》與傳本合校補證，上》，頁10。

8 漢・許慎著、清・段玉裁注，《說文解字注》，頁469下；晉・杜預注、唐・孔穎達等正義，《春秋左傳正義》，頁1078；清・顧炎武著，《原抄本顧亭林日知錄》，臺北：文史哲出版社1979年，頁943。

9 楊澤生認為，「亡」字後有黑點，或許是重文符號，以「亡亡」表達「民亡」，但筆者認為此說難以成立。參見楊澤生，〈上海博物館所藏楚簡文字雜說〉，《江漢考古》第84期，2002年第3期，頁79。

（丙）此處經本補充文句的原因，應是漢朝人無法理解「君以民亡」的意思。如果理解為「君因民而亡」，則相對地，應該同時並述「君以民存」，意義纔完整。漢朝人或許由此推想簡本內容有缺，故增加了「存」句以補正「亡」句；並且基於對仗和押韻的需求，在「心以體全」後補充了「亦以體傷」。劉信芳先生的看法亦如此：「『君以民亡』讀不順通，故衍為『君以民存，亦以民亡』。」[10]關於禮記經本的竄入，筆者贊同劉信芳所言：「『君以民亡』讀不順通，故衍為『君以民存，亦以民亡』。」[11]

當然我們不能肯定此種補充一定是漢人所竄入，也許漢代之前已有這樣的版本。只是目前所見的兩種互不相關的簡本都沒有此文，難道這兩個簡本都同時有缺字嗎？當然，我們不能肯定此種補充一定是由漢朝人竄入，也許漢代之前已有這樣的版本。只是目前所見的兩種簡本都沒有類似的結構，其同時缺漏同樣文句的可能性恐怕極低。因此，若要理解先秦《緇衣》的原意，就有必要重新回到簡本「心以體灋，君以民芒」上來作討論。[12]

（二）「心以體灋」

就楚簡而言，《緇衣》原文並非排比整齊的四句結構，而只有「心以體灋，君以民芒」兩句。但由於「亡」字在解讀上的困難，使「君以民亡」一句曖昧難解。這不僅造成了古人修改文本的理由，也使得現代學者對兩種簡本的原意多所爭論。

受第二句「亡」字的影響，所以「心以體法」與「君以民亡」兩句在文意上一直無法貫通，其疑難如此。大部分學者都贊同裘錫圭先生的見解，為了前後文意能通順，將「灋」釋為「廢」的假借字。尤其在經本上修改後的此句亦言：「心以體傷」，亦與「心以體廢」之意相近。劉曉東釋為「乏」或「弃」，也釋作廢棄的意思。[13]不過筆者贊同劉信芳先生的反駁：「或讀『法』為『廢』，非是。法者，模也，範也。」[14]此外，《緇衣》經本所用之「全」字亦可證明，漢朝人所見簡本應皆為

---

10 劉信芳，〈郭店簡《緇衣》解詁〉，頁 170。

11 劉信芳，〈郭店簡《緇衣》解詁〉，頁 170。

12 本問題筆者已有提出過討論，參見郭靜云，〈《緇衣》「君以民芒」原義之推論〉，《湖南大學學報》，2009 年第 2 期，頁 32-38。

13 荊門市博物館編著，《郭店楚墓竹簡》，頁 132；劉曉東〈郭店墓楚簡《緇衣》初探〉，《蘭州大學學報》，2000 第 4 期，頁 108-115。

14 劉信芳，〈郭店簡《緇衣》解詁〉，頁 170。

「法」字。從文意上來說，「**心以體法**」義通文順，表示身體以心為法的意思。所以從各方面來看，三個版本均表達了「**心以體法**」的文意，這個釋讀應毋庸置疑。

筆者經過長時間的研考，認為郭店簡所用的「芒」字並非「亡」的異體字，「芒」字纔是原文的本意所在。但因有上博這類的版本把「芒」寫成了「亡」，結果纔導致了兩千餘年來的誤解。以下，筆者將回到「芒」的本字字義，試著重新對「**君以民芒**」作出解釋。

（三）「君以民芒」

甲、釋「芒」

關於郭店簡的「芒」字，多數學者以為應讀為「亡」，尤其上博簡和經本都用「亡」字。周桂鈿先生云：「**民要君存，君就存，民要君亡，君就亡，這叫芒。把芒解釋為『亡』，恐怕不合意義。**」[15]劉信芳先生亦以為：「**『安』、『慾』互文，『法』、『芒』互文，若讀『芒』為『亡』甚不合文理。**」[16]於是劉信芳先生另闢蹊徑，提出將「芒」讀為「杪」的線索。[17]只是，筆者以為此一問題實際上應該更單純些。

郭店簡本中，除了《緇衣》第五章之外，《語叢四》有兩處出現「芒」字。第六七簡有「**皮邦芒寤流澤而行**」，被釋為「**彼邦亡將流澤而行**」，此解可通，因此「芒」讀為「亡」應該無誤。可是第三簡有「**參（三）殜（世）之福，不足以出芒**」，此處的「芒」若讀作「亡」，則文意不順。[18]除了這幾處之外，在郭店的其它竹簡中都沒有「艸」字頭的「芒」字。而「亡」字普遍用來表達「亡」、「無」之義，如《緇衣》第十九、二十三章所用「亡」字均是其例。在郭店以外的出土或傳世文獻中，也不見有「芒」被用作「亡」異體字的情況。這一點即足以使我們懷疑，雖然「芒」是從「亡」得聲，假借的情形可以成立。但是戰國中期的楚文中，「芒」被當作「亡」字異體的情況並不普遍。雖然我們已經習慣認定郭店簡的「芒」字是「亡」的異體字或繁體字，但若從歷史脈絡來看，反過來說是上博本把「芒」字簡化成「亡」，在推論上可能會更合理。

---

15 周桂鈿，〈郭店楚簡《緇衣》校讀札記〉，頁 206；另參見周桂鈿，〈郭店楚墓竹簡《緇衣》研究札記〉，頁 79-86。

16 劉信芳，〈郭店簡《緇衣》解詁〉，頁 170。

17 劉信芳，〈郭店簡《緇衣》解詁〉，頁 170。

18 荊門市博物館編著，《郭店楚墓竹簡・語叢四》，北京：文物出版社，2002，頁 3。

就「芒」的本意，高亨先生早已發現《大戴禮記・帝繫》中的「句芒」人名，在《史記・五帝本紀》和《漢書・古今人表》都改作「句望」。[19]此一文例具體地指出，「芒」與「望」可為同一字。另外，「芒」也可以釋作「盳」，讀音與字形都與「望」字相近。由此推知，郭店簡的「芒」應非「亡」字，而是「望」的異體字。後來的版本把「芒」字簡化作「亡」，更造成了兩千多年來的誤讀！

因為郭店版本的「芒」字，終於使我們理解「**君以民望**」恰恰是儒家的「民望」概念！原文的意思與存亡無關。《左傳・哀公十六年》曰：

> 國人望君，如望慈父母焉。盜賊之矢若傷君，是絕民望也。

《孟子・離婁下》亦言：

> 寇至，則先去以為民望（或作盳）；寇退，則反，殆於不可。

朱熹集注：「為民望，言使民望而效之。」[20]說明了「民望」不僅指臣民的希望，更表達了臣民所效法的榜樣。民以國君為榜樣，而國君同時也須符合民望，方能稱其國君的身分。簡本中的「法」與「芒」（盳、望）意義相關，心作身體的法則，而君作臣民的榜樣。因此「**心以體法**」、「**君以民望**」實為互文。

如果在《語叢四》第三簡「**三世之福，不足以出芒**」中，將「芒」讀為「望」，則可釋為：「三世之福，還不足以出為榜樣」，其文義亦可通。可見，這兩處郭店簡中的「芒」字均表達了「望」的意思。[21]

可能正是因為戰國晚期出現了上博簡這類的抄本，在「芒」的字形上省略了「艸」字頭，纔導致了後人的誤解。若無郭店簡本的出土，這段《緇衣》原文的本意恐將難以追溯。

---

19 高亨纂著、董治安整理，《古字通假會典》，濟南：齊魯書社，1989 年，頁 319。

20 晉・杜預注、唐・孔穎達等正義，《春秋左傳正義》，第 2687 頁；《孟子集注》，宋・朱熹，《四書章句集注》，卷四三十一頁，載《宋元明清十三經注疏彙要》，北京：中央黨校出版社 1996 年，頁 185。

21 據此，或許《語叢四》第六七簡的「彼邦芒將流澤而行」，亦非指死亡的將軍，而是以「芒」作動詞，意即：彼邦之民望著（或謂跟著）將軍流澤而行。

乙、「芒」與「䀮」字的區分

據上所述，「芒」、「盳」、「望」都是從「亡」得聲，因此在字源上有著密切的關聯。《大戴禮記・帝繫》中的「句芒」在《史記・五帝本紀》和《漢書・古今人表》都改作「句望」，則是「望」、「芒」互用的具體例證。然而以「芒」為「望」的根據似乎尚有不充分處，因為簡本《緇衣》的第三章另有「望」字，卻並不寫作「芒」。然嚴格來說，《緇衣》中完整的「望」字都是到了經本纔出現的，而非簡本。

郭店《緇衣》第三章曰：「**為上可䀮而智也**」；《禮記・緇衣》經本第十章則曰：「**為上可望而知也。**」從用意來說，郭店本从「見」的「䀮」（上博作㠩）字，其義涵就是「望見」，但「芒」的意思並非如此。鄙見以為，「䀮」與「芒」在戰國中期的楚文中非屬同字，从「見」的「䀮」是「望見」的「望」，而「芒」意指「榜樣」，亦即是「民望」的「望」，兩字的意義明顯不同。雖然在後來的語文中，這兩種意義都用「望」來表達，但在戰國中期的郭店楚簡上並沒有「望」這個字，僅有「䀮」與「芒」這兩個同音字。

此處上博簡的意涵與郭店相同，然而因為上博簡是晚出的抄本，有些字體出現簡寫，於是發生讓後人易生誤解的情況。上博簡中，「望見」的「望」寫成「㠩」，但在這裡的字形與第十九、二十三章的「亡」相同。這類的抄本，就讓後人將該字誤解成滅亡的「亡」。

從語文的發展來說，許多古字往往衍生出幾個字體，但同時也有一些相反的例子，本來有幾個同音字，後來合併變成同一個字。這兩種類型是字體發展中最基本的情況。在戰國中期的歷史語言中，「䀮」與「芒」讀音相同，但用義不同；到了後世，「䀮」與「芒」二字纔逐漸合由同一個「望」字來表達。[22]

若從「芒」字的結構來說，應是从「艸」从「亡」的形聲字，「亡」為聲符，「艸」為義符。在漢字中，極少有字體同時存在从「艸」和不从「艸」兩種寫法，意義卻又完全相同。「芒」字也不例外，其與「亡」實不宜視為同字。「艸」作為諸字的義符通常表達與花草有關的涵義，不過此外也能用來表示「草擬」、「草創」，或用茅草作樣板的涵義，如「蕝」、「蕞」等字體即是。《國語・晉語八》有「**置茅蕝，設望表。**」[23]可為其文例。另外，郭店第八章另有从「艸」的「**菓**」字，應為「標」

---

[22] 同樣的，郭店《緇衣》在第三、四、二十一章上，另有一個相同的例子，即「惑」與「憓」，前者用以表達心裡的「懷疑」、「疑惑」，後者則表達恍惚其物、見不清楚標準的「迷惑」。

[23] 周・左丘明撰、吳・韋昭注，《國語》，頁 466。

的古字，也是以「艸」字頭為義符。郭店的「芒」字正好有榜樣的用意，亦為「民望」之「望」的本字，其義與「亡」不同。只是後來的語文習慣中，「民望」已通用「望」字，「芒」的本義則已絕用了。

（四）「心以體法，君以民望」文法釋讀

《緇衣》第五章言：「民以君為心，君以民為體」，後說：「心以體法，君以民望。」雖皆採「以」字結構，然用法卻相反。經由仔細的對讀，我們可以發現前後文句的文法結構差異。「民以君為心」的動詞是「為」，而「以」則是介詞，其句型是「某以某為甚麼」，即「民把君當作心，君把民當作體」的意思。這種結構常見於先秦文獻，此句在傳世的《緇衣》中也沒有改變，歷來對其文義的理解均無疑義。如近代王夢鷗將之語譯為：「人民把國君當作一個人的心臟，國君把人民當作一個人的身體。」[24]季旭升先生對簡本的語譯也相同。[25]然而在「心以體法，君以民望」的結構中沒有動詞「為」字，故其文法不同。這種句型結構與下列文例類似：

> 管仲以其君霸， 晏子以其君顯。（《孟子・公孫丑上》）
> 宮之奇以其族行。（《左傳・僖公五年》），楊伯峻注：「以，率領之意。」
> 向欲以齊事王，使攻宋也。（《戰國策・秦策一》）高誘云：「『以』猶『使』也。」[26]

「心以體法，君以民望」句的文法結構是「某以某作」，「以」字表達的是「使」、「率領」的意思。此處《緇衣》作者意指：「心使體效法，而君率領民眾望而效之」。而且從文意來說，心不可能效法體，應該是體纔能效法心。若仍強以前文的「以」為介詞解，則此處文意反不可通。

24 王夢鷗注譯，《禮記今注今譯》，臺北：臺灣商務印書館，1984，頁 883。

25 季旭昇主編，陳霖慶、鄭玉姍、鄒濬智合撰，《上海博物館藏戰國楚竹書（一）讀本》，頁 93。

26 漢・趙岐注、宋・孫奭疏，《孟子注疏》，頁 124；晉・杜預注、唐・孔穎達等正義，《春秋左傳注》，頁 310；漢・劉向集錄、范祥雍箋證、范邦瑾協校，《戰國策箋證》，上海：上海古籍出版社，2006，頁 170。

（五）章文思想的詮釋

總而言之，「芒」、「朚」、「望」都是從「亡」得聲，其因此而有著密切的關聯；《大戴禮記・帝繫》中的「句芒」人名在《史記・五帝本紀》和《漢書・古今人表》都改作「句望」。此例明確地顯示出古代「望」與「芒」有混用的現象。循此，若將「**君以民芒**」讀為「**君以民望**」，則《緇衣》此章很清楚地是聚焦於儒家的「民望」的概念。

經由上述分析，可得釋文如下：

> **子曰：「民以君為心，君以民為體，心好則體安之，君好則民慾之。」故心以體法，君以民望。**

從「**民以君為心，君以民為體**」來說，《緇衣》作者提出了一個中心概念——在國家的生存中，君民不僅互相干涉，而且是親密互補、不可互缺的「心／體」關係。往後的《緇衣》各章就在此基礎上，繼續說明當權者應該如何用「親」的方法來教民和治國。因此，這裡的「民望」概念可謂具有承先啟後的地位，也是整個《緇衣》概念系統裡的一項中心概念。

「**心好則體安之，君好則民慾之**」，則說明：如果心好，則身體亦能安頓於心；如果君好，則臣民的慾望自然也以君為準。此種觀點，與《易・繫辭下》所言基本相似：

> 治而不忘亂，是以身安而國可保也。[27]

據《繫辭》可知，儒家思想中，「身安」或「體安」的概念與國家保持安穩狀態有關，這恰好也是《緇衣》的主要論述目的。

接下來「**民以君為心，君以民為體**」，即「民把君作為心，君把民作為體」的意思。「**心以體法，君以民望**」的結構上沒有「為」字，因此句型結構不同，據先秦語文中的「以」字用法，此句應釋為「心作體之法，君作民之望」的意思（朱子所

---

[27] 魏・王弼、晉・韓康伯注、唐・孔穎達等正義，《周易正義》，頁630。

言：「望而效之」意思）。也就是說，前後句的文法是反過來的，形成一種中心對稱的結構。筆者以為，作者此種表達方法，可能是為了更加強調君民間的「互相」關係。作者藉由「心體」的譬喻，說明民眾為國家的身體，而國君則係「國心」，雖然身體以心為本，但無體的心也不過是虛無。身體以心的意向為法則，而心亦因有體的效法而存在。這就是「心」、「體」互為表裡、互不可缺的關係。同樣的，臣民以國君為標準，而國君同時亦因有民的效法，纔能治國為君，這就是「君」與「民」互不可缺的關係。因而「君民」的關係與「心體」的關係相同。在這裡，「心」與「君」、「體」與「民」、「法」與「望」（芒）都是互文。

西漢王褒《四子講德論》謂：

> 君者中心，臣者外體，外體作，然後知心之好惡，臣下動，然後知君之節趨。[28]

其觀點亦同。換句話說，君民心體論是教化理論的基礎，也因為國君是民眾的心，故君對民眾纔能發生教化作用。

《緇衣》第五章的文意通順，思路很清楚。可惜因字形的簡化或異體，造成了兩千餘年來的一些誤解。後人無法解通「以民亡」的文義，只好憑大致上的臆測加些補充。只是其所補正的文本，往往不能如原本那麼清楚地表達出儒家的「民望」概念。

此外，從章文的結構來說，本章與其他章辭一樣包括了聖子之言（「故」字之前的部分）和《緇衣》作者的發揮（「故」字之後的部分）。然在禮記經本中，「故」字被刪除了，章文結構變成全為聖子所言。

---

28 漢・王子淵，〈四子講德論并序〉，梁・蕭統編、張啟成、徐達等譯注，《昭明文選》，臺北：臺灣古籍，2001，卷五十一，頁 3953。唐代李善注引用與經本相同的文句：「《子思子》曰：民以君為心，君以民為體，心正則體修，心肅則身敬也。」這也使得學者們在討論《緇衣》中的「子曰」，認為是指子思子所曰。如李學勤，〈荊門郭店楚簡中的《子思子》：郭店楚簡研究〉，頁 75-80；李學勤，〈郭店楚簡儒家典籍的性質與年代〉，《李學勤文集》，上海：上海辭書出版社，2005，頁 425-429。

三、第五章引《詩》的問題

（一）文字的考釋

甲、隹秉宽城／隹秉或□／誰能秉國成／誰秉國成

（甲）簡本皆作「隹」；經本皆作「誰」。「隹」係「惟」、「唯」、「誰」的本字。雖然經本寫作「誰」，然釋讀作語氣詞「惟」，或表達因果關係的「唯」字，亦皆可通。故原本有這三種意思的可能。

（乙）郭店本作「宽」；上博簡本作「或」；經本皆作「國」。「宽」、「或」為「國」的異文。

（丙）郭店簡本作「城」；上博簡本殘缺；經本皆作「成」。

禮記經本鄭玄注曰：「**成，邦之八成也。**」[29]這項解讀的根據主要是出自《周禮・天官・小宰》所敘述的國邦官府成規：「**以官府之八成經邦治：一曰聽政役以比居；二曰聽師田以簡稽；三曰聽閭里以版圖；四曰聽稱責以傳別；五曰聽祿位以禮命；六曰聽取予以書契；七曰聽賣買以質劑；八曰聽出入以要會。**」[30]然《毛詩》中的注卻不完全相同，毛傳曰：「**成，平也。**」鄭玄箋之曰：「**觀此君臣，誰能持國之平乎，言無有也。**」[31]毛公的根據乃《周禮・地官・質人》：「**質人掌成市之貨賄、人民、牛馬、兵器、珍異。**」鄭玄注：「**成，平也。**」賈公彥疏：「**質人主爲平定之，則有常估，不得妄爲貴賤也。**」[32]可是依筆者淺見，此處也許要思考另一種用意的可能性：若釋為國邦之成，則「成」在井田系統中是指區劃方圓十里的面積。如《左傳・哀公元年》：「**有田一成。**」杜預注：「**方十里爲成。**」《漢書・王莽傳中》亦云：「**附城大者食邑九成。**」[33]可見「成」有領土的涵義，而楚簡中的「成」字亦皆从「土」。傳世文獻中「成」亦有直接指稱城堡的用法，如《書・周官》有「阜成」

29 鄭玄注、唐・孔穎達疏，《禮記注疏》，頁 2329。
30 漢・鄭玄注、唐・賈公彥疏，《周禮注疏》，頁 93-94。
31 漢・毛公傳、鄭玄箋、唐・孔穎達等正義，《毛詩正義》，頁 1089。
32 漢・鄭玄注、唐・賈公彥疏，《周禮注疏》，頁 609。
33 晉・杜預注、唐・孔穎達等正義，《春秋左傳正義》，頁 2550-2551；漢・班固撰、唐・顏師古注，《漢書》，北京：中華書局，1962，頁 4128。

之詞。[34]

簡言之，傳世文獻有用「成」作「城」的文例，而另一方面，簡本中的「城」與「成」本來就同一字。雖然楚簡上从「土」的「城」字，通常作「成」義使用，可是鄙見以為，在這裡或許讀作「城」會更恰當。「國城」即國都，統治者的治所，文獻有言：

> 夫國城大而田野淺狹者，其野不足以養其民。(《管子・八觀》)
>
> 興事動眾，以增國城。(《呂氏春秋・制樂》)[35]

「秉國城」是指掌握國都，進而秉國的意思。

（丁）禮記經本增補了「能」字，與其全文的補充有關。

乙、不自為貞／不自為正／不自為政

郭店簡本作「貞」；上博簡本與禮記經本作「正」；毛詩經本作「政」。

此處和第二章相同，「貞」與「正」字的差異乃出自歷史語言不同，不牽連文意變化，其字意在第二章的解讀中已有論述。毛詩經本用「政」，鄭玄箋：「昊天不自出政教。」[36]此種詮釋與先秦《緇衣》的旨意相左。

丙、𢓜𤔲百眚／卒勞百姓

關於「卒」字鄭玄箋：「卒，終也。」[37]即「終於」的意思。可是筆者認為此處應與第四章所引的《大雅・板》相同，「卒」讀為「瘁」，「瘁勞」即勞累及病的意思。

(二) 引《詩》思想的詮釋

《詩・小雅・節南山》曰：

---

34 漢・孔安國傳、唐・孔穎達等正義，《尚書正義》，頁 713。

35 春秋齊・管仲、黎翔鳳撰、梁運華整理，《管子校注》，北京：中華書局，2006，頁 259；秦・呂不韋著，林品石註譯，《呂氏春秋今註今譯》，頁 161。

36 漢・毛公傳、鄭玄箋、唐・孔穎達等正義，《毛詩正義》，頁 2329。

37 漢・鄭玄注、唐・孔穎達疏，《禮記注疏》，頁 2329。

> 不弔昊天，亂靡有定，式月斯生，俾民不寧。
> 憂心如酲，誰秉國成，不自為政，卒勞百姓。[38]

簡本引《詩》與《毛詩》相同，且從《緇衣》的內容來看，章文與引據關係相當緊密。第五章強調的是「民望」的概念，而這段摘自《節南山》的文句則補充說明了：因民望君，故國君必須躬自為正，這是唯一的關鍵。何以統治者應該自己為正？因國君有教民的責任，他必須親作榜樣，以民望獲得國君的高位。若君自不為正道，則使百姓苦勞。可見，引文與章文的意思是互相連貫的。

若觀察第四、五章的引文，可以發現此處《節南山》和第四章所引的《板》有明顯的連結。第四章解釋，雖然百姓的曖昧難知使國君勞苦，但這是國君自己行為反覆無常所造成的後果；第五章的引文則指出，如果君不為正（或依此二章的用語「不正植」），則讓百姓感到勞累。

禮記經本有較長的引文曰：「昔吾有先正，其言明且清，國家以寧，都邑以成，庶民以生。」均不見於簡本或毛詩經本的《小雅・節南山》。唐陸德明釋文曰：「昔日有先正，後此至庶民以生，揔（總）五句，今《詩》皆無此語，餘在《小雅・節南山》篇，或皆逸詩也。」[39]此外，禮記經本也竄入了簡本和毛詩經本所無的「能」字。

自古以來，論及《緇衣》第五章的引文時，傳統經學家常認為《緇衣》所引並非《詩經》的《節南山》，而是另一首逸詩，只不過其中有三句與《節南山》相同。吳榮曾先生指出：「宋代應麟《詩考》將這八句詩都列入逸詩。以後清代的孫希旦、朱彬他們在《禮記》注中都說這八句『或皆逸詩也』。現在有了簡本，可以明確最後三句引自《節南山》，只有經本多引的前五句，因不見於《詩經》，而可以稱之為逸詩。」[40]也就是說，出土簡本已證明《緇衣》原文純粹引用《節南山》一詩；而經本卻不知何故，引用前五句未見的逸詩，且以之與原引的三句《節南山》詩句合併，此外在《節南山》詩句中又增補了「能」字。

況且從《緇衣》第五章的章旨來看，禮記經本多出來的詩文與章文並不相干，也未能增加概念的深度，或對文意有闡發作用。那麼，為何《禮記・緇衣》中會出現《節南山》所無的逸詩？

---

38 漢・毛公傳、鄭玄箋、唐・孔穎達等正義，《毛詩正義》，頁 1089。

39 漢・鄭玄注、唐・孔穎達疏，《禮記注疏》，頁 2329。

40 吳榮曾，〈《緇衣》簡本、今本引《詩》考辨〉，《文史》，2002 年第 3 期，頁 14-18。

筆者推論，原來的詩文是「**唯秉國城，不自為正，瘁勞百姓。**」如果掌握國城，卻不自為正，則非但不能使民得治，還會勞累民眾。這些話是針對秉權者的教導，完全符合《緇衣》的內在邏輯和其對為君者的一貫批判立場。然而經本的編輯目的與立場不同。教導對象也不是秉權者。漢高祖受命後，秉權者即是天子。在帝國社會中，「誰秉國城，不自為正」，已經將批判的對象直接指向天子了。

此處《詩經》的版本幾乎沒變，而《禮記・緇衣》的版本有竄入的詩文，也就是說，這兩個經本中，一個被竄入文字，另一則無。這促使我們進一步思考《詩經》與《緇衣》在漢代社會中的作用異同。《詩經》是古詩之經籍，本來就描繪過去的情況，當作古代道德倫常的經典；而《緇衣》卻是直接論述的政治書本。《禮記・緇衣》在前三章就確立了以爵刑制度為論述主題，並將教導對象設定為臣官，因此《節南山》的詩文原則上不合乎經本的內在邏輯。我們沒有證據可認定，禮記經本的異文是基於新主題的有意竄入。但這段異文很明顯地比《節南山》更符合經本《緇衣》的內在邏輯和論述需求。

禮記經本的這段竄入文字，一開始就將論述背景設定在昔時，與漢室無關。並解釋為有些公侯違背先正之道，雖能秉執政權，卻使百姓勞累。巧妙地讓此章的批判對象和當代天子脫鉤，迴避了政治上的敏感神經。我們不能完全否認「**昔吾有先正**」言五句詩的來源，可能真是出自與某逸詩的合併，但這樣的合併應該是帶有政治上的目的性。

吳榮曾先生論述：「**按古人引詩的習慣，如果以用不同的兩篇，一般是先記『詩云』，接著引另一篇則標明『又云』。但有時候可省去『又云』，而把不同篇的詩句連接在一起了。……今本的八句也正是如此，在五句之後缺『又云』，致使後人分不清究竟是一篇，還是兩篇。**」[41]以筆者淺見，經本編輯者並非無意中忽略了以「又云」分開兩詩，反倒是刻意將兩詩合而為一，以表達新的涵義。

吳榮曾先生另外還注意到這兩部詩文間非常關鍵性差異，其謂：「**單從文字的風格，也能看出前五句和後三句不僅是不是出於一篇，而且還當時出於不同時代的作品。**」據其考證，此章所引的《節南山》三句四言詩時代較早，而前面兩句五言、三句四言的部分，成詩時代不會早於戰國晚期。 這使我們懷疑，禮記經本增補的五句，是否源於漢初？

至於「**誰秉國城**」句中的「能」字，應該也是漢府整理者的竄入。畢竟《節南

41 吳榮曾，〈《緇衣》簡本、今本引《詩》考辨〉，頁 17。

山》是四言詩的格式，「能」字明確是多餘的。王先謙言：「《齊詩》『誰』下有『能』字」。[42]恐怕這是《齊詩》與《緇衣》間的相互影響，而非原有的字。補充「能」字可具備兩作用，第一是文義的調整；第二，可將《節南山》的部分句子改成五言詩風格，便於和經本所補的詩文作連接。

綜言之，《禮記・緇衣》中對《節南山》的修改，可能與經本的內在邏輯有關。這也是編修天下經典時，系統性的修正手法之一。

四、考證第五章引《書》的本義

本章簡本所引的《君雅》，雖然沒有那麼大幅度的竄改，但細微的文字差異已牽連到核心意義的問題。《商書・君牙》孔安國傳曰：「夏月暑雨，天之常道，小人惟曰怨歎咨嗟，言心無中也。」[43]如果考慮《緇衣》意旨，這段引文的涵義與第五章的章文難以契合。第五章討論上下君民互不可缺的密切關係，君對民同時具有表率及教化作用，故國君必須自己為正。然而《君牙》引文卻轉而敘述民眾總是對天怨嗟。由於這些疑問，我們必須更詳細地閱讀出土的文本，或許能發現另一種涵義。

在這裡，簡、經本的差異主要表現在兩方面：（一）純粹單字的異文；（二）造成文句結構變化的異文。以下將分別討論之。

（一）異字的考釋

甲、君⿱牙口／君雅／君牙

簡本皆作「⿱牙口」；禮記經本作「雅」；尚書經本作「牙」。「⿱牙口」係「雅」的異體字，而「牙」係「雅」的省文。學界對此普遍沒有無疑問。

乙、⿱処日／暑

簡本皆作「[illegible]」；經本皆作「暑」。大部分學者將「[illegible]」字隸定作「⿱処日」，从「日」，「処」聲。筆者亦贊同此說。「⿱処日」與「暑」的義符都从「日」，且讀音相同。故「⿱処日」係「暑」的異體字，基本上無庸置疑。

---

42 清・王先謙撰，《詩三家義集疏》，北京：中華書局，1987，卷 17 頁 662。
43 漢・孔安國傳、唐・孔穎達等正義，《尚書正義》，頁 775。

丙、隹日悁／隹日宛／惟曰怨

此句有兩次重複。

（甲）簡本皆作「隹」；經本皆作「惟」。

筆者推測此字原非作語氣詞的「惟」，而是表達因果關係的「唯」字。上文已論及文句中間有「唯」字的文法，均為表達因果關係[44]，此句文法亦相同，其意為民眾「因日怨」，亦即針對日暑而發怨忿。

（乙）簡本皆作「日」；經本皆作「曰」。

雖然簡文中的「㫐」（曰）與「⊖」寫法接近，但差異卻很明確，也從未有混用的情況。因此，大部分學者都將簡本此字視為「日」字，而非「曰」字。劉釗先生對此句的理解是：「『日怨』謂天天怨恨也。」[45]但筆者以為，在這裡應指民眾「對日的怨忿」。

（丙）郭店簡本作「悁」；上博簡本在前句作「宛」，而在後句作「㝐」；禮記經本作「怨」。

郭店的「悁」从「心」，「肙」聲，而「肙」是楚簡常見的「肙」偏旁的寫法，於是「悁」顯即「悁」。《楚辭・東方朔〈七諫・謬諫〉》：

> 獨便悁而懷毒兮，愁鬱鬱之焉極。

洪興祖補注：「悁，忿也，音淵。」[46]在這裡，則同樣表示「悁忿」的意思。

很多學者將上博本前後出現的這兩個字認定為「命」與「令」字，然李零先生已證明兩字都是「宛」字的寫法。[47]虞萬里先生則補證，第八章有「不從其所以命」，上博簡本的「命」字的寫法與第五章的此字有明顯的歧異。[48]故兩字在此處都作「宛」。《詩・唐風・山有樞》所言：

---

44 《左傳・僖公二年》曰：「冀之既病，則亦唯君故。」此處「唯」字不作語氣詞，而有「因為」的意思。詳見簡本第四章的釋讀。

45 劉釗，〈讀上海博物館藏戰國竹書〉，上海大學古代文明研究中心、清華大學思想文化研究所編，《上博館藏戰國楚竹書研究》，上海：上海書店出版社，2002，頁291。

46 戰國楚・屈原著、宋・洪興祖補注，《楚辭補注》，頁412。

47 李零，《上博楚簡三篇・校讀記》，頁51。

48 虞萬里，〈上海簡、郭店簡《緇衣》與傳本合校補證，上〉，頁11。

子有衣裳，弗曳弗屢；子有車馬，弗馳弗驅。宛其死矣，他人是愉。

毛傳：「宛，死貌。」[49]

「悁」、「宛」皆通「怨」，音義皆近，禮記經本即作「怨」。

丁、晉宵旨滄／晉宵耆滄／資冬祁寒／咨；冬祁寒

（甲）郭店簡本作「晉」；上博簡本作「晉」；禮記經本作「資」；尚書經本作「咨」，但用作前句的感嘆詞。

關於經本的「資」字鄭玄注：「資當為至，齊、魯之語聲之誤也。」[50]此處出土簡本使用「晉」字，正可證明鄭氏的高見。「晉」字在甲骨、金、簡、篆文中均寫作「䜉」，从「日」、「臸」，故「晉」、「至」本來就關係密切，甚至可用「至」作為「晉」的省文。此外《易・晉》曰：「晉，進也。」[51]亦可見「晉」、「至」字義相近。黃人二指出：「『資』讀為『齊』，《禮記・昏儀》：『為后服資斧』，鄭注云：『資當為齊，聲之誤也。』……而『齊』字在齊人著作中作『晉』。」[52]又從另一角度說明了「資」與「晉」的關係。最後，對「資」、「咨」的異文，虞萬里先生也已作了圓滿完整的論述。[53]故《緇衣》此句在三個版本中皆相同，而尚書經本則為筆誤。「晉冬」，即來冬的意思。

（乙）簡本皆作「宵」；經本皆作「冬」。

古代「冬」寫从「穴」、「日」，就好像日在洞窟中。這兩種簡本的寫法也是如此。

（丙）郭店簡本作「旨」；上博簡本作「耆」，禮記與尚書經本皆作「祁」。

郭店簡本的「旨」，應是「耆」的本字，裘錫圭先生的釋文即作此解。[54]故兩個簡本相同。據文獻所錄，「耆」係「弱」的反義字，與「強」義相同。如：

居貲贖責（債），欲代者，耆弱相當，許之。（睡虎地秦墓竹簡《司空律》）

耆意大慮曰景。（《逸周書・諡法》），孔晁注：「耆，強也。」

---

49 漢・毛公傳、鄭玄箋、唐・孔穎達等正義，《毛詩正義》，頁 602。

50 漢・鄭玄注、唐・孔穎達疏，《禮記注疏》，頁 2329

51 魏・王弼、晉・韓康伯注、唐・孔穎達等正義，《周易正義》，頁 305。

52 黃人二，《上海博物館藏戰國楚竹書（一）研究》，頁 125。

53 虞萬里，《上海簡、郭店簡《緇衣》與傳本合校補證，上》，頁 11-12。

54 荊門市博物館編著，《郭店楚墓竹簡》，頁 133。

> 不僭不貪，不懦不耆。（《左傳・昭公二十三年》），杜預注：「耆，強也。」
>
> 耆，強也。（《廣雅・釋詁》）[55]

另外，《詩・大雅・皇矣》言：「上帝耆之，憎其式廓。」毛傳：「耆，惡也。」[56]，由這些文例可見，「耆」字涵蓋了強、惡等義，表達的意涵較為完整。經本的「祁」字只有「多」的意思，沒有恐懼凶惡的意味。故從本義來說，用「耆」比用「祁」意思更明確。

（丁）郭店簡本作「滄」；上博簡本作「滄」，禮記經本作「寒」。

郭店的「滄」即「滄」的訛字。郭店《太一》第三簡也有「滄」字，寫法正常。漢代之後「滄」字少用，而通常改作「寒」，故經本「寒」字屬於歷史語言的改替。

(二) 簡本文句結構和文意的考證

禮記經本第一句有「夏日暑雨」四個字，尚書經本雖無「日」字，但「夏暑雨」也只能理解為夏天的暑雨。然而兩簡本都沒有「夏」字，只有「日暑雨」三字，其意難通。如果完全脫離經本的影響，純粹看簡本文句：「日暑雨少民唯日悁（或怨）」，則很自然會將之斷句為「日暑雨少，民唯日怨」。也就是說，日暑而雨露缺少時，人們對日頭發其怨忿，文意很清楚。如果既有日暑，亦不缺雨，這對農產不失為理想狀況，小民又何必對日怨忿；但若日暑而雨少，這對農產就有危險，故人們怨忿於日暑乾熱。

從「少」字來看，經本雖寫作「小」，但古代「小」、「少」是同一個字，依簡本逕讀為「少」，其意可通，並不需要曲作「小」解。事實上，經本此句還隱含了另一個疑問，亦即「小民」的概念。孔安國的注釋似乎將「小民」視為「小人」的意思，然而在文獻中，「小人」和「小民」的本義雖都用以指稱平民百姓，[57]但在詞義的歷史發展上，「小人」更常用來指稱卑鄙不道德的人，「小民」則沒有這樣的狀

---

[55] 睡虎地秦墓竹簡整理小組編，《睡虎地秦墓竹簡》，北京：文物出版社，2001，頁 51-52；晉・孔晁注，《逸周書》，卷六，頁二十；晉・杜預注、唐・孔穎達等正義，《春秋左傳正義》，頁 2274；三國魏・張揖原著、徐復主編，《廣雅詁林》，頁 69。

[56] 漢・毛公傳、鄭玄箋、唐・孔穎達等正義，《毛詩正義》，頁 1556。

[57] 如《書・無逸》：「不知稼穡之艱難，不聞小人之勞。」參見漢・孔安國傳、唐・孔穎達等正義，《尚書正義》，頁 641。

況。如：

小民方興，相為敵讎。（《書・微子》）

嗚呼！有王雖小，元子哉！其丕能諴於小民，今休。孔安國注：「召公歎曰：『有成王雖少，而大為天所子，其大能和於小民，成今之美。』」孔穎達正義：「若其大能和同於天下小民，則成今之美。」

若有功，其惟王位在德元。小民乃惟刑用於天下，越王顯。孔安國注：「王在德元，則小民乃惟用法於天下。」孔穎達正義：「王能如是，小民乃惟法則於王，行用王德於天下，如是則於王道亦有光明也。」

欲王以小民受天永命。（《書・召誥》））

懷保小民。（《書・無逸》[58]

鄧曼曰：「大夫其非眾之謂，其謂君撫小民以信，訓諸司以德，而威莫敖以刑也。」（《左傳・桓公十三年》）

今吾刑外乎大人，而忍於小民，將誰行武？（《國語・晉語六》）

周書曰：「文王至於日中昃，不皇暇食，惠於小民，唯政之恭。」（《國語・楚語上》）

今王之地小民貧，故臣願從事於易。（《戰國・秦一》）[59]

人倫明於上，小民親於下。（《孟子・滕文公上》）

故上好禮義，尚賢使能，無貪利之心，則下亦將綦辭讓，致忠信，而謹於臣子矣。如是則雖在小民，不待合符節，別契券而信，不待探籌投鉤而公，不待衡石稱縣而平，不待斗斛敦概而嘖。（《荀子・君道》）[60]

據上列文例可見，「小民」一詞並沒有負面的用意，僅泛指一般老百姓而已。出土文獻中也有「小民」一詞，其用意亦復如此。《馬王堆帛書・二三子問》有「**小民家**」一詞，意指平民家；[61]西漢散簡上有「**令小民懷怨**」[62]之句，即老百姓不快樂的

---

[58] 漢・孔安國傳、唐・孔穎達等正義，《尚書正義》，頁 391、585-586、593-494、641。

[59] 晉・杜預注、唐・孔穎達等正義，《春秋左傳注疏》，頁 304；周・左丘明撰、吳・韋昭注，《國語》，頁 417、551：漢・劉向集錄、范祥雍箋證、范邦瑾協校，《戰國策箋證》，頁 202。

[60] 漢・趙岐注、宋・孫奭疏，《孟子注疏》，頁 223；戰國趙・荀況著、清・王先謙，《荀子集解》，頁 152。

[61] 張政烺，《馬王堆帛書周易經傳校讀》，北京：中華書局，2008，頁 97。

[62] 李均明、何雙全編，《散見簡牘合輯》，北京：文物出版社，1990，頁 42。

意思。若從先秦儒家思想來考慮，以「小民心無中」來形容老百姓，恐不合乎先秦儒家重視平民的立場，而且與《緇衣》第五章的概念更是風馬牛不相及。是故，筆者認為簡本中的《君雅》引文結構應重新斷句釋義如下：

日暑雨少，民唯日怨；晋冬耆滄，少民亦唯日怨（或悁）。

意即夏天太陽乾熱、缺乏雨露，此時人們怨忿太陽；而冬天惡寒時，少有人怨忿太陽。

如此，其文意清晰。民情源自天，天氣自然影響人們在大地上的生活和心情，這是自然中的上下關係。社會取法自然，君為國之天，而民為國之地。戰國思想中，有一種系統性的概念，認為天生精氣以產萬物的神心，地生物質以產萬物的形體。[63]故一切上下關係都能體現在心與體、內藏與外形的關係裡。易學思想、黃老、儒家，都通用上下內外的概念，這可謂戰國時期的思想矩陣；取法於大自然的社會理論，也是這類思想矩陣的例證之一。是故，君民上下關係猶如天地，也相當於心體。

五、總結：儒師的「上下心體論」課程

(一) 簡本釋文與譯文

經過上述分析，可得第五章的釋文如下：

子曰：「民以君為心，君以民為體，心好則體安之，君好則民慾之。」故心以體法，君以民望。《詩》云：「唯秉國城，不自為正，瘁勞百姓。」《君雅》云：「日暑雨少，民唯日怨；晋冬耆滄，少民亦唯日怨。」

又語譯如下：

63 此觀點也出現在先秦廣泛通用的「神明」概念，筆者曾有討論，郭靜云，〈道家『神明』觀〉，《道文化國際學術研討會論文集》，高雄：高雄師範大學，2006，頁 153-168。

子曰：「民以君為心，君以民為體。若心能得其所好，身體也能舒服安穩；同樣地，君所愛好的事物，也是臣民所慾望的事物。」是故，心使身體效法它而行動，國君也使百姓以他為榜樣。《詩》云：「因有秉權者掌握國城，卻不自為正，故使國民百姓勞累。」《君雅》也說：「日暑雨少時，人們為日怨忿；來冬惡寒時，少有人為日怨忿。」

（二）第五章在全篇思路中的位置

綜言之，《緇衣》作者在第五章中總結了前四章的思路：國民效法其君，故國君為百姓的榜樣。君即為「民望」，國家的興衰當然都源自君的行為品格。只是，國君並非獨自造成國家的興衰，而必須透過國民；君民交相作用，亦即「心體」互不可缺的關係體現。

郭店與上博兩個簡本的結構相同，同樣表達戰國時期的原本，雖然上博簡本有些出入，但不牽涉到思想的關鍵。至於漢代的經本已是帝國時代的正本，因而其思路與原本不同。首先從主題來說，簡本前五章的主題乃是君民間的效法關係。《緇衣》的作者認為，在國家中，諸臣效法國君，所以國君的行為也決定了臣民的心情、性格及行為。諸臣效法其君，則君為臣的典範，其德性應該樸純易知，使臣下不難效法。若國君固守樸實的純德、憎恨虛偽矯飾，明確區分愛憎的對象、明顯地揭示其意志，則臣民也將遵順正道，君民互無猜疑。民有標準，而君易治。第一至五章，一方面著重於論證君民互不可缺的關係，另一方面則強調國君作為國心、榜樣、表率的責任。

簡本的章次似乎表達了儒師對統治者的授課進程：首先指出，媺善樸實如緇衣，而邪惡譖亡如巷伯，君子應依此標準區分媺惡，而為臣民範型；第二堂節則說明，統治者必須明確、清楚地區分媺惡，讓臣民不存疑心；循此一思路，儒師在第三節課確定了政治透明性的優勢；第四節課除了繼續論證為政的透明性，並進一步認定君臣間的密切關聯，以及君王對臣民的責任。到了這第五節課，儒師在讀者心中先建立了上下、君民、心體的互動關係，再提出「君以民望」的概念，以及君民關聯的自然性。簡本因為單純地表達先秦儒家的思想，故內容清楚而一貫。必須在前五節課的基礎上，《緇衣》作者纔能更進一步提出理想的治國方法。

（三）前五章的思路與經本的修改

先秦《緇衣》的作者認為，君治民猶如心治體。但在經本中，這個觀點已經變得幽晦不明了，反而是次要的「爵刑」制度成為論述的重心。因此簡、經本每一章的差異都多多少少與這個變化方向有關。

甲、簡本首章討論倫理價值觀的問題，如：樸純的「媺」與虛矯的「惡」，國君對媺惡的愛憎；而經本則論述國君對賢臣與奸佞的態度，即近乎國政的用人問題。此外，首章提出了「型」的概念、民效法君的原則，而經本卻將「型」轉換成「刑法」，並竄入「爵刑」的論述內容。

乙、簡本第二章的觀點是：若國君的價值一致無二，則足以教正國民。該章的引文強調國君應「愛好真理，正定根本」。經本則將此章往後移動，且在善惡的概念上套加施以爵刑的態度。致使儒師對國君德行倫理要求的論述，又再次變成國君對賢臣的愛好問題。

丙、從第三章的內容可推知，戰國時期的《緇衣》應與儒、法二家的爭辯有關。其中《緇衣》作者以為政權應該維持透明性，但同時代的法家申不害卻支持政權必須保有隱密性。《緇衣》論及政治的透明性纔是君臣相互信任的條件，彼此易知而無猜，纔能建立上下共同的「一德」。國民順從國君的同時，也能藉由觀察國君的言行而比類善惡。但經本沒有保留這章的深入概念，僅存其「民順君」的意思而已。

丁、第四章反過來論證，如果君不明，不能作出明確的標準，則將致使民眾迷惑，而國家難治。這也是國君為何要堅守樸質價值和透明性的原因。故此，國家紛亂必源自國君的不明。然經本並不認為天子需要為國家的離亂負責，因而失去了本義，從原來對國君的責任要求修改成君王選任人才的準則。

戊、第五章所提出的「**民以君為心，君以民為體**」，乃《緇衣》的中心概念之一。藉由「**心以體法，君以民望**」的譬喻，說明了民眾係國家的身體，而君王則為「國心」，雖然體不能無心，但心也同樣不能無體自存。心為身體的法則，而君為民眾的榜樣。只有符合民望，纔能有君的身份。這就是君民間互不可缺的「心體」關係。可惜因為傳抄過程中的變異和字體簡化，導致後人誤解該章的內容，因此經本的意思完全不同。禮記整理者將「朢」（望）誤解為「亡」之後，又重新編排了文句的對稱結構。因而在經本的互文結構中，「全」、「傷」二字恰好一正一反；「存」、

「亡」也是一正一反。該章不僅是經本中的文句遭到竄改，甚至還回頭造成學者對簡本的誤解。包括筆者在內，有很長的一段時間都無法理解此章所述為何？何謂「君以民亡」？直到郭店簡本出土後，纔讓筆者獲得啟發，原來其意非指「死亡」，而是儒家的「民望」概念。此解既使文句通順，與《緇衣》的前後章節有清楚的連繫，也和儒家的核心概念密切相連。

儘管從戰國至漢代，其間有很多足以讓文本內容產生變化的原因，包括後人認字的誤解、語文的演化等等，但其中，思想的轉變仍是最主要的因素。

陸

先秦儒家建立的新概念
——「悬」（仁）

一、「仁」在簡、經本結構中的位置

「仁」的概念是儒家社會思想核心所在，也是簡、經本《緇衣》都多加著墨的論述重點之一。在簡本中，「仁」是第六、七章的主題；而經本則將「仁」的討論往前移動到第五、六章。雖然我們已多次發現經本在結構上的內在矛盾，卻不能以為經本的章辭凌亂無序。實際上，經本的章次也是根據其自有思路而展開的。在前三章（包括簡本所無的經本首章、被修改的簡本第一章和簡本第十二章）確立刑措概念的主題後，經本《緇衣》乃開始著重討論如何以德行治理百姓。故首先提出「不以令，而以行」的政治理念（經本第四章即修改後的簡本第八章），接著論及昔日聖王以「仁」治民（經本第五章，簡本第七章）的例子，此後便確立了王侯愛好仁德的必要性（第六章）。綜括經本意旨，此種論述順序很合理；但若與簡本作比較就會發現，兩者間的排序差異實際上是出自不同的思路模式。而唯有透過簡本的思索歷程，纔能真正瞭解先秦儒家「仁」概念的意旨。

雖然我們已經在前文清楚地探究過第一至五章的思路進程，但筆者擬於此處再重新複述一次，以說明「仁」的概念如何從前五章的論述中被牽引出來。簡本的出發點在於首章，其以《詩・鄭風・緇衣》所述的孅善樸實，及《詩・小雅・巷伯》所痛斥的邪惡虛偽作對比，指陳君子必須堅守詩中的孅惡準則，以為臣民表率。開宗明義後，各章便順此理路一貫地呼籲王侯們愛好樸素純德、憎惡奇巧虛偽。因此前幾章的結構均採用成對的好惡概念或事例，以針對此一主題展開討論。第二章強調，統治者必須區分其愛好與憎惡的對象，並明確地堅持此一價值根基。循此發展，第三至四章進一步解釋國君彰顯好惡的理由，乃為使臣民們明晰孅惡，不受迷惑，順此而能效法王侯的德行；這不僅揭示了君臣間互不可缺的關聯性，與國君作為臣民表率的責任，也具體闡明了政權透明化的必要和好處。

《緇衣》原本的論述策略是由基本的政治價值觀與原則出發，接續論證君臣關係和君王的責任問題。到了第五章，便從而建立起「君民」關係如同「心體」的核心概念。何以王侯必須明確不貳地區分媺惡？不僅因為他們是臣民的倫常標準所繫，而且因為「**民以君為心，君以民為體**」，若君心不明，將連帶讓民情更加不明，也會致使國政難治。換言之，先秦《緇衣》在討論治國方法前，已先描繪出基本的社會倫理概念，把「好媺惡惡」、「立是廢非」定為治國之本，並賡續指出，王侯的責任在於以「親民」的方法教化人民，並掃除民淫。

《緇衣》第六章繼承前說，提出以「急」（仁）為主的教化方法。「君民」如「心體」，彼此互不可缺，所以統治者只能以「急」治民，天下纔能安穩。從《緇衣》逐層推衍的思路看來，這樣的結構相當明晰合理。且若能釐清「急」在此論證邏輯中的位置和作用，亦有助於我們瞭解先秦儒家「急」概念的確旨。

第六章提出了「急」這個基本概念後，《緇衣》作者繼以夏禹聖王為例，證明施行仁政的益處。所以在簡本的結構上，這兩章的順序與經本相反。

以下將透過簡本第六、七章的考證，探究先秦「急」（仁）字的本義和概念基礎。

二、從簡本與經本第六章的比較探索「㥁」之本義

（一）原文並列

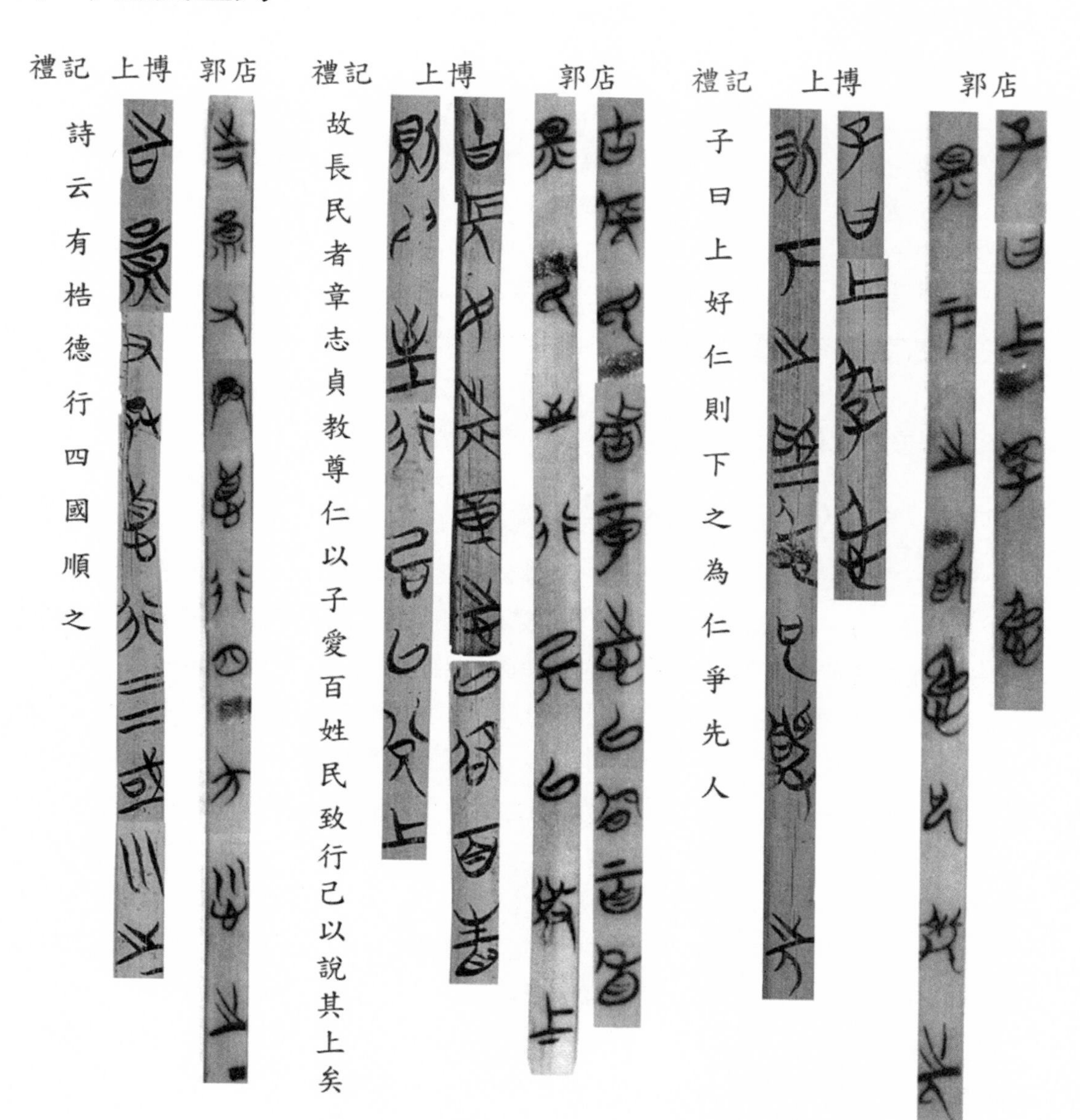

(二) 釋文校勘

郭店第六章：子曰：上好息，𣈅下之為 X　息也爭先。古倀民者章志　，
上博第六章：子曰：上𡚁忎，則下之為　忎也靜先。古長民者章志 VI　，
禮記第六章：子曰：上好仁，則下之為仁　爭先人。故長民者章志、貞教、尊仁，

以卲　百眚，𣈅民至行𠭯，以敓　上。XI《𦘔》員：又𠦪悳行，四方𢔶之。■
以卲　百眚，則民至行𠯑，以兑　上。　《𦘔》員：又𠦪悳行，四或川之。__
以子愛百姓，　民致行己，以說其上矣。《詩》云：有梏德行，四國順之。
毛詩經本《大雅‧抑》：　有覺德行，四國順之。

(三) 文字的考釋及訓詁

甲、上好息／上𡚁忎／上好仁

先秦儒家「息」概念之來源與本意

「息」、「忎」均為「仁」字異文。《緇衣》在第六章提出儒家思想中頗為重要的「仁」這個概念。由歷史脈絡觀之，春秋戰國之前尚未見有此字存在。戰國以降，「仁」字雖可見於各家文獻中，然其乃本源實出自先秦儒家，而後纔被其它各家援用。「仁」是儒家思想中最具代表性的概念，探討此一概念的傳統已有兩千餘年的歷史，並逐世逐代地累積出巨大的相關文庫。在不同歷史背景下，儒者們不斷地補充對「仁」字的理解，因此使得「仁」的概念日趨豐富多元，甚至到了無所不包的地步。然而大凡概念肇始，多有確切的指涉基點。先秦的「仁」字及其概念的原意應非自始即如此包羅廣泛。

因此，為了求正確理解《緇衣》的意旨，有必要從各方面對戰國時期的「仁」字字義再作確認。[1]由出土的戰國文獻可以窺見「仁」字原形，並非从「人」、「二」之「仁」字，而是从「身」、「心」之「息」字。因此，筆者擬從各方面探索戰國時期的「息」字字源及本義，並著重於儒家「仁」概念之來源。

---

[1] 筆者曾就此一問題作過專文討論，郭靜云，〈試論先秦儒家「息」概念之來源與本意〉，《孔子研究》，2010 年第 1 期。

（甲）「仁」在先秦文獻中的指涉範圍

由傳世的古代文獻觀之，「仁」字概念的基點應是《說文》所謂的：

仁，親也。

《禮記・中庸》亦言：「仁者人也，親親為人。」鄭玄注曰：「人也讀如相人偶之人，以人意相存問之言。」《國語・周語下》則謂：「言仁必及人。」[2]這些文例說明，「仁」的重點在於人與人之間的「親」，此亦為現代學界所通用的理解。一般多認為只有相互親愛纔能產生二人之間的關聯，故「仁」的本意常被定為互愛。如韋昭注《國語》曰：「博愛於人為仁。」[3]葛榮晉先生言：「『仁』是一個會意字，它的本意是指人與人之間的親愛之辭。」[4]白奚先生據《中庸》論道：「『仁』字的結構表達了一個古老的人道主義觀念，即互相把對方當作人看，以待人之道交往之。」[5]劉信芳先生則謂：「仁是建立在愛的基點上的主體之人與客體之人。仁必須包括兩個人，一個人無所謂仁。這兩個人一個是主體，一個是客體。主體和客體只有走進愛的殿堂才相互聯繫，沒有愛，此人與彼人相互分離，就不再有作為認識的仁，也就沒有主體和客體。……仁是由己而及於人。……仁始之於己，而成之於人。《論語・雍也》：『夫仁者，己欲立而立人，己欲達而達人。能近取譬，可謂仁之方也已。』己之立，己之達僅是仁的內在條件而已，使人立，使人達，方可謂之『仁』。」[6]

又，《論語・顏淵》載：

樊遲問仁。子曰：「愛人。」

《論語・里仁》亦載：

2　漢・許慎著、清・段玉裁注，《說文解字注》，頁 365；漢・鄭玄注、唐・孔穎達疏，《禮記注疏》，頁 2216；周・左丘明撰、吳・韋昭注，《國語韋昭注》，臺北：藝文印書館，1954，頁 71。

3　周・左丘明撰、吳・韋昭注，《國語韋昭注》，頁 71。

4　葛榮晉，《中國哲學範疇通論》，頁 698。

5　白奚，〈「仁」與「相人偶」——對「仁」字的構形及其原初意義的再考察〉，《哲學研究》，2003 年第 7 期，頁 50-54。

6　劉信芳，〈簡帛《五行》仁義禮知聖研究〉，簡帛研究網 2000-11-9。

子曰：「唯仁者能好人，能惡人。」[7]

這些引文說明了「仁」不僅是表達一種愛好的態度而已，同時也可以蘊含對人憎惡的態度。誠如葛榮晉先生所言：「欲愛善者就必憎惡者，如果只有愛而無惡，就不是真正的『仁』。『仁』是愛善者與憎惡者相統一的一種美德。」[8]

就先秦《緇衣》篇而言，「仁」的概念可謂全文的思想中心。簡本《緇衣》呈現的論述策略是從基本的政治價值觀與原則出發，接續論述君臣間互不可缺的關係，以及君王的責任問題。依此脈絡進展，《緇衣》作者於第五章建立「君民」關係如同「心與體」的核心概念，又於第六章提出「仁」的概念，說明正因君民彼此互不可缺，所以統治者只能以「仁」治民。整體觀之，《緇衣》的「仁」字不僅明顯地表達了「親民」的理想，同時也提出了具體的教化方法。而在這一切治國的方法之前，首先必須建立基本的社會倫理概念，堅守「好媺惡惡」、「立是廢非」的治國之本，並要求王侯負起「親民」教化和掃除民淫的責任。《緇衣》的「好媺惡惡」與《論語》的「能好人，能惡人」，兩者意思完全相同。《緇衣》一貫地強調愛好媺善、憎惡邪偽，循此，很自然地會連結到「仁」的概念。

由此可見，先秦《緇衣》所謂的「仁」，其概念重點有二：其一，指出君臣彼此相「親」的必要性。如第五章所言：「民以君為心，君以民為體。」直指君行民效、君民一體的道理。其二，強調統治者親民所具有的教育作用。

郭店《五行》篇揭示，「仁」的概念在先秦儒家理論中的重要性，實居首位。其云：

五行：𢝀型於內，胃（謂）之悳（德）之行，不型於內，胃（謂）之行。■
義型於內，胃（謂）之悳（德）之 I 行，不型於內，胃（謂）之行。■
禮型於內，胃（謂）之悳（德）之行，不型於內，胃（謂）之 II〔行。■
智型〕於內，胃（謂）之悳（德）之行，不型於內，胃（謂）之行。■
聖型於內，胃（謂）之悳（德）III 之行，不型於內，胃（謂）之行。■[9]

---

7 魏・何晏等注、宋・邢昺疏，《論語注疏》，頁 282、90。
8 葛榮晉，《中國哲學範疇通論》，頁 698。古今有無數討論「仁」概念之文章，因筆者之問題在於探索經典化前之原意，故針對傳世文獻僅引用一些公認之說法而已。
9 荊門市博物館編著，《郭店楚墓竹簡・五行》，北京：文物出版社，2002，頁 1-4。

郭店簡本《五行》篇的「仁、義、禮、智、聖」順序，在馬王堆帛本的《五行》篇裡改為「仁、智、義、禮、聖」，但「仁」字仍居首位。其於差異在於第二位後是以「義」或「智」先行。

實際上，郭店《五行》中的「仁」與「智」，或「仁」與「義」皆有相對關係。前者可見於如下文例：

不悬，思不能清。不智，思不能倀（長）。不悬不智，未見君子……IX…X……[不]悬，思不能清。不聖，思不能翣（輕）。不悬不聖，XI 未見君子。（簡 IX-XII）

不聰不明，不聖不 XX 智，不智不悬，不悬不安，不安不樂，不樂亡德。■（簡 XX-XXI）

後者則見於如下文例中：

柬，義之方也；匿，VL〔悬之方也。㣽（強）〕，義之方。矛（柔），悬之方也。（簡 XL-XLI[10]）

其中，「匿」表達隱藏的意思。如《書・盤庚上》云：「王播告之脩，不匿厥指。」孫星衍疏：「匿者，《廣雅・釋詁》云：『隱也。』」[11]。「柬」字在帛書本作「簡」，「柬」、「簡」音義皆同，傾向外顯之義，與表示內藏的「匿」文意相對。「簡」在先秦傳世文獻中確實可作為觀察、視察、宣播等用意，如《周禮・春官・大宗伯》：「大田之禮，簡眾也」；《管子・立政》：「視宮室，觀樹蓺，簡六畜……」；《公羊傳・桓公六年》：「大閱者何？簡車徒也。」[12]

在楚簡上，「仁」、「義」的相對關係十分明確，如郭店《六德》篇曰：

可（何）胃（謂）六德？聖、智也，悬、宜（義）也，忠、信也……I 悬與宜（義）就直（矣）。（簡 I-II）

---

10 荊門市博物館編著，《郭店楚墓竹簡・五行》，頁 9-12、20-21、40-41。

11 漢・孔安國傳、唐・孔穎達等正義，《尚書正義》，頁 341-343。

12 漢・鄭玄注、唐・賈公彥疏，《周禮注疏》，頁 733；春秋齊・管仲撰、慧豐學會編，《管子纂詁》，卷一，頁 28；漢・何休注、唐・徐彥疏，《春秋公羊傳注疏》，《十三經注疏》，臺北：新文豐出版公司，2001，頁 164。

> 㥁□（柔）而□（匿），宜（義）強而柬。（簡 XXXII[13]）

同樣揭示「仁」與「義」相對的概念，並表達兩者內與外、匿與播的關聯性。郭店《叢語一》亦言：

> 㥁生於人，我（義）生於道。XXII 或生於內，或生於外。■XXIII 簡 XXII-XXIII[14]

自先秦以來，除了內仁、外義一直被當作儒家的中心思想外，不斷被論述的「仁智」亦是傳世儒家文獻中相當常見的概念。如《孟子・公孫丑下》：「周公使管叔監殷，管叔以殷畔；知而使之，是不仁也，不知而使之，是不智也。仁智，周公未之盡也，而況於王乎？」[15]

此外，楚簡上也有許多關於「仁義」、「仁智」的相關記載，如：

> 又（有）㥁又（有）智，又（有）義又豊（有禮），XVI 又（有）聖又（有）善。XVII（《叢語一》簡 XVI-XVII）
> 聖生㥁，智衜（率）信，宜（義）叓（督？）忠。（《六德》簡 XXXV）
> 昔日堯鍪（舜）禹湯，㥁義聖智，天下灋（法）之。（上博簡本《鬼神之明》簡 I）
> 見而智（知）之，XXVII 智也。智（知）而安之，㥁也。安而行之，義也。安而敬之，豊（禮）也。■聖智豊（禮）樂之所㲉（由？）生也。■五 XXVIII〔行之所和〕也。……XXIX…■……見而智（知）之，智也。智（知）而安之，㥁也。安 XXX 而行之，義也。行而敬之，豊（禮）也。仁義豊（禮）所㲉（由？）生也，四行之所和也。（《五行》簡 XXVII-XXXI）[16]

劉信芳先生論述儒家的五行結構時，曾提出：「《五行》中的仁義禮知聖實際上是由兩條路徑構成的，其一為仁義禮構成的行的路徑，其二為仁知聖構成的思的路徑。

---

13 荊門市博物館編著，《郭店楚墓竹簡・六德》，頁 1、2、32。
14 荊門市博物館編著，《郭店楚墓竹簡・語叢一》，頁 22-23。
15 漢・趙岐注、宋・孫奭疏，《孟子注疏》，頁 198。
16 荊門市博物館編著，《郭店楚墓竹簡・語叢一》，頁 16-17；荊門市博物館編著，《郭店楚墓竹簡・六德》，頁 35；馬承源主編，《上海博物館藏戰國楚竹書（五）》，頁 151；荊門市博物館編著，《郭店楚墓竹簡・五行》，頁 27-31。

仁不僅在仁義禮知聖五行之中居於首要地位，而且在由仁義禮構成的行的路徑中，在由仁知聖構成的思想路徑中，亦居於首要地位。」[17]可見，先秦儒家確實將「仁」當作最首要的理想目標。

在傳世文獻中，「五行」順序與郭店本相同，但「聖」的概念被「信」取代。如《荀子・非十二子》曰：「案往舊造說，謂之五行。」楊倞注：「五行，五常，仁、義、禮、智、信是也。」西漢董仲舒《賢良策一》亦云：「夫仁誼（義）禮知信，五常之道。」[18]但不論其後的內容如何演變，「仁」的位置始終居首如一。

據前述可知，先秦時代的「仁」與「智」、「義」均屬於相對的範疇。而在出土文獻上，「仁」、「親」、「㤅」、「慈」及「孝」等概念則明顯屬於同一範疇。如《五行》曰：

> 新（親）則㤅，㤅則玉色，玉色則型，型則𢝊。（簡 XIII）
> 不新（親）不㤅，不㤅不𢝊（仁）。（簡 XXI）
> 新（親）而箮（篤）之，㤅也。㤅父，其稱（攸）㤅人，𢝊也。（簡 XXXIII）[19]

關於「㤅」字，《說文・心部》曰：「㤅，惠也。」段玉裁引許慎的定義，為我們建立了進一步的線索，其謂：「叀部曰：『惠，仁也』。仁者，親也。」[20]在戰國竹書上，「仁」與「㤅」的關係相當明確，如：

> 𢘽（儀），宜也。㤅（㤅），𢝊XXXV也。郭店《語叢三》簡 XXXV-XXXVI
> 㤅頪（類）七，唯眚（性）㤅為近𢝊；智頪（類）五，唯 XL 宜衍（道）為忻忠；亞頪品（惡類三），唯不𢝊為忻宜。郭店《性自命出》簡 XL-XLI
> 㤅頪（類）七，唯眚（性）㤅為近忎（仁）；智頪（類）五，唯宜道為近忠；亞頪（惡類）三，唯不忎（仁）為□□〔近宜〕。上博《性情論》 簡 XXXIV[21]

---

17 劉信芳，〈簡帛《五行》仁義禮知聖研究〉，簡帛研究網 2000-11-9.

18 參見清・姚鼐編撰，《古文辭類纂》，陸費逵總勘《四部備要》，臺北：中華書局，1991，冊 567，卷 21〈董子對賢良策一〉，頁 5。《漢書・董仲舒傳》有引這句。

19 荊門市博物館編著，《郭店楚墓竹簡・五行》，頁 13、21、33。

20 雖然《玉篇・心部》：「㤅，說文惠也，今作愛」（梁・顧野王著，《大廣益會玉篇》，頁 41 上左），楚簡之釋文中，學者將「㤅」均改寫為「愛」，但以筆者淺見，先秦「㤅」字與後期的「愛」有明顯不同，因此保留原文字彙。關於此問題筆者將另文討論。

21 荊門市博物館編著，《郭店楚墓竹簡・語叢三》，頁 35-36；荊門市博物館編著，《郭店楚墓竹簡・性自命出》，北京：文物出版社，2002，頁 40-41；馬承源主編，《上海博物館藏戰國楚竹

在簡本《緇衣》第十二章中，亦可明顯可見到「仁、親、悉、慈、孝」的思想結構。[22]

郭店《唐虞之道》將「仁」解釋為「悉親及孝」，而「義」解釋為「尊賢及播」：

> 堯舜之行，悉VI畢（親），障臤（尊賢）[23]。悉畢（親），古（故）孝；障臤（尊賢），古（故）播。孝之蚄（方），悉天下之民。播之流，世亡忈直。孝，悬之免（冕）也。VII 播，義之至也。……悉畢（親），亢臤（忘賢），悬而未義也；尊臤（賢）VIII 遺畢（親），我（義）而未悬也。……IX悉畢（親），尊臤（賢），吳（虞）舜其人也。[24]

郭店《尊德》的觀點亦類同，其曰：

> 悬為可新（親）III也，義為可尊也。[25]

《六德》第 26-27 簡不僅把「仁」、「義」釋為內外相對，更進一步將「內」釋為「父子」關係，亦即「親」的基本字義：

> 悬，內也。宜（義），外也。豊（禮）了樂共也。內立父子，XXVI 夫也。外立君臣，婦也。[26]

龐樸先生將之釋讀為「仁德施行於內，義德適用於外；而禮樂二者內外皆可適用，故曰『共』。」此說可無疑義。

龐樸先生依據出土的《六德》和傳世的《孟子・告子》作出論證，其認為思孟

書（一）》，頁 104。

22 筆者認為，在全篇二十三章的結構中，第十二章有中心環節作用，於是它被經本移至前位。關於第十二章的旨意，請參見拙著：郭靜云，《楚簡〈緇衣〉論刑、親民和靈命之問題》，《中國經學》第 5 輯，桂林，廣西師範大學出版社，2009，頁 137-174。

23 有關「臤」（賢）字的分析參見第十章。

24 荊門市博物館編著，《郭店楚墓竹簡・唐虞之道》，北京：文物出版社，2002，頁 6-10。郭店《尊德》、《成之聞之》「悉」字的用意亦相同。

25 荊門市博物館編著，《郭店楚墓竹簡・尊德義》，北京：文物出版社，2002，頁 3-4。

26 荊門市博物館編著，《郭店楚墓竹簡・六德》，頁 26-27。

學派所謂的「仁內」，指涉的並非人的內心，而是人與人之間限定範圍的仁愛，「簡單說來就是：愛吾弟而不愛秦弟」，這是對同屬一國人的㤅悉。[27]此「悉」涉及上下兄弟父子之關係。是故：

> 孝，㤅之免冕也。

於是可知：

> 㤅者，子悳（德）也。[28]

上述的先秦儒家文獻，顯示「仁」的概念確實表達了一部分人與人之間的德性關係，然並非所有人與人之間的德性關係均可稱之為「仁」。「仁」的本意範疇涉及上下、父子之類的「內親」關係，並與表示「慈孝」的「親」有所牽連。道家思想提及「仁」的概念者，目前僅見於郭店出土的《太一・老子丙》，其內容中出現過一次「仁」字，曰：「**故大 XVI 道癈，安（焉）有㤅義。六親不和，安（焉）有孝慈。**」[29]同樣也是被規範在「親、慈、孝」的範圍中出現。

關於「仁」的概念涉及「親、慈、孝」等範圍，王中江先生提出如下看法：「**儒家的親情之人愛，當然還有父母對子女『慈愛』的層面。整體而言，父慈子孝是儒家親情之仁的一個基本原則。**」[30]若仔細閱讀所有出土文獻，則可知悉先秦思想家所謂的「㤅」，並非用以討論家族上下父子之關聯，而是將父子關係加以轉化，以解釋君民之間的互動。換言之，在先秦儒家思想中，君民猶如父子之親，故統治者應以「親民」來治國。統治者「親民」，即是「仁」政。

近來楚簡大量出土後，學界又重新開始討論「㤅」所表達的「仁」概念本旨，

---

27 龐樸，〈試析仁義內外之辨〉，《文史折》，2006 年第 5 期，頁 28-30。

28 荊門市博物館編著，《郭店楚墓竹簡・六德》，頁 23。

29 荊門市博物館編著，《郭店楚墓竹簡・老子乙、丙》，北京：文物出版社，2002，頁 21。關於此段文句，學界曾有過論辯，通考楚簡「安」字的用法，基本上多作連詞「焉」使用。此外，筆者堅持將〈老子丙〉視為《太一》的內文，這部完整的古書被現代學者分開，是極重大的錯誤。參見郭靜云，〈郭店出土《太一》：社會歸於自然天地之道（再論老子丙組《太一》書文的結構）〉，《中國出土資料研究第 13 號》，東京：東京大學中國出土資料學會，2009，頁 41-61。

30 王中江，〈「身心合一」之「仁」與儒家德性倫理——郭店竹簡「㤅」字及儒家仁愛的構成〉，《中國哲學史》，2006 年第 1 期，頁 9。

然而大部分學者依然從廣泛的「愛人」之義來對此進行探討。[31]筆者以為，此說忽略了戰國時期「㤅」字的確切用意。文獻中，「㤅」字未見有用以表達對別人廣泛親愛的文例，其意僅限於表達君民之間的「親」與「以㤅治國」、「以㤅導民」等理想，如楚簡《緇衣》第七章例證：「**禹立三年，百姓以㤅導。**」上博《三德》第 22 簡如是曰：

> **臨民以㤅，民莫弗……**[32]

統治者「為民父母」，應如家父般教育國民，「**臨民以仁**」，對民眾發揮教育作用。如果忽略了這種教育，則民眾將：

> **遠豊（禮）亡新（親）㤅。**

「**遠禮亡親仁**」出自郭店簡的《尊德》第 16 簡，[33]這裡的「**親仁**」作複合詞用，以「亡親仁」表達民眾失去了「仁」德。而傳世先秦文獻《論語・學而》中，亦出現過「親仁」一詞，其云：「**泛愛眾，而親仁。**」[34]以「親仁」表達統治者的「仁」德。另外，《緇衣》第六章云：「**上好㤅，則下之為㤅也爭先**」，明確顯示「仁」為君民相「親」的概念。上者的「慈」與下者的「孝」，共同構成「仁」的根本。為使上下都能遵守仁道，統治者必須率先遵仁，所以在儒家思想中，統治者的「親仁」頗具教育民眾的作用。

楚簡中的儒家文獻進一步解釋了如何行「仁」的方法：

---

31 白奚，〈「仁」字古文考辯〉，《中國哲學史》，2003 年第 3 期，頁 96-98；白奚，〈「仁民而愛物」的現代啟示〉，《河北學刊》2001 年第 2 期，頁 107-109；白奚，〈仁愛觀念與生態倫理〉，《首都師範大學學報》，2002 年第 1 期，頁 98-102；白奚，〈「全德之名」和仁聖關係——關於「仁」在孔子學說中的地位的思考〉，《孔子研究》，2002 年第 4 期，頁 14-19；白奚，〈孟子對孔子仁學的推進及其思想史意義〉，《哲學研究》，2005 年第 3 期，頁 37-42；廖名春，〈「仁」字探原〉，劉東主編，《中國學術》，第 8 輯（2001 年第 4 期），北京：商務印書館，2001，頁 123-139；王中江，〈「身心合一」之「仁」與儒家德性倫理——郭店竹簡「㤅」字及儒家仁愛的構成〉，頁 5-14。

32 馬承源主編，《上海博物館藏戰國楚竹書（三）》，頁 152。

33 荊門市博物館編著，《郭店楚墓竹簡・尊德義》，頁 16。

34 《朱注》：「親，近也」，然而對照出土文獻，可知這應是「親仁」複合詞。《論語集說》，《漢文大系》，臺北：新文豐出版公司，1978，頁 7。

> **箟（篤），悬之方也，悬眚（性）之方也。**（郭店《性自命出》簡 XXXIX、上博《性情論》簡 XXXIII）
>
> **忠，悬之實也。**（郭店《忠信之道》簡 VIII）[35]

篤實是行仁與養仁的方法，通過忠信以實現仁道。這個觀點與《緇衣》完全相同。《緇衣》篇從首章開始，即一貫強調篤實、樸純、公開的作法，並說明政權透明性及君臣互信的重要性。君行可望，而君心易知，只有在這個基礎上，實現仁政的理想纔成為可能。

總而言之，出土文獻揭示了「仁」字的原意，將其定義為「親」是完全準確的。然在先秦文獻中，「仁」並非身份類同者之間的「親仁」，而是具體指涉君與民之間的「親仁」。先秦儒家用「仁」這個中心概念表達君與臣之間「親」。而文獻則指出，「仁」是國君教育國民的「親民」方法，並且說明篤實、忠信、君心易知，均屬以「仁」教民的範疇。

（乙）「仁」的字形演化

實際上，先秦文獻中未見有从「人」、「二」之「仁」字，僅見从「身」、「心」之「悬」字。所以單論楚簡中的「悬」（仁）字用意，往往不足以瞭解其概念原意。故下文擬從「悬」的古文字形，深入瞭解先秦儒家「悬」概念的本意，進而確認「悬」與「仁」的關係。

《緇衣》郭店簡本將「仁」寫作「[illegible]」（悬），而上博簡本寫作「[illegible]」（可隸為「忎」），《禮記》經本顯然用从「人」、「二」之「仁」字。關於从「人」、「二」之字形《說文》曰：「**仁，親也，从人、从二。忎，古文仁从千、心作。**」[36]北周郭忠恕的《汗簡》亦記錄了从「千」、「心」的「仁」古字，寫作「[illegible]」（忎）；[37]宋代夏竦《古文四聲韻・上平聲》亦提及《古孝經》中之「[illegible]」字。[38]清代說文專家認為，从「人」、「二」之「仁」乃會意正字，而「忎」則从「心」，「千」聲，是古代的形聲字

---

35 荊門市博物館編著，《郭店楚墓竹簡・性自命出》，頁 39；馬承源主編，《上海博物館藏戰國楚竹書（一）》，頁 103；荊門市博物館編著，《郭店楚墓竹簡・忠信之道、窮達以時》，北京：文物出版社，2002，頁 8。

36 漢・許慎著、清・段玉裁注，《說文解字注》，頁 365 上下。

37 北周・郭忠恕撰、清・鄭珍、清・鄭知同箋正，《汗簡箋正》，頁 408。

38 北周・郭忠恕編、宋・夏竦編、李零、劉新光整理，《汗簡；古文四聲韻》，北京：中華書局，1983，頁 16。

寫法。[39]

上博簡本「仁」字寫為「忎」、「忎」，从「心」、从「千」或「千」。此字上半部的「千」或「千」雖與甲骨、金、簡、帛文的「千」字相同，但上博本《緇衣》第十九簡的「身」字亦寫作「身」。「千」與「身」兩者字形雖有些微差異，仍屬同一字形。因此，儘管上博「忎」、「忎」二字確實很容易被誤認為「忎」字，然實係「𢙯」字無疑。

關於「忎」的字形，筆者贊同商承祚的意見，其謂：「从『千』，無所取義。」[40]商承祚認為，「忎」字的上半部應為「人」字異體。然根據近幾十年來出土的竹簡文獻，可知「忎」字上半部原來既非「千」字亦非「人」字，而是草寫的「身」字。自古以來「身」字的寫法特點，乃在人形之上著意突出腹部的位置；而「千」字亦从人，且在腹部處增有一橫，這種字形自然能作「身」的異文。

此外，「身」、「人」讀音相同，意義部分重疊；況且從字形上而言，「身」寫作「身」，強調人形上的肚腹位置，可知此字著實與「人」字關係密切。因此，在古代文字中常見「身」、「人」部首互替的例子，如「僂」與「軁」、「儃」與「軇」、「佗」與「駝」、「信」與「訠」、「倘」與「躺」、「倮」與「躶」（裸）、「僼」與「軆」（體）等，許多从「人」或「身」的字都可互為異文，「𢙯」與「仁」亦是其中一例。古代「仁」字即从「身」的「𢙯」字，後因減省筆劃而變成从「人」的「仁」字。關於「二」字偏旁，劉寶俊先生認為：「傳世文獻中的『仁』字，其無所見義的『二』也可能由『心』簡省而成。」[41]此說亦可思考。不過筆著認為，「心」簡化為「二」應也可視為「仁」字的義涵擴展，從具體表達君民之間的親心，擴展至表達人與人之間的理想相處之道。到了西漢的馬王堆帛書時，已採用「仁」這個新字。[42]

---

39 漢・許慎著、清・段玉裁注，《說文解字注》，頁 365 下。

40 商承祚，《說文中之古文考》，上海：古籍出版社，1983，頁 75。

41 劉寶俊，〈郭店楚簡「仁」字三形的構形理據〉，《中南民族大學學報》，2005 年 9 期，頁 129-132。

42 古有「𡰥方」。「尸」、「人」、「夷」常常混用，故从「尸」、「二」的字體可視為「仁」的異文。「𡰥方」是指夷族。據此劉文英和龐樸先生皆認為，「𡰥」係孔子說「仁」的本字，表達夷人能仁的意思。參劉文英，〈「仁」之觀念的歷史探源〉，《天府新論》，1990 年第 6 期；龐樸，〈「仁」字臆斷〉，《尋根》，2001 年第 1 期，頁 4-8。但此說法恐無出土文獻的證據，畢竟早期的「仁」字還是從「身」、「心」的結構，而非从「尸」、「二」。另外，何琳儀曾認為，戰國時期之「𢙯，从心，身聲，信之異文。」何琳儀，《戰國古文字典》，北京：中華書局，2004，頁 1139。但後續土文獻仍證明「𢙯」為「仁」之古字，而非「信」的古字，對照楚簡與西漢帛書的《五行》篇、楚簡與傳本《緇衣》，都揭示「𢙯」為「仁」的釋讀乃無庸置疑。不過從字

虞萬里先生對於自「𢚩」至「忎」，再到「仁」的字形發展已有過論述。[43]筆者認同其見解，並擬以其論述為基礎，再作補充說明：郭店寫法明顯从「」（身），而上博簡的寫法則能看出「身」逐漸訛誤為「千」字的軌跡。《說文》將「忎」定為「仁」的古字，加以由目前所見的文獻推斷其歷史脈絡與字形演變，則可知从「身」、「心」之「𢚩」字並非楚文之異體字，而是「仁」的通用古字。也因此，「𢚩」的字形應是最接近「仁」概念本意的表達方式。

在這個問題上，「𢚩」的造字類型是關鍵所在。關於「仁」的今字，段玉裁注：「會意……相人耦……按人耦猶言爾我，親密之詞。獨則無耦，耦則相親，故其字从人二。」[44]段玉裁的說法顯然是將「仁」字當作會意字，表達人際間的彼此關聯。然而，對於从「身」、「心」的「𢚩」古字，古文字學界卻普遍認為是从「心」，「身」聲的形聲字。在古文字的發展過程中，有許多以形聲字取代會意字的例子；反之，以會意取代形聲的字例則極罕見。因之，筆者不得不對此說表示懷疑。雖然「身」可作聲符之用，但「身心」會意的結構是否可能表達了更深入的概念意涵呢？筆者曾研究過先秦「身」字的概念，[45]認為「𢚩」與「身」字關係應不僅只表音作用那麼單純。因此，筆者擬再針對「身」字的發展脈絡，及「身」的概念範圍作進一步的探討。

（丙）論「身」

1. 從「身」字的字義發展脈絡看「身」的概念範圍

「身」字源自殷商甲骨文的「」、「」象形字，其字形乃在整體人形上強調肚腹的位置。如：

> 乙巳卜，㱿貞：有疾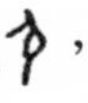，不其？　二告。（《合集》376 正）
> 貞：王疾，惟妣己壱？（《合集》822 正）
> 疾，不御妣己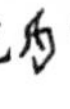？（《合集》6475 反）

形、概念兩方面來看，「仁」與「信」兩個字應有相關性。兩字都不見於商周語言中，最早都出現於戰國儒家的文獻中；二者的原始寫法都从「身」。中山王譻方壺銘文曰：「余知其中信也」，將「信」寫「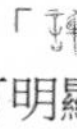」（訫）。包山簡、郭店簡都將「信」寫作「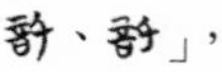」，可隸為从「言」、「千」，但同時也可明顯地看出，這都是从「身」的省文。筆者推想，仁、信、忠可能都是先秦儒家為了表達新概念而創造的新字。這三個字的造形邏輯基本上相當類似。

43 虞萬里，〈上海簡、郭店簡《緇衣》與傳本合校補證，上〉，頁 12-13。

44 漢・許慎著、清・段玉裁注，《說文解字注》，頁 365。

45 郭靜云，〈論中西古代個人像藝術及其觀念〉，《考古學報》，2007 年第 3 期，頁 267-294。

疾[?]，惟有壱？（《合集》13666 正）

貞：有疾[?]，御于祖丁？（《合集》13713 正）

在周代金文中，「身」字已經轉而用作表達「生命」之意，如：

獻身在畢公家，受天子休。（西周早期的獻簋）[46]

廣啟癲身，勵於永令。（西周中期的癲鐘）[47]

廣啟朕身，勵於永令。（西周中晚期的通彔鐘）[48]

用廣啟士父身，勵於永令。（西周晚期的士父鐘）[49]

廣啟禹身，勵於永令。（西周晚期的叔向父禹簋）[50]

衛父身。（西周中晚期的班簋）[51]

甹朕身。（西周晚期的逆鐘）[52]

先祖考有爵于周邦，干害王身。（西周晚期的師克盨）[53]

扞吾王身。（毛公鼎、西周晚期的師訇簋）[54]

逆其萬年又壽，以樂其身，孫子其永寶。（西周晚期的楚公逆鐘）[55]

保其身。（春秋齊侯鎛、夆叔盤[56]、夆叔匜[57]、曩公壺[58]、慶叔匜[59]、齊侯盂[60]、公子土折壺、[61]郳王義楚觶[62]）

---

[46] 《集成》器號 4205，藏處不明。

[47] 《集成》器號 246-256，現藏於周原扶風縣文管所。

[48] 《集成》器號 64，現藏於日本大阪江口治郎處。

[49] 《集成》器號 145-148，現藏於湖南省博物館以及北京故宮博物院。

[50] 《集成》器號 4242，現藏於上海博物館。

[51] 別名：毛伯彝，《集成》器號 4341，現藏於首都博物館。

[52] 《集成》器號 63，現藏於天津博物館。

[53] 《集成》器號 4467-4468，現藏於北京故宮博物院（器）、陝西省歷史博物館（蓋）。

[54] 《集成》器號 4342，藏處不明。

[55] 《集成》器號 106，藏處不明。

[56] 《集成》器號 10163，現藏於旅順博物館。

[57] 《集成》器號 10282，現藏於上海博物館。

[58] 《集成》器號 9704，藏處不明。

[59] 《集成》器號 10280，藏處不明。

[60] 《集成》器號 10318，現藏於洛陽市博物館。

[61] 《集成》器號 9709，現藏於山東省博物館。

[62] 《集成》器號 6513，現藏於臺北故宮博物院。

在先秦文獻中，亦有以「身」字表示「生命」的文例，如《楚辭・離騷》云：

> 鯀婞直以亡身兮，終然殀乎羽之野。[63]

不過筆者必須在此指出，「身」字雖然仍可用以指稱「肚腹」，這種狹義的用法在金文和先秦文獻中已極為少見。不過，「身」字在西周早期以來的「生命」用法，明顯是從「肚腹」的字義衍生出來。「生命」與「肚腹」在概念上自始即有著密不可分的關係，「生命」的字義亦可直接源自「腹」義。

事實上，在各民族的古代語言中，「肚腹」與「生命」不僅具同義性，且字源相同。如梵文**जीवति** (讀：jīvati)一詞同時具有「生」、「腹」兩義。拉丁文「vīvus、vīva」（活著的）源自梵文的「jīvati」，亦保留了其辭源的字義。義大利文「vivo、vivente」（活著的）和「ventre」（腹）；西班牙文「la vida」（生）和「el vientre」（腹）；法文「la vie」（生）和「le ventre」（腹）均為同根詞。在現代西歐語言中，亦可發現來自古代「肚腹」、「生命」兩者關係的觀念與說法，如法文說：「marcher sur le ventre de quelqu'un」（為了追求自己的目的蹧蹋別人的生命），句子中的「le ventre」（腹）一詞其實表達「生命」之意。

古斯拉夫語表示「生命」的字彙是「жити」（讀：žiti, jiti），同樣源自梵文的**जीवति**（jīvati）；而斯拉夫語系的語言明顯地保留了「肚腹」和「生命」的同根詞關係，如俄文的「живот」（jivot）一詞原義與今義均為「腹」，但同時可表達「生命」的意思。俄文中表示「生存」的動詞是「жить」（讀：jit'），「生命」、「生活」等名詞是「жизнь」（jizn'），形容詞「活著的」則為「живой」（讀：jivoi），這些都是從「живот」（讀：jivot，詞義：腹）一詞衍生出來的同根字彙。在現代斯拉夫語系的語言中，若說「我的肚腹」，即意指「我的生命」；「保腹」就是「保身」、「保護生命」的意思；「不惜肚腹」意為「不惜自己的生命」或「不惜身」。

古代漢語中的「身」字亦表達了同樣的觀念。「生命」源自於「腹」，故而集中於「腹」。因此，「身」字從指稱「肚腹」發展至指稱「生命」，其實一直都蘊含著其本源的字意。

最接近漢語「身」字文義範圍者，應屬古日爾曼語的「līb」，亦即德文「Leib」、荷蘭文「lijf」、瑞典文「liv」和英文「Life」的原文。德文全部保留了該字

---

63 戰國楚・屈原著、宋・洪興祖補注，《楚辭補注》，頁 26。

根的所有意義，「Leib」既可指肚腹，又可指稱身軀、全身，或指生活、生命。換言之，從「腹」到表達全身，從「腹」到表達生命，這種觀念不僅發生在漢語的發展過程中，也出現在其它的語言裡。腹、身、生的關係，應是全人類的基礎性觀念之一。

當我們討論「肚腹」與「生命」的關係時，必須特別強調此處的「肚腹」原義是指「母腹」，而非胃腸。例如要表達「胃腸」意義的肚腹，義大利文所用的字彙是「stomaco」，而西班牙文用「el estómago」、英文用「stomach」，均源自古希臘的「στόμα」（讀：stoma, 現代希臘文的στόμαχος，讀：stomakhos），這些詞彙與腹、身、生的指涉範圍無關。漢語「身」字同樣不意味著消化器官，而是表達從肚腹生出，又繼以肚腹生之的意思。因此，甲骨文中除了意指腹部的「[illegible]」字外，另有「[illegible]」字，以表達腹內有子的「孕」義，如：

> □亥卜，𠂤貞：王曰有[illegible]嘉。（《合集》21071）

「[illegible]」在甲骨學界一般被定為「孕」，从「身」，象徵腹有胎兒的意思。不過「[illegible]」、「[illegible]」、「[illegible]」等字體在甲骨文中常被混用，不僅「[illegible]」字可用以表達「孕」義，「[illegible]」、「[illegible]」亦有用作「孕」義的文例。先秦兩漢文獻中，「身」字依然有保留「孕」義的用法，如：

> 大任有身，生此文王。（《詩・小雅・大明》）[64]
> 疾始滅也，故終其身不氏。（《公羊傳・隱公八年》）
> 終廣之身，為二千石四十餘年，家無餘財。（《史記・李將軍列傳》）[65]

由此可知，「身」字本意不僅是以人的「肚腹」表示人的生命，同時亦表達人的生命乃源自母腹。「身」即由母腹所生的身體，亦是從母腹所生的子腹。因此，其字義內即含有生生不息的能力。換言之，「身」的本義牽涉到母子、祖孫關係，表達人身與前後世代的生命連結。

---

64 毛傳：「身，从也」，鄭箋：「重謂懷孕也」，參見袁梅譯注，《詩經譯注》，濟南：齊魯書社，1985年，頁717。

65 漢・何休注、唐・徐彥疏，《春秋公羊傳注疏》，頁 120；漢・司馬遷撰、日・瀧川龜太郎會注考證，《史記會注考證》，頁1150。

據此可見，表達人與前後關聯的「身」字自然能含有「親」義。《爾雅・釋言二》亦曰：「身，親也。」[66]

此外，漢語中的「身」字尚有一種罕見於其他語言的意義。在傳統文獻中，「身」字經常用以指「自我」、「自身」、「親身」，如：

> 吾誼先君而後身兮，羌眾人之所仇。（《楚辭・九章・惜誦》）[67]
>
> 子曰：「苟正其身矣，于從政乎何有？不能正其身，如正人何？」（《論語・子路》）
>
> 君子之學也，以美其身。（《荀子・勸學》）[68]
>
> 病甚者以告，上身問之。（《管子・入國》）[69]
>
> 言信必及身。（《國語・周語下》），韋昭注：「先信於身，而後及人。」[70]

「身」字有時直接被當作第一人稱代名詞使用，《爾雅・釋詁下》曰：

> 卬、吾、台、予、朕、身、甫、余、言，我也；朕、余、躬，身也。[71]

也就是說，「身」常被用以指稱「本身」、「自我」，或作第一人稱代名詞使用。

總而言之，「身」字原義是肚腹，此義既涉及由父母所生的身體（肉體），亦涉及此身所從出、從此身所出的生命歷程。故「身」字所表達的「自我」概念並不限於單一自身，而最終將擴大到祖輩至孫輩間的生命傳承關係。故「自我」始終不能脫離家族的脈絡而論，此即《穀梁傳・昭公十九年》所言：

> 子既生，不免乎水火，母之罪也；羈貫成童，不就師傅，父之罪也；就師學問無

---

66 晉・郭璞注、宋・邢昺疏，《爾雅注疏》，《十三經注疏》，臺北：新文豐出版公司，2001，頁121。

67 宋・洪興祖補注：「人臣之義，當先君而後己。」參見陳子展撰述，杜月村、范祥雍校，《楚辭直解》，江蘇古籍出版社，1988，頁171。

68 參見魏・何晏等注、宋・邢昺疏，《論語注疏》，頁 293；戰國趙・荀況著、清・王先謙，《荀子集解》，頁8。

69 此言：國君親身慰問之。參見春秋齊・管仲撰、李免注譯，《管子今注今譯》，臺北：臺灣商務印書館，1994，下冊，頁871。

70 周・左丘明撰、吳・韋昭注，《國語韋昭注》，頁71。

71 參見晉・郭璞注、宋・邢昺疏，《爾雅注疏》，頁47。

方，心志不通，身之罪也。[72]

南宋王應麟《三字經》亦云：

高曾祖，父而身。身而子，子而孫。[73]

這說明了「身」字的本義概念，即帶有父子關聯之意。當我們指稱某個具體的人時，亦同時指涉了該人所處的上下「親切」關聯。是故《爾雅》曰：「身，親也。」

2.「身」的字義範圍與儒家「身」的概念

先秦的「身」字除了指稱某人之外，亦同時指涉此人所處的祖孫、上下間的「親切」關聯，故在概念中有「親」的意味。既表達來自前輩的傳承，亦指涉對後裔的傳衍。因此，儒家的「身」概念很自然地會與子孫的「孝心」、父母的「慈愛」發生關係。正因為「身」字原本即意味著 「自身身體是祖先身體的延續」，儒家思想隨順其意，乃將「身」定為「孝」的意義範疇：

曾子曰：「身也者，父母之遺體也，行父母之遺體，敢不敬乎？」(《禮記・祭義》)

子曰：「……身體髮膚，受之父母，不敢毀傷，孝之始也；立身行道，揚名於後世，以顯父母，孝之終也。」(《孝經・開宗明義》)[74]

「身」在儒家概念中是非常重要的概念之一。雖然有一段時間裡，學者們對此思想概念並未給予充分的關注，[75]但近年來，學界已逐漸注意到這個概念對儒家思想的重要性，因此出現頗多相關的討論。[76]其中，郭梨華先生從儒家思想的角度，提出

72 參見晉・范寧注、唐・楊士勛疏，《春秋穀梁傳注疏》，《十三經注疏》，臺北：新文豐出版公司，2001，頁 496。

73 參見王應麟著，《三字經》，張河、牧之編，《中國古代蒙書集錦》，濟南：山東友誼書社，1989，頁 6。

74 漢・鄭玄注、唐・孔穎達疏，《禮記注疏》，頁 2050；唐・元宗皇帝御注、宋・邢昺疏，《孝經注疏》，頁 37。

75 例如葛榮晉先生在《中國哲學範疇通論》中，因不把「身」當作哲學範疇，故不提出討論。這也是中國、國外哲學界典型的例子。

76 如楊儒賓，《儒家身體觀》，臺北：中央研究院中國文哲研究所籌備處，1996；郭梨華，〈曾子與郭店儒簡的身體哲學探究〉，《政大中文學報》，2005 年第 3 期。

對曾子「身」概念的看法，其說如次：

> 曾子在此基本上是將孔子對於「孝」與「身」的重視，加以發展，並以之為倫常及家國處世的價值根源。「身」在此最先是作為承傳的載體，但是作為一載體，並不只是軀體的意涵，而是同時也包含著與父母的聯繫，這一種聯繫在曾子處很明確的轉換為身體處境，身體處境面對各種狀態所表現的行為、態度，則是攸關價值、德行。[77]

筆者基本上贊同郭梨華先生的見解。然經由其上述之例證我們已可知悉，「身」字不僅表達來自前輩之傳承，亦指涉著對後裔之傳衍。故「身」不僅與子孫的「孝心」相關，亦指涉著父母的「慈愛」。換言之，「身」乃是整個家族網絡、上下前後「親密」連接之載體。此外，郭梨華從「身」、「己」的實際用法指出：「**他人之『身』無法為我人之『己』，也因此可凸顯出『身』較於『己』，具有論述的相對客觀性。**」[78]此說確然。[79]客觀上，「身」的具體概念具體來自其字源；從本義而言，「身」離不開上下關聯的客觀「人身」之義，相對於主觀「自己」的「己」字。[80]是故，孔子並不要求「克身」，而要求「克己」[81]：

> 子曰：「克己復禮，為竊見仁。一日克己復禮，天下歸仁焉。」(《論語・顏淵》)

---

77 郭梨華，〈曾子與郭店儒簡的身體哲學探究〉，頁 8。

78 郭梨華，〈曾子與郭店儒簡的身體哲學探究〉，頁 8。

79 在討論「身」有「自身」的涵義時，有些學者將「身」過度同等於「己」，如梁濤先生把从「身」的「㤕」字解釋為「成己」、「立己」概念。參見梁濤，〈郭店楚簡「㤕」字與孔子仁學〉，《哲學研究》，2005 第 5 期，頁 46-52。首先，先秦儒家恐不以「成己」、「立己」表達修身倫理。此外，郭梨華對「身」與「己」的區分，已闡明了此詮釋的弱點，故「身」、「己」二者不宜混為一談。

80 在這一點上，以「身」字與用以自稱的「朕」、「余」、「我」也有字源本義之差異，「朕」、「余」、「我」是指獨一無二的自我，源自表達商周王的高位，而「身」是指家族中的一位離不開祖孫關係的人。關於「朕」、「余」、「我」等自稱的研究，參見陳煒湛，〈甲骨文所見第一人稱代詞辨析〉，陳煒湛著，《甲骨文論集》，上海：上海古籍出版社，2003，頁 77-82。林沄，〈說戚、我〉，《古文字研究》，第十七輯，1989 年 6 月，頁 202-205；李孝定編述，《甲骨文字集釋》，臺北：中央研究院歷史語言研究所，1991，頁 2768；郭靜云，〈論中西古代個人像藝術及其觀念〉，頁 267-294。

81 白奚先生的定義：「一個人內心有『仁』，就會用『仁』來約束和要求自己，此種行為就是『克己』。」參白奚，〈援仁入禮 仁禮互動──對「克己復禮為仁」的再考察〉，《中國哲學史》，2008 年第 1 期，頁 126-128、19。

孔穎達疏：「身能反禮，則為仁矣。」[82]

孔穎達將「身」聯繫到「仁」的看法，實際上有頗深的先秦淵源。思想史專家在討論儒家「身」的概念時，其思想詮釋大多從漢代的定義出發，極少採用古文字的例證，因此無法區別「身」、「體」、「形」、「己」等概念的不同。然單就「本義」而言，可知上述各概念的指涉範疇本來即不相近。其中「體」與「禮」的概念相關，而「身」則與「仁」的概念有密切的關聯。[83]

（丁）從「身」與「仁」的概念異同論「𢚓」字結構的本旨

發現从「心」、「身」的寫法後，古文字學界，將「身」字偏旁純粹視為聲符，而哲學界，則反而試圖透過「身」的字義來了解「仁」義。白奚先生認為：「从『心』表達該字與思考或情感有關，从『身』表達此種思考活動對象是人的身體，也就是以人本身為思考對象。以人為思考對象而生發出來的感情，也就是人與人間應有的感情，實際上也就是『仁』這種『同類意識』。心中思人（廣義的、抽象的人），將它放在心上，應該就是『愛人』和『同類意識』這一仁字的本義。」[84]廖名春先生早已發現，這種解釋將「身」視為「他人」的意思，以違背了其實際字義。因為在古代漢語中，「身」確實有「自身」之義，而「人」均指他人，廖名春先生由此質疑，从「身」、「心」的字義，應該是表達對己身的愛，而不是對他人的愛。不過廖名春先生還是從「愛人」的邏輯出發，企圖突破「身」、「心」的字形結構，推測「仁」的本字可能是从「人」、「心」的「忈」。[85]然而文獻中並無「忈」字。王中江先生探得這兩位學者疑問的原因，即在於為忽略了「身」有「親」的意味。[86]在表達「自我」的同時，也意味著自己在家族的關聯中。

「身」本來即指人在上下親屬的網絡中，而蘊含了「親」的意味。因此，這在儒家思想中又牽涉到慈孝的理想，故與「仁」的概念有相同基礎，且「身」字的歷

---

82 魏・何晏等注、宋・邢昺疏，《論語注疏》，頁 265。

83 《易・乾》曰：「君子體仁，足以長人。」此句話因其中出現「體仁」一詞，使學者們「體仁」與「身仁」混為一談（如王中江，〈「身心合一」之「仁」與儒家德性倫理——郭店竹簡「𢚓」字及儒家仁愛的構成〉，頁 8）。然在這裡的「體」與「身」不相涉，是指「體包」、「體現」的意思。孔穎達疏曰：「言君子之人，體包仁道，泛愛施生，足以尊長於人也。」魏・王弼、晉・韓康伯注、唐・孔穎達等正義，《周易正義》，頁 34。

84 白奚，〈「仁」字古文考辯〉，頁 98。

85 廖名春，〈「仁」字探原〉，頁 123-139。

86 王中江，〈「身心合一」之「仁」與儒家德性倫理——郭店竹簡「𢚓」字及儒家仁愛的構成〉，頁 5-14。

史又比「仁」字更加古老。於是，我們可以推論「㣻」（仁）的概念或許正是從「身」的概念發展而來。

郭店《性自命出》第56-57簡和上博《性情論》第25簡皆曰：

> 上交近事君，下交得LVI眾近從正，攸（修）身近至㣻。[87]

由上引文可知，「㣻」的概念被放在上下君民相交的同一脈絡中，亦說明了「㣻」德可經由修身而得。筆者認為，「身」與「㣻」的概念關係在於表達更高層次的「親」。「身」之「親」是指家族內的祖孫關聯，涉及實際血緣的上下關係，故表達家族內的慈孝；而「㣻」之「親」則將家族慈孝轉換成國家君民之理想關係。換言之，祖孫本是一身（家族一體之理），而君民並無血緣上的「一身」關係，但與一個國家中的君民互動有關，此即君民一體之理。儒家政治理想是國君應猶如家父般慈愛地教育國民，所以君民間的「親」是治理國家的基礎，但又不同於母腹身體的「親」，而是「心」的「親」。因此，儒家不單以古代的「身」字表達君民之親，而以「身心」結構的「㣻」字表達君民在心理上成為「一身」的概念。

張立文讀郭店楚簡時也發現，「㣻」的概念源自家族親情，他認為：

> 簡本《五行》篇認為，所謂仁義，是指族類親情和合宜理性。「親而篤之，愛也。愛父，其修愛人，仁（㣻）也。」中國宗法社會人的生存方式是在族類群體性的交往實現族類親情或泛愛眾的。深沉的親情之愛，而推及愛人，便是仁者愛人的世俗族類情感的內在心性根據。[88]

此處必須補充說明，「㣻」的概念基礎並非對全族類的廣義泛愛，而是家族內非平等的上下親愛。

王中江先生則認為，儒家的「仁」首先表達血緣父母和子女之間「連體性」的親愛，並據此推及「愛民」、「愛人」。[89]這種看法確實精確地表達了儒家「仁」概念

---

87 荊門市博物館編著，《郭店楚墓竹簡・性自命出》，頁56-57；馬承源主編，《上海博物館藏戰國楚竹書（一）》，頁95。

88 張立文，〈略論郭店楚簡的「仁義」思想〉，頁61。

89 王中江，〈「身心合一」之「仁」與儒家德性倫理——郭店竹簡「㣻」字及儒家仁愛的構成〉，頁10。

之發展脈絡，不過王中江先生並未區別這三種觀點所表現出來的字義和概念在歷史上的演化。若以廣義的「仁」論之，此說頗為精確，但若要具體解釋「𠇍」的旨意，則此說已擴展了其本有字義。一方面，戰國時期的「𠇍」少用以表達廣泛的「愛人」之義，而在實際出土的戰國文獻中，「𠇍」字具體地涉及君民之間的「親」。另一方面，「𠇍」字並不用以表達血緣關係，其本意是將父子間的親愛推及非血緣、非親屬的上下關係。因此，吾人實不宜將「𠇍」字的概念基礎斷然視為其本意。修養愛父之心以愛其君上，修養愛子之心以愛非同族的臣下，此方能稱之為「𠇍」。

筆者認為「𠇍」應是儒家思想中，專門為此概念新造的會意兼形聲字。「𠇍」與「身」為同音字的原因，極可能因為此字是儒家從「身」創造出來的新字。故在「身心」結構上，「身」既是聲符，亦同時表達了父子「一身」的「親」義；而「心」則被用來強調其理想中，君民雖身非同體，但心同一德的「親」。

除了強調非肉體、心理上的親仁理想外，「心」字還包含中心、軸心、中主的意味。《黃帝內經・素問・痿論》從生理的角度論曰：

> 心主身之血脈。[90]

古代醫學與倫理觀念往往有彼此一致或連結的傾向。因此，在「身」的上下關聯中，「心」的作用便主宰了一切家族、祖孫、君臣間彼此的關聯脈絡，且成為所有親密關係的中心。先秦儒家呼籲王侯以父子之「親」來治國，並強調父君「慈愛」與子民「孝心」相輔相成的作用。因此《緇衣》中的「仁」字，其概念的確切涵義應直接來自「身心」概念，表達慈孝關聯的中心環節。

由於後期字形筆畫省簡，我們已無法從「仁」的今字字形，瞭解儒家學者創造「𠇍」字時的深層概念了。是故，筆者認為從歷史語言的變化，以及深入理解文獻的角度來看，均不宜將先秦文獻原文的「𠇍」改成後期語文的「仁」字。

（戊）總結

據上所述，筆者推斷先秦儒家呼籲王侯以父子之「親」來治國、教民，並強調父君「慈愛」與子民「孝心」相輔相成的作用，所以儒家學者們纔專門創造出「𠇍」這個新字。筆者認為「𠇍」屬於概念性的會意兼形聲字，其概念源自「身」

90 清・張隱庵，《黃帝內經素問集注》，北京：學苑出版社，2002，頁 386。

字，用以表達君民間在心理上類同於父子的「一身」關係。

古代「身」字在指稱某人的同時，亦指涉其所處的祖孫上下「親切」關聯。因此，「身」在先秦儒家的概念中，實與其前輩、後裔有著不可分割的關係，並涉及慈愛與孝心的德行。由「身」出發的「孝」，是自然家族內之「孝」，源自母腹肉體之關聯。而先秦儒家則認為一國之中，君民雖非屬同族，然君待民猶如親父，而民對君猶如親子，若國君以「親民」教育國民，則國人莫不服從，君民可相互理解、互信不疑，達到咸有一德的境界。換言之，先秦儒家提出君民一體的理念，這在出土的《緇衣》簡本中表現得甚為清楚。尤其在「㤙」字的創造上，不僅直接來自「身」的概念，且自始即是「身」的同音字，只不過儒家學者們採用了「心」字偏旁，以表達更高一層之慈孝關聯，說明這不僅是對自然家族的理想，更是國家社會的理想。可知，儒家提出的「㤙」（仁）這個理念，事實上即代表社會生活的中心環節。

乙、下之為㤙也爭先／下之為忎也靜先／下之為仁爭先人

「爭先」之「先」字應指「居先」之意，如《左傳・文公二年》言：「禹不先鯀，湯不先契，文武不先不窋」；「爭先」的涵義猶如《左傳・襄公二十七年》所言：「晉楚爭先」，[91]即搶前的意思。

漢墓帛書甲本《道經》第八章曰：「夫唯不靜，故無尤。」此處在乙本及傳世《道經》作：「夫唯不爭，故無尤。」[92]由此可見，以「爭先」表達「搶先」時，其「爭」字可寫為「靜」字。上博簡亦如斯，將「爭」寫為「靜」字。

「上好㤙，則下之為㤙也爭先」，這句話強調民眾的仁德只能由國君自己的仁德加以培養。

丙、古倀民者章志，以卲百眚／古長民者章志，以卲百眚／故長民者章志、貞教、尊仁，以子愛百姓

（甲）郭店簡本作「倀」；上博簡本作與禮記經本皆作「長」。

由第四章可知，郭店簡的「倀勞」兩字或應讀如本字較佳，表示無所適從地勞累。但此處「倀」只能視為「長」字異文。在先秦兩漢文獻中經常可見「長民者」一詞，如《孔子家語・入官》：

---

91 晉・杜預注、唐・孔穎達等正義，《春秋左傳正義》，頁 784、1684。
92 馬王堆漢墓出土帛書、高明校注，《帛書老子校注》，北京：中華書局，1996，頁 258。

上者尊嚴而危，民者卑賤而神。愛之則存，惡之則亡，長民者必明此之要。[93]

在《緇衣》後文中，亦將王侯稱為「長民者」。《孔子家語》此句文義實與《緇衣》所論的命題相近。

（乙）郭店簡本作「卲」；上博簡本作「卲」禮記經本作「子愛長」。

郭店「卲」的字形既可作「昭」字，亦可視為「卲」。由於金文與簡文中的「卲」字常被借作「昭」使用，故學者對此字的釋讀看法一致，皆讀為「昭」[94]，不過對於「昭」字用意卻眾說紛云。劉釗、劉信芳、涂宗流、劉祖信等學者把它釋為「詔示」，[95]但黃人二否定這種說法，認為應釋為「告」。[96]因前文有「章志」，故此處「昭」字應非作「昭示」用。筆者雖贊同此字可讀作「告」，但事實上，在古代文獻中尚有另一種更確切的釋讀方式：

目之精者，可以消澤，而不可以昭誋。（《淮南子・繆稱》）[97]

高誘注：「昭，道；誋，誡也。不可以教導戒人。」

古代「詔」與「昭」是同一字，故曰：

乃惟時昭文王，迪見冒聞于上帝。（《書・君奭》），孫星衍疏：「昭，同詔。」

詔、亮、左、右、相，導也。詔、相、導、左、右、助，勴也。《爾雅・釋詁》[98]

從上述文例來看，筆者贊同鄒濬智的看法，認為此處「昭」近於「詔」字，有「教

---

93 楊朝明主編，《孔子家語通解——（一）附出土資料與相關研究》，頁 263。

94 劉釗，《郭店楚簡校釋》，頁 56；虞萬里，〈上海簡、郭店簡《緇衣》與傳本合校補證，上〉，頁 13；黃人二，《上海博物館藏戰國楚竹書（一）研究》，頁 126-127 等。此處鄒濬智先生提出不同的意見：「『卲』字也可讀作『詔』」（季旭昇主編，陳霖慶、鄭玉姍、鄒濬智合撰，《上海博物館藏戰國楚竹書（一）讀本》，頁 97），但是從字型來說，「卲」或「卲」都不从「言」，尤其古代「昭」字用意足以涵蓋「詔」義，因此不必另外通假作「詔」。

95 如劉釗，《郭店楚簡校釋》，頁 56；劉信芳，〈郭店簡《緇衣》解詁〉，頁 171。涂宗流、劉祖信，〈郭店楚簡《緇衣》通釋〉，186 等。

96 黃人二，《上海博物館藏戰國楚竹書（一）研究》，頁 127。

97 何寧撰，《淮南子集釋》，頁 716-717。

98 清・孫星衍撰，《尚書今古文注疏》，《清人注疏十三經》第一冊，北京：中華書局，1998，頁 138；晉・郭璞注、宋・邢昺疏，《爾雅注疏》，頁 49。

導」之義。[99]也就是說，王侯章顯其志向，以教導百姓。

經本把「詔」改成「子愛」，由此便失去了教導之意思。

丁、㫐民至行曩，以敚上／則民至行言，以兌上／民致行己，以說其上矣

（甲）簡本皆作「至」；禮記經本作「致」。

學者大多認為簡本「至」、「致」相通，不過「至」本身尚有「求得」與「得到」的字義：

> 所染不當，理奚由至？（《呂氏春秋・當染》），高誘注：「至，猶得也。」
> 夫白圭之廢著，子貢之三至千金，豈必賴之民哉！（《鹽鐵論・貧富》）[100]

先秦出土文獻中未見有「致」字，其文義均由「至」字表達。筆者推論，或許當時「致」字尚未獨立出來，因此據先秦的歷史語言情況，不宜將楚簡版本時的「至」改成「致」。

郭店簡的「至」字寫成反「矢」形，與最原始的甲骨文字形相同。上博簡的「至」字寫為反「矢」形和「土」，則近於今文「至」字。

（乙）郭店簡本「曩」；上博簡本作「言」；禮記經本作「己」。

《說文・己部》有「曩」字，釋為「長居（踞）也」；《玉篇》釋：「奇己切，長跪也，或作跽也。」[101]均不合於《緇衣》文意。因之，筆者也同意學者們將「曩」、「言」釋為「己」異文的說法。《論語・公冶長》曰：

> 子謂子產有君子之道四焉：其行己也恭，其事上也敬，其養民也惠，其使民也義。[102]

《緇衣》的「行己」文意亦與上引文相同，表達立身行事的意思。

---

99 季旭昇主編，陳霖慶、鄭玉姍、鄒濬智合撰，《上海博物館藏戰國楚竹書（一）讀本》，頁97。

100 秦・呂不韋著，林品石註譯，《呂氏春秋今註今譯》，頁 56；漢・桓寬，《鹽鐵論校注》，上海：古典文學出版社，1958，頁 220、224。

101 漢・許慎著、清・段玉裁注，《說文解字注》卷十四下，頁 741；梁・顧野王著，《大廣益會玉篇》，頁 133-134。

102 魏・何晏等注、宋・邢昺疏，《論語注疏》，頁 115。

（丙）郭店簡本「敓」；上博簡本作「兌」；禮記經本作「說」。

「敓」、「兌」、「說」於此處均為「悅」字異文，關於此字釋讀，學者們無有二說。

戊、又𢍏悳行，四方𡞲之／又𢍏悳行，四或川之／有梏德行，四國順之／有覺德行，四國順之

（甲）郭店簡本作「𢍏」；上博簡本作「𢍏」；禮記經本作「梏」；《毛詩》經本作：「覺」。

對於「𢍏」字的釋讀，學者曾提出幾種推論：最早將之釋讀為「覺」；[103]李零認為兩隻手之間的圓圈是一塊肉，所以隸為「𢍏」，讀為「覺」；[104]李學勤、劉釗推論此應為「梏」的古字；[105]孔仲溫將之讀為「共」；[106]張光裕、袁國華則隸為「共」字，讀為「格」；[107]王平隸為「共」但釋為「覺」的語音假借字；[108]劉曉東、周鳳武、黃人二讀為「拲」或「拱」；[109]近藤浩之和于茀讀為「弁」；[110]程元敏、夏含夷讀為「𢍏」或「𢍏」，即是「誥」本字；[111]張富海讀為「匊」。[112]其他尚有許多學者如劉信芳、虞萬里、涂宗流、劉祖信、鄒濬智等，直接承認該字難以認定。此處，筆者擬剖析諸說，再經由形、音、義三方面的研究，嘗試理解「𢍏」字究竟何指。[113]

---

103 荊門市博物館編著，《郭店楚墓竹簡・緇衣》，頁 49。

104 李零，《上博楚簡三篇・校讀記》，頁 52、95。

105 李學勤，〈論上海博物館所藏的一支《緇衣》簡〉，《齊魯學刊》，1999 第二期，頁 49；劉釗，《郭店楚簡校釋》，頁 56。李學勤先生認為，毛公鼎銘文中的「𢍏」字與「𢍏」相同，但實際上其兩字的字形和用意皆相異。

106 孔仲溫，〈郭店楚簡《緇衣》字詞補釋〉，《古文字研究》22 輯。北京：中華書局，2000。

107 張光裕主編、袁國華合編，《郭店楚簡文字編》，臺北：藝文印書館，1999，頁 59。

108 王平，〈上博簡《緇衣》引《詩》中的「又共悳行，四或川之」〉，《天津師範大學學報》2002 年第 2 期，頁 73-75。

109 劉曉東，《郭店楚簡《緇衣》初探》，頁 113；周鳳五，《郭店楚簡識字札記》，《張以仁先生七秩壽慶論文集》，臺北：學生書局，1999；黃人二，《上海博物館藏戰國楚竹書（一）研究》，頁 127-128。

110 近藤浩之，〈第六章〉，池田知久監修，《郭店楚墓簡《緇衣》譯注》，《郭店楚簡の思想史的研究》第三卷，東京：東京大學，2000，頁 42-44；于茀，〈郭店楚簡《緇衣》引詩補釋〉，《北方論從》，2001 年第 5 期，頁 46-48。

111 程元敏，〈郭店楚簡《緇衣》引書考〉，《古文字與古文獻》試刊號，臺北：楚文化研究會，1999；Shaugnessy, Edward. *Rewriting Erly Chinese Texts*, p.102.

112 張富海，《郭店楚簡《緇衣》篇研究》，北京大學中文系碩士學位論文，2002，頁 12。

113 此字的問題筆者曾有專門討論，郭靜云，〈甲骨、金、簡文「𢍏」字的通考〉，《古文字研究》二十七輯，北京：中華書局，2008，頁 135-140。

1.「□」與「共」

有些學者認為，既然郭店簡《緇衣》的「共」字寫作「□」，而上博簡以「龏」為「共」，所以「□」不可能作為「共」字。然而楚簡經常出現同一文獻中同時使用異體字或古今字的文例，如上博簡《緇衣》的「志」有三種寫法，而郭店楚簡同時使用「道」的古今字形等等。因此，文獻中出現一種「共」字寫法，並不能排除此字亦釋為「共」字的可能性。是故，筆者擬先重新驗證「□」為「共」的假設。

（1）字形

從字形而言，有些學者認為甲、金、簡文本來未見「□」字形，但筆者懷疑楚簡的「□」、「□」可能與殷商時期殘銅片上的族徽「□」為同一個字；[114]亦可能與西周早期父丁簋銘文上的「□」同字。而銘文的「牧□」用作人名：

> 牧□作父丁小食毀。(《集成》3651)[115]

甲骨文中亦有「婦□」，也是人名。由甲骨文觀之，《合集》2796 作「婦□」、《合集》2795 作「婦□」、《合集》13962 作「婦□」；亦即在同一人名中，「□」字兩手之間的部分既可畫作圓圈，也可畫作方塊、菱形。因此，筆者推論該字與商末周初金文中常見的「□」、[116]「□」、[117]「□」、[118]「□」、[119]「□」、[120]「□」、[121]「□」、[122]「□」[123]等族徽字體應為同一字。在古璽中亦有「□」

---

[114] 《集成》器號 10476，現藏於中國考古研究所安陽工作站。

[115] 藏處不明。因「□」字原來視為「共」，故《集成》別名為牧共簋、牧共作父丁簋。

[116] 殷商亞□覃父乙簋，《集成》器號 3419，現藏於臺北故宮博物院；日辛□爵，《集成》器號 8800，現藏於中國考古研究所安陽工作站；亞□父丁角，《集成》器號 9008，現藏於美國舊金山亞洲藝術博物館；亞□覃父甲鼎，《集成》器號 1998，藏處不明；亞□且乙父己卣，《集成》器號 5199，藏處不明；亞□父癸簋，《集成》器號 3339，藏處不明。因「□」字原來被視為「共」，故《集成》中的器名都採用「共」字。

[117] 西周早期亞□父癸鼎《集成》器號 1892，藏處不明。

[118] 殷商亞覃尊，《集成》器號 5911，現藏於中國考古研究所安陽工作站。

[119] 殷商亞覃尊，《集成》器號 5949，現藏於中國考古研究所安陽工作站。

[120] 殷商□父乙簋，《集成》器號 3149，現藏於渭南縣圖書館。

[121] 殷商□罐，《集成》器號 9983，現藏於中國考古研究所安陽工作站。

[122] 殷商□錛、□卣，《集成》器號 11790、4783，兩件現藏於中國考古研究所安陽工作站。

[123] 殷商□父癸鼎，《集成》器號 1687，現藏於北京故宮博物院；西周早期□父乙甗《集成》器號 809，現藏於鳳翔縣雍城文物管理所。

（2880）字。可惜這些字形若非用於人名，就是族徽中的字體，因此雖可視為楚簡「[illegible]」、「[illegible]」字的來源，然尚不足以作認字之用。

關於甲骨文與金文的「[illegible]」字，孫海波、王襄、朱芳圃均認為是「共」之古字。[124]此一見解的主要證據為《說文・共部》所言：「共，同也，从廿、廾。」[125]小篆「共」字寫成「[illegible]」，可隸為「[illegible]」。所以篆文「共」字之上半部是「廿」，與金文「[illegible]」字的「[illegible]」部分確實相似。但甲骨金文中的「[illegible]」字寫法，除从「[illegible]」外，尚有从圓圈、方塊、菱形等等與「廿」完全不同的形狀。所以筆者擬採用更多證據來探討「[illegible]」與「[illegible]」之間的關係。

甲骨文「共」字的雛形是「[illegible]」，可隸為「収」或「廾」，說文小篆寫作「[illegible]」。殷商或西周早期金文亦有「[illegible]」字，[126]直至西周晚期，銘文上的「[illegible]」字依然被當作「共」字使用。[127]就字形的演變過程而論，自殷商末期起，在「廾」的字形上增加了兩小豎，如共觚：「[illegible]」，[128]筆者假設，「[illegible]」可能是西周中晚期常見「共」字的字形來源。西周中期伯[illegible]簋和[illegible]盨將「共」字寫作「[illegible]」，[129]善鼎作「[illegible]」，[130]師[illegible]鼎作「[illegible]」；[131]西周晚期的字形亦相同，叔向父禹簋、師俞簋蓋、[132]諫簋[133]皆作「[illegible]」，禹鼎作「[illegible]」，由銘文內容的解讀來看，這些字無疑都被當成「共」字使用。至春秋晚期蔡昭侯時代的蔡侯尊銘文上，「共」字被寫成「[illegible]」，[134]而齊靈公時代的叔尸鐘和叔尸鎛銘文上，「共」字均寫成「[illegible]」，[135]此一字形基本上可隸作「[illegible]」。大體而言，「共」字在戰國時期銘文上的寫法，是將「[illegible]」字形上面的兩豎連成一弧，但兩條小橫線尚未連成一橫，如犢共畀氏戟作「[illegible]」，[136]同時代的包山楚簡字形亦復如此，寫作「[illegible]」（2.239）。而郭店楚簡及戰國晚期的陳共車飾銘

124 于省吾主編、姚孝遂按語編撰，《甲骨文字詁林》，頁 953。
125 漢・許慎著、清・段玉裁注，《說文解字注》，頁 105。
126 殷商[illegible]鼎，《集成》器號 1091，藏處不明。
127 殷商[illegible]生[illegible]簋，《集成》器號 3935，藏處不明。
128 《集成》器號 6600，現藏於中國國家歷史博物館。
129 《集成》器號 4115，藏處不明；《集成》器號 4462，現藏於周原扶風縣文物管理所。
130 《集成》器號 2820，現藏於法國巴黎賽爾諾什博物館。
131 《集成》器號 2817，藏處不明。
132 《集成》器號 4277，藏處不明。
133 《集成》器號 4285，現藏於北京故宮博物院。
134 《集成》器號 6010，現藏於中國國家歷史博物館。
135 《集成》器號 273、276；285，藏處皆不明。
136 《集成》器號 11113，現藏於中國國家歷史博物館。

文上，[137]「共」寫作「[illegible]」字，漸似篆文「[illegible]」的結構。同為戰國晚期的楚王酓肯釶鼎、楚王酓肯鼎、楚王酓肯簠、楚王酓忎鼎、楚王酓忎盤等銘文則有「[illegible]」或「[illegible]」，[138]其「共」字的篆文形構已然完成。

據上所述，足以窺見「共」字的字形發展。最早殷商時期的「[illegible]」字形，演進至西周中期時，寫作增加兩小豎的「[illegible]」；而後又於此兩小豎中間加上一小橫，寫成「[illegible]」。於是殷商的「廾」字到了東周，變成「[illegible]」的字形。到了戰國時期，中間兩小豎被連寫成一弧作「[illegible]」；之後又有兩小橫被連寫成一橫的狀況。因此戰國中期以後，東周的「[illegible]」字遂成了篆文的「[illegible]」字形。其間的變化趨勢可簡化如下圖：

[illegible]（殷）→ [illegible]、[illegible]（西周）→[illegible]（春秋戰國）→[illegible]（戰國秦漢）

從字形發展歷程可見，「[illegible]」與「[illegible]」雖然相似，但就出現時間觀之，兩者並無傳承關係。因此，基本上我們可以否定先前學者們對甲骨金文「[illegible]」字之釋讀。照字形而言，「[illegible]」字有史以來即非「共」字。

（2）用意

先秦文獻中，僅有《左傳‧莊公二十四年》中出現過「共德」一詞：

> 臣聞之：「儉，德之共也；侈，惡之大也。」先君有共德，而君納諸大惡，無乃不可乎？

此處「共」為假借字。楊伯峻注：「共讀為洪，大也。舊讀共為恭，不妥。」從張衡《西京賦》：「皇恩溥，洪德施。」[139]可證明楊伯峻先生的見解無誤。所以，若將「[illegible]」字推論作「共」，則應讀為「洪」。然而此種解讀方式，恐未能合乎《緇衣》的論述。

---

137 《集成》器號 12040，現藏於北京故宮博物院。

138 《集成》器號 2479，現藏於安徽省博物館；《集成》器號 2623，現藏於北京故宮博物院；《集成》器號 4549-4550，現藏於北京故宮博物院；《集成》器號 2794-2795，現藏於中國國家歷史博物館、天津博物館；《集成》器號 10158，現藏於北京故宮博物院。

139 楊伯峻編，《春秋左傳注》，頁 229；東漢‧張衡著、張震澤校注，《張衡詩文集校注》，上海：古籍出版社，1986，頁 73。

（3）**讀音**

就讀音而言，「共」（洪）與「梏」讀音雖相近，然未見有具體通用的文例。「共」（洪）與「覺」亦無可溝通來往之處。若將「[字形]」讀為「共」，則此字在簡、經本字體上無法發生讀音上的連接。

因此，從字形、用法、讀音三方面，均可排除將「[字形]」釋為「共」之可能性。

2.「[字形]」與「拱」

關於把「[字形]」釋為「拱」或「桊」之假設，雖然「桊」與「梏」音義相近，但由字形觀之，「[字形]」字的中圓圈難以視為「[字形]」或「[字形]」字的第三個「手」字偏旁。古書中亦無「拱德」之說，至於「桊梏」與「德行」能有何種關係，則更令人難以理解！

3.「[字形]」與「弁」

徐中舒先生已否定了將甲骨金文的「[字形]」字視為「共」字的釋讀，並提出該字應釋為「弁」的假設，[140]方述鑫先生亦贊同此說。[141]因此近藤浩之先生推論，楚簡的「[字形]」應是「弁」字原形。籀文「弁」寫成「[字形]」，可見兩者字形上的相似，然楚簡上的「弁」字寫作「[字形]」或「[字形]」（包山 2.133、240；郭店《性自命出》第 43 簡），又與「[字形]」明顯不同，而且從讀音和用法來看，均不足以證明其為通同。

總之，由於該字在甲骨金文中僅用作人名，因此在考證上有一定的難度。但若把它與最近發現的簡文「[字形]」字作連接，則從各方面均能否定將「[字形]」釋為「弁」的假設。

4.「[字形]」與「异」

程元敏先生將「[字形]」字的圓圈視為「口」偏旁。上述金文字形中確實有數種類似「口」字的圖形，但亦有其他不似「口」的圓、菱形等寫法。所以此一假設，單方面看似有理，然從另一面觀之，仍有存疑的空間。若將「[字形]」隸為「异」，以字義而言，《搜真玉鏡》：「异，音弄」《字彙補・口部》：「异，力鳳切，音弄，見《篇韻》」，[142]文義仍然不通。[143]

---

140 徐中舒，《對《金文編》的幾點意見》，《考古》1959 年第 7 期。

141 方述鑫，〈甲骨文口形偏旁釋例〉，《古文字研究論文集》，《四川大學學報叢刊》第十期，1982 年，頁 292。

142 漢語大字典編纂委員會編，《漢語大字典》，武漢：湖北辭書出版社、成都：四川辭書出版社，1986-1990，卷一，頁 577。

143 有些字型可以隸為「弃」，但這還是無法解決問題。

5.「[illegible]」與「誥」

程元敏先生將「[illegible]」隸為「[illegible]」，而釋為「[illegible]」。此「[illegible]」即「誥」的古字，而「梏」可能是「誥」字異文。金文亦有「誥」字，西周早期的史䛗簋寫作「[illegible]」，𤼈尊作「[illegible]」。[144]因此從字形而言，程元敏先生的見解基本上能夠成立，「誥」、「梏」正好可通；只是此字在《毛詩》中作「覺」，其間關係仍然難解。以筆者淺見，此說仍有兩個非常關鍵的弱點。首先，《緇衣》第三章有「誥」字，作「[illegible]」（郭店）、「[illegible]」（上博），寫法與金文基本相同，而與「[illegible]」字寫法卻明顯不同。其次，先秦文獻中的「誥」字用法與《緇衣》的「[illegible]」並不相同，在出土與傳世文獻中皆不見「誥某倫常」這類說法，而見「誥某人」之說：

> 王誥畢公。（史䛗簋）
>
> 王誥小子。（𤼈尊）
>
> 文王誥教小子，有正、有事，無彝酒。（《書・酒誥》）[145]

在使用「誥」字的文句上，均應先指出被誥戒的對象，而後纔說明誥戒的內容。「誥德行」此種用法恐不合乎當時歷史語言的造句習慣。

6.「[illegible]」與「匊」

張富海先生認為，「[illegible]」乃「匊」字之原形。從讀音方面而言，「匊」、「梏」、「覺」讀音皆通，因此張富海先生的假設可被接受。但就字形和字義而言，此說仍有疑問。

「匊」在《說文・勹部》作「[illegible]」，曰：「匊，在手曰匊，从勹、米。」雖然段玉裁注：「《唐風》：『椒聊之實，蕃衍盈匊』；《小雅》：『終朝采綠，不盈一匊』，毛皆云：『兩手曰匊』，此云『在手』恐傳寫之誤。」[146]但筆者認為，無論釋為單手或雙手，「匊」字均無雙手對稱之結構。其實許慎所言「在手」，並不特別指單手，而指「勹」即「在裹」的意思。兩手作為量米工具是相合為捧：，此形狀與「[illegible]」不同，若對舉兩手，豈能抓取米穀呢？西周中期番匊生壺將「匊」寫作

---

144 《集成》器號 4030，現藏於陝西省博物館；《集成》器號 6014，現藏於寶雞市博物館。

145 漢・孔安國傳、唐・孔穎達等正義，《尚書正義》，552。

146 漢・許慎著、清・段玉裁注，《說文解字注》，頁 433。

「[古文字]」，[147]與「[古文字]」字兩手對舉的結構也並不相同。

從字義上來說，「掬德行」亦不通，文獻中也沒有相近之用法。

7.「[古文字]」與「舉」

筆者認為，甲骨文的「[古文字]」、金文的「[古文字]」、簡文的「[古文字]」實際上皆為「舉」的古字。

（1）字形

《說文・手部》：「舉，對舉也。从手，與聲。」段玉裁注：「對舉謂以兩手舉之。」[148]「舉」的本義是用雙手托起來、使被托之物上升，「[古文字]」的象形意義正好如此。在甲骨金文中，迄今尚未有被釋讀為「舉」的字形。《說文》的篆文作「[古文字]」（舉），在出土文獻中，郭店楚簡《性自命出》第16、38、60簡作「[古文字]」（[古文字]）；郭店《尊德》第3簡、《六德》第48簡、包山2.89有「[古文字]」，皆是將「[古文字]」通假為「舉」的例子；郭店《五行》第44簡則以「與」為「舉」；[149]中山王嚳方壺作「[古文字]」（[古文字]）。可知，目前所見戰國時期的「舉」字皆為語音通假，那「舉」的本字究竟為何？鄙見以為，甲骨文的「[古文字]」、金文的「[古文字]」、簡文的「[古文字]」可能就是古代「舉」的表意字。

另，《說文・廾部》有「[古文字]」字，曰：「[古文字]，兩手盛也。从廾，共聲。」段注：「《廣韻》曰：『《說文》音匊』」[150]「[古文字]」的字形與「[古文字]」相近，讀音和意義皆與「舉」相同，但未見於文獻中，疑即被「舉」字所取代。[151]《說文・舁部》之「[古文字]」（舁、舁）字，同樣與「舉」字形、義相近，《說文》曰：「舁，共舉也。」[152]鄙見以為，這些字體應屬同一範圍，均源自甲骨金簡文中的「[古文字]」字。

（2）用意

從用法上來說，「舉」的涵義包含「啟動」、「舉行」、「興起」等意思。先秦兩漢文獻中的相關用法如下：

---

147 《集成》器號9705，現藏於美國舊金山亞洲藝術博物館布倫戴奇藏品。

148 漢・許慎著、清・段玉裁注，《說文解字注》，頁603。

149 參見荊門市博物館，《郭店楚墓竹簡》；張光裕主編、袁國華合編，《包山楚簡文字編》。

150 漢・許慎著、清・段玉裁注，《說文解字注》，頁104。

151 張富海先生認為「[古文字]」乃「匊」之異體字（張富海，《郭店楚簡《緇衣》篇研究》，頁12）。但筆者以為，將「[古文字]」視為「舉」之異體字是更加合乎字形和字義。

152 漢・許慎著、清・段玉裁注，《說文解字注》，頁105。

> 若棄德不讓，是廢先君之舉也。(《左傳・隱公三年》)，楊伯峻注：
>
> 穆公之意，蓋以讓國是德，宣公以國讓於己，己亦讓位於人，是光昭先君之德舉。己不讓，則是廢棄此德舉。
>
> 先王之正時也，履端於始，舉正於中，歸餘於終。(《左傳・文公元年》)
>
> 子桑之忠也，其知人也，能舉善也。(《左傳・文公三年》)
>
> 禁姦舉善，興化之本。(《後漢書・桓帝紀》)[153]

從這些文例看來，以「舉」釋讀「有□德行」中的「□」字，其文意妥適而順暢。「舉德行」意即守持德行、舉行德政、使「德」興起。循此解，《大雅・抑》即指：若舉行德政，則四方皆會順從。[154]

（3）讀音

從讀音方面來說，「舉」既與「梏」通，亦與「覺」通，且字形上亦相似。所以將「□」釋為「舉」的讀法，有助於釐清簡、經本間的變化。

8. 總結

經由上述分析，筆者推知甲骨金文及楚簡《緇衣》上所見之「□」字，乃「舉」的古字，亦有可能是《說文》「□」字的原形。

比較《緇衣》簡本與兩種經本後，反觀《詩・大雅・抑》經本所謂：

---

[153] 晉・杜預注、唐・孔穎達等正義，《春秋左傳注》，頁 29、510、530。劉宋・范曄撰、唐・李賢等注、晉・司馬彪補志、楊家駱主編，《新校本後漢書并附編十三種》，頁 288。

[154] 此外，筆者想把「興」字考慮進去。金文中「興」字有兩種寫法，其一，是從井和四手（□）之「□」（殷商時期之銘文上，如興爵，《集成》器號 7461，現藏於北京故宮博物院；興父辛爵，《集成》器號 8616，現藏於上海博物館；□興父辛爵，《集成》器號 8951，藏處不明；興斝，《集成》器號 9128，現藏於美國米里阿波里斯美術博物館寄東皮斯柏藏品；興壺，《集成》器號 9466，藏處不明；印興瓿，《集成》器號 9949，藏處不明。）；其二，則作「□」、「□」（西周中期興鼎，《集成》器號 1962-1963，現藏於陝西周原扶風文物管理所；西周晚期多友鼎；西周晚期鬲叔興父盨，《集成》器號 4405，藏處不明；戰國晚期新郪虎符，《集成》器號 12108，現藏於日本某氏（羅表）等等）。楚簡是用第二種字形作「□」（包山 2.519）或「□」（郭店《唐虞》8、17、21），古陶文、古璽文上「興」字型也如此。可見「□」是「興」的下部分，是否能作「興」之簡寫字還得考證。從讀音來說，「興」與「梏」或「覺」都不通，因此該字認定為「興」，絕不如認定為「舉」，但是以用法而言，《禮記・王制》云：「明七教，以興民德。」（漢・鄭玄注、唐・孔穎達疏，《禮記注疏》，頁 633）「興德」是指發揚、振興「德」之意思。鄙見以為，雖然「□」認定為「興」不妥當，但是「□德行」之意思應接近《禮記》所言之「興德」。

抑抑威儀，維德之隅，人亦有言，靡哲不愚。
庶人之愚，亦職維疾，哲人之愚，亦維斯戾。
無競維人，四方其訓之，有覺德行，四國順之。

毛傳曰：「覺，直也。」，鄭玄箋：「有大德行，則天下順從其政。」[155]不過若僅將「覺」字視為「大」，似乎已減損了原有文義的豐富性。《孟子・萬章上》：

予將以斯道覺斯民也，非予覺之而誰也！趙岐注：「覺，悟也。」[156]

鄙見以為，這種「覺」字的用法可能更適合用來解讀《詩・大雅・抑》的意旨：若能使民眾覺悟到德行的重要，則天下四方都會順從。

不過此字在禮記經本寫作「梏」字，則該詩句似不能同作此解。關於「梏」字的意涵，鄭玄注《禮記・射義》所言「發而不失正鵠者」云：

鵠之言梏也。梏，直也。言人正直乃能中也。

據鄭玄注文，該詩句可解釋如下：若君王專注於持守德行，則四方順從其政。此種意義與簡本「皋」字相近。因此簡本《緇衣》的「皋」與經本《緇衣》的「梏」字不僅讀音相同、字形相近，亦有字義上的連結。

（乙）「四方」、「四或」、「四國」

「四方」、「四或」、 「四國」字異義同，《毛詩》鄭玄箋云：「四國，猶言四方也。」[157]上博簡的「或」字既可讀為「國」，亦可讀為「域」，都是四方天下的意思。

（丙）「㤜」、「川」、「順」

「川」是「順」的本字。郭店簡字形从「心」，以表達誠心順從的意思。在中山王譽方壺、中山王譽鼎銘文上，「順」字寫法亦是从「心」的「㤜」。

155 漢・毛公傳、鄭玄箋、唐・孔穎達等正義，《毛詩正義》，頁 1772-1773。
156 漢・趙岐注、宋・孫奭疏，《孟子注疏》，頁 416-417。
157 漢・毛公傳、鄭玄箋、唐・孔穎達等正義，《毛詩正義》，頁 1853。

（四）簡本釋文與譯文

經由文字考釋，可得先秦簡本第六章釋文如下：

> 子曰：「上好𢜩，則下之為𢜩爭先。」故長民者章志以昭百姓，則民至行己以悅上。《詩》云：「有舉德行，四方順之。」■

其譯文如次：

> 子曰：「如果王侯愛好𢜩，則臣民都將搶先去行𢜩。」是故，長民者彰顯志向以教導百姓，於是臣民也會追求行己以悅其君。《詩》云：「若舉行德政，則四方皆會順從。」

（五）思想的詮釋

甲、先秦文本的思想原意

「親」的概念乃《緇衣》社會理想中的核心概念之一，因此在《緇衣》中，「仁」的本義蘊含君臣間的親密關係，也最切合其思想重點。簡本第六章在前五章的基礎上建立了「𢜩」（仁）的核心概念。而先秦《緇衣》的思想則有助於瞭解先秦儒家「𢜩」概念的本旨。在全篇脈絡中，第五章所言「**民以君為心，君以民為體**」成為「𢜩」概念的出發點，而後文所述的「慈孝」概念亦以「𢜩」為出發點。

先秦儒家創造了「𢜩」字以表達其思想重點，亦即君民關係猶如父子一家之「親」，然此非家族血緣之「親」，而是心裡思感的同一德性。因君民關係基於「親」的概念，故君民亦猶如父子關係，有君父之「慈」和民子之「孝」，故君父治理民子，應如親父對親子的教育。先秦儒家理想中的「身心」為社會中心環節，是社會中一切上下關係脈絡的主宰，以「𢜩」為運行機制的社會纔能保留其理想中親密性，相互關係亦不致散亂。而《緇衣》篇即完整地論述此一先秦儒家之中心概念。

《緇衣》原文的敘述結構非常紮實，作者一步步地提出關鍵性概念，加以論證後，又於其基礎上再提出進一步的概念，彼此環環相扣。此種論述策略，猶如一位教師對學生之教導，並非直接告知結論，而是按部就班地讓學生追隨老師的理路一步步思考，在全盤瞭解老師的思想過程與細節後，纔能更加肯定老師最後所下的結論。

乙、漢代經本中思想觀點之變化

經本的調整雖不能說完全違背原文的意旨，但其論述結構和確切涵義均未被保留下來。

（甲）首先，經本的敘述無法構成如原文般的結構性。在禮記經本上，此章雖亦是第六章，但其在全篇結構中的位置與簡本中不同，在經本的結構中，「仁」的概念被用來與「刑法」對立，但因為失去了和「君民關係如同心體」的前後概念連接，所以其作為全篇核心概念的地位也被大幅削弱了。在這點上，筆者完全贊同王博的觀點，「百家爭鳴」時的文本著重於概念的斟酌與設計，而帝國時代的經本則著重於概念的實務性。[158]可知，原本《緇衣》的概念設計與論述結構甚為精確，其論證流程亦頗細緻，但經本在這方面明顯差了一截。

（乙）其次，本章每一文句大多有些微增刪，並牽動文意變化。

1. 本章第一句引述孔子的話，簡、經本基本上相近，但經本刪除了「也」字，而增加了「人」字。由此「上好仁，則下之為仁爭先人」的文句與原文稍有不同。簡本的「爭先」表示國內臣民競相求仁，而經本則強調在親仁的統治者治下，臣民行仁的程度將超越其他國家的國民。孔穎達疏言：「上若好仁則下皆為仁，爭欲先他人」，[159]孔說即經本新出之義，非原義。

2. 本章第二句是出自《緇衣》作者的發揮，經本除了字詞的替代外，也有文句的補充，其謂：「故長民者章志、貞教、尊仁，以子愛百姓。」關於經本的補充，邢文曾提出如下看法：「兩者比較，其特點與前例同。今本的『章志、貞教，尊仁以子愛百姓』，同樣是簡本『章志以昭百姓』的解釋性文字。」[160]但筆者認為，經本的「解釋性文字」實際上與原文有三處不同。

（1）其一，在經本的文意中，「章志」的意思與簡本明顯不同：簡本此處

158 王博，《簡帛思想》，頁 20；韓碧琴亦贊同此觀點，參見韓碧琴，〈《禮記・緇衣》與郭店楚簡《緇衣》之比較〉，頁 111。

159 漢・鄭玄注、唐・孔穎達疏，《禮記注疏》，頁 2313。

160 邢文，《楚簡《緇衣》與先秦禮學》，頁 156。

「章」字與第二、三章一致，均用以表達「彰顯」、「昭示」之義，而「志」係「志向」之義。猶如《論語・公冶長》所言：「盍各言爾志？」[161]在簡本中「章志」之義指「彰顯志向」，從第一至第五章的內容來看，統治者的「志向」基礎乃是篇首所揭示的媺惡之分。由字義而言，簡本的「章志」並不蘊含讚美君王德性的意味，若其媺惡判別有誤，則「志向」亦不會準確。至於經本所言的「章志、貞教、尊仁」，則明顯強調此三項均是君王的德性。

此一變化實際上有著系統性的變因，牽連著王博所謂簡、經本間的系統差異：簡本以「有位者」稱呼王侯，以「有德者」稱呼君子，前十四章主要論及有位者，而第十五章之後則全是與「君子」相關的篇章。簡本對王侯與君子的界線極為清楚；但經本「有位者」與「有德者」的稱呼則顯混雜，或許區分「王侯」與「君子」兩種概念「對於編者來說已經沒那麼重要」。[162]鄙見以為，此一觀察頗為關鍵。先秦《緇衣》的重點在於教導王侯成為君子，此即表示對先秦儒者來說，「王侯」、「君子」兩種概念尚不可劃上等號，只有一貫實現德治的王侯纔可被稱為「君子」。循此目的，前十四章逐步解釋德治原則，而後九章纔補充描述君子的行為。然而經本對簡本第一至五章的修改顯示，在帝國正統思想中，天子是否合乎倫理的問題已不被討論，所以全文重點即從教導王侯遵守德政，轉向討論對賢臣的培養。尤其是第三章「類」的概念被竄改成「述」，明顯地揭示了漢朝人認為凡人沒有資格評論天子。對漢人來說，「下可述」、「下可遵循」比「下可類」更合乎他們對君臣關係的理解。然先秦儒家反而鼓勵臣民公開評論王侯，以協助改善統治者的錯誤，因為在先秦觀念中，並非所有君民均可謂之「君子」。簡言之，先秦《緇衣》企圖教導王侯成為君子；而漢代《緇衣》卻不去懷疑受命者的德性問題，僅著重於王侯應如何培養賢臣，當然也不會出現「有位者」與「有德者」的意義區分。

在簡本的思想中，君王必須掌握德治，纔能成為「君子」；而經本則不擬對「君民者」與「君子」兩種概念作區分，而用「章志、貞教、尊仁」等概念作為補充，以強調君王德性的無可置疑。這或許是因為在帝國的意識形態下，天子的德性具有絕對性，因此經本《緇衣》全篇的主題已非教導君王德治，而是教導君王如何培養賢臣。

（2）其二，簡本的「昭」字係「教導」的意思，長民者要彰顯志向以教導百姓；而經本的「子愛」則給文章增加了另一項重點：意味著親近及照顧，而非教

161 魏・何晏等注、宋・邢昺疏，《論語注疏》，頁 123。
162 王博，《簡帛思想》，頁 25-29。

導。經本的意思是為君王以章志、貞教、尊仁等德行來實現對其百姓的「子愛」。實際上簡本亦有「子愛」的概念，且此概念是直接從「仁」衍生出來的。但簡本是在逐步確認過「仁」的重要性後，纔提出「親」的概念，其後又進而專章論述「子愛」的概念（即簡本第十二章之主題）。經本提早提出「子愛」概念，並由此切斷原文逐步漸進的論述脈絡。換言之，經本將「**昭百姓**」改作「**子愛百姓**」，此不僅把「教導」之義改成「子愛」之義，同時亦切斷全篇概念間的關聯性。

（3）其三，該章引文與傳世版本的用字不同，其意思亦不夠清晰。

三、聖王德政：簡本第七與經本第五章的思想例證

（一）原文並列

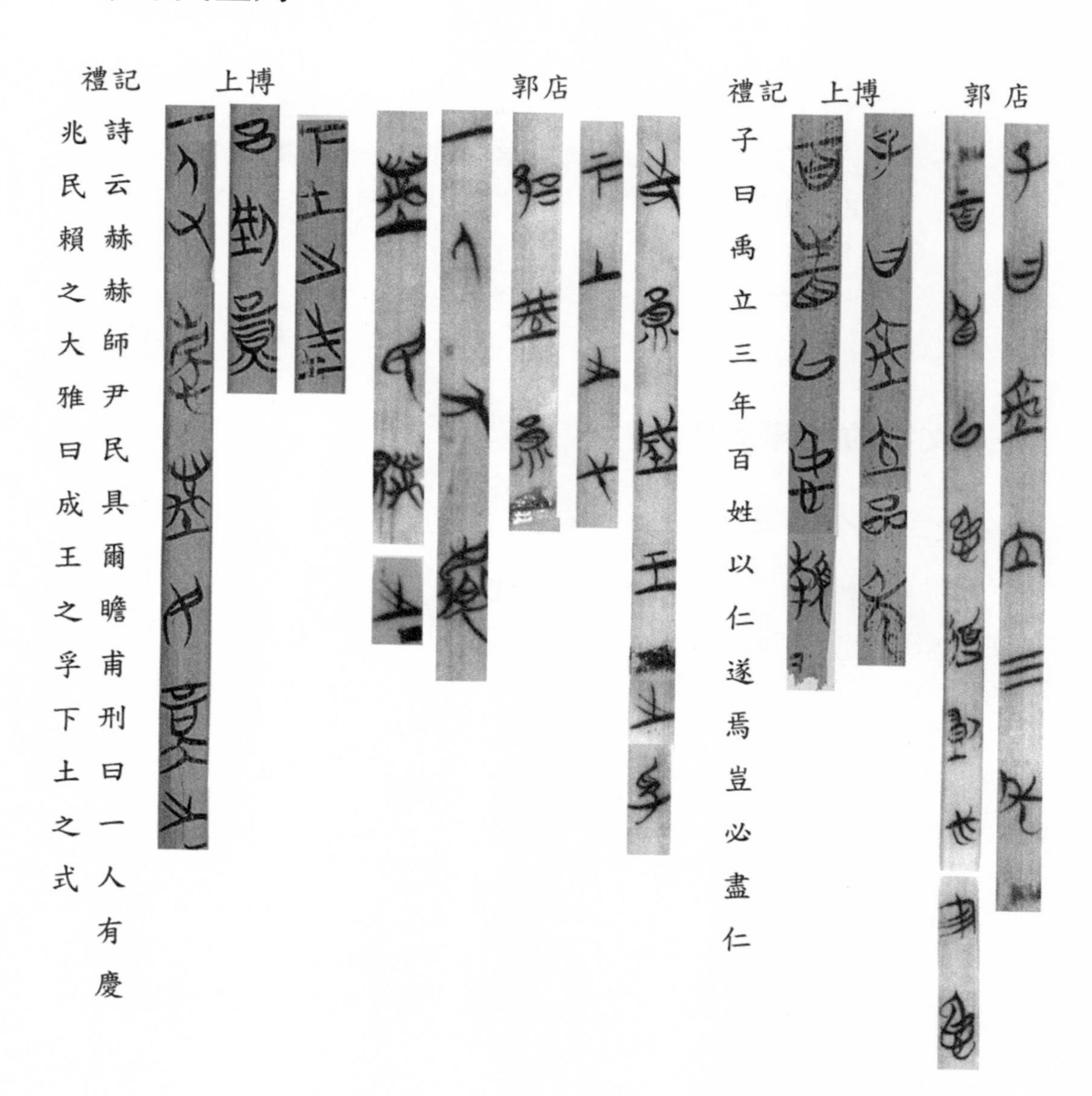

（二）釋文校勘

郭店第七章：子曰：墨宔三年，百眚以悬道，剀必 XII 聿悬？《埅》員：
上博第七章：子曰：墨立品年，百眚以悬𨑓 □□ □□？ □ □：
禮記第五章：子曰：禹立三年，百姓以仁遂焉，豈必盡仁？《詩》云：赫赫師尹，
城王之孚，下土之弋。《邵𦬆》員：一人有慶，𡎺民𧷸XIII之。■
□□□□VII 下土之式。《呂型》員：一人有慶，𡎺民𧷸 之。＿
民具爾瞻。《甫刑》曰：一人有慶，兆民賴之。《大雅》曰：成王之孚，下土之式。
毛詩經本《大雅・下武》： 成王之孚，下土之式。
尚書經本《呂刑》： 一人有慶，兆民賴 之。

（三）文字的考釋及訓詁

甲、墨宔三年／墨立品年／禹立三年

（甲）簡本皆作从「土」的「墨」；禮記經本作「禹」。

明代張自烈《正字通・土部》云：「墨同宇，屋邊也，見鍾鼎文。」[163]然而在齊靈公時代的叔尸鐘與叔尸鎛銘文上，「墨」皆為「禹」字異文，與楚簡相同。

（乙）郭店簡本作「宔」；上博簡本與禮記經本皆作「立」。

郭店簡本的「宔」字从「宀」、「土」，即金文所見「𡉺」（位）的異體字。西周晚期師虎簋將「位」寫作「宔」，與郭店簡本寫法相近。

（丙）郭店簡本、禮記經本皆作「三」；上博簡本作「品」。

上博此字有些學者隸為「品」，另有些學者隸為「厽」，事實上，古代「口」、「厶」偏旁經常混用互替。《說文・口部》：「品，眾庶也，从三口。」《說文・厽部》：「厽，絫坺土為牆壁，象形。」[164]「厽」亦是「參」的異文。故無論隸為「品」或為「厽」，在這裡都釋作「三」。

---

163 漢語大字典編纂委員會編，《漢語大字典》，卷一，頁 464。
164 漢・許慎著、清・段玉裁注，《說文解字注》，頁 85 上、739 上。

乙、百眚以㥁道／百眚以㥁𩠐／百姓以仁遂焉

郭店簡本作「道」；上博簡本作「𩠐」；禮記經本作「遂」。

（甲）郭店簡本作「道」，筆者贊同夏含夷先生將「道」讀為「導」的看法。[165]「道」與「導」過去本屬同一字，尤其「導」更是「道」的本義。[166]「**百姓以仁道**」的意思應是「禹以仁來引導百姓」。

（乙）上博簡本此處的「𩠐」字，黃人二、虞萬里將之隸為「𩠐」，从「幸」、「頁」，[167]黃錫全釋為「覿」或「犢」，[168]李零認為：「**左半如何隸定還值得研究，右半从『首』，應讀『道』**」，[169]劉樂賢亦釋之為「道」。[170]

筆者認為，將該字左半隸定為「幸」的釋讀可以先予否定。這個字形的左下半部為「𠂇」，應是手（寸）字偏旁。《汗簡・首部》收錄有从「首」、「寸」的「𩠐」（𩠐）字，即古代「道」字異文。[171]在青銅器銘文上，西周中期𩛥鼎有「衜」字[172]，春秋早期曾伯霥簠亦有「衜」字[173]，均是从「寸」的「道」或「導」字古代寫法，可隸為「衜」或「導」。筆者推論，「𩠐」字从「首」、「寸」，應是「𩠐」（導）的異體字。

至於左上半部，筆者推想可能是「耂」字偏旁。金文中的「耂」偏旁一般寫作「耂」或「耂」，[174]但亦有簡寫的例子，如西周晚期的遟盨作「耂」，[175]而頌簋則作「耂」，與「𩠐」字的「耂」部分完全相同。因此，筆者認為「𩠐」應隸為「𩠐」，

165 Shaugnessy, E. *Rewriting Erly Chinese Texts*, p.103.

166 參見嚴一萍，《釋𧗠》，《中國文字》第七冊，臺北：臺灣大學文學院中國文學系，1962；郭靜云，〈由商周文字論「道」的本義〉，《甲骨文與殷商史》，北京：中國社會科學出版社，2008。

167 黃人二，《上海博物館藏戰國楚竹書（一）研究》，頁 126；虞萬里，《上海簡、郭店簡《緇衣》與傳本合校補證，上》，頁 14。

168 黃錫全，《讀上博楚簡札記》，頁 29-30。

169 李零，《上博楚簡三篇・校讀記》，頁 52。

170 劉樂賢，〈讀上博簡劄記〉，上海大學古代文明研究中心、清華大學思想文化研究所編，《上博館藏戰國楚竹書研究》，上海：上海書店出版社，2002，頁 386。另有張宇衛先生將之釋為「祟」，而通假為「遂」。參張宇衛，〈上博《緇衣》第七簡「𩠐」字的解讀〉，簡帛研究網 2008/3/13, http://jianbo.sdu.edu.cn/admin3/2008/zhangyuwei001.htm.

171 北周・郭忠恕撰、清・鄭珍、清・鄭知同箋正，《汗簡箋正》，頁 340。

172 別名「師䧹父鼎」，《集成》器號 2721，現藏於中央研究院歷史語言研究所文物陳列館。

173 《集成》器號 4631，現藏於中國國家歷史博物館。

174 西周中期曶鼎「孝」（孝）字的部分，《集成》器號 2838，藏處不明；西周中期師𧻚鼎「考」（考）字的部分，《集成》器號 2713，藏處不明。

175 為「考」（考）字的部分，《集成》器號 4436，現藏於山東省博物館。

「𡶸」字偏旁應有聲符的作用。[176]故「𡨥」應釋為从「㝵」，「𡶸」聲的「導」字異文。

（丙）禮記經本將「導」字改為「遂」。孔穎達疏：「禹立三年則百姓盡行仁道。《論語》稱：『如有王者，必世而後仁者。』」[177]顯見此句在經本中的意思被顛倒過來，不說夏禹以「悬」教導、引導百姓，反而說百姓以「仁」道順從夏禹的治理。

丙、剴必聿悬／豈必盡仁

上博簡本此處殘缺。

郭店簡本作「剴」；禮記經本作「豈」。郭店簡本作「聿」；禮記經本作「盡」。在釋讀上，兩個版本的用字相同。孔穎達疏：「言禹之百姓豈必本性盡行仁道，衹由禹之所化。」[178]

丁、城王之孚，下土之弋／……下土之式／成王之孚，下土之式

（甲）郭店簡本將「成王」的「成」寫作从「土」的「城」；猶如「禹」字也寫作从「土」的「壐」。由此，或可看出楚簡書寫王名的某種規律。

（乙）關於郭店簡本的「弋」字，在第三章中，「弋」被當作「忒」使用；然而，此處應是「式」的本字。鄭玄注經本曰：「皆言化君也。孚，信也。式，法也。」[179]故此句文義與前文主題一致。

戊、郘𡎸／呂型／甫刑／呂刑

「郘𡎸」、「呂型」、「甫刑」，三者字雖不同，然皆指《尚書・呂刑》篇而言。這個問題在學界中已有圓滿的論述，毋庸再論。

---

176 筆者曾提出在老、考、孝、壽等字字形中，𡶸係作聲符用，其中「壽」在古代寫作从「𡶸」、「申」之「𦒻」，應隸為「𦒷」，从「申」（神），「𡶸」聲；孝的結構相同，是从「子」，「𡶸」聲。參見郭靜云，《由禮器紋飾、神話記載及文字論夏商雙嘴龍神信仰》，《漢學研究》第二十五卷，第二期，臺北：國家圖書館，2007 年 12 月，頁 30。上博簡另有「𨗽」字，是从「㝵」，「𡶸」聲的「導」字。

177 漢・鄭玄注、唐・孔穎達疏，《禮記注疏》，頁 2312。

178 漢・鄭玄注、唐・孔穎達疏，《禮記注疏》，頁 2312。

179 漢・鄭玄注、唐・孔穎達疏，《禮記注疏》，頁 2311。

己、萬民贎／萬民萶／兆民賴

（甲）簡本皆作「墓民」；經本皆作「兆民」。

「墓」字从「土」的寫法，在第一章已出現過。有關簡本「墓民」與經本「兆民」，兩者意義相同。此處的差異可能是出於不同時代、地區用詞的習慣不同，而產生的版本變化。[180]

（乙）郭店簡本作「贎」；上博簡本作「萶」；禮記經本作「賴」。

1.《說文・貝部》曰：「贎，貨也，从貝萬聲。」又曰：「賴，嬴也，从貝剌聲」。可見「贎」與「賴」字義符相同，古音相近，二者應是同義及同音字。[181]

「賴」字有兩種用意，其一為「受益」：

> 天子有善，以善事教天下，則兆民蒙賴之。（孔穎達疏《書・呂刑》）
> 君得其賴。（《國語・晉語一》）韋昭注：「賴，利也。」[182]

其二為「倚賴」、「恃賴」：

> 帝曰：「俞，地平天成，六府三事允治，萬世永賴，時乃功。」《書・大禹謨》，孔穎達疏：「汝治水土，使地平天成，六府三事信皆治理，萬代長所恃賴，是汝之功也。」[183]

孔穎達雖在《書・呂刑》的注疏中，雖將「賴」釋為「受益」，然鄙見以為，《大禹謨》所謂「萬世永賴」與「萬民賴之」，二者文意應該相同。因此經本的「賴」字應蘊含了「恃賴」的意涵。

2. 關於上博簡的「萶」字，學界尚未形成共識。徐在國和黃德寬認為「萶」應讀為「賴」，但證據不足。純粹從字形觀之，「萶」即「大言」，即「誇」字的表意結

---

180 關於「兆民」的分析，參見虞萬里，《上海簡、郭店簡《緇衣》與傳本合校補證，上》，頁16。

181 漢・許慎著、清・段玉裁注，《說文解字注》，頁279、281，更細節的分析參見虞萬里，《上海簡、郭店簡《緇衣》與傳本合校補證，上》，頁16。

182 漢・孔安國傳、唐・孔穎達等正義，《尚書正義》，頁798；戰國周・左丘明著、上海師範大學古籍整理研究所校，《國語》，上海：上海古籍出版社，1988，頁277、279。

183 漢・孔安國傳、唐・孔穎達等正義，《尚書正義》，頁141。

構。《字林》曰：「誇，大言也。」《玉篇・言部》：「誇，口瓜切，逞也。夸，古文。」[184]此處作「誇」字釋讀，其文義雖不通順，但古代「夸」、「誇」、「跨」皆為同一字，或許此處須作「跨」解。如《國語・晉語一》有言：

> 不跨其國，可謂挾乎？不得其君，能銜骨乎？若跨其國而得其君，雖逢齒牙，以猾其中，誰云不從？

韋昭注：「跨，猶據也。」[185]由上可悉，「賴」與「跨」應為同義字，其古音亦近，字雖不同，然文義相同。

(四) 簡本釋文與譯文

經由對文字的考釋，可得先秦文本第七章釋文如下：

> **子曰：「禹位三年，百姓以�導。豈必盡悳？」《詩》云：「成王之孚，下土之式。」《呂刑》云：「一人有慶，萬民賴之。」■**

其譯文如次：

> 子曰：「禹在位三年，以悳教導百姓。難道依百姓的本性，原本就會盡心去行悳道嗎？」《詩》云：「成王之孚。下土之式。」《呂刑》云：「一人有慶，萬民賴之。」

(五) 思想的詮釋

甲、先秦文本的思想原意

(甲) 章文

184 晉・呂忱撰《字林一卷》，《叢書集成續編・語文學類第》，冊 69，臺北：新文豐，1989；梁・顧野王著，《大廣益會玉篇》，頁 43。

185 戰國周・左丘明著、上海師範大學古籍整理研究所校，《國語》，頁 255、257。

《緇衣》論述「仁政」的過程，從第六章延續到第七章，並在章文中舉聖王為例，以證明、強調國君對臣民遵守「仁」之態度實具有關鍵的「引導」作用。百姓原本即有對父母的親心、對族內長輩的孝心，而沒有對國君的親心。但夏禹持守對民眾的父慈、親民、仁心，猶如親父般教導百姓，所以人民也相應地對聖王產生親心。《緇衣》成書時，「仁」字尚未被賦予無所不包的抽象倫常概念，先秦儒家的「㤅」，意即君民之間的「親」。《緇衣》主張一國君民應同一家之人，好似父祖與子孫間的「親」密關係，這纔是教導百姓的正確方法。

若筆者對簡本的理解無誤，則第六、七章的內容恰可作為第十二、十三章「㤅」、「政」相對的概念基礎。《緇衣》的理想是使教化民眾，且認為「政」、「刑」沒有教化的功用，故批判「政」、「刑」而推揚「㤅」。「㤅」的理想是全篇核心，不過依據《緇衣》的觀點，國家是否達到「㤅」的境界，乃國君的責任。如同昔日夏禹以㤅導正百姓，故百姓也導行㤅的教化作為回應。

（乙）引文

此章引文仍舊以強調君王責任為主題。毛詩經本《大雅・下武》曰：

> 下武維周，世有哲王，三后在天，王配于京。
> 王配于京，世德作求，永言配命，成王之孚。
> 成王之孚，下土之式，永言孝思，孝思維則。

毛傳：「繼文也，武王有聖德，復受天命，能昭先人之功焉。」[186]《下武》一詩著重於表達成王的「孝思」。文王受命，而成王對文、武盡孝。以筆者淺見，這條引文譬喻的是戰國時期的在位國君，這些統治者都是早期受命建國之君的後裔（指周文王後裔，或其他先秦諸國建國國君的後裔）。因此，《緇衣》的教導對象並非建國之君，而是繼承君位者。援自《呂刑》的引文也進一步闡述此一觀點。

對於《書・呂刑》的這段文句，孔安國傳云：「天子有善，則兆民賴之」，[187]即是把「慶」釋為「善」，但「善」的意思本身極為廣泛，缺乏具體的指涉對象。筆者比較《緇衣》第七章的兩條引文，得到如下的理解：「一人以慶」是指某位繼承受命的國君。《詩・小雅・楚茨》曰：

---

186 漢・毛公傳、鄭玄箋、唐・孔穎達等正義，《毛詩正義》，頁 1595-1600。
187 漢・孔安國傳、唐・孔穎達等正義，《尚書正義》，頁 797。

孝孫有慶。鄭玄箋：「慶，賜也。」[188]

顯見先秦「慶」字可用以表示孝孫受賜之義。關於「慶」的確切涵義，此處或可由《禮記・月令》的記載獲得更準確的瞭解，其曰：

命相布德和令，行慶施惠，下及兆民。[189]

先王受命，王子受慶，「慶」即繼承先王的天命，因此有承續將天恩傳達給萬民的責任。《緇衣》的教導對象恰是這些繼承先王天命的國君。《緇衣》作者援用這兩條引文，說明：孝孫有慶，故為萬民之式，孝王之孚，是為萬民所賴。

乙、漢代經本中的思想觀點變化

本章中，簡、經本皆表達了類似的觀點。只是簡本強調王的「引導」作用，而經本卻強調聖王對百姓之影響。換言之，簡本意即夏禹採用「仁」的方法引導百姓；而經本則意指：因為禹有仁性，所以百姓依仁而前進。筆者推測此項變化可能與「仁」的概念發展有關。在後世儒家學說的擴展過程中，「仁」逐漸變成廣泛愛人的倫理概念，已失去其原初的意指。

在引文部分，簡、經本並無文義上的歧異，但順序有別。經本先引《書》後引《詩》，且另外引了《詩・小雅・節南山》的詩句。此條引文原本應出現在簡本的下一章，亦即簡本第八章，相當於經本第四章；然因經本將《節南山》這一段引文挪動至此章（經本第五章，即原本簡本的第七章），遂導致經本第四章缺少引文。幸有簡本可作對照，我們纔能確定各章節間原來的引文組合。

四、先秦儒家「仁論」的歷史背景及其在《緇衣》篇的位置

既然國君教導百姓猶如親父教育親子，則百姓皆有孝心。此即先秦儒家對「𢚩」的概念。儒家的「𢚩」和「孝」都源於上古的家族概念，不同的只是將家族中的血緣關係擴展到整個社會結構中。先秦儒家以為，君與民應猶如心與體般關係密

188 漢・毛公傳、鄭玄箋、唐・孔穎達等正義，《毛詩正義》，頁 1254。
189 漢・鄭玄注、唐・孔穎達疏，《禮記注疏》，頁 718。

切，君民關聯並不弱於血緣關聯。「㤈」所表達的正是君民間非血緣的父子關聯。「㤈」字既从「身」又从「心」，是儒家在提出新概念的同時，為了方便表達此一概念而創造的新字。

筆者以為，從先秦儒家提出的「㤈」概念，可以窺見春秋社會變動的情形。商周時期，族中關係即為社會基礎，在宗族的基礎上，發展出眾多小國的結構，而其君臣之間依然具有族內的血緣關係，族中的「孝」也還沒有破散。春秋時期，由於列國競相擴展、兄弟爭鬥、人民頻繁地在各國間流動等等歷史因素，導致「族」、「國」的關係和概念都逐漸分流，對家長的「孝」和對國長的「忠」開始出現矛盾。也因為此種矛盾，立基於「孝」的「禮」制也隨之崩壞，此乃廣為詳悉之事，此處不再贅述。

對家長的「孝」和對國長的「忠」發生矛盾，其實也是儒家特別關注的問題之一。在上海博物館藏的出土竹書《內禮》篇裡，即專論此一倫理問題。法家思想認為，要解決「家」與「國」的矛盾，就必須果斷地打破血緣關係。下引《韓非子・五蠹》與《論語・子路》的兩則故事，正反映了兩派學者對同一件事的兩種極端看法，也充分顯示了法家輕視血緣內禮的態度：

> 葉公語孔子曰：「吾黨有直躬者，其父攘羊，而子證之。」孔子曰：「吾黨之直者異於是。父為子隱，子為父隱，直在其中矣。」(《論語・子路》)
> 楚之有直躬，其父竊羊而謁之吏，令尹曰：「殺之。」以為直於君而曲於父，報而罪之。以是觀之，夫君之直臣，父之暴子也。[190]魯人從君戰，三戰三北，仲尼問其故，對曰：「吾有老父，身死莫之養也。」仲尼以為孝，舉而上之。以是觀之，夫父之孝子，君之背臣也。故令尹誅而楚姦不上聞，仲尼賞而魯民易降北。(《韓非子・五蠹》)[191]

至於戰國時期法家的施政目標，誠如商鞅所言：

---

190 《呂氏春秋・仲冬紀・當務》也記載了這個故事，並當作一種哲學弔詭的陳述：「楚有直躬者，其父竊羊而謁之上，上執而將誅之。直躬者請代之。將誅矣，告吏曰：『父竊羊而謁之，不亦信乎？父誅而代之，不亦孝乎？信且孝而誅之，國將有不誅者乎？』荊王聞之，乃不誅也。孔子聞之曰：『異哉直躬之為信也，一父而載取名焉。』故直躬之信，不若無信。」秦・呂不韋著，林品石註譯，《呂氏春秋今註今譯》，頁 289。

191 戰國韓・韓非、清・王先慎撰、鍾哲點校，《韓非子集解》，頁 449。

凡戰者，民之所惡也；能使民樂戰者，王。彊國之民，父遺其子，兄遺其弟，妻遺其夫，皆曰：「不得，無返。」（《商君書・畫策》）[192]

法家追求富國強兵，故建議完全克服家族內的「親」，以解除上述矛盾。儒家反而視家族「內禮」為唯一必要保護的倫常，且積極地尋求能使「慈孝」與「忠信」彼此互補共存的方法。是故，儒家學者發明了「君臣猶如父子」的概念，而名之為「𢘅」，將「內禮」加以衍生，發展出跨越血緣的「𢘅禮」。

當法家武斷地否定「𢘅」和「禮」時，即明顯地揭示出，其整體思考方向和目的都與儒家完全不同，《商君書・說民》謂：

辯慧，亂之贊也；禮樂，淫佚之徵也；慈仁，過之母也；任譽，姦之鼠也。亂有贊則行，淫佚有徵則用，過有母則生，姦有鼠則不止。八者有群，民勝其政；國無八者，政勝其民。民勝其政，國弱；政勝其民，兵彊。故國有八者，上無以使守戰，必削至亡；國無八者，上有以使守戰，必興至王。用善，則民親其親；任姦，則民親其制。……故曰：以良民治，必亂至削；以姦民治，必治至彊。[193]

從一方面來看，商鞅的目標很現實，專以儘快加強秦國武力為務，使自己的國家在列國爭鬥中壯大，這是一種相當極端的理想。但從另一方面來看，他只求解決眼前的問題，缺乏國家發展的遠景規畫，也過度簡化地了人生的欲望、人情的因素等問題。儒家恰好相反，忽略了列國之間的競爭現實、武力擴張等問題，而專從國家的永續生存來思考。所以，儒家學者們一方面倚賴古有的「孝」和「禮」傳統，務求「孝」、「禮」不失；他們認為前有的不失，則後續的也能存在。另一方面，儒家的政治論述多集中於「教化」目的，從家族的慈孝「身」理，培養國家的「𢘅」理，以追求、強化國內關係的親密性，使國不致散滅。

在法、儒爭論的過程中，法家有意地簡化了儒家思想，並混入了墨家思想，把「仁」的概念單純地等同為「愛」的概念，因此造成容易被反駁的情況。韓非曰：

今儒、墨皆稱先王兼愛天下，則視民如父母。……夫以君臣為如父子則必治，

192 戰國衛・商鞅撰、賀凌虛注譯，《商君書今注今譯》，頁 143。
193 戰國衛・商鞅撰、賀凌虛注譯，《商君書今注今譯》，頁 47-48。

> 推是言之，是無亂父子也。人之情性，莫先於父母，皆見愛而未必治也，雖厚愛矣，奚遽不亂？（〈五蠹〉）
> 慈母之於弱子也，愛不可為前。然而弱子有僻行，使之隨師；有惡病，使之事醫。不隨師則陷於刑，不事醫則疑於死。慈母雖愛，無益於振刑救死。則存子者非愛也，子母之性，愛也。臣主之權，筴也。母不能以愛存家，君安能以愛持國？（〈八說〉）[194]

法家為求爭論時的便利，簡化了儒家思想的深度。如果我們也將「仁」單純地視為「愛人」的意思，也許就只是繼續隨著法家的陷阱起舞，無法真正的理解儒家智慧。孔子明確說道：「**仁者能好人，能惡人。**」這是師對生、君對民教化方法。而其教化成功的條件是師、君本身自己為正，以作學生、百姓的倫理標準。

「教化」的概念乃是《緇衣》的表述核心之一，且為全篇論述的目的所在。根據《緇衣》的邏輯，以「悬」教導百姓的基礎，是君民間的心體關係。在一國之中，只有「悬」纔能達到教民、治民的效果。故第六章曰：「**章志以詔百姓**」，強調國君應以章顯志向來教導百姓；第七章曰：「**百姓以悬導**」，又曰：「**萬民賴之**」，乃是對以悬導民的治國方針再作確認，同時強調萬民倚賴且受其教化的標準，正是國君的德行。

經本雖然保留了對「教化」民眾的討論，可是已失去了原本的思想關鍵。教化之本繫於統治者本身的德性，因此簡文著重於教化統治者，呼籲國君自己為正。

簡本著重於「悬」的概念設計和斟酌，並闡明其根本，解釋其內在邏輯和作用。顯見這正是「悬」的概念被設計出來的時代。在儒家學說的擴展過程中，「仁」的概念一方面獲得意義上的擴展，但同時也失去了與「君民心體」的關聯性。因此在經本的論述中，已不見此種循序漸進的理論架構。根據經本的架構，首先否定「刑」，而後纔確定「仁」的政治邏輯，但並未斟酌、解釋「仁」的具體內涵。經本中，這兩章的順序被顛倒過來，這也顯示出其間的意義。簡本以聖王例證前文所設計的理論，而經本反而從聖王的例子去得出結論。筆者認為，在「百家爭鳴」時代的《緇衣》，從其理論、邏輯、字句斟酌到論述的方法，都有其精緻獨到之處，而在這些層次上，經本的內容雖亦相似，但其間的許多精神卻早已失傳了。

---

194 戰國韓・韓非、清・王先慎撰、鍾哲點校，《韓非子集解》，頁 427-428、446。

柒

受命者的身份與長民者的德行

一、簡本第八與經本第四章內在意涵的比較研究

在確定「㥁」概念後，簡本從這個更為深刻的概念基礎上，繼續強調長民者德行乃為國民所仰望及依靠。依講授順序上，這應是「㥁」的概念被確立後，纔能進行的下一個思想課題。然在經本中，此章被前移作全篇的第四章，反倒變成「仁」概念的出發點。經本中論述順序的調整，也促使了該章文字的輕微變修。不過筆者認為，雖然在簡、經本中此章文字只有些微的不同，但論其內在意涵，實揭示了相當重大的分歧。

(一) 原文並列

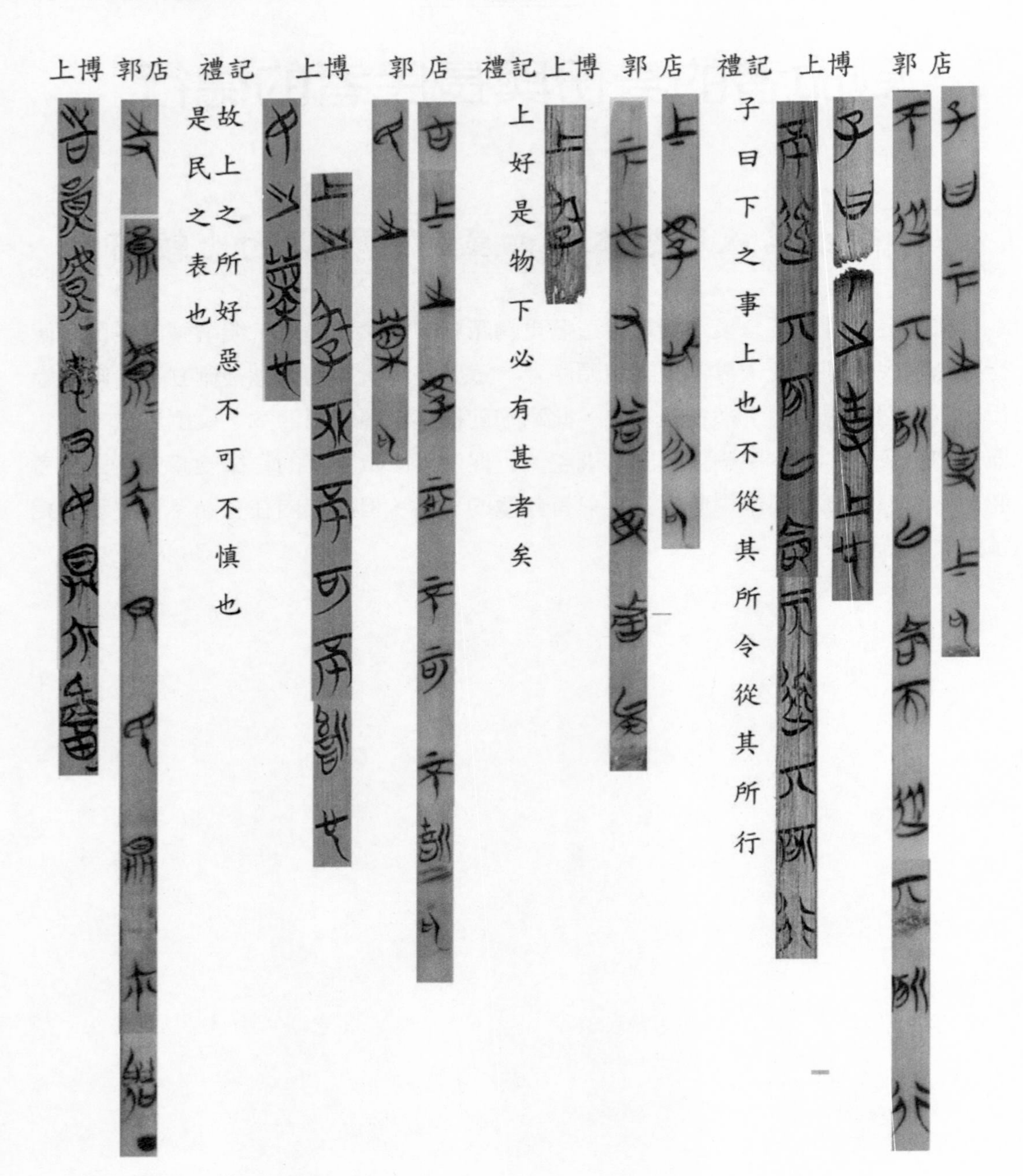
郭店
上博
禮記
子曰下之事上也不從其所令從其所行
郭店
上博
禮記
上好是物下必有甚者矣
郭店
上博
禮記
故上之所好惡不可不慎也
是民之表也
郭店
上博

（二）釋文校勘

郭店第八章：子曰：下之事上也，不從其所以命，而從其所行。上好此勿也 XIV，下必又

上博第八章：子曰：下之事上也，不從其所以命，而從其所行。上𡣍□□□□□□

禮記第四章：子曰：下之事上也，不從其所 令， 從其所行。上好是物 ， 下必有

甚安者矣。古上之 好亞，不可不誓也，民之蕝也。《𦍀》XV 員：虘二 帀尹，民具尒𧡊。■

□□□□□VIII 上之 好亞，不可不𣂼也，民之蕝也。《告》 員：虘二 帀尹，民具尒詹。__

甚 者矣。故上之所好惡，不可不慎也，是民之表也。

禮記第五章： 赫赫師尹，民具爾瞻。

毛詩經本《小雅・節南山》： 赫赫師尹，民具爾瞻。

（三）文字的考釋及訓詁

甲、不從其所以命／不從其所以命／不從其所令

（甲）郭店簡本與禮記經本皆作「從」；上博簡本作「從」。

「從」字之寫法一般从「从」，雖然西周早中期傳尊有反形的「从」，[1]但其為整個字形全部反寫，與上博本用正形的「从」字、反形的「比」字偏旁不同。不過自甲骨文以來，「从」、「比」均能通用，因此从「比」的寫法仍可視為「從」字；或依陳偉先生的觀點，將此字視為「比」，而用意與「從」相同。[2]

（乙）簡本皆作「所以命」；禮記經本「所令」。

「命」乃由「令」字衍生而來，故學界多認為簡、經本文意相同。但筆者認為這項改動背後牽連著重大的意義分歧。

1 《集成》器號 5864，藏處不明。

2 參見陳偉：《郭店竹書別釋》，頁 36-37。

簡、經本文句在此處有兩點不同：第一是「命」與「令」字不同；第二是簡本有「以」字，經本則無。也就是說，在用字和文法結構上，各有一點輕微的差異。

首先，從「命」與「令」字的關係來說，古代「令」係「命」字的本字。「令」在西周金文中表達王的命賜；或用以表達天命，如「天令」、「大令」。西周中期逐漸開始使用「命」字，同樣表達「王受天命」和「王命賜」兩種意思。也就是說，西周時期，「令」、「命」兩者字義相同。自西周晚期以降，可見「令」、「命」字義的區分趨勢，「令」字較常用以表達「政令」，而「命」依舊表達天命和崇高的命賜。因為「命」是從「令」衍生而來的字體，故倘若簡本用「令」，經本用「命」，這可視為字形發展的自然過程；然而兩種簡本皆用「命」字，而經本則用「令」。我們無法反過來假設，因先秦文獻中的「令」常指「天命」，則「命」反倒只限於指涉「政令」。筆者懷疑，或許在戰國至漢代之間，此處以「令」取代「命」字的文句變化，可能還有以「政令」取代「天命」的意味。

再者，經本刪除「以」字，造成文法出現變化，文義也有明顯的差別。若依文法嚴加判讀，「所以命」句中的「命」字為名詞，故應理解為「所倚靠的天命」。「**不從其所以命，而從其所行**」，意即「與生俱來的君位資格和受天命者的身份，並不足以使民眾信服，國君實際的作為如何，纔是民眾決定是否向其服從的重點」。

然在經本「所令」的「令」本身即為動詞，故而刪除了「以」字，意指國君宣布的政令。這應屬於概念性的竄改，其原因和目的容後再論。[3]

（丙）經本省略了「**不從其所以命**」的「以」字，可能為顧及語文節奏，所以後句「**而從其所行**」的「而」字也一併被刪除了。這和前句直接變動文意不同，應屬於純粹的文字修飾。

乙、此勿／是物

（甲）郭店簡本作「此」；禮記經本作「是」。以「是」字取代「此」字，應屬於歷史語言的修改，這在第二章的校讐中已論及。

（乙）郭店簡本作「勿」；禮記經本作「物」。「勿」為「物」字之本字。

丙、下必又甚安者矣／下必有甚者矣

郭店簡本作「**甚安者矣**」；上博簡本殘缺；禮記經本作「**甚者矣**」。

---

[3] 此說由政治大學中文系碩士生張晶晶首先提出，筆者認為此想法頗為準確，且突破了目前學界對先秦《緇衣》的主要解讀觀點。

「安」係「焉」之古字，鄭玄注：「**甚者，甚於君也**」。《孟子‧滕文公上.2》言：「**上有好者，下必有甚焉者矣**」；郭店《尊德》亦可見此段文字，其謂：「**上好是勿（物）也，下必（有）甚安（焉）者。**」《緇衣》經本省略「安（焉）」字，然不影響文意。[4]

丁、古上之好亞／故上之所好惡

簡本作「**上之好亞（惡）**」，禮記經本增補「所」字。應屬於文法上的修飾，不影響文意。

戊、不可不誓也／不可不靳也／不可不慎也

郭店簡本作「誓」；上博簡本作「靳」；禮記經本作「慎」。

些學者將郭店本此一「誓」字隸定為不从「手」，而从「十」的字形。依筆者淺見，簡本「手」字偏旁多作如此寫法，隸定从「手」的釋讀並無錯誤。郭店《緇衣》第 14 至 16 章都有同樣的「誓」字；郭店《老子甲》11、《語叢四》第 4 簡也有這種寫法。[5]但上博《緇衣》第 15 和 16 章「誓」字的「手」旁部分省寫為一豎，故可隸為从「十」的「靳」。

陳劍先生認為，「誓」字「**極有可能是『慎』的古字。**」[6]然以鄙見，這可能出自不同時代的慣用字彙差異，不必以古今字關係來解釋「誓」與「慎」字的通同。據虞萬里先生的考證，觀注，在先秦的出土文獻上無「慎」字；[7]同時從傳世的先秦文獻來看，「誓」字確實有用作「慎」義解釋的文例，如：

> **曲藝皆誓之**。《禮記‧文王世子》，鄭玄注：「**誓，謹也。皆使謹習其事。**」[8]

是故，先秦《緇衣》的用字應是反映了當時的歷史語言情況。經本以「慎」字取代「誓」字，也是出於秦代以後的語文變化所致。

---

4 漢‧鄭玄注、唐‧孔穎達疏，《禮記注疏》，頁 2311；漢‧趙岐注、宋‧孫奭疏，《孟子注疏》，頁 217；荊門市博物館編著，《郭店楚墓竹簡‧尊德義》，頁 36。

5 荊門市博物館編著，《郭店楚墓竹簡‧老子甲》，北京：文物出版社，2002，頁 11；荊門市博物館編著，《郭店楚墓竹簡‧語叢四》，頁 2。

6 陳劍，〈說慎〉，《簡帛研究 2001》，桂林：廣西師範大學出版社，頁 207-214。

7 虞萬里：《上海簡、郭店簡《緇衣》與傳本合校補證，上》，頁 17。

8 漢‧鄭玄注、唐‧孔穎達疏，《禮記注疏》，頁 986。

上博簡本的「訢」乃「誓」的異體字，其「手」部偏旁以「幺」取代。郭店《太一（含老子丙）》第 26 簡、[9]《成之聞之》第 12、19、38、40 簡、《性自命出》第 27、49 簡中，亦有从「幺」之「誓」字寫法。[10]郭店《五行》第 16 簡另有从「心」的「�」字，第 17 簡有从「心」省「幺」的「誋」字。[11]包山楚簡第 122 簡還有从「勿」的「𢳚」字。[12]都是「誓」的異文，從這幾處文章內容來看，都不必以「慎」字作解。

己、民之䕯也／民之䕯也／是民之表也

郭店簡本作「䕯」；上博簡本作「䕯」；禮記經本作「表」。

大部分學者將郭店的「䕯」隸為「萰」，[13]但「䕯」的結構是从「木」、「四」，與「柬」不同；「柬」字在戰國中期的金文中寫作「柬」，[14]簡文作「柬」；而「萰」字在包山簡裡寫作「萰」、「萰」，均與「䕯」的結構不同。李零先生指出，此字在郭店本裡的「四」形與上博本中的「四」部分皆非「柬」字的中部，而是「西」偏旁，故「栗」即「票」字。篆文「票」字寫作「㶾」，與「栗」从「木」不同，因此鄙見認為此字應隸作「栗」為宜。篆文「栗」寫作「㮚」，與「栗」相近。是故，嚴格地說，郭店簡的「䕯」字應隸為从「艸」、「栗」之「蘽」，然由上博簡的「䕯」字體可知，郭店「蘽」字應是「標」的異文，而非「栗」字。

上博簡本「䕯」字被寫為从「火」的古「標」字，《說文》篆文中，「票」與「標」皆从「火」，寫作「㶾」與「𣚍」。[15]因此，上博簡本「䕯」字中間的「𤇾」部，應即「票」的異文，亦即「㶾」、「褜」的寫法。從而可知上博簡的「䕯」是从「木」、「票」、「艸」的「蔈」字，「標」字從「艸」的異文。郭店簡的「蘽」則係缺「火」字偏旁的「蔈」字省字，亦是「標」字異文。

---

[9] 荊門市博物館編著，《郭店楚墓竹簡・老子乙、丙》，頁 30。筆者指出簡數是根據〈老子丙〉視為《太一》的內文。參見郭靜云，〈郭店出土《大一》：社會歸於自然天地之道（再論老子丙組《大一》書文的結構）〉。

[10] 荊門市博物館編著，《郭店楚墓竹簡・成之聞之》，北京：文物出版社，2003，頁 12、19、38、40；荊門市博物館編著，《郭店楚墓竹簡・性自命出》，頁 27、49。

[11] 荊門市博物館編著，《郭店楚墓竹簡・五行》，頁 16、17。

[12] 劉信芳，《包山楚簡解詁》，頁 430。

[13] 劉信芳，〈郭店簡《緇衣》解詁〉，頁 170；涂宗流、劉祖信：〈郭店楚簡《緇衣》通釋〉，頁 190；陳佩芬，〈緇衣〉，頁 182；虞萬里：〈上海簡、郭店簡《緇衣》與傳本合校補證，上〉，頁 16。

[14] 令狐君嗣子壺，《集成》器號 9720，現藏於中國國家歷史博物館。

[15] 漢・許慎著、清・段玉裁注，《說文解字注》，頁 484 下、250 上。

此句意指：國君所愛好、憎惡的事物，都會成為國民好惡的標準。經本所用的「表」，乃簡本「標」的同音及同義字。

庚、虐= 而尹／虞= 而尹／赫赫師尹

郭店簡本作「虐虐」；上博簡本作「虞虞」；經本第五章和毛詩經本皆作「赫赫」。

從開始整理郭店出土文獻起，學界就一致認為，「虐」字無庸置疑，必是「虩」的省筆。此字在上博簡中从「火」，應該也是「虐」的異體字。關於「虩」的字義，陳佩芬先生已提出充分之解釋，其為：「**此字《說文》及《廣雅・釋訓》皆釋為恐懼。秦公鐘銘文『虩事緣方』有盛顯之意。**」[16]「虩」字最早出現於西周晚期至春秋時代的青銅器銘文上：

> **屏朕立（位）虩許上下若否雩（于）四方。**（毛公鼎）
> **卲合皇天，已虩事緣（蠻）方。**（秦公鐘、秦公鎛・乙）
> **保龔氒（業厥）秦，虩事緣（蠻）夏。**（秦公鎛・甲、秦公簋）[17]
> **虩虩在上。**（晉公盆）
> **尸典其先舊及其高祖，虩虩成唐（湯），又（有）敢才（在）帝所，尃受天命。**（叔尸鐘、叔尸鎛）

從上列文例可知，「虩」不僅表達「恐懼」，也含有「顯耀」的字義。特別是齊靈公青銅器銘文所有的「虩虩」文義與《緇衣》引文相同，表示二者使用的語言文字相近。戰國時期語言尚未統一，各國皆有自己的用字習慣，或許「虩」字在齊魯語文中較常用以表達「顯耀」之義，故先秦儒家文獻上的「虩」字用意亦率多如斯。而上博簡的「虞」字从「日」、「火」，更加強調光輝明亮的意思。傳世文獻中，《易・震卦》曰：「**震來虩虩**」，王弼注：「**虩虩，恐懼之貌也。**」[18]但除了恐懼之外，雷電現象也應同時伴隨著雷震電曜、光輝威明的涵義。

經本的「赫」與「虩」讀音相同，從上述文例來看，其義亦相同。此二字的差別或許是不同地區、時代用字習慣不同所致。是故在簡本釋文中，宜保留原文的

---

16 陳佩芬，〈緇衣〉，頁 184。

17 春秋早期，《集成》器號 4315，現藏於中國國家歷史博物館。

18 魏・王弼、晉・韓康伯注、唐・孔穎達等正義，《周易正義》，頁 425。

「虩」字。

另外，「帀」為「師」的本字，故簡、經本並無不同。

辛、民具尒贍／民具尒奮／民具爾瞻

郭店簡本作「贍」；上博簡本作「奮」；禮記經本作「瞻」。三字均為「瞻」或「詹」的異文。關於「瞻」（或「詹」）字，《詩》中有如下文例：

> 靡瞻匪父，靡依匪母。（《詩・小雅・小弁》）
> 瞻卬昊天，云如何里。（《詩・大雅・雲漢》）
> 泰山巖巖，魯邦所詹。（《詩・魯頌・閟宮》）[19]

其中「瞻」（「詹」）字均表達瞻仰、仰望之義，亦明顯蘊含有依賴、依靠的意思。此義不僅連接本文與引文，更可由此得知該章與前章間的緊密連結關係。

（四）簡本釋文與譯文

經由對文字的考釋，可得第八章釋文如下：

> 子曰：「下之事上也，不從其所以命，而從其所行。上好此物也，下必有甚焉者矣。」故上之好惡，不可不誓也，民之標也。《詩》云：「虩虩師尹，民具爾瞻。」■

其譯文如次：

> 子曰：「國民侍奉國君，不是因為國君所承繼的天命，而是根據國君實際的行為。若君愛好某事物，則人民中必有比君更愛好此物的人。」是故，君不可不謹慎區分愛憎的對象，因為君是民的表率。《詩》云：「光輝威明的尹太師，民眾皆瞻仰著你。」

[19] 漢・毛公傳、鄭玄箋、唐・孔穎達等正義，《毛詩正義》，頁 1159、1630、2156。

（五）思想的詮釋

先秦《緇衣》在確定「㥁」概念後，賡續討論國君為民表率的主題，且強調君王實際行為的關鍵性。君王單單倚靠其高位並不足以指導民眾，也不能保證民眾必定趨向忠信，惟有真正的君子，纔能以身作則教化萬民，使民眾仰望、倚賴其德行。

第八章的重點在於「**不從其所以命，而從其所行**」的觀點上。這不代表儒家否定天命，只是從政治倫理的角度來教導受命者，直陳受命地位不足以保證臣民的服從，只有表現出符合名位的德行，德位相配纔能使百姓信服。如前章提及夏禹的例子，即說明禹並不是因為受了天命，纔使「**萬民賴之**」；而是他實踐德政，自己作百姓的理想表率，纔收到了「**百姓以㥁導**」的效果。反觀夏桀王、殷紂王，雖然「有慶」，即身為受命者的後裔，但本身行為非德，故致使國家滅亡。因此，君王須知：「**下之事上也，不從其所以命，而從其所行**」。

從簡本《緇衣》全篇之結構觀之，將此處「所以命」解釋為「所命令」，並不符合全篇的敘述脈絡。「所命令」意指所宣佈的命令，近於「所言」。關於統治者所言與所行之間的關係，包括政令與行為如何相應，在第十四至十六章另有專論；這是另一套完整的論題，還不是第八章的重點。

第八章與第七章關係密切，第七章提及夏禹受命及成王有慶，故第八章強調統治者並非因其地位足恃而坐享下位者的服侍，而是因具備了君子的德行，纔使民眾皆以其為表率。

然而上述觀點恐怕不合乎西漢帝國的正統思想。當漢代修改者把「所以命」改成「所命」時，可能為了完全排除此章壓抑「天命」重要性的意味，又選擇將「命」改成「令」字，從而使焦點轉向「君王所下的政令」，也不再有「何以受命為君」的意涵。當然，我們也不能排除在戰國晚期的一些版本中，「所令」已經取代了「所以命」，整理者在編定經本時，只是選擇了比較符合時宜的版本。

二、天命概念與儒家思想

基於版本間的差異，此處有必要針對天命概念與儒家思想的關係進行考究。「天命」概念源遠流長，濫觴於史前信仰中，而在西周早期被確定為國家思想，表達周王君權神授的來源與基礎。自西周早期以來，在國家青銅重器上常可見周王揚曉文王承受「天命」之事，如西周早期著名的大盂鼎銘文載：

> 王若曰：「盂，不（丕）顯玟王，受天有（祐）大令（命），在珷王嗣玟乍（作）邦。……」

西周中晚期的彔伯㦰簋蓋亦載：

> 王若曰：彔白（伯）㦰，繇自乃且（祖）考又（有）爵于周邦，右（祐）闢四方，重圅（惠宏）天令（命）。……」[20]

西周晚期的著名青銅重器亦有類似的記載：

> 王若曰：「父厝，不（丕）顯文武，皇天引厭氒（厥）德，配我有周。雁（膺）受大命。……」（毛公鼎）
>
> 受大命，匍右（有）四方。（五祀㝬鐘）
>
> 北單伯朕不（丕）顯且（祖）玟珷，雁（膺）受大命，乃且（祖）克求先王，異自它邦，又席于大命。（北單歸夆伯簋）[21]
>
> 王若曰：「師訇，不（丕）顯文武，雁（膺）受天令（命）。……」（師訇簋）
>
> 王若曰：「師克，不（丕）顯文武，雁（膺）受大令（命），匍有四方，則繇隹（唯）乃先且（祖）考又（有）爵于周邦。……」（師克盨）

春秋時，列國王公傳承周的「天命」概念，開始揚曉列國王公的始祖也承受了天命，以天命為其掌國的思想基礎：

> 秦公曰：「我先且（祖）受天命，商（賞）宅受或（國）。……」（秦公鐘、秦公鎛・乙）
>
> 秦公曰：「不（丕）顯朕皇且（祖）受天命，竈又（有）下國，十又二公不家

---

20 《集成》4302，藏處不明。

21 別名羌伯簋，「𠦪」係「北單」合文，依此改器名，《集成》4331，藏於中國國家歷史博物館。

（墜）纔（在）上，嚴龔夤天命，保䉷氒（厥）秦，虩事䜌（蠻）夏。」（秦公鎛・甲、秦公簋）

晉公曰：「我皇且（祖）唐公，雁受大令（命），左右武王。……」（晉公盆）

筆者列出這些頗為著名的銘文，目的在於具體揭示孔子生活時代的社會觀念。兩周時，天命被視為君權的基礎。在這種社會背景下，聖子曰：「下之事上也，不從其所以命，而從其所行」，呼籲王公不應只靠天命，而應以實際行為彰顯恭德，作民眾的表率。

換言之，「天命」在春秋晚期至戰國早期之間，是受各國統治者公認的思想，儒家亦未加以否定。然而，戰國中期以後，天命信仰已漸薄弱，承受天命者的權威已不足以服眾，所以儒家在教導民眾時，雖也強調天命，但教導王侯時，則沒有以「天命」為先的必要，因為這是王侯早已知道且服膺的概念。所以儒家思想反而強調，王侯非因具有天命纔使民眾服從，而是因舉行德政，纔使四方順從。這種思想有其深厚的理論基礎和社會需求。在春秋戰國的社會裡，只憑天命已經不足以威攝百姓了，需要尋找其它能說服民眾歸順其下的方法。當時法家提出以爵刑法規整齊社會的主張，而儒家則否定單純用法即能培養善民，故呼籲用仁德服民。

在春秋晚期、戰國早期的社會中，儒、法二家的爭論主要圍繞在「悳」與「法」的政治理論上。但在戰國中期以後，周人舉為傳統的「天命」思想逐漸衰落，列國公侯普遍使用的法家政治思想繼之而起，在此社會背景之下，遵守「禮」的儒家遂開始強調天命的重要性。在閱讀郭店出土儒家文獻時，筆者推測：或許「天命」並非自始即受到儒家的關注，而是經過一段時間的發展後，儒學思想家纔開始推出「天命」概念。因此，筆者認為郭店《緇衣》的版本最接近戰國早期的原作者想法，亦即將天命置於以「悳」為基礎的君權體系下，作系統性的討論，而非一開始就推出天命作號召。這一點不僅見於第八章，在郭店本第十二章引《書・呂刑》的版本裡，同樣可看出宣揚「天命」並非先秦《緇衣》的旨意。[22]

若再深入一層思考儒、法的論爭，兩家所處的社會背景相同，都是以春秋晚期的實際情況作為思想的出發點，當時受命者的地位已不足以保證國家的穩定。故儒家推崇「悳」，而法家推崇「法」。可是，法家的發展趨向，是藉由推崇「法」，以達推崇君主神位的目標。正好與《緇衣》第八章的深刻思想背道而馳。據《韓非子・

---

22 《書・呂刑》的問題由筆者專門提出過討論，請參郭靜云，〈《尚書・呂刑》不同版本及其思想研究〉，《史學史研究》，2009 年第 2 期，頁 84-92。

難勢》可知，法家慎道的論點正好與《緇衣》相反：

> 慎子曰：「飛龍乘雲，騰蛇遊霧，雲罷霧霽，而龍蛇與螾螘同矣，則失其所乘也。賢人而詘於不肖者，則權輕位卑也；不肖而能服於賢者，則權重位尊也。堯為匹夫不能治三人，而桀為天子能亂天下，吾以此知勢位之足恃，而賢智之不足慕也。夫弩弱而矢高者，激於風也；身不肖而令行者，得助於眾也。堯教於隸屬而民不聽，至於南面而王天下，令則行，禁則止。由此觀之，賢智未足以服眾，而勢位足以詘賢者也。」[23]

慎子認為「天子」的地位已足以影響天下萬民，正好否定子思學派的意見。簡本《緇衣》提出「萬民不以天子受命而服從，唯有君王堅定不移地持守純德，纔能培養萬民之忠信」，即是出自子思學派的主張[24]。

不過漢代以後受帝國思想的影響，天命的神聖性又再度被強調。我們可以從《緇衣》第八章的修改情況，觀察到西漢政治雖然在表面上尊崇儒學思想，實際上卻深受法家影響。基於「帝國意識形態」的需要，經本編修者在特意強調「天命」神聖的立場上，當然就必須迴避這類「**不從其所以命**」的觀點。在這點上，先秦儒家的理想與帝國思想相左，其文獻遭到修改也可說是必然會發生的結果。

三、簡本與經本之結構中該章的位置

在簡本中，第八章的論述被歸入「內篇」主題，君如何能為萬民表率，以教化其民。第五章謂「**民以君為心**」，強調的是君對民具有主導性的核心作用。第六章曰「章志以詔百姓」，強調國君是以彰顯志向作為教導百姓的方式。第七章「**百姓以㕯導**」和「**萬民賴之**」，既強調以㕯導民的治國方法，也強調萬民倚賴國君德行的觀點。第七章提出夏禹聖王為例，證明㕯治的優勢，夏禹是受天命的聖王，但「**萬民賴之**」並不是因為他的天命，而是因為他「**以㕯導**」百姓。第八章循此脈絡，強調萬民所倚賴的並非君王身為受命者的地位和權力，而是實際的行為。身為國君，不可忘記「**民具爾瞻**」，所有民眾都仰望著你，故國君必須保持德行，纔能作為教導人

---

23 戰國韓・韓非著、清・王先慎撰、鍾哲點校，《韓非子校釋》，頁 63-65。

24 從上博楚簡中出現的《慎子曰恭儉》一篇，亦可略窺當時儒、法爭議的情況。參見馬承源主編，《上海博物館藏戰國楚竹書（六）》，上海：上海古籍出版社，2007，頁 93-100。

民的依據。這個思路從首章開始，在每一步的推論中都貫徹一致。由此可見，簡本的章節編排毫不淩亂，甚有條理，正是儒師逐步指導王侯伯公教化民眾的方法要指。唯有將第八章放回簡本的位置上，這條思路纔能清晰地呈現在讀面前。

禮記經本所作的章節移動，均使簡本的原意變淺一大截。根據經本自有的論述邏輯，其在前三章強調「爵刑」制度，亦即以培養賢臣為目的；到了第四章的「從其所令」，當然會被理解為命賜爵祿和刑法政令的意思。依經本的觀點，爵刑之「令」不如第五章所提的「仁」。當然不能說這種觀點不符合儒家思想，然據簡本可知，先秦《緇衣》的思路並非如此。

禮記經本對章節的移動，乃造成文本論述淩亂的主因。尤其在經本中，此章之引文已被移動至第五章（簡本的第七章），在缺乏引文的情況下，本文、引文間的密切聯繫也一併消失了。

捌

「內篇」總結
——緇衣不改則萬民信任

一、簡、經本第九章

(一) 原文並列

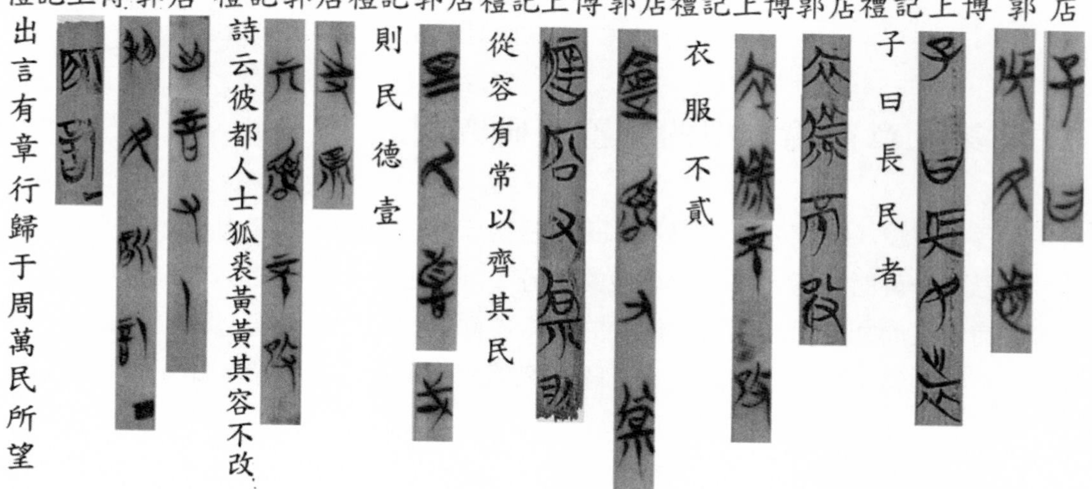

此章上博簡本有缺，然香港中文大學中國文化研究所收藏有一段殘簡，共載十一個字：「**民悳一告員其容不已出言**」，恰好可補上博《緇衣》第九章的缺文。[1]

---

1 陳松長編：〈香港中文大學文物館藏簡牘〉，《香港中文大學文物館藏品》專刊之七，2001，頁12。

(二) 釋文校勘

郭店第九章：子曰：倀民者衣備不改，寠頌又祟，　　　貝民悳 XVI弌。
上博第九章：子曰：長民者衣備不改，偼容又祟，　　　則□□ □。
香港殘簡：　　　　　　　　　　　　　　　　　　　　民悳 一。
禮記第九章：子曰：長民者衣服不貳，從容有常，以齊其民，則民德 壹。

《詩》云：彼都人士，狐裘黃黃，
毛詩經本《都人士》：彼都人士，狐裘黃黃，

《𡭊》員：其頌不改，出言 又｜，　　　利民所信。■
□ □□□□ □□IX□□　　　□□所信。＿
《告》員：其容不已，出言
其容不改，出言 有章；行歸于周，萬民所望。
其容不改，出言 有章，行歸于周，萬民所望。

(三) 第九章在簡本中的位置與研究問題

筆者在閱讀《緇衣》簡本前九章時，感覺這應是一位儒師據內在計畫撰寫的論述，其思路一貫而綿密。第十章以後的部分，則可能出自這位儒師本人或其學徒的後續增補。在前九章裡，從彰明緇衣的樸實優勢出發，而以國君必須不改緇衣、保持透明一致的純德作總結。國君是全國民眾價值觀和行為的標準，此即《緇衣》核心「內篇」的重點。

以下，筆者將繼續第九章的釋讀，並探索造成各版本異文的原因，以及第九章在全篇論述結構中的位置。

此外第九章還有《都人士》逸詩的問題，經學界對此問題早有辯論。《緇衣》援引《詩》作為章文思想的例證，可知章文和引文關係的密切。因此筆者擬從簡本的章文意旨，和簡、經本的引詩內容，重新討論、復原這首古代《都人士》逸詩。

二、章文意旨

（一）文字的考釋及訓詁

甲、衣備不改／衣備不改／衣服不貳

（甲）簡本皆作「備」；禮記經本作「服」。

「備」與「服」古音相同。曾侯乙墓竹簡中有隸作「[illegible]」的字，[2]虞萬里先生指出，該字从「[illegible]」，「葡」聲，皆作「箙」。[3]由甲骨文觀之，「箙」字初文是「[illegible]」，屬象形字。自殷商金文以降，「箙」有時寫作類於甲骨文的「[illegible]」，[4]或稍微變化作「[illegible]」，[5]亦即「葡」字。西周中期[illegible]簋甚至有寫成「[illegible]」的字，解作「箙」，字形則為从「人」的「備」字。

此一現象不獨郭店簡為然，其他簡帛文獻亦有以「備」為「服」的情形，如馬王堆漢墓帛書《黃帝四經・經法・君正》云：「**衣備不相綸（逾），貴賤等也。**」[6]在傳世文獻中，「備」字保留了軍兵裝備的字義，如《國語・吳語》：「**審備則可以戰乎？**」[7]此外《說文》中仍有从「葡」之「鞴」，為「絥」的或體，讀音為「伏」，而《集韻・入聲・屋韻》也有从「葡」之「鞴」，釋為「箙」。[8]商周時雖已有「服」字，但「葡」為「箙」之古字，二者在文獻上常交錯使用。

（乙）簡本皆作「不改」；禮記經本作「不貳」。

筆者以為，此處是為了配合文義而作的修飾。《緇衣》中「衣服」非僅表達「衣

---

2 湖北省博物館編：《曾侯乙墓》北京：文物出版社，1989，頁503，簡2、16、19、99

3 虞萬里，〈上海簡、郭店簡《緇衣》與傳本合校補證，中〉，《史林》2003第三期，頁68-79。

4 葡戊父癸甗的字形為例，《集成》器號846，現藏於北京故宮博物院。

5 葡亞作父癸角的字形為例，《集成》器號9102，現藏於美國華盛頓弗里爾美術館。

6 陳鼓應注：「『備』、『服』古通用。『綸』讀為『逾』，超越。古代衣服制度有固定的規格，它標誌著人們不同的地位等級。這也是古代禮數的組成部分，《四經》對周代禮數思想是接受的。」馬王堆漢墓出土帛書、陳鼓應註譯：《黃帝四經今註今譯》，臺北：臺灣商務印書館，1995，頁474。

7 戰國周・左丘明著、上海師範大學古籍整理研究所校，《國語》，頁623。

8 漢・許慎著、清・段玉裁注，《說文解字注》頁658上；宋・丁度修、陸費逵總勘，《集韻》，卷九，頁4。

裳」之義，也象徵純然的德行，「衣服不改」則譬喻固守「緇衣」的純德標準。由於《緇衣》中屢次採用「不貳」的概念來表達君臣不疑、一致從德的境界，此處纔統一改成「不貳」。然從譬喻的角度來看，「衣備不改」無疑是一種可視覺動作，若改為不可視覺的「衣服不貳」，則失去了譬喻的具象性。

以筆者淺見，「衣備不改」意味著《詩・鄭風・緇衣》之詩文。詩曰：「緇衣之宜兮，敝予又改為兮。」而儒師則從倫理的角度將「緇衣」當作純德的象徵，故言，緇衣的純性不可改，宜堅直保持之。

乙、𡧍頌又祟／倢容又祟／從容有常

（甲）郭店簡本作「𡧍」；上博簡本作「倢」；禮記經本作「從」。

此字在郭店簡本上寫作「[illegible]」，周鳳五釋之為「倉」，[9]然楚簡「倉」字寫為「[illegible]」，與「[illegible]」字結構不同。黃德寬、徐在國、劉信芳釋為「適」字，[10]曾侯乙墓楚簡的「適」字寫作「[illegible]」，包山簡的「商」作「[illegible]」，均與「[illegible]」字結構不同。李零、魏宜輝認為此字从「甬」得聲，應為「從」字，[11]但楚簡之「[illegible]」（甬）字字形與本字不相似。

以「[illegible]」字結構論之，其上下部分可合為「[illegible]」，即楚簡中常見之「定」字。「[illegible]」與「[illegible]」中間的「[illegible]」部分，疑為「[illegible]」的異文。若然，則「[illegible]」的字形結構應隸作「𡧍」，季旭昇先生釋讀為「𡧍」應是。上博本之字體季旭昇先生釋為「𨔣」，然而此字左邊有「人」字偏旁。依鄙見，隸定為「倢」會較準確。「𡧍」與「倢」古音皆與「從」相同，字義所指亦有交集之處。因此，郭店本的「𡧍」與上博本的「倢」皆可讀為「從」，季旭昇的釋讀應是。[12]孔穎達疏：「從容有常者，從容，謂舉動有其常度。」[13]

（乙）郭店簡本作「頌」；上博簡本和禮記經本皆作「容」。

---

9 周鳳五，〈郭店楚簡識字札記〉，頁 353。

10 黃德寬、徐在國，〈郭店楚簡文字考釋〉，《吉林大學股及整理研究所十五周年紀念文集》，長春：吉林大學出版社，1998，頁 102；劉信芳著：〈郭店簡《緇衣》解詁〉，頁 170。

11 李零，〈上博楚簡校讀記（之二）：《緇衣》〉，上海大學古代文明研究中心、清華大學思想文化研究所編，《上博館藏戰國楚竹書研究》，上海：上海書局，2002，頁 411；魏宜輝，〈再論郭店簡、上博簡《緇衣》用為「從」之字〉，張玉金主編，《出土文獻語言研究》，廣州：廣東高等教育出版社，2006，頁 67-72。

12 季旭昇主編，陳霖慶、鄭玉姍、鄒濬智合撰，《上海博物館藏戰國楚竹書（一）讀本》，頁 105。

13 漢・鄭玄注、唐・孔穎達疏，《禮記注疏》，頁 2316。

簡本的「頌」為經本「容」字的古字。《說文・頁部》:「頌,皃(貌)也」,段玉裁注:「頌儀也……古作頌皃(頌貌),今作容皃(容貌),古今字之異也。」[14]

(丙)簡本皆作「祟」;禮記經本作「常」。

簡本中的「祟」字與「裳」、「嘗」及「常」皆从「尚」得聲,在出土、傳世文獻中經常混用,因此楚文中「祟」既能作「嘗」,亦能作「常」。

(二)思想的詮釋

此章提出「衣服不改」的理想,學者便聯想到以衣冠區分等級的制度,即文獻所言:

> 子云:「夫禮者,所以章疑別微,以為民坊者也。故貴賤有等,衣服有別,朝廷有位,則民有所讓。」(《禮記・坊記》),孔疏:「尊卑相僭,使人疑惑之事。」

> 趙文曰:「當世輔俗,古之道也。衣服有常,禮之制也。修法無愆,民之職也。三者,先聖之所以教。今君釋此,而襲遠方之服,變古之教,易古之道,故臣願王之圖之。」(《戰國策・趙二・武靈王平晝間居》)[15]

然而,此義並不完全符合《緇衣》的論述主題。在《詩・鄭風・緇衣》這首詩裡,「緇衣」被譬喻為君子的表現;延伸到簡本的《緇衣》,則用作統治者「純德」的象徵,兩者均無涉於君臣間的等級區別。《詩・鄭風・緇衣》曰:「緇衣之宜兮,敝予又改為兮。」《緇衣》篇繼而從儒家倫理的角度進一步發揮這首詩的深義,將「緇衣」當作純德的象徵。是故,「衣備不改」即意味著:「緇衣的純性不可改,宜堅直保持之」。

先秦儒家之教,是希冀作為「長民者」的王侯公伯,其言行能如緇衣般樸質真實、無巧無飾、開誠佈公,如此方能稱為媺善。以譬喻言,儒家呼籲長民者好緇

14 漢・許慎著、清・段玉裁注,《說文解字注》,頁 416;另參見清代阮元的《釋頌》考證。清・阮元,《揅經室集》,《國學基本叢書》,臺灣:臺灣商務印書館,1966,頁 15-18。
15 漢・鄭玄注、唐・孔穎達疏,《禮記注疏》,頁 2159-2160;漢・高誘注,《戰國策》,卷十九,頁 8。

衣，以象徵服膺純德的價值標準。因此，第九章「衣服不改」的意思應該與此主題相關，亦即隱喻固守純德的理想。《緇衣》前幾章一貫地以「緇衣」象徵德政之原則，難道會於此處突然轉而論述等級問題嗎？尤其本章根本不言君臣衣冠之別，而在強調「長民者」不改其純德的表現，則「民德壹」。

《緇衣》第一至九章完整地論述統治者應奉行的德政原則，包括明確善惡標準、培養庶民品德等責任。整體論述的出發點，乃第一章所謂樸實無巧無飾的「緇衣」純德表現。在此論述發展下，第九章以「長民者不改緇衣的純實、表現出其德性的常度」作為結語。

儒家思想常以衣冠來譬喻內在道德與在外德行，[16]此為《緇衣》真正意旨所在，與表達等級的禮服無關。經本為突顯此義，易「改」字作「貳」字，藉此強調「衣服不貳」，不僅可與「君子其義不貳」（第三章）對映，也和「民情不貳」（第二章）、「咸有壹德」（第三章）、「民德壹」（本章）表達類同之意。[17]然而簡本的「衣備不改」含有可視覺的譬喻形象，經本的「不貳」則無。

經本之修訂，大致有解釋與補充簡本文意的功能：其一，易「不改」為「不貳」，以此強調「貳」與「壹」之相對；其二，補充「以齊其民」四字，以強調「德壹」概念並非天壹之德，而是同一之德。換言之，從章文來看，簡本與經本雖有一些差異，但思想意義一致。

三、據《緇衣》簡本重考《都人士》逸詩原文

(一) 文字的考釋及訓詁

甲、其頌不改／其容不已／其容不改

郭店簡本和兩種經本皆作「改」；香港殘簡作「已」。據陳松長之分析，香港殘

16 如《禮記・表記》等許多古書所言。關於此問題的相關討論亦可參見虞萬里，〈從先秦禮制中的爵、服與德數字一體詮釋《緇衣》有關章旨〉，浙江大學古籍研究所編，《禮學與中國傳統文化》，北京：中華書局，2006，頁 238-250。

17 換言之，筆者衡諸劉信芳與鄒濬智的說法，認為於此章之理解仍應以劉信芳先生為是。參劉信芳，〈郭店簡《緇衣》解詁〉，頁 171；季旭昇主編，陳霖慶、鄭玉姍、鄒濬智合撰，《上海博物館藏戰國楚竹書（一）讀本》，頁 107。

簡「已」係「改」之省文。[18]就文意而言，各本間並無二致。

乙、出言又丨／出言有章

郭店簡本作「丨」；上博簡本殘缺；兩種經本皆作「章」。

有些學者把簡本的「丨」釋為經本的「章」，這是不對的，因為《緇衣》中屢次出現「章」字，與「丨」字無法混同。《說文・丨部》曰：「丨，上下通也。引而上行讀若囟，引而下行讀若退」；《說文・弓部》亦言：「引，从弓、丨」，段玉裁注：「竹部曰：『丨，箋引書也』」。[19]筆者贊同劉信芳所言，即許慎之言已足以解釋「丨」的字義[20]「上下通也」即謂言語一致、不變節、不曲意；況且將「丨」讀若「囟」，纔能與「信」押韻。既然「丨」字與「引」的字義不完全相同，筆者傾向在釋文上保留「丨」這個古字。

丙、利民所信／……所信／萬民所望

（甲）郭店簡本作「利」；上博簡本殘缺；禮記與毛詩經本作「萬」。

郭店簡本的「利」即為「㴝」的本字，讀為「黎」是無庸置疑的，對此學界並無歧意。《書・堯典》：「黎民於變時雍」，孔傳：「黎，眾。」[21]「黎民」改作「萬民」應是出自歷史語言變化而作的修文。

（乙）簡本皆作「信」，經本皆作「望」。

簡本被發掘後，許多學者均嘗試於此處尋找「信」、「望」二字相互交接、通用的可能性，虞萬里先生則指出：

> 比較「信」與「望」的形音義……前後一千年兩字字形絕不相同。從聲韻上

---

18 陳松長編：〈香港中文大學文物館藏簡牘〉，頁 12。

19 漢・許慎著、清・段玉裁注，《說文解字注》，頁 20 下，640 下。

20 劉信芳，〈郭店簡《緇衣》解詁〉，頁 170。裘錫圭先生釋為「針」，比劉信芳先生之見解更缺乏證據，此字裘錫圭先生釋為「針」，較諸劉信芳先生的見解，其證據基礎更為薄弱。參見裘錫圭，〈釋郭店《緇衣》「出言有丨黎民所訁」——兼說「丨」為「針」之初文〉，《古墓新知——紀念郭店楚簡出土十周年論文專輯》，香港：國際炎黃文化出版社，2003 年，頁 1-6。至於李零讀此字為「訓」、蘇建洲讀為「類」、楊澤生讀為「及」，亦皆存疑，參見李零，《上博楚簡三篇・校讀記》，頁 53；蘇建洲，〈《郭店・緇衣》考釋一則〉，《簡帛研究網》，2003 年 6 月 24 日，http://www.jianbo.org/Wssf/2003/sujianzhou21.htm；楊澤生，〈上博簡《用曰》中的「及」和郭店簡《緇衣》中的「出言有及，黎民所慎」〉，《簡帛網》，2007 年 7 月 30 日，http://www.bsm.org.cn/show_article.php?id=680.

21 漢・孔安國傳、唐・孔穎達等正義，《尚書正義》，頁 46。

看，信，古音心紐真部；望，古音明紐陽部：亦不相通假互用。從意義上分析，信是相信、信從，望是仰望、觀望、景仰，義也不相包涵交涉。總之，兩字的形音義都不可能作為互文而通用。[22]

若回到本章的引文來看，簡本與經本的差異頗大，非僅「信」、「望」不同而已。因此，筆者贊同虞萬里先生的見解，簡、經本所引的或許不是同一詩句。基於此想，以下筆者將試著釐清此詩在各種版本中的差異，並還原《緇衣》所引詩句的原貌。

（二）思想的詮釋

《毛詩・小雅・都人士》一詩自來即存有許多版本上的爭議。該詩共有五章，其詞曰：

彼都人士，狐裘黃黃，其容不改，出言有章，行歸于周，萬民所望。
彼都人士，臺笠緇撮，彼君子女，綢直如髮，我不見兮，我心不說。
彼都人士，充耳琇實，彼君子女，謂之尹吉，我不見兮，我心苑結。
彼都人士，垂帶而厲，彼君子女，卷髮如蠆，我不見兮，言從之邁。
匪伊垂之，帶則有餘，匪伊卷之，髮則有旟，我不見兮，云何盱矣。

若參照其他版本，此詩的後四章可見於齊、魯、韓三家詩中，僅有第一章不見著錄。該章云：「彼都人士，狐裘黃黃，其容不改，出言有章，行歸于周，萬民所望。」觀其結構、語意皆與後文不類。對此，經學家們早已提出質疑，其中又以清代王先謙的論述最為完整，其謂：

細味全詩，二、三、四、五章「士」、「女」對文，此章單言「士」，並不及「女」，其此不類。且首章言「出言有章」，言「行歸于周，萬民所望」，後四章無一語照對，其義亦不類。是明明逸詩孤章。[23]

---

22 虞萬里，〈從簡本《緇衣》論《都人士》詩的綴合〉，《新出楚簡國際學術研討會論文集》，武漢：武漢大學，2006，頁 121。另載《文學遺產》，2007 年第 6 期。
23 清・王先謙撰、吳格點校，《詩三家義集疏》，臺北：明文書局，1988，頁 801-802。

第一章除了沒有「士」、「女」對文，其押韻亦與他章不同。第一章協陽部韻，而後四章均協仄聲韻。此外，都人士之身份不一致（第一章穿黃黃狐裘的人是萬民所望之統治者，而後四章所述之服裝都屬於「野服」）[24]。從而可見，《毛詩》中《都人士》之第一章與全詩有異，原來應非同一首詩。對該章何以一直保留在《都人士》詩裡，虞萬里先生的解釋相當準確：「前人並不是沒有發覺這個矛盾，只是『經文』神聖，不敢置疑，於是曲為詮釋。」[25]

《都人士》的第一章不僅出現於《毛詩》，也在《緇衣》第九章被援作引文，而且第九章的內容與《毛詩・都人士》序文極為相近。序文曰：「周人刺衣服無常也，古者長民，衣服不貳，從容有常，以齊其民，則民德歸壹，傷今不復見古人也。」吳闓生先生早已指出此本詩序文並非古序，而是後人從《緇衣》所取之義，與《都人士》的本旨不盡相符。[26]程元敏考證《毛詩序》的來源，認為該序自「古者長民」之後的文字應是毛公所補。[27]儘管這段詩序直指《緇衣》所引的第一章文意，但由於其內涵表達均取自《緇衣》本文，因此並不足以證明第一章本即屬於《都人士》原詩。

雖然最近出土的兩種先秦《緇衣》簡本為《都人士》的原文考證問題提供了新資料，可是簡本第九章的引文又與經本不同，於此學界已有過熱烈的討論。例如，劉信芳先生曾對簡本採用異文的原因提出解釋；虞萬里先生也曾根據簡本的異文，嘗試復原這首逸詩。先秦時，《詩》已具有「經」的地位，《緇衣》援引《詩》作為章文思想的例證，可知章文和引文關係的密切。因此筆者擬從簡本和經本的差異出發，再次討論古代《都人士》逸詩；並由《緇衣》第九章的內容重新思索其引文的原文。

比較簡本《緇衣》和經本《禮記》、《毛詩》中的《都人士》詩句，無疑以簡本的差異最大。首先，簡本《緇衣》並未引入「行歸于周，萬民所望」兩句。據經本的注疏，「歸於周」表達的意涵是「回歸於忠心」（把「周」釋為「忠心」），同時蘊含著回歸周代禮法（周公禮）的理想。因此對於楚墓簡本無此句，劉信芳先生推

---

24 關於前人對此詩的質疑，虞萬里先生已為文論述。參虞萬里，〈從簡本《緇衣》論《都人士》詩的綴合〉，頁 116-128。亦參見季旭昇，〈從《孔子詩論》與熹平石經談《小雅・都人士》首章的版本問題〉，《河北師範大學學報》，2006 年第 3 期，頁 93-98；張秀英，〈從《緇衣》看，《都人士・詩序》的編輯時代〉，《古籍整理研究學刊》，2007 年第 4 期，頁 74-77。

25 虞萬里，〈從簡本《緇衣》論《都人士》詩的綴合〉，頁 116。

26 吳闓生，《詩義會通》，北京：中華書局，1959，卷二，頁 191。

27 程元敏，《詩序新考》，臺灣：五南出版社，2005。

論：

> 簡本《緇衣》引都人士而闕「行歸於周」一句，不外乎兩種可能：一為書寫脫漏，二為賦詩斷章，取其所需，有意識地刪掉了「行歸於周」一名。筆者認為第二種可能性為大，因為這種作法在當時並不違犯遊戲規則，更何況「周」已名存而實亡，「行歸于周」已經不能用來證明孔子的「衣服不改」。尤為重要的是，引與不引「行歸於周」，有一個地域感情問題，試設想，如果是齊、魯、三晉的學者作《緇衣》，他恐怕沒有必要刪除「行歸於周」，因為齊、魯、三晉本周之舊邦，完全可以在「行歸於周」的名義下來說明自己的主張。但如果是秦、楚的學者作《緇衣》，他會覺得「行歸於周」有礙眼之嫌，故不惜斷章而筆削。[28]

此一觀點固有可取之處，不過仍幾項疑問尚待廓清：其一，簡本《緇衣》並非經由國家機制所創作、服務特定統治者的宣傳品，似不應認定其抄本會特別順應楚國政策，表達反對周王之意。換言之，儘管楚王意圖僭越，不欲天下行歸於周，但這種政治野心是否足以對盛行於民間、以自由文人為主要信仰者的儒家學說造成影響，似頗值得懷疑，更何況儒者的政治理念原本就與戰國諸侯明顯對立。

其次，「歸於周」的理想難以相應於此章本文。其文章論述的是長民者行為表現的一致性，對於民眾教化具有關鍵的影響力。萬民所望與所信之對象即為君主本身，並不須要「歸於周」，將周天子當作信望之對象。不僅此章，成書於先秦的簡本《緇衣》全篇都未討論到歸於周的理想。無論何種傳本，「行歸于周，萬民所望」都與該章文意毫不相干。若此詩本來即有這兩句，《緇衣》作者恐怕不會特別選擇此詩作為該章引文。職是之故，筆者推測在先秦《緇衣》成書時，此詩或許根本沒有「歸於周」的文句。「歸於周」可能是後人從其他詩文中增入，而最終被定於經本之內。

在傳世文獻裡，《春秋左傳》、西漢賈誼《新書》等，這些比郭店《緇衣》更晚撰成的文獻也都引有《都人士》這首詩，如《左傳・襄公・十四年》曰：

> 忠，民之望也。詩曰：「行歸于周，萬民所望」，忠也。[29]

---

[28] 劉信芳，〈郭店簡《緇衣》解詁〉，頁 180。

[29] 晉・杜預注、唐・孔穎達等正義，《春秋左傳正義》，頁 1479。

《左傳》強調「**民之望**」概念，應該和經本「**萬民所望**」的文句有關，而與簡本所引的「**黎民所信**」關聯不大。此外，《左傳》引文中並無「**其容不改，出言有丨**」二句。若單純比較簡本《緇衣》和《左傳》的兩種引文，似不能證二者出自同一詩句。

再進一步從《新書・等齊》之引詩觀之：

> 彼都人士，狐裘黃裳，行歸于周，萬民所望。[30]

讀起來是完整的四句詩，若原文有「**其容不改，出言有章**」二句，為何賈誼沒有引用呢？況且，兩者末句的「**黎民所信**」與「**萬民所望**」又不相同。因此，比對簡本《緇衣》與《新書》後，可發現兩處所引詩句根本無相同之處。所以，筆者完全贊同虞萬里先生的意見，這並非同一詩句。

吳榮曾、虞萬里均推測《緇衣》所引「**其頌不改，出言有丨，黎民所信**」，與《左傳》、《新書》所引的「**彼都人士，狐裘黃裳，行歸于周，萬民所望**」，應是同一首逸詩中不同的兩章，[31]筆者從其說。但對於此逸詩之復原，筆者則與虞先生有不同的看法。虞萬里復原該逸詩如下：

> 彼都人士，狐裘黃黃，其容不改，出言有章。行歸于周，萬民所望。
> 彼都人士，文質彬彬，其頌不改，出言有丨。行歸于周，黎民所信。[32]

但其復原文句中有一大部分純以猜測得來，並無實據。

筆者不認為賈誼會隨意刪節引詩的句子。《新書》撰著於《毛詩》之前，因而未受到《毛詩》把該首逸詩與《都人士》合併之影響。簡本《緇衣》的引文則應是逸詩原文，尚未受到後世兩詩合併的文本影響，然而《禮記・緇衣》的引文則已依照《毛詩》的模式遭到修改。

至於這兩處引文在原詩中的順序，鄙見認為似應以《新書》引文在前，《緇衣》引文在後，如此較為言和意順。故可得其詩如下：

---

30 漢・賈誼撰、清・盧文弨校，《新書》，卷一，頁 12。

31 吳榮曾，〈《緇衣》簡本、今本引《詩》考辨〉，頁 15-16；虞萬里，〈上海簡、郭店簡《緇衣》與傳本合校補證，中〉，頁 20。

32 虞萬里，〈從簡本《緇衣》論《都人士》詩的綴合〉，頁 122。

> 彼都人士，狐裘黃裳，行歸于周，萬民所望。
> 彼都人士，其容不改，出言有丨，黎民所信。

筆者認為，既然《緇衣》與《新書》所引詩文都未經刪改，而且依這兩處引文復原後的詩句也相當通順，因此不贊成另外補充文句。復原後，此詩第一章先描述身穿狐裘、黃裳的長民者，他行歸於周室德業，行止都合乎「禮」的規範，因此受到萬民的仰望；第二章則從外表述說其不改容貌儀態、持守節度，出言上下情通，因此廣受黎民百姓的信任。

若從協韻來看，《小雅・都人士》係六句之詩，第二、四、六句押韻，然而這首逸詩原本應是四句詩。協韻方法乃第一章中第二、四句相協，一、三句不協韻；第二章的三、四句協韻，一、二句不協韻。此種押韻法在《小雅》中並不罕見，如《小雅・巧言》云：

> 亂之初生，僭始既涵。亂之又生，君子信讒。
> 君子如怒，亂庶遄沮。君子如祉，亂庶遄已。[33]

至於毛公何以將這兩首分別為四句和六句的詩，重新組合成一首六句詩？我們或可推論：秦代焚書以後，毛公整理《詩》文，可能分別見到《緇衣》與《新書》所引的兩章逸詩。因二者皆以「彼都人士」為開頭，遂誤以為是《都人士》的章節。然《都人士》是六句詩，這兩段引文皆為四句，詩體互異。不過，將這些散句組成一章六句詩並非難事。尤其在不曉得原詩樣貌的情況下，這樣的處理在當時是相當自然的。

我們依據《新書》和《緇衣》引文復原的詩體為四句兩章，共八句。但其中「彼都人士」為重複句，故實際上只有七句；此外「黎民所信」與「萬民所望」兩句非常近似，可能被誤以為是同一句的兩種異文，於是從這八句裡又可縮減為六句。因「行歸于周，萬民所信」不如「行歸于周，萬民所望」文義通順，因此採用了後一種版本；此外，又因協韻的關係，將「丨」字認為「章」字。不過筆者要強調，在西漢時期，這種誤將兩首詩視為一首，而配合作出種種修改的情況，目前只見於毛公本，因此這並不是所有西漢文人都認同的看法。祇不過毛公本後來成為

---

[33] 漢・毛公傳、鄭玄箋、唐・孔穎達等正義，《毛詩正義》，頁 1168-1169。

《詩》的「經本」，纔致使其他經籍文本也受到影響，包括《禮記・緇衣》在內，可能都是在這種情況下，纔修改了引詩的部分。

此外，比對《毛詩》與《新書》的引詩，尚有「黃裳」與「黃黃」的差異，這可能導源於該逸詩的其他章節被不同的文獻抄本所抄錄，乃至造成混淆。「狐裘黃裳」與《詩・邶風・綠衣》：「綠衣黃裳」類似。雖然「狐」不像「綠」為顏色的表達字，但也帶有形容顏色的意味。是故，鄙見以為「狐裘黃裳」應是此詩原文，猶如「綠衣黃裳」完整地描述上下禮服的形貌。

筆者以為，上述各種狀況是極可能發生的，但礙於文獻匱乏，目前仍只能停留在假設階段，尚待有新資料發現，方能作更具證據力之研考。

總而言之，經由比較不同版本的《小雅・都人士》，及其在傳世和出土文獻中被引用的狀況，本文推論，先秦時有兩首《都人士》詩，其一為三家詩中的《都人士》四章六句詩，其二為《緇衣》和《新書》所引的四句詩。後者的其中兩章可由目前所見的資料加以復原，也許這首詩本來即僅有這兩章。

筆者認為，《都人士》四句詩與《都人士》六句詩被混淆後，四句詩的其中兩句也被合併抄錄為一句，循此，經本《緇衣》的這處引文也同樣遭到修改。「歸于周」乃西漢正統儒學所強調的理想，也是西漢獨尊一家的政策目的，不過這與先秦《緇衣》的原本意旨並不相干。

從簡本《緇衣》的角度來說，第九章引用「黎民所信」會比引用「萬民所望」更能符合文章前後所表達的思想邏輯。本文在第八章的討論中，已說明王侯的好惡為「民之標」，其價值觀為眾民所瞻望，且引用了《小雅・節南山》：「民具爾瞻」之意。若第九章再引「萬民所望」，也只是重複第八章的文意而已。反之，引用「黎民所信」則可表達進一步的論點，亦即有德性的統治者始終穿著象徵樸實的緇衣，不改其服；舉止有其常度，言語上下通徹，能使百民信服。

四、「內篇」總結

（一）簡本釋文與譯文

經由對文字之考釋，得出簡本第九章之釋文如下：

子曰：「長民者衣備不改，寠頌（從容）有常，則民德壹。」《詩》云：「其頌不改，出言有丨，黎民所信。」■

其譯文則如次：

子曰：「王侯不改其表現，舉止恆常，由此使得國民有同一的德性。」《詩》云：「他的儀容穩重不變，說話前後貫通一致，因此民眾信任他。」

(二) 第九章在簡、經本結構中的位置

關於《緇衣》簡本第九章在全篇論述結構中的位置，虞萬里先生認為：

簡本第三章，傳本調整為第十章，與第九章（簡本亦第九章）相連。觀第九章乃專論君主衣服、儀容為民表率，以引導民德歸一。而簡本第三章（傳本第十）雖未出現「衣服」之字樣，根據賈誼在《等齊》篇專論君臣上下衣服時引及此文，並在《服疑》篇大談君臣上下車服儀注均須異等，推知西漢禮家確實將它看作以衣服區別君臣上下的標誌。所引之詩為「淑人君子，其儀不忒」，其意亦在君子儀表。而再引《書》「咸有一德」正可與九章之「則民德一」相呼應。因此，傳本調整有其合理因素，並且或許與西漢禮家有一定的思想淵源關係。[34]

虞萬里先生以西漢時人的觀念和背景，作為理解文本的線索，便發現經本的結構其實反映了「調整者對原章節內容有不同於原作者的理解」。[35]

若從簡本結構來探索《緇衣》先秦原本的思想，則可發現此文通篇以「衣」來譬喻倫常，首章（經本第二章）從「緇衣」開展理論，之後第九章（經本亦第九章）、第十九章（經本第二十三章）亦直接採用這個譬喻。而第一至九章、第十至十九章正好是全篇最為完整的兩個段落，也就是說，「衣」的譬喻並不是在某章裡加以具體討論的問題，而是全篇的基礎，是故全篇以「衣」為名，以「衣」開端、也以「衣」作結。儒家思想中，多以衣冠譬喻內在道德與外在德行，這也是《緇衣》運

34 虞萬里，〈《緇衣》簡本與傳本章次文字錯簡異同考徵〉，頁 144。
35 虞萬里，〈《緇衣》簡本與傳本章次文字錯簡異同考徵〉，頁 143。

用譬喻的意旨。

其次，「不貳」、「不忒」之概念，雖也是全篇重點之一，但其僅出現於簡本之第二、三章（經本第十一、十章），而第九章則用「不改」，儘管這三個章節在經本裡被串連在一起，但從用詞的不同，可知原來二、三章和第九章之間並沒有直接的敘述連接關係。

經本在移動章節順序、逐章修改章辭後，原來第一到九章的連貫思路已不復見。然鑑於簡本的敘述邏輯和章節之間的關係，筆者推論簡本《緇衣》第一至九章實為全篇之核心，針對國君行為對國民的教化作用提出完整的論述。此段的出發點在於以「緇衣」來比喻統治者的「純德」、政權的樸實性與透明性，以及親民仁政的理念。這一段的終點則歸結於「**衣備不改**」，亦即呼籲統治者堅守其德性。以筆者的想法，經本易「不改」為「不貳」，不僅失去了可視覺性，同時也失去了《緇衣》篇與《詩・鄭風・緇衣》之間的互應。詩曰：「**緇衣之宜兮，敝予又改為兮。**」而儒師則從倫理的角度將「緇衣」當作純德的象徵，故「**衣備不改**」，即意指堅守緇衣純性而不易其志。由第一章和第九章間的關聯性，即可看出這應是一個論述完整、首尾互應的圓滿段落。

此外，第一至九章在全篇的論述中，是最能明晰地表達儒師教導過程的段落。我們可以想像簡本的章次順序安排，正如一位名儒為了指導統治者如何治國而準備的教育課程，此課程的教學順序正是朝著一個統一的教學目標來逐步安排的。

因此，筆者猜測《緇衣》原本中的第一至九章是經過縝密規劃後的作品，應是出自某位儒師獨力完成的論著。或許最原始的《緇衣》版本就僅有前九章。這並不是以為第十章以後的部分必定出自後人手筆；第十章以後的寫作年代與前文極為相近，作者可能是「內篇」作者本人，或者同一學派的儒師。尤其第十至十九章的內容與前九章的關係相當密切，完全可視之為「內篇」的續論。

總而言之，在《緇衣》簡本的結構中，從第一章提出「緇衣」純真的理想概念，到第九章強調恆常守真、不改緇衣，顯示這是一次完整的思想討論，而第九章正是此一連貫思路的總結。故可謂，第九章係《緇衣》「內篇」之總結。

【外篇】

玖

「賢師」與「忠臣」
——原文本旨及經本扭曲

一、「外篇」題一

《緇衣》第一至九章完整地論述了統治者的德性原則：「緇衣」象徵統治者分辨𡡉惡的唯一標準，堅持「緇衣」標準的國君方能成為百姓品德的典範，同時也擔負起培養臣民品德的教化責任。第一章由樸實無飾的「緇衣」純德出發，第九章則以長民者不改緇衣純德、行止有常作結論。至此，《緇衣》全篇的唯一主題已獲得完整論述，儒師對統治者的第一階段課程亦告一段落。從第十章起，論述內容雖未離開內篇主題，但已開始關注下一步的問題。筆者推測，或許最初《緇衣》原文僅有前九章的「內篇」，第十章以後的部分，則出自對前文的衍生與增補。

「內篇」的焦點集中在統治者的品德和責任，第十至十一章則將注意力從統治者本身轉向其任用的臣僚。

古書的先秦版本極為罕見，而《緇衣》竟有兩種出土簡本。據此，我們或可推測《緇衣》在先秦社會中應是一篇相當流行且重要的著作。漢代以來，由於《緇衣》被收入《禮記》中，也一直被視為重要的儒家經典。因此，在簡本出土後，學界開始熱烈地討論起先秦《緇衣》與經本的版本差異。這些差異不僅在於異體字和章辭的異文，還涉及全文結構及相連主題的調整。簡本旨在教導統治者固守倫常，而經本則與之有兩項主要差異：其一是轉向以爵刑法制作為唯一的討論重點，其次是強調培養合乎倫常的忠臣。

從經本的第二項變化來說，我們在討論簡本首章時曾強調，簡本「**好𡡉如好緇衣**」，在經本改作「**好賢如緇衣**」。這樣的修改不但具有代表性，也直接涉及全篇主題的改換。簡本開宗明義地提出應「愛好緇衣所表現的樸實純德」，並在接續的章節中一貫地呼籲王侯固守純德、明確地區別所愛所憎，並以此教導臣民，進而達到以德治國、黎民欣從的境界。然而西漢修編本的首章先提及爵刑制度，接著呼籲王侯愛好猶如《緇衣》所描述的賢臣，使得文章的整體主旨已經出現了變化。

《緇衣》的篇旨來自《詩・鄭風・緇衣》。在這首詩裡，「緇衣」被用來譬喻君子的表現，同時也隱含有純德的意思。在探討「緇」字的涵義，學著們早已闡明「緇」與「純」古代為同一字，故「緇衣」被當作純德的象徵，實具有深切的字源基礎。

若以緇衣譬喻媺德，則指純德的表現。毛傳稱《詩・緇衣》為：「美武公也，父子並為周司徒，善於其職，國人宜之，故美其德，以明有國善善之功焉。」[1]簡、經本均讚揚樸實無紋的緇衣，而否定雜紋飾偽的巷伯，在這一點上，簡本和經本並無矛盾。

儘管先秦與漢代對「緇衣」的理解沒有發生變化，然而先秦簡本和漢代經本的譬喻內涵並不完全相同。簡本以「媺惡」相對，表達先秦儒家理想中的統治原則。其以「純實君子」教導王侯公伯，認為樸質無巧的表現纔是媺善。呼籲統治者穿緇衣，就是純德價值的具象譬喻。

在《詩・緇衣》中，穿緇衣的人（鄭武公）具有諸侯的身份，亦即此篇《緇衣》作者所欲教導的對象。詩中人愛好媺善如愛好純衣，所以被視為君子的典範。到了漢代《禮記》的版本，已經改由帝國統治者的角度來詮釋這首詩。此時，鄭武公的國君地位不再受到關注，反之強調的是他作為周天子司徒的身份。因而《緇衣》的文意乃被解讀為強調「從天子的立場選擇有樸實表現的臣僚」，第一章在先秦、漢代的版本差異正好反映了這項變化。

禮記經本首先改「媺」作「賢」，使文義產生了變化。若整理者改「媺」為「善」，尚可視為因歷史語言變化而作的修訂；然「媺」、「賢」本來就不是同義詞，所以此種字詞變換應視為具目的性的竄改。「媺」字意指緇衣所象徵的純德；而「賢」字非指純德倫常，而是直接代稱穿緇衣的賢人，並具體地提出賢臣應有的德行。其次，經本中第二個「好」字被刪除，令文句的讀法也出現了變化。這兩種輕微的修改在意義上造成了沉重的結果。首章改作「好賢如緇衣，惡惡如巷伯」，其意為：「愛好如《緇衣》中的賢人，而厭惡如《巷伯》中的奸佞」，文意重點從純德轉向合乎此一倫常的誠臣。筆者以為，經本以「賢」取代「媺」字，正是為了呼應其選任賢臣的新主題。

---

[1] 漢・毛公傳、鄭玄箋、唐・孔穎達等正義，《毛詩正義》，頁 442-446。

儘管先秦簡本的主題不在於培養忠臣，但經本的闡述卻非憑空而來。在先秦簡本逐步論述的德政原則中，「親近賢人」已為其中一環，其第十至十一章尤重於此。國君「親近賢人」的問題，可謂《緇衣》「外篇」的第一子題。但根據這兩章的版本對讀，我們可以發現簡、經本所論的賢臣意義仍有些許不同，藉此又可進一步闡明儒家思想在先秦至西漢間的變化趨勢。

二、簡本第十章與經本第十五章的比較研究

（一）原文並列

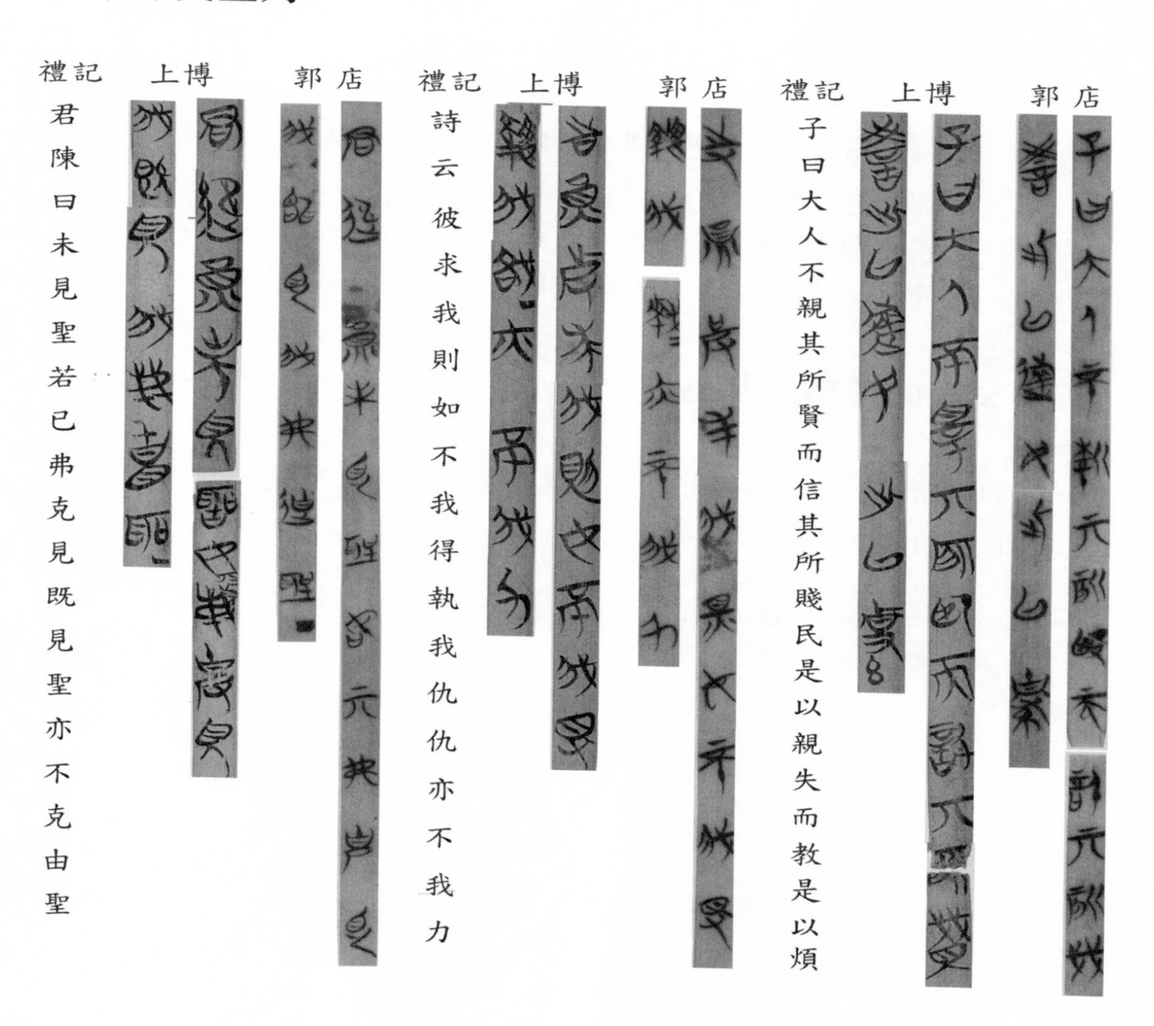

(二)釋文校勘

郭店第十章：　子曰：大人不新其所[illegible]，而XVII 信其所戔；誋此以遊，　民此以變。
上博第十章：　子曰：大人不睪其所臤，而　信其所賤；誋此以遊，　民此以變。
禮記第十五章：子曰：大人不親其所賢，而　信其所賤；民是以親失，而教是以煩。

《寺》員：皮求我鼎，女不我尋，頖我XVIII 栽二，亦不我力。
《告》員：皮求我則，女不我尋，頖我　戫二，亦不我力。
《詩》云：彼求我則，如不我得；執我　仇仇，亦不我力。
毛詩經本《小雅・正月》：彼求我則，如不我得；執我　仇仇，亦不我力。

《君迪》員：未見 聖，如其弗克見，我既見　，我弗　迪聖。■
《君䞣》員：未見X聖，女其弗克見，我既見　，我弗　冒耶。__
《君陳》曰：未見 聖，若已弗克見；　既見聖，亦不克由聖。
尚書經本《君陳》：凡人未見 聖，若　不克見，　既見聖，亦不克由聖。

(三)文字的考釋及訓詁

甲、不新其所[illegible]，而信其所戔／不睪其所臤，而信其所賤／不親其所賢，而信其所賤。

(甲)郭店簡本作「新」；上博簡本作「睪」；禮記經本作「親」。

新、睪、親，皆从「亲」得聲。郭店簡本用「新」作假借；上博簡本則使用从「目」的「親」字(以「目」代替「見」偏旁)，《古文四聲韻》可見其例。[2]對此學者們看法一致，毋需再論。

(乙)郭店簡本作「[illegible]」；上博簡本作「臤」；禮記經本作「賢」。

郭店簡本的「[illegible]」字从「臤」、「[illegible]」。在甲骨、金文中，「臤」係「賢」、「堅」二字的本字。《說文・臤部》言：「臤，堅也，古文以為賢字」。[3]

2 北周・郭忠恕編、宋・夏竦編、李零、劉新光整理，《汗簡；古文四聲韻》，卷一，頁 19。
3 漢・許慎著、清・段玉裁注，《說文解字注》，頁 118 上。

「賢」字屢次出現在楚文文獻中，郭店《唐虞之道》簡本將之寫作省略「臣」字偏旁的「[illegible]」[4]；在包山簡中，其第 73 簡將「賢」字寫作从「力」的「[illegible]」，而在第 193 簡則作从「子」的「[illegible]」。上述幾個字形在「又」之上皆有「[illegible]」、「[illegible]」、「[illegible]」等較小的形體。[5]郭店《六德》第 12 簡、《五行》第 23 簡、上海博物館《中弓》第 10 簡、《曹沫之陳》第 9 簡、《君子為禮》第 12 簡、《容成氏》第 10、12、13 等簡，在「臤」字形右上皆有小圓圈，[6]其形狀皆不似「貝」字省文，因而在研究上仍有困難。

上博本《緇衣》及《容成氏》第 49 簡的「賢」字皆寫作「[illegible]」，其右側「[illegible]」與郭店簡字的「[illegible]」形體相近。上博簡本「[illegible]」字的右部可明確認定為楚文的「㔾」字寫法，故可推知「賢」字在郭店本與其他楚簡的「[illegible]」形體，應該亦是「㔾」的省寫。因此，上博簡本該字隸為从「㔾」的「𦣞」、郭店簡本的「[illegible]」應隸為「[illegible]」，二者都是「臤」的異文，即「賢」字。而《唐虞之道》的「[illegible]」即是「[illegible]」省文，應該隸為「[illegible]」。

（丙）郭店簡本作「戔」；上博簡本作「[illegible]」；禮記經本作「賤」。

「戔」乃「殘」、「賤」等字的本字，「賤」亦从「戔」得聲。在郭店《緇衣》裡，「戔」字共出現兩次。（第二次在第二十二章，第 44 簡）在上博簡本和《禮記》中，這兩處均寫作「賤」字，是以學者們皆釋之為「賤」而無異說。

（丁）「賢」與「賤」之相對意義。

以文法觀之，「賢」、「賤」為互文，且均作動詞。

《禮記・禮運》云：「禮義以為紀，以正君臣，以篤父子，以睦兄弟，以和夫婦，以設制度，以立田里，以賢勇知，以功為已。」孔穎達疏之曰：「賢，猶崇重也。」《禮記・樂記》亦云：「感條暢之氣而滅平和之德，是以君子賤之也。」《書・旅獒》曰：「不貴異物賤用物，民乃足。」[7]《緇衣》本章以「賢」、「賤」相對，用意亦同。

---

4 參見荊門市博物館編著，《郭店楚墓竹簡・唐虞之道》，頁 2。

5 參見張光裕主編、袁國華合編，《包山楚簡文字編》；張光裕主編、袁國華合編，《郭店楚簡文字編》。

6 參見荊門市博物館編著，《郭店楚墓竹簡・六德》，頁 20；荊門市博物館編著，《郭店楚墓竹簡・五行》，頁 23；馬承源主編，《上海博物館藏戰國楚竹書（三）》，頁 82；馬承源主編，《上海博物館藏戰國楚竹書（四）》，頁 100；馬承源主編：《上海博物館藏戰國楚竹書（五）》，頁 90；馬承源主編，《上海博物館藏戰國楚竹書（二）》，頁 102、104、105。

7 漢・鄭玄注、唐・孔穎達疏，《禮記注疏》，頁 1029、1031、1703；漢・孔安國傳、唐・孔穎達等正義，《尚書正義》，頁 486。

乙、詨此以遊，民此以㝵／民是以親失，而教是以煩

兩句首字在簡、經本中是倒置的。簡本的「**詨此以遊**」應對應於經本「**教是以煩**」，而「**民此以㝵**」與經本的「**民是以親失**」相應。據此，簡本的「詨」與經本的「教」字對應。然從諧韻字來看，簡本的「㝵」明顯與經本的「煩」字相應；因之，簡本的「**遊**」字應與經本的「**失**」字相應。由此可見，此處簡、經本文句間的關係較為複雜。

（甲）簡本皆作「詨」禮記經本作「教」。

《說文・教部》有从「言」的「𧦝」（誟），即「教」古字，[8]顯見「詨」本係「𧦝」的省字。

（乙）簡本「此以」在經本改作「是以」。

在《緇衣》的簡本中，「是」字都不用作指代詞。此問題在第二章已經討論過，這裡不再贅述。

（丙）釋「遊」與「失」的關係。

郭店簡的「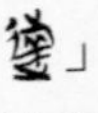」與上博簡的「」字，學者們皆隸作「遊」，這是毋庸置疑的。「遊」字常見於楚文中，三組郭店《老子》皆有此字。如《太一（含老子丙）》第 25 簡言：「**為之者敗之，執之者遊之**」；《老子甲》第 11 簡亦言：「**是以聖人亡為，古（故）亡敗；亡執，古（故）亡遊**」；今傳的《老子》通行本第六十四章則寫作：「**為者敗之，執者失之。是以聖人無為，故無敗；無執，故無失**」。另以《老子乙》為例，其第 6 簡有「**得之若纓，遊之若纓**」語，通行本第十三章則作：「**得之若驚，失之若驚**」。[9]從這兩處對照可見，「遊」係「失」的古字。

郭店《性自命出》、《六德》、《語叢》等竹書中皆有「遊」字，[10]包山簡《文書・疋獄》亦有「**執勿遊**」語，釋讀為「失」並都義順文通。然而，若以失去的「失」解釋包山簡《文書・自傷》的「**遊趣至州巷**」，文意似乎不妥。是故，劉信芳先生認

8 漢・許慎著、清・段玉裁注，《說文解字注》，頁 127 上。

9 參見荊門市博物館編著，《郭店楚墓竹簡・老子甲》，頁 11；荊門市博物館編著，《郭店楚墓竹簡・老子乙、丙》，6、29；馬王堆漢墓出土帛書、高明校注，《帛書老子校注》，頁 138。另參見劉信芳：《荊門郭店竹簡老子解詁》，臺北：藝文印書館，1999，頁 15、72。劉信芳先生認為「遊」要讀為逃亡的「亡」字，其謂：「遊讀如『亡』。《說文》：『亡，逃也。』段注：『引申之則謂失為亡』，楚系文字『亡』多讀如『無』，故表逃亡必另有其字」（頁 72）。筆者認為讀為「亡」的證據不足，相比而言，其它諸學者讀為「失」應更為可取。

10 參見張光裕主編、袁國華合編，《郭店楚簡文字編》，頁 397。

為「遊」應讀為「亡」，釋為「逃」。[11]

筆者以為：「遊趣至州巷」的「遊趣」有奔趨之義，而「失」字在先秦秦漢文獻中正好也有「奔」的涵義。《荀子・哀公》有「其馬將失」語；楊倞注「失，讀為『逸』，奔也。」《淮南子・人間》亦言：「孔子行游，馬失，食農夫之稼，野人怒，取馬而繫之。」，集釋案：「『失』與『佚』同。」[12]反觀《文書・自傷》的「遊」字，仍以釋讀為「失」的證據較多。換言之，學者們以「失」來解釋「遊」字，在所有的文例中均無疑義。

儘管如此，學界對「遊」、「失」二字之間的關係仍未能有明確的解釋。廖名春先生認為「遊」可能是「達」的異文，「達」或異寫作「达」，可為「迭」字訛形。[13]筆者以為廖名春先生的想法為此問題提供了一把鑰匙。「達」字在西周晚期的金文中寫作「達」或「達」，[14]《說文》則作「達」[15]，與金文相同。這些字形與《緇衣》簡本的「遊」字非常相近，僅右上部略有差異。「達」（達）字右上寫作「大」，而「遊」（遊）字作「乂」。

楚文《老子甲》第 8 簡有「玄達」一語，「達」寫作不从「羊」的「達」[16]，與金、篆文皆有不同。[17]若視「遊」為「達」的異文，則可以先秦文獻中的《詩・鄭風・子衿》為文例，其云：

> 挑兮達兮，在城闕兮。（朱熹《詩集傳》）釋：「達，放恣也。」

朱說適可闡明簡本《緇衣》「遊」字意涵。高亨進而注之曰：「挑達，借為跳躂」。[18]

---

11 劉信芳，《包山楚簡解詁》，頁 77-78。

12 戰國趙・荀況撰、唐・楊倞注，《荀子嘉善謝氏校本》，頁 18；何寧撰，《淮南子集釋》，頁 1292-1293。

13 廖名春，〈楚文字考釋三則〉，《吉林大學古籍整理研究所建所十五周年紀念文集》，長春：吉林大學出版社，1998，頁 91。

14 如師寰簋、保子達簋（《集成》）器號 3787，現藏於上海博物館）。

15 漢・許慎著、清・段玉裁注，《說文解字注》，頁 73 上。

16 荊門市博物館編著，《郭店楚墓竹簡・老子甲》，頁 15。通行本第十五章作「玄通」，參《帛書老子校注》，頁 290。

17 關於楚文「達」字的研究，請參劉少剛，〈釋郭店楚簡中的「達」〉，《出土文獻研究》第六期，上海：上海古籍出版社，2004，頁 43-46。

18 宋・朱熹，《詩集傳》，上海：上海古籍出版社，1980，頁 55；日・竹添光鴻撰，《毛詩會箋》，第三冊，卷六，頁 37。

《玉篇・足部》曰：「**蹉，足跌也**」[19]，此說非僅解釋「蹉」字義涵，同時亦揭示了「達」與「失」兩字間的密切關係。若將「遊」字視為「達」的異文，以「達」為「蹉」字的假借，似更能釐清《緇衣》「教此以達」的意旨：如果王道不正，教化便會以此而蹉倒。

據上所述，筆者思路如下：1、「達」字在周代銘文均用作人名，[20]唯西周中期的史牆盤銘文有「**達殷畯民**」，以「達」表「撻」，[21]並未見有「通達」之義。2、戰國時期的「遊」與「達」皆源自西周「達」字，卻分作不同涵義。「遊」（隸為遊）繼續用來表達「撻」和「蹉」（跌）之義，而「達」則開始表達「通達」之義。3、由是可知，郭店《老子甲》以「達」表達「通達」，而《緇衣》用「遊」以表達「蹉」義。以「蹉」字解「遊」，不僅使「**教此以蹉（跌）**」的文意明確通順，亦揭示了《緇衣》簡本「達」字與經本「失」字的轉換基礎。

（丁）簡本作「變」，經本作「煩」。

劉釗、涂宗流、劉祖信皆將簡本的「變」字讀為「變」，[22]筆者從之。此句經本作「**教是以煩**」，其意猶如《書・說命中》言「**禮煩則亂**」[23]，即對民眾的教化繁亂而難行。

然而簡本此句作「**民此以變**」。釋讀上，筆者認為不必強調「變」、「煩」的通假可能。就「民」而言，使用「煩」字反而文意難通，也與先秦兩漢的「煩」字用意不相干。在這裡「變」可釋作「忠」的反義詞，表達臣民變亂的情況。這種用法在古今文獻中屢屢可見，如：

> 九醜：思勇醜忘，思意醜變。（《逸周書・文政》），朱右曾校釋：「變，猶詐也。」
>
> 重刑而連其罪，則……巧諛惡心之民無變也。（《商君書・墾令》），朱師轍解

---

19 梁・顧野王著，《大廣益會玉篇》，頁 34 上右。

20 如西周早期達父己爵，《集成》器號 9079；西周晚期達簋，《集成》器號 3788，藏處不明；保子達簋；師寰簋等。

21 《書・顧命》：「昔君文王、武王，宣重光，奠麗陳教則肄，肄不違，用克達殷集大命。」保留了此種「達」字的用意，漢・孔安國傳、唐・孔穎達等正義，《尚書正義》，頁 730。據曾運乾先生的訓詁：「達讀為撻，即古撻字，猶云撻伐也」。參曾運乾著：《尚書正讀》，臺北：華正書局，1983 年，頁 262。

22 劉釗，《郭店楚簡校釋》，頁 58；涂宗流、劉祖信，〈郭店楚簡《緇衣》通釋〉，頁 187。

23 孔傳：「事神禮煩，則亂而難行。」漢・孔安國傳、唐・孔穎達等正義，《尚書正義》，頁 372。

詁：「無變，謂無變詐。」

呂氏變而共誅之。(《漢書・高后紀》) 顏師古注：「變謂發動也。」

話說周朝……到九傳厲王，暴虐無道，為國人所殺，此乃千年民變之始。(《東周列國志・第一回》)[24]

先秦《緇衣》作者所欲表達的，是國君不親近賢德的人，而信用小人，教化將因此跌蹉失敗、民眾將因此變詐，甚而可能導致國家變亂。

不知何故，「教」、「民」二字在經本的順序被倒置了，「教是以變」的意思不合乎當時用字習慣（據先秦與漢代的字義，針對「教」不可說「變」），纔有以「變」假借「煩」字的情況。而「民是以失」文意更加不通，因此補充了「親」字。唯此章內容並不涉及「親民」觀點，故經本的修改反不如簡本文意清楚。

丙、皮求我𠟭（則），女不我㝵／彼求我則，如不我得

（甲）簡本皆作「皮」；禮記經本作「彼」。按簡本中的「皮」為「彼」的本字

（乙）簡本皆作「㝵」；禮記經本作「得」。「㝵」係甲骨、金、簡文中的「得」字。《說文・彳部》云：「得，行有所㝵也。㝵古文省彳。」[25]

丁、𤔲我𢦏=／𤔲我𢧜=／執我仇仇

（甲）簡本皆作「𤔲」；禮記經本作「執」。簡本「𤔲」字亦普遍見於金、簡文，即「執」字。對此字學者們已有充分論述，看法一致，毋需再論。

（乙）郭店簡本作「𢦏𢦏」；上博簡本作「𢧜𢧜」；禮記經本作「仇仇」。

郭店《緇衣》第二十一章「君子好𢦏」，經本作「君子好仇」。全篇「𢦏」、「仇」均一致對應，可見兩字實為互替。《方言》云：「頼，仇也。南楚之外曰頼，秦晉曰仇。」劉國勝、黃人二均據此條考證「𢦏」與「仇」的關係。「𢦏」讀音同「頼」，古代有複聲母 kl，是故从「各」、「來」之發音可以通假。[26]此外，劉樂賢與

---

24 黃懷信、張懋鎔，田旭東撰，《逸周書彙校集注》，頁 372-376；衛・商鞅撰、賀凌虛注譯，《商君書今注今譯》，頁 15-16；漢・班固撰、唐・顏師古注，《漢書》，頁 101；明・馮夢龍、清・蔡元放著，《東周列國志》，北京：人民文學出版社，1975 年，第一冊，頁 1-2。

25 漢・許慎著、清・段玉裁注，《說文解字注》，頁 77 上。

26 劉國勝，〈郭店竹簡識字八則〉，《武漢大學學報・哲學社會科學版》，1999 年第 5 期；黃人二，《上海博物館藏戰國楚竹書（一）研究》，頁 134-135。

孟蓬生亦指出「九」、「咎」偏旁可通，所以上博簡的「各」可視為「咎」之省文。[27] 此二說均屬合理，尤其「來」、「各」本意即同。筆者認為，三種版本各作「戟」、「㪅」、「仇」，可能源自各地區不同的方言表達方式。基本上，此一引文在簡、經本和《詩》中並無二致。

戊、君迪／君䢵／君陳

「迪」與「䢵」皆从「申」得聲，與「陳」音同。〈君陳〉是古文《尚書》中的一篇。

己、《君陳》版本之歧異

（甲）異體字。

1. 郭店簡本與經本皆作「聖」；上博簡本作「聖」和「耶」。

上博簡本所用的「聖」與「耶」都是「聖」字異文。「耶」字常見於商周文獻；春秋時期〈洹子孟姜壺〉有「**聽命于天子**」語，「聽」字寫作 从「古」、「耶」的「𦔻」字，亦為「聖」的本字。

2. 郭店簡本作「迪」；上博簡本作「𧵍」；《禮記》與《尚書》經本皆作「由」。

郭店簡本的「迪」與經本的「由」為形體相近的同義字。虞萬里先生已列舉許多文例，證明「迪」、「由」兩字皆可釋為「用」的涵義。所以「**郭店簡之作『迪』，正引述《尚書》文，足見其有所本**」[28]。

此處上博簡本寫作从「由」、「目」的「𧵍」字，該字僅此一見。部分學者釋之為「貴」字；[29]亦有釋為「胄」字者。[30]「胄」讀音與「由」相同，所以該字釋為「胄」比釋為「貴」更具證據基礎。

不過，虞萬里先生還是對此提出了關鍵性的質疑：上博「𧵍」字从「目」，然無論「貴」或「胄」，從來未見有从「目」者。[31]是故，筆者贊同虞萬里先生的見解，將「𧵍」視為「由」或「迪」之異文。由此推想，从「目」的寫法或許帶有「目見

27 劉樂賢，〈讀上博簡劄記〉，頁 386；孟蓬生，〈上博簡《緇衣》三解〉，頁 444。

28 虞萬里，〈上海簡、郭店簡《緇衣》與傳本合校補證，中〉，頁 74。

29 如參見陳佩芬，〈緇衣〉，頁 185；黃人二，《上海博物館藏戰國楚竹書（一）研究》，頁 134-135。

30 如劉釗，〈讀上海博物館藏戰國竹書劄記〉，頁 291；季旭昇主編，陳霖慶、鄭玉姍、鄒濬智合撰，《上海博物館藏戰國楚竹書（一）讀本》，頁 110。

31 虞萬里，〈上海簡、郭店簡《緇衣》與傳本合校補證，中〉，頁 74。

而由」的意味。

（乙）文句之差異。

1.《緇衣》的簡、經本皆作「未見聖」；尚書經本作「凡人未見聖」。

經本的「凡」字可作虛詞，「凡人」亦可釋為「所有人」或「一般人」。鄭玄注：「**此言凡人有初無終，未見聖道，如不能得見，已見聖道，亦不能用之，所以無成。**」據此解，「凡人」字不單指所有的人，也表達了普通人的意思。[32]《緇衣》則無此義。

2. 簡本皆作「如其」；禮記經本作「若已」；尚書經本作「若」。

「如」、「若」為同義詞，故《緇衣》簡本與尚書經本同義。但禮記經本多了「已」字，因此，文意有偏向「昔日或許可見聖，但今日似已經無法得見」的傾向。

3. 簡本皆作「我既見」；經本皆作「既見聖」。

此句簡本以「我」為主詞，亦即見聖的主體。然經本僅強調見到的對象是「聖」，而省略了主詞。據尚書經本前文，已使用「凡人」作為主詞，故見聖的主體顯然不會是「我」，而應指普通人。

4. 郭店簡本作「我弗迪聖」；上博簡本作「我弗貴聖」；經本皆作「亦不克由聖」。

（1）簡本以「我」為主詞，而經本又無「我」字，故主體偏向為「他人」，尤其在尚書經本中，主詞係指凡人。

（2）簡本皆作「弗」，經本皆作「不克」。

《詩・齊風・南山》：「**匪斧不克**」，毛傳：「**克，能也**」。[33]

簡本用「弗」字，表達我主動不由從聖道，而並不否定具備「由聖」的可能性。經本寫作「不克」，反而斷定人們根本沒有由從聖道的能力。

（丙）文義之歧異。

上述各本間的異體字多無涉於文意變化，但此句中仍有一些輕微的不同，導致了簡、經本在實際意旨上出現明顯分歧。

簡本「**未見聖，如其弗克見，我既見，我弗迪聖**」，意為：「**未見聖時，好像永**

32 漢・孔安國傳、唐・孔穎達等正義，《尚書正義》，頁 725。

33 漢・毛公傳、鄭玄箋、唐・孔穎達等正義，《毛詩正義》，頁 544-545。

遠不可得見，我既見到聖，我還是不迪聖道」。《禮記》經本首先將「**如其弗克見**」改作「**若已弗克見**」，自此開始，出現了簡本所未有的「昔可見聖，今似已不可見」的意思。(《尚書》經本還無此義)

其次，《禮記》與《尚書》皆將「**弗迪聖**」改作「**不克由聖**」，從而根本否定了人們依循聖道的可能性。再者，兩個經本皆刪除了「我」字，意味著主詞已由自己轉成「他人」；古文《尚書》版本還加入「凡人」二字，由此更進一步強調此句主詞是指普通人。

從引文的細微差異，可以看出本章整體意義的變化。筆者認為若從《緇衣》第十章的文意來看，經本引文暗示的「凡人不可為聖」，與章文的原意有落差。而簡本引文「見聖卻不迪聖」的觀點則與章文一致。由此推之，簡本的內容應較經本更接近《緇衣》的原來面貌。

(四) 簡本釋文與譯文

經過上述考釋，可得第十章釋文如下：

> 子曰：「大人不親其所賢，而信其所賤；教此以蹥，民此以變。」《詩》云：「彼求我則，如不我得；執我仇仇，亦不我力。」《君陳》云：「未見聖，如其弗克見，我既見，我弗迪聖。」■

並可作譯文如下：

> 子曰：「國君不親近自己所崇重的人，而信用自己所輕視的人，國君對黎民的教導即由此而跌仆無用了，民眾由此便違背忠信、傾危變詐，使得國家會變亂了。」《詩》云：「君始求我如恐不得我，既得我，持我仇仇然不堅固，亦不力用我，是不親信我也。[34]」《君陳》云：「未見聖時，好像永遠不可得見；我既已見到聖，卻不遵從聖道。」

王夢鷗先生將此處章文譯為：「執政的人不親信高尚賢德的人，而信用那些卑鄙

34 筆者此處譯文所引鄭玄的《注》。參見漢・鄭玄注、唐・孔穎達疏，《禮記注疏》，頁 2322。

的人」，季旭升亦從之。[35]然在原文中的「賢」與「賤」都作動詞使用，與王夢鷗譯作名詞不同。依筆者淺見，原文的意思其實更為深遠。嚴以文法解之，此章句之義為：「統治者不親近自己所崇重的人，而信用自己所輕視的人。」

（五）思想的詮釋

甲、章文

簡本《緇衣》在前九章已完整地論述了君臣互動的原則，強調國君有作為臣民德性表率的責任。若王侯公伯價值觀無疑二、儀容穩重而純樸，言行透明前後一致，即能為「**黎民所信**」。但第十章緊接著提出了令人傷感的現實：「**大人不親其所賢，而信其所賤**」。在戰國社會中，雖然大多數公伯在表面上都讚揚儒家的德政理想，尊孔子為聖人；但實際上卻不聽用孔子的教誨，也不親近儒家賢人，反倒去信用自己輕賤的人，導致國家教化跌蹤，民心趨向邪偽。人民失去道德標準，不信任自己的國君，將使社稷面臨乖亂的局面。

在《緇衣》第二、三章中，已闡明了「章好章惡」以使「民情不貳」的為政原則，強調國君「其義不忒」的理想。第十章與其有相應之處，卻遺憾地承認當時的王侯公伯並不遵從孔子的學說，是為雖見聖卻不由聖。後來的《孟子・滕文公下九》對這一情形描述得很清楚：

> 聖王不作，諸侯放恣，處士橫議，楊朱、墨翟之言盈天下。天下之言，不歸楊，則歸墨。楊氏為我，是無君也；墨氏兼愛，是無父也。無父無君，是禽獸也。[36]

君主不依循聖人正道，故使天下人如同無君無父的禽獸。孟子此言與《緇衣》文旨近似。君主若不由聖王之道、不尊重《緇衣》所述賢人，而靠託《小雅・巷伯》中的萋斐譖人，將無法成為臣民的德行表率，乃使民風淫縱。《緇衣》在第四章強調「**章好以視民慾，慬惡以渫民淫**」，這本是國君職責所繫，也是思孟學說的關鍵所

35 王夢鷗註譯，《禮記今註今譯》，頁 880；季旭昇主編，陳霖慶、鄭玉姍、鄒濬智合撰，《上海博物館藏戰國楚竹書（一）讀本》，頁 108。
36 漢・趙岐注、宋・孫奭疏，《孟子注疏》，頁 287。

在，卻往往不受戰國時期的諸君重視。

先秦儒、法二家都關注到「民變」的問題，如《商君書・墾令》曰：

> 重刑而連其罪，則褊急之民不鬥，很剛之民不訟，怠惰之民不游，費資之民不作，巧諛惡心之民無變也。[37]

較之《商君書》與《緇衣》，其「民變」之意明顯相同，而預防民變的方法卻恰好相反。法家建議以「重刑」來控制民變，而《緇衣》一文則呼籲統治者以身作則，固守德性以教化民眾。緊接著在《緇衣》第十二、十三章中，更特別否定刑法的教化作用。

經本將「**教此以躂，民此以變**」倒置，改作「**民是以親失，而教是以煩**」，致使文義不如簡本明晰。簡本中此章並不討論「親民」問題，簡本的觀點是，統治者信任小人的後果，並不僅是失去「親民」，而是完全賊害忠信，從而導致了「民變」的發生。

繼之，第十章的引證更加闡明了其思想重點所在。

乙、《詩》的引證

簡、經本所引《詩》文的意思一致，筆者在前述譯文中採用了鄭玄的注解，認為其足可以表達章文意旨。在此基礎上，孔穎達疏曰：

> 此詩小雅正月之篇，刺幽王之詩言，比幽王初求我賢人，如不得於我……既得賢人，執留我仇仇然不堅固，亦不於我上以力而用我。引之者，証不親其所賢也。[38]

章文說「**其所賢**」，意謂當時國君大多尊重儒者，也很清楚地知道誰是賢人，然而不用他們。引文更提及諸君如何地渴慕這些賢人。儘管如此，引《詩》與章文卻一致指出賢人在實際政治中不受重用的景況，成為極端的反諷。

反思第十章所述，並對照孔子的生平，可以發現此言非僅泛論國君的選才問題，且兼有相當具體、深刻的歷史經驗。何以備受尊崇的孔子，卻在實際政治上一

37 戰國衛・商鞅撰、賀凌虛注譯，《商君書今注今譯》，頁 15-16。
38 漢・鄭玄注、唐・孔穎達疏，《禮記注疏》，頁 2322-2323。

直無法發揮？聖人之教被置諸不用，反讓萋斐譖人大行其道？關於先秦儒師的窘況，《莊子・漁父》有頗為鮮為的描述：

> 孔子遊乎緇帷之林，休坐乎杏壇之上。弟子讀書，孔子弦歌鼓琴。奏曲未半。有漁父者，下船而來，須眉交白，被髮揄袂，行原以上，距陸而止，左手據膝，右手持頤以聽。曲終而招子貢、子路，二人俱對。客指孔子曰：「彼何為者也？」子路對曰：「魯之君子也。」客問其族。子路對曰：「族孔氏。」客曰：「孔氏者何治也？」子路未應，子貢對曰：「孔氏者，性服忠信，身行仁義，飾禮樂，選人倫，上以忠於世主，下以化於齊民，將以利天下。此孔氏之所治也。」又問曰：「有土之君與？」子貢曰：「非也。」「侯王之佐與？」子貢曰：「非也。」……[39]

若參《史記・孔子世家》所述的孔子生平，則更是一條危途敗道：

> 孔子貧且賤。及長，嘗為季氏史……已而去魯，斥乎齊，逐乎宋、衛，困於陳蔡之閒，於是反魯。……
>
> 孔子適齊，為高昭子家臣，欲以通乎景公……景公問政孔子……後景公敬見孔子，不問其禮。……齊大夫欲害孔子，孔子聞之。景公曰：「吾老矣，弗能用也。」孔子遂行，反乎魯。……
>
> 季氏亦僭於公室，陪臣執國政，是以魯自大夫以下皆僭離於正道。故孔子不仕，退而脩詩書禮樂……。
>
> 孔子曰：「魯今且郊，如致膰乎大夫，則吾猶可以止。」桓子卒受齊女樂，三日不聽政；郊，又不致膰俎於大夫。孔子遂行，宿乎屯。而師己送，曰：「夫子則非罪。」孔子曰：「吾歌可夫？」歌曰：「彼婦之口，可以出走；彼婦之謁，可以死敗。蓋優哉游哉，維以卒歲！」……
>
> 孔子遂適衛，主於子路妻兄顏濁鄒家。衛靈公問孔子：「居魯得祿幾何？」對曰：「奉粟六萬。」衛人亦致粟六萬。居頃之，或譖孔子於衛靈公。靈公使公孫余假一出一入。孔子恐獲罪焉，居十月，去衛。……
>
> 居衛月餘，靈公與夫人同車，宦者雍渠參乘，出，使孔子為次乘，招搖市過

39 戰國宋・莊周著、王叔岷，《莊子校詮》，頁 1229-1230。

之。孔子曰：「吾未見好德如好色者也。」於是醜之，去衛，過曹。……

孔子去曹適宋，與弟子習禮大樹下。宋司馬桓魋欲殺孔子，拔其樹。孔子去。……

孔子適鄭，與弟子相失，孔子獨立郭東門。鄭人或謂子貢曰：「東門有人，其顙似堯，其項類皋陶，其肩類子產，然自要以下不及禹三寸。纍纍若喪家之狗。子貢以實告孔子。孔子欣然笑曰：「形狀，末也。而謂似喪家之狗，然哉！然哉！」

衛靈公聞孔子來，喜，郊迎。……靈公老，怠於政，不用孔子。孔子喟然歎曰：「苟有用我者，期月而已，三年有成。」孔子行。……

孔子之去魯凡十四歲而反乎魯。……然魯終不能用孔子，孔子亦不求仕。[40]

據說，孔子長年周遊列國，聲名崇重於天下，諸國公侯皆求之不得；然而一旦孔子到來，卻都不從其言，不用其德，反倒常聽小人譖語。儘管小人不受尊重，卻常得意於政壇。如齊景公雖尊敬孔子，卻不受其教、不用德政，也不再問禮，到了最後請聖人離開齊國；衛靈公極高興能得到孔子，但三年內從不用他。魯國曾任命孔子為司空，後終將其逼退而不復用。天下無可仕之處，於是聖師也不得不承認自己的命運就如同喪家之狗般乖舛。司馬遷筆下的孔子生平，正好猶如《詩》所云：「**彼求我則，如不我得；執我仇仇，亦不我力。**」

丙、《書》的引證

《論語・述而》記載了孔子的話：

子曰：「聖人，吾不得而見之矣；得見君子者，斯可矣。」[41]

孔子以為，君子即使未曾見到聖人，仍可遵從聖道。然魯公、齊公、衛公等諸侯均曾見過聖人孔子，卻仍不依循聖道。這並非普通人沒有依循聖道的能力，而是因為他們信任《巷伯》所述的那類讒佞盜言，「**信其所賤**」而不受聖教。是故《緇衣》引《書》曰：「**未見聖，如其弗克見，我既見，我弗迪聖。**」據筆者理解，《緇衣》裡的「聖人」並非抽象概念，本文所謂的「賢」與引文所謂的「聖」是同一組概念，

40 漢・司馬遷撰、日・瀧川資言考證，《史記會注考證》，頁 725-748。
41 魏・何晏等注、宋・邢昺疏，《論語注疏》，頁 164。

在《緇衣》的脈絡中「聖」意味著孔子，而「賢」為孔門弟子，二者都指儒師。此與《孟子・公孫丑上》所謂「子夏、子游、子張，皆有聖人之一體」相同。[42]

此處《緇衣》簡、經本引文的意思明顯不同。簡本僅慨憾於世人不受聖教，但未表示人們不能依循聖道；經本則恰好相反。孔安國傳指出：

> 此言凡人有初無終，未見聖道，如不能得見，已見聖道，亦不能用之，所以無成。

孔穎達《禮記正義》亦言：

> 言凡人未見聖道之時，如似已不能見，既見聖道亦不能用之也。[43]

兩者都強調凡人不能用聖人之道，但是簡本並沒有這種意思。

依筆者觀察，上述變化涉及到先秦、西漢儒家思想基礎的差異。先秦儒家認為凡人皆能當聖人，尤其思孟學家特別強調凡、聖不分，如《孟子》曰：

> 聖人，與我同類者。(〈告子上・七〉) 何注：「聖人亦人也。」
> 曹交問曰：「人皆可以為堯舜，有諸？」孟子曰：「然。」(〈告子下・二〉)[44]

對思孟學家而言，聖人不外於凡人，聖性也不外於人性。凡人絕對有依循聖道的能力，甚至皆能成聖。但西漢儒家卻主張聖性與凡性不同。

從以下文本的對照，容易看出先秦至漢的觀念變化。《論語・子罕》記顏淵之語曰：

> 仰之彌高，鑽之彌堅……既竭吾才，如有所立卓爾。雖欲從之，末由也已。[45]

42 漢・趙岐注、宋・孫奭疏，《孟子注疏》，頁 133。
43 漢・孔安國傳、唐・孔穎達等正義，《尚書正義》，頁 725；漢・鄭玄注、唐・孔穎達疏，《禮記注疏》，頁 2323。
44 漢・趙岐注、宋・孫奭疏，《孟子注疏》，頁 479-480、506。
45 魏・何晏等注、宋・邢昺疏，《論語注疏》，頁 201。

到了西漢，董仲舒據此引申為：

> 聖人之所以超然，雖欲從之，末由也已。(《春秋繁露・服制像》)

在《春秋繁露・實性》中，又將人性區分為「聖人」、「中人」、「斗筲」三種範疇。清代蘇輿認為，這句是後人妄竄。[46]若蘇輿的見解真確，則姑且不說先秦，「人性三類」的概念恐怕在西漢亦尚未明確成形。不過東漢王充《論衡・命義》已認為人性不一而有三類，其謂：「亦有三性：有正，有隨，有遭。正者，稟五常之性也；隨者，隨父母之性；遭者，遭得惡物象之故也。」[47]由此可知，中國哲學中為人所詳悉的「三性」概念無疑在漢代即已逐步形成了，因而影響了漢代以後對此段文字的理解。雖然先秦儒家認為，聖人不外於凡人，然而禮記經本和尚書經本形成時，在社會觀念中已出現了「人」有上、中、下「三性」的概念，而下性者不可由從上性者的聖道。

據上可見，經本的修改雖然僅僅是二、三字的補充，但表達的卻是頗為關鍵的儒家思想變化。古文《尚書》的〈君陳〉篇恐怕也只能表達漢代修編後的思想，楚簡的內容應更接近《緇衣》的原文。

觀諸第十章本、引文關係，經本採用修改後的引文，使其與章文的意思不盡相合，文義也不通順；相較下，簡本引文的原貌顯與章文內一貫相通。

丁、第十章在全篇結構中的地位

《緇衣》第一至九章完整論述了統治者的德政原則：為百姓樹立善惡標準、擔負培養臣民品德的責任。第一章由樸實無飾的「緇衣」純德出發，第九章則以長民者不改緇衣純德、行止有常作結論。第十章起，論述焦點從統治者本身轉向其任用的臣僚。筆者推測，或許最早的《緇衣》僅有前九章，第十章以後的內容則出自對前文的衍生與增補。

承自前述，《緇衣》作者試圖在第十章說明的，是君主本身內在德性仍不足以教化庶民，其親近的臣僚也具有相當重要的影響力。然而在春秋戰國之際，列國諸君都尊揚孔子，但實際治國時卻不遵照儒師的教導，亦不任命儒師為官，同時繼續親近小人、聽信佞言。對於儒師仍是「**執我仇仇**」、終「**弗迪聖**」。是以，對民眾的教

46 漢・董仲舒、清・蘇輿著，《春秋繁露義證》，頁 153-154。
47 漢・王充撰、蕭登福校注，《新編論衡》，頁 169。

化跌仆失敗，百姓也由此變詐，無有忠信了。接下來的第十一章，則繼之論述「不親大人」、「以小謀大」，國家將永遠乖亂不寧的道理。

三、簡本第十一章與經本第十四章的比較研究

(一) 原文並列

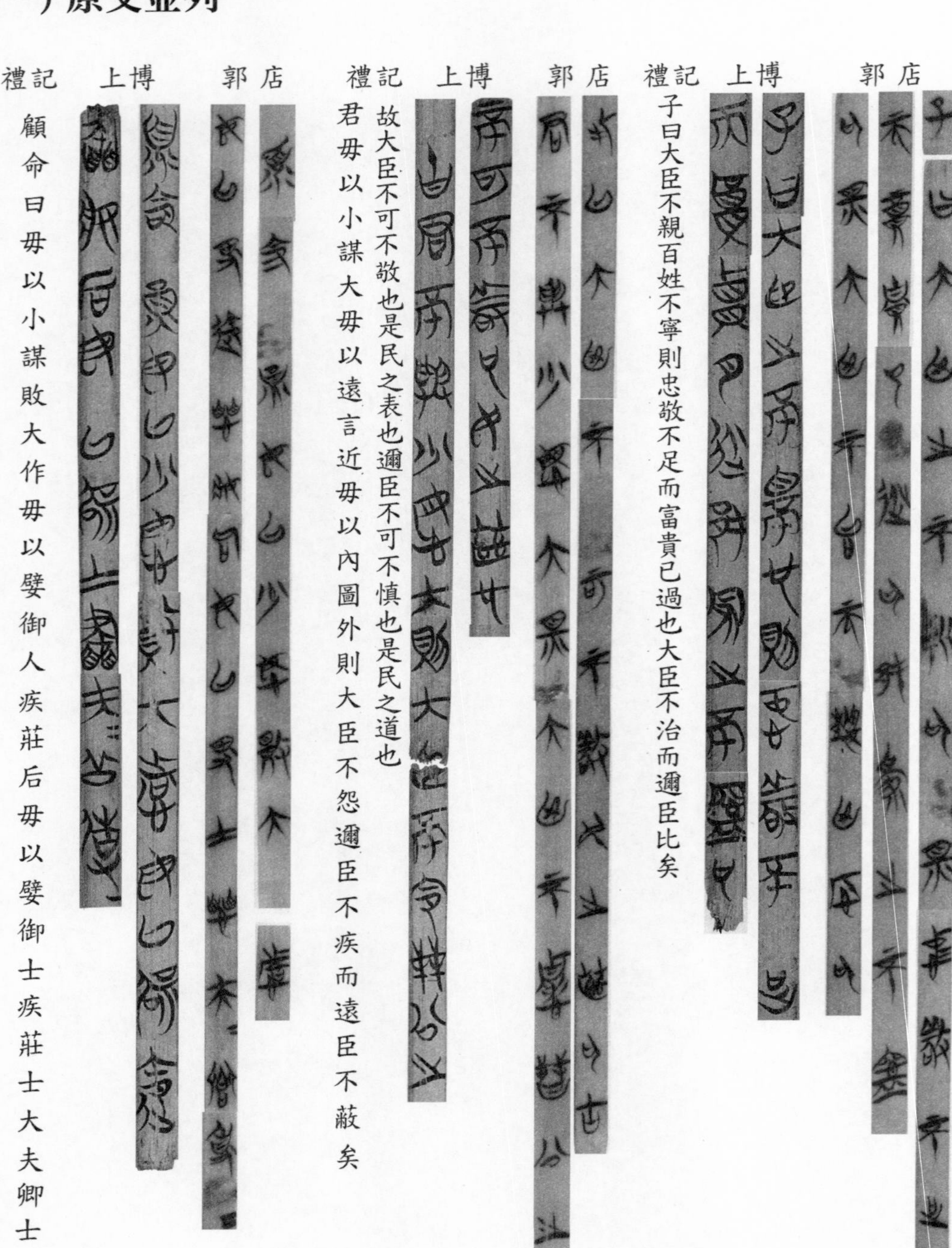

（二）釋文校勘

郭店第十一章：子 XIX 曰：大臣之不新也，　　　　　㬎忠敬不足，而⿰貝畐貴已逃也。
上博第十一章：子　曰：大臣之不罜也，　　　　　則忠敬不足，而⿱宀⿰畐頁貴月逃　。
禮記第十四章：子　曰：大臣　不親，百姓不寧，則忠敬不足，而富貴已過也；

邦冢之不寍 XX 也，㬎大臣不台，而埶臣侂也。
邦家之不寍　也□□□□□　□□□□□
大臣不治，而邇臣比矣。

此以大臣　不可不敬　，　民之蕝也。
□□□□ XI 不可不敬也，　民之蕝也。
故　大臣　不可不敬也，是民之表也；邇臣不可不慎也，是民之道也。

古 XXI 君不與少悘大，　　　　　　　　　㬎大臣不悁。
古　君不與少悘大，　　　　　　　　　　則大臣不㤅。
君毋以小謀大，毋以遠言近，毋以內圖外，則大臣不怨，邇臣不疾，而遠臣不蔽矣。

晉公之《募令》員：
殀公之《募命》員：
葉公之《顧命》曰：

逸周書傳本《祭公》：

毋以少悘敗大 XXII 悳，毋以卑御　⿰身畐妝句，毋以卑　士⿰身畐夫二、　　　卿事。■
毋以少悘敗大　悳，毋以辟御　⿱𦘒畐妝后，毋以辟　士⿱𦘒畐夫二、　　　向使。＿
毋以小謀敗大　作，毋以嬖御人疾莊后，毋以嬖御士疾莊士、大夫、卿士。
汝無以嬖御固莊后，汝無以小謀敗大作，汝無以嬖御士疾莊士、大夫、卿士。

（三）文字的考釋及訓詁

甲、賏貴已逃也／富貴月逃／富貴已過也

（甲）郭店簡本作「賏」；上博簡本作「富」；禮記經本作「富」。

从「貝」、「畐」的「富」字，最早出現於西周早期轉作寶盤銘文上，為「寶」的異文。[48]從字形來說，將郭店簡本的「賏」與上博簡本的「富」釋為「寶」或「富」皆可。但從用法來看，該字與「忠」相對，表達負面的意思，所以讀作「寶」不妥，應釋為「富」的異文。經本亦作「富」，三個版本皆同。

（乙）郭店簡本與禮記經本皆作「已」；上博簡本作「月」。

根據香港中文大學文物館收藏的《緇衣》殘簡，上博簡本在第九章「巳」作為「改」的省文，[49]由此，陳偉先生認為其將「改」寫成「已」、「巳」寫成「月」，「大概是一種有規律的錯誤」[50]。其說可從。

（丙）簡本皆作「逃」；禮記經本作「過」。

「咼」、「化」古音同，「過」本从「化」得聲，猶如「貨」亦从「化」得聲。又如馬王堆帛書《老子・甲》第 98 簡將「貨」寫成「貨」，顯見「咼」、「化」間的關聯。郭店楚簡中的「過」字均从「化」，如《老子・丙》第 27 簡與《緇衣》同樣寫作「逃」；《老子・甲》第 12 簡則从「化」、「止」；其他郭店竹書則多寫作从「心」的「怂」，皆為「過」的異文。[51]

（丁）上博簡本作缺「也」字。此應為抄錄時的缺字。

乙、邦冡之不寍也／邦家之不寍也／百姓不寧

（甲）郭店簡本作「邦冡」；上博簡本作「邦家」；禮記經本作「百姓」。

「冡」字亦可見於包山簡，从「爪」，乃「家」的異文。禮記經本與第一章相同，之所以不用「邦」字，應是漢代避漢高祖劉邦名諱而改。不過在經本中，「邦家」不僅被改作「百姓」，且全句向前移動，乃使全章文意因之而產生了變化。

（乙）簡本皆作「寍」；禮記經本作「寧」。

---

48 《集成》器號 10055，藏處不明。

49 陳松長編，〈香港中文大學文物館藏簡牘〉，頁 12。

50 陳偉，《郭店竹書別釋》，頁 40。

51 參見張光裕主編、袁國華合編，《郭店楚簡文字編》。

「寍」乃「寧」的本字，甲骨、金文已見之。

（丙）禮記經本缺「也」字，此應為修改文句結構而作的刪修。

丙、賏大臣不台，而㙯臣恉也，此以／大臣不治，而邇臣比矣。故

上博簡本此句殘缺。

（甲）郭店簡本作「台」；禮記經本作「治」。

「台」可視為「治」的本字，古音亦同，學界對此字隸定的看法一致。唯若以「治國」解之，則此應屬統治者的權力，非大臣所能掌握。依筆者淺見，古書中「台」與「嗣」通，[52]表達「嗣官位」、「就任」之意；「嗣」、「司」古字亦同。或許「大臣不台」在當時的語彙中，表達的是大臣不司國家、不在位（這也可以從「台」的字義作討論）。

（乙）郭店簡本作「㙯」；禮記經本作「邇」。

自西周金文以降，「㙯」即為「埶」（勢）的古字，學者們一致以為此處應釋作「褻」，[53]筆者亦同意此說。然而西周晚期的毛公鼎同時有「埶」、「褻」二字，其中「褻」已从「衣」。因此，「埶」應為「褻」的省文，而不能視為「褻」的本字。

《禮記・檀弓下》曰：「**調也，君之褻臣也**」，鄭玄注：「**褻，嬖也**」。經本此字作「邇」，「褻」與「邇」為同義字。簡、經本的版本差異應源自不同地區的用字習慣，或不同時代的歷史語言。

（丙）郭店簡本作「恉」；《禮記》經本作「比」。

黃人二先生認為，「恉」字乃以「心」代「人」[54]，即「侂」字異文。「侂」、「託」是同一字。《說文・人部》曰：「**侂，寄也**」，段玉裁注：「**此與『託』音義皆同。**」[55]

此字經本作「比」，孔穎達疏曰：「**由邇近之臣與上相親比做也**」。[56]然而簡本「侂」字意為「依託」、「託附」；該句指國君不敬賢臣，國政由褻臣互相託付，拉攏夤緣。經本改為「比作」之意；指國君將邇臣當作大臣、用為上相。二本相較下，筆者以為簡本用意較為清楚。

---

52 高亨纂著、董治安整理，《古字通假會典》，頁 392。

53 如劉釗，《郭店楚簡校釋》，頁 59；季旭昇主編，陳霖慶、鄭玉姍、鄒濬智合撰，《上海博物館藏戰國楚竹書（一）讀本》，頁 112。

54 黃人二，《上海博物館藏戰國楚竹書（一）研究》，136。

55 漢・許慎著、清・段玉裁注，《說文解字注》，頁 382 下。

56 漢・鄭玄注、唐・孔穎達疏，《禮記注疏》，頁 2322。

（丁）禮記經本無「則」字，「也」字改作「矣」，而「此以」改作「故」。

由於經本文句結構已作修改，故從而刪、換文字。然將「也」字換作「矣」，「此以」換作「故」，對整個結構的涵義影響較大。據虞萬里先生的考證，《緇衣》章文約可以「故」字作分段。「故」字之前可能是作者記錄聖子的說法，而「故」之後是《緇衣》作者對聖子所言的補充說明或引申發揮。[57]經本以此句的「矣」字表示聖子所言到此結束，而下句從「故」字開始為《緇衣》作者的發揮。據簡本的結構，聖子所言在此尚未結束，後句用「此以」之頭續錄聖子的話。也就是說，此處簡、經本的連詞不同，已造成此章聖子本論和作者引申間的結構變化。

丁、釋「[艸+𢇍]」

簡本皆作「[艸+𢇍]」；禮記經本作「表」。

簡本「[艸+𢇍]」字結構从「𢇍」、「艸」，故隸為「[艸+𢇍]」。此字前所未見，而「𢇍」（𢇍）的認定尤為釋讀關鍵所在。裘錫圭先生將「𢇍」釋為「絕」，則「[艸+𢇍]」應為「蕝」字，學者們多贊同之。此說雖有其立論基礎，然筆者認為該字應有另一種釋讀的可能性。

甲骨文「絕」字皆从「刀」、「幺」（可隸為「㓜」）。金文中，「絕」字在戰國晚期中山王譽方壺銘文寫作「[illegible]」，其結構从「刀」、四「幺」。竹簡方面，則有戰國早期的曾侯乙墓簡竹簡，將「絕」寫作「[illegible]」（从「刀」、「糸」）或「[illegible]」（从「刀」、四「幺」）；包山木牘寫作「[illegible]」（从雙「刀」、「糸」）。《說文》以「𢇍」為「絕」的古字，[58]其雙「亅」偏旁雖已與「刀」部不類，但仍从「刀」發展而來。上海博物館《孔子詩論》第 27 簡有「**北風不絕**」、第 29 簡有「〈**涉秦**〉**其絕**」，「絕」字都寫作从「亅」的「𢇍」，曾侯乙墓第 5 簡、上海博物館《三德》第 16 簡「**不絕優卹**（**恤**）」則作「[illegible]」（[illegible]）。[59]也就是說，「絕」字在戰國金、簡文獻，與《說文》中的篆文字形一致。

此外，望山二號墓竹簡上另有「[illegible]」與「[illegible]」字形，寫法雖有所不同，但依然是从「刀」、「幺」的字形，只是另外再加上了「乚」偏旁。望山二號墓竹簡也有不从

57 虞萬里，〈儒家經典《緇衣》的形成〉。

58 漢・許慎著、清・段玉裁注，《說文解字注》，頁 645 下。

59 馬承源主編，《上海博物館藏戰國楚竹書（一）》，頁 39、41；馬承源主編，《上海博物館藏戰國楚竹書（五）》，頁 143。

「刀」的「㡭」字形，即「㡭」的省文，袁國華先生釋之為「絕」。[60]但從形、義觀之，筆者以為應釋作「繼」字為宜。如望山遣策記錄屢次有提到陪葬物「㡭純」，讀為「絕純」不可通，若讀為「繼純」，則西周銘文經常出現「黹純」禮物，[61]「繼」、「黹」古音同，可作通假，故此處「㡭」讀為「繼」似乎更合理。[62]

在包山第 249、259 簡上亦出現「㡭」字。張光裕釋為「繼」，林素清和劉信芳釋為「絕」。[63]筆者以為，包山簡有語曰：「**有祟，見於繼無後者，與漸木立；以其故悅之；舉禱於繼無後者，各肥豬……**」，句中「繼無」不應讀為「絕無」。「絕無」係近代漢語用詞，未見於古代文獻。「**舉禱於繼無後者**」意指死者沒有能夠繼承他的後嗣，因此舉行祈禱。故望山簡的「㡭」、包山簡的「㡭」皆為「繼」字。

甲骨文中「繼」字作「𢆶」；在春秋時期的金文作「𢆶」，[64]即「㡭」的初文；《說文》「繼」字作「繼」，[65]从「糸」、「㡭」。是故，「㡭」應釋為「繼」。從篆書字形來看，「繼」與「𢇍」、「斷」（斷）[66]字形方向相反，字義也相反，亦即从「㡭」者表達延續不絕之意，而从「𢇍」者則表達斷絕之意。

然郭店《老子・甲》第 1 簡有「㡭」字，該句釋作「**㡭巧棄利**」，相當於傳世《老子》本第十九章的「**絕巧棄利**」。[67]所以，此處「㡭」應非「繼」字，而是「絕」字。對此裘錫圭先生提出如下解釋：「**古文字中除『左』『右』等少數字外，字形寫成向左或右，並無區別意義。**」[68]

---

60 張光裕主編、袁國華合編，《望山楚簡校錄附文字編》，臺北：藝文印書館，2002，頁 76。

61 西周中期走馬休盤、庚季鼎（《集成》器號 2781，現藏於北京故宮博物院 ）、寶父鼎（《集成》器號 2813，現藏於上海博物館）、殳簋蓋（《集成》器號 4243，現藏於天津市文物管理處 ）、即簋（《集成》器號 4250，現藏於陝西省歷史博物館）、王臣簋（《集成》器號 4268，現藏於澄城縣文物管理所 ）；西周晚期無叀鼎、頌鼎、頌簋、頌壺、寰鼎（別名：伯姬鼎，《集成》器號 2819，藏處不明）；此鼎（《集成》器號 2821-2823，現藏於岐山縣博物館 、陝西省歷史博物館 ）；此簋（《集成》器號 4303-4310，現藏於岐山縣博物館）；善夫山鼎 （別名：膳夫山鼎《集成》器號 2825，現藏於陝西省歷史博物館）；弭伯師耤簋（《集成》器號 4257，現藏於藍田縣文化館）；害簋（《集成》器號 4258-4260），藏處不明；訇簋（《集成》器號 4321，現藏於藍田縣文物管理委員會 ）；輔師𠭯簋（《集成》器號 4286，現藏於中國國家歷史博物館）；寰盤（《集成》器號 10172，現藏於北京故宮博物院）等。

62 第 50 簡載有「**瑟丹秋之升㡭**」，「㡭」讀為「繼」較佳。

63 張光裕主編、袁國華合編，《包山楚簡文字編》，頁 305；劉信芳：《包山楚簡解詁》，頁 250。

64 拍敦，《集成》器號 4644，藏處不明 。

65 漢・許慎著、清・段玉裁注，《說文解字注》，頁 645 下。

66 漢・許慎著、清・段玉裁注，《說文解字注》，頁 717 上。

67 荊門市博物館編著，《郭店楚墓竹簡・老子甲》，頁 1；馬王堆漢墓出土帛書、高明校注，《帛書老子校注》，頁 311-312。

68 裘錫圭，〈以郭店《老子》為例談談古字的考釋〉，《郭店老子與太一生水》，北京：學苑出版

上說筆者存疑，該字左右方向設若沒有差別，則「㡭」（繼）、「㡭」（斷、絕）二字應為同源，但實際上並非如此。尤其「繼」、「絕」非同義字，而是反義字，如《論語・堯曰》：「興滅國，繼絕世，舉逸民。」[69]《荀子・王制》曰：「存亡繼絕，衛弱禁暴。」[70]原來「絕」字从「刀」，而「繼」則不从「刀」。雖然「刀」部偏旁在篆文中被改作「⊥」，但「繼」、「絕」字形並沒有由此統一，篆文僅以方向相反的「ㄴ」、「⊥」作意義相反的標誌。雖然《老子・甲》中出現了例外文例，但除非我們推論楚文裡根本沒有「繼」字，否則仍不可將所有的「㡭」釋為「絕」字。事實上，《老子・甲》所用的字形可理解為望山簡「㡭」字的省文，而不能視之為「㡭」字的通例。易言之，不从「刀」的「㡭」一般作「繼」字，然亦有訛作「絕」的文例。是故，《緇衣》的「㡭」字，應釋為从「艸」的「繼」為宜，但亦可釋為訛作从「艸」的「絕」。這兩種可能性必須從幾個不同的角度加以考慮。

（甲）以「㡭」為「絕」的訛字，讓學者們很容易將「㡭」字隸為「蕝」。此解似亦可在《緇衣》簡本中找到證據，在《緇衣》簡本第二十二章中有「輕㡭貧賤，而厚㡭富貴」之句，經本第二十一章作「輕絕貧賤，而重絕富貴」，因有「繼」、「絕」訛用的文例，古文字學者們皆將簡本的「繼」字不加懷疑地改作經本的「絕」。可是虞萬里先生，從經學的角度提出了質疑：

> 戰國時「繼」與「絕」正反往往不分。審文意，此處當是「繼」。……〔繼〕又有係結義，《爾雅・釋詁上》「紹，繼也」郝懿行義疏曰：「繼之言繫也。」《後漢書・李固傳》「群下繼望。」引申之有交接義。《史記・蘇秦列傳》：「夫取秦，厚交也；伐齊，正利也。」《說苑・敬慎》：「厚交友而後絕，三失也。」兩例「厚交」義與「厚繼」同。厚交或厚繼又作「厚結」。《漢書・朱博傳》：「博厚結其昆弟，使為反間襲殺之。」《後漢記・光武帝紀一》：「而左丞相曹竟父子用事，馮異勸世祖厚結焉。」由於「厚繼」在傳抄中變成「厚絕」，漢代禮家覺得「厚絕」一詞無所取義。於是貫穿章旨體味辭意，將「厚」之同義詞，「輕」之反義詞「重」來取代。因為「重」有「難」義，「重」之「難」義雖《戰國策》已用之，而至《漢書》極多，可見漢代用此字

社，2005，頁19。

69 魏・何晏等注、宋・邢昺疏，《論語注疏》，頁 437，《中庸》作：「繼絕世，舉廢國。」漢・鄭玄注、唐・孔穎達疏，《禮記注疏》，頁2221。

70 趙・荀況撰、清・王先謙集解，《荀子集解》，頁100。

> 的習慣。難絕富貴，雖與文義章旨相近，卻無原文「厚交富貴」略有差異。如果不將「絕」假設為「繼」，則一、「厚絕」一詞難曉其義，二、傳本為甚麼作「重絕」亦無法解釋。只有假設「𢇍」先錯抄成「𢇁」，而後纔有必要改「厚」為「重」。[71]

此處筆者認為虞萬里先生的解讀深具說服力，故引用其考證全文，足以無疑證明第十二章的「𢇍」字原文應是「繼」的通常字形無疑，而非「絕」的訛字，「繼」誤為「絕」是戰國晚期以後纔發生了《論語・雍也》曰：「君子周急繼富」[72]，直接證明「繼富」應是原意。故第十二章的「𢇍」字不能作「𦆵」字釋為「蕝」的依據。

（乙）另外，兩種簡本第八章皆有从「艸」字頭的「𦼮」字，為「標」的異文；經本相應處寫作「表」字。然在此章中，經本「表」字亦相當於簡本的「𦆵」字。由此可推知「𦆵」為「標」的同義字，即標準、表率的意思。經本論點確實如此，為了強調「大臣為民眾表率」的作用，經本還以大臣與邇臣相對，補充了下一句「**邇臣不可不慎，是民之道也**」，說明臣僚對民眾會有正、負面的影響。鄭玄注曰：「**民循從也**」；孔穎達疏：「**邇，近也。言親近之臣不可不慎擇其人。道，謂道路。言邇臣是民之道路，邇臣好則人從之好，邇臣惡則人從之惡也。**」[73]凡此皆突顯出以臣僚為表率的意思。在經本的論述脈絡中，慎擇人才的意思完全合乎全篇主題，故可自圓其說，文意完整而通順。及至簡本的論述脈絡，將「𦆵」釋為「表」，實與前文論述有矛盾。簡本前九章一貫地將「為民表率」當作統治者的責任，何以在本章突然把這個責任從國君轉到臣僚的身上？這顯然與前文互相牴觸。

（丙）若「蕝」以為「表」，亦可得其文例。如《國語・晉語八》曰：「**置茅蕝，設望表。**」這裡「蕝」與「表」雖作互文，然其所指乃以茅莖作成的具體地標，與德性表率相去甚遠。韋昭注：「**蕝，謂束茅而立之**」。[74]觀諸其它文獻，用意也相類，如《史記・叔孫通列傳》：「**上左右為學者與其弟子百餘人為綿蕞野外。**」司馬貞《索隱》引漢・賈逵：「**束茅以表位為蕝**」，引韋昭：「**引繩為綿，立表為蕞**」。[75]

---

71 虞萬里，〈上海簡、郭店簡《緇衣》與傳本合校補證，下〉，《史林》，2004 年 1 期，頁 70。

72 魏・何晏等注、宋・邢昺疏，《論語注疏》，頁 125。

73 漢・鄭玄注、唐・孔穎達疏，《禮記注疏》，頁 2321-2322。

74 戰國周・左丘明撰、吳・韋昭注，《國語》，頁 466。

75 漢・司馬遷撰、日・瀧川龜太郎會注考證，《史記會注考證》，頁 1086。另有《尸子》卷下：「**澤行乘舟，山行乘樏，泥行乘蕝**」，但在文句上「蕝」與「橇」，意義更加不相干。

又有南朝宋・顏延之《饗神歌》云：「**建表蕝，設郊宮。**」[76]均指路標、地標、標桿等以茅草建成的標誌物，未曾出現轉義為表率的文例。由此可見，雖然以「䜌」為「蕝」的說法有其根據，且頗富創見；但從「蕝」的實際字義和用法觀之，此解並不妥當。故簡、經本間的「表」、「蕝」通同已略嫌牽強。

綜上所述，筆者以為此句「䜌」字雖在字形上有釋作「蕝」的可能，但仍有三項疑點：其一是，《緇衣》篇中的無「艸」字頭的「𢇍」是「繼」字，沒用作「絕」；其二，「蕝」字在文獻上未見有用以表達「表率」的文例；其三，是簡本《緇衣》的思想脈絡中，為民表率是國君的作用，並不是臣僚作用。因此，筆者假設「艸」字頭的「䜌」是「繼」的異體字，再重新考量此字釋作「繼」的可能性。

（丁）《易・離卦》曰：

> **《象》曰：明兩作離，大人以繼明照于四方。**

孔穎達疏曰：

> **說是兩物各行也。今明者為體，前後各照，故云：明兩作離，是積聚兩明，乃作於離，若一明暫絕，其離未久，必取兩離前後相續，乃得作離卦之美。故云：大人以繼明照於四方，是繼續其明乃照於四方，若明不繼續，則不得久為照臨。**[77]

可知，古代「繼」字表達的是一種思想概念，即前後互相連續，遞相傳授的意思。筆者以為，《緇衣》「䜌」字的用法應與《易・離卦》「繼」字相同。大臣為「民之繼」，意為大臣乃連繫君民關係相繼不絕的重要關鍵，亦即君民間的聯絡者。如《易・離卦》所言，國君大人以大臣為「繼」，將君之「明」照於四方大眾。

《緇衣》第五章曰：「**民以君為心，君以民為體。**」此類強調君民互相作用的觀點一直存在於《緇衣》各章之間。由這樣的角度出發，則臣僚的重點作用乃是將國君的心意與恩澤傳給民眾，將國民之悲喜傳達給國君，由此保持「心」、「體」相合不絕，相互明知，前後相續，此應是第十一章的本意。因其本意如此，所以簡本此

[76] 清・嚴可均校輯：《全上古三代秦漢三國六朝文》，北京：中華書局，1958，第三冊，《全宋文》卷 36，頁 2634。

[77] 魏・王弼、晉・韓康伯注、唐・孔穎達等正義，《周易正義》，頁 271-272。

句之後未曾提及褻臣。褻臣是邪偽之臣，忠敬不足、富貴過甚，不僅不能作為君民之間的聯絡者，反倒離亂「心」「體」、阻礙上下情達。是故，只有大臣纔能溝通君民兩端，使之互明。

上海博物館所藏《性情論》竹簡第 7 簡，有「**宜（儀）也者，羣善之[艹/㡭]也**」[78]一語。雖然學界多仍將「[艹/㡭]」字釋作「蕝」，但以筆者淺見，此句若採「繼」的概念釋讀，其文義同樣順暢清楚。所謂「宜」（儀），是與人群善相接觸的中介，使人在社會的關係網絡中得以層層連續地向外交接、改善與群眾的關係，是故有「繼」的作用。經由上述考證，筆者以為簡本「[艹/㡭]」字本是「繼」字的異文，用來表達上下連接、相續不絕之義，而這正是大臣處在君、民之間的核心作用。

不過，因為「㡭」、「𢇍」兩字的筆誤混用，後人遂以為「㡭」、「絕」同字。又「[艹/㡭]」雖亦可視為「蕝」的字形，但因為「蕝」字可妥切地釋作「表率」，是故後人乃附會《國語・晉語八》「**置茅蕝，設望表**」之類的語句，強以「表」字取代「[艹/㡭]」字。由此，經本文義乃產生新解，並循此新解補充了「**邇臣不可不慎也，是民之道也**」文句，而此句已與簡本原意無甚關聯了。

戊、故君不與少悉大／君毋以小謀大，毋以遠言近，毋以內圖外

（甲）簡本皆作「不」；禮記經本作「毋」。

此句簡本採用沒有禁止意味的「不」字，經本則與後引的《尚書》文句同用表示禁止的「毋」字。筆者以為，簡本否定詞的用法應有準確涵義，經本的改動已涉及文意的變化。

王博先生早已發現，《緇衣》簡本稱國君為「有位者」，稱君子為「有德者」，將「統治者」與「君子」兩概念明確區分開來。[79]這個觀察頗有價值，對先秦儒者而言，實現德政的國君纔可稱為「君子」，此一概念絕不等同於所有統治者的泛稱。此句「**君不與少悉大**」，不用「長民者」、「有國者」、「上者」等稱呼，僅單用「君」，顯然已帶入有德「君子」的理想性。

《緇衣》一文旨在教導統治者作君子，此句的本意應為「真正有德的國君不會與小謀大」，而非禁止所有國君與小謀大。正因有此細微差異，所以簡本使用「不」字，接著纔用引文來告誡統治者：若想成為「君子」，就當禁絕以小謀敗壞大事。經本將否定詞統一改用「毋」字，便失去了部分的確切文意內涵。

78 馬承源主編，《上海博物館藏戰國楚竹書（一）》，頁 77、230。
79 王博，《簡帛思想》，頁 25-29。

（乙）簡本在本文中用「與」，在《尚書》引文中用「以」；經本則統一作「以」。

陳佩芬先生認為簡本此處「與」字是「以」的通假，[80]但筆者以為本文與引文用字既不相同，其文法與涵義亦不相同。章文「不與小謀大」是指「不與小人來圖謀邦國大事」，「與」用以表達「與同」的意思；經本雖改用「以」字，但孔穎達的理解依然是「與小臣而謀大臣之事」。[81]引文「毋以小謀敗大意」，意指「不要因小謀來敗壞大政」。簡本《緇衣》此處章、引文使用不同的否定詞和連接詞，表達的意涵層次也不相同。經本則失去了這層用意。

（丙）簡本皆作「悬」；禮記經本作「謀」

古文「謀」字从「母」得聲。《說文》有从「口」从「母」的「𠯠」字，與从「心」从「母」的「悬」字，皆為「謀」的古字。[82]戰國晚期中山王䜌鼎銘文亦有寫作「悬」的「謀」字。[83]

（丁）簡、經本的這異體字並未使文意出現釋讀上的不同，但上述否詞與聯詞的變化，反倒有了明顯的差異，而且簡本的論述層次、思想深度在經本中有被平板化、淺化的現象。此外，經本補充的兩句內容，對簡本思想的闡述亦無幫助。

己、則大臣不情／則大臣不㤩／君毋以小謀大，毋以遠言近，毋以內圖外

（甲）「情」、「㤩」、「怨」三字與第五章相同，即「悁」、「宛」、「怨」三個通用字。

（乙）經本上句補為三句，此句亦相類。但也同樣無益於簡本思想內涵的說明。

庚、替公之《募令》／㚟公之《募命》／葉公之《顧命》

（甲）郭店簡本作「替」；上博簡本作「㚟」；禮記經本作「葉」。

陳佩芬將上博簡的「𦍩」字讀作「辩」[84]；而郭店簡的「𢼸」則被學者們釋讀為「晉」，並認為這是「晉」字。循之，則上博簡的「辩」自然可視為「晉」的省文。[85]

---

80 陳佩芬，〈緇衣〉，頁 186。

81 漢・鄭玄注、唐・孔穎達疏，《禮記注疏》，頁 2322。

82 漢・許慎著、清・段玉裁注，《說文解字注》，頁 91 下。

83 《集成》器號 2840，現藏於河北省文物研究所。

84 陳佩芬，〈緇衣〉，頁 187。

85 相關論述參季旭昇主編，陳霖慶、鄭玉姍、鄒濬智合撰，《上海博物館藏戰國楚竹書（一）讀

上博七《總物流形》[86]亦有「[illegible]」字，曹錦炎先生釋作「[illegible]」字。[87]

「矢」字在戰國早期的楚簡中寫作「[illegible]」（曾侯乙墓第 56 簡）；到了戰國中後期則寫成「[illegible]」的字形（如長沙仰天湖 25 號墓第 31 簡）。郭店此字近似於曾侯乙墓，上博簡的寫法則和仰天湖的「矢」字相近。所以，這個字在兩種簡本中應該分別隸定作「[illegible]」和「[illegible]」。在甲骨文《合集》6461 中，已經有雙「矢」的字形（[illegible]），用作人名。

雖然多數學者認為，郭店此字應讀作「晉」，但郭店簡前文中（第五章）已經出現過「晉」字，寫從雙「至」和「日」的「[illegible]」。兩者字形明顯不同，顯知第十一章的「[illegible]」應非「晉」字。

此段《緇衣》引文不見於《尚書・顧命》，但出現在《逸周書・祭公》中。李學勤因此將它視作「祭」的異文。[88]據《國語・周語上》的記載，春秋戰國時期確有「祭（讀為 zhài）國」，位於今鄭州東北。祭公是周公的後裔，亦為「姬」姓之國。「穆王將征犬戎，祭公謀父諫曰：『不可。』」韋昭注：「祭，畿內之國，周公之後也，為王卿士。」[89]但「祭」字在郭店《老子・乙》第 16 簡、《性自命出》第 66 簡，和包山簡裡都寫作「[illegible]」[90]，與「[illegible]」字亦明顯不同，兩者難以視為同一字。

春秋戰國時期的「祭國」與「葉（讀為 shè）國」分屬不同地區。葉國在楚國域內，約今河南葉縣的位置。《左傳・成公十五年》云：「楚公子申遷許于葉」；《漢書・地理志上》亦言：「南陽郡，……葉，楚葉公邑。」[91]

清代王念孫等經學家推論，由於「祭」、「蔡」古字同，「祭公」或指「蔡公」。[92]考諸《左傳・定公五年》：「夏，楚人既克夷虎，乃謀北方。左司馬販、申公壽餘、

本》，頁 112-116。

86 此篇在上博七中由整理者定名為《凡物流形》。然筆者認為其首字釋讀有誤，該字應為「總」字異文。參郭靜云，〈再論《[illegible]物流形》的「[illegible]」字與篇名之意〉，簡帛研究網 2010-3-24 發布，http://www.jianbo.org/admin3/2010/guojingyun005.htm.」

87 曹錦炎，〈凡物流形〉，馬承源主編，《上海博物館藏戰國楚竹書（七）》，上海：上海古籍出版社，2007 年，頁 223。

88 李學勤，〈釋郭店簡祭公之顧命〉，《文物》，1998 年第 7 期，頁 46-47。

89 戰國周・左丘明撰、吳・韋昭注，《國語》，頁 1。

90 參張光裕主編、袁國華合編，《包山楚簡文字編》；張光裕主編、袁國華合編，《郭店楚簡文字編》。

91 晉・杜預注、唐・孔穎達等正義，《春秋左傳正義》，頁 1226；漢・班固撰、唐・顏師古注，《漢書》，頁 1563-1564。

92 參季旭昇主編，陳霖慶、鄭玉姍、鄒濬智合撰，《上海博物館藏戰國楚竹書（一）讀本》，頁 115-116。

葉公諸梁致蔡於負函，致方城之外於繒關。」杜預注：「三子，楚大夫也。此蔡之故地人民。」《左傳・哀公十六年》云：「葉公在蔡。」杜預注：「蔡遷州來，楚並其地。」[93]據此可見，春秋晚期以來，因為蔡國被楚國吞併，使得葉公和蔡公可視作同一個人。因此禮記經本寫作「葉公」，並非出自訛錯，而是當時的蔡公、葉公並沒有差別。

綜上所述，筆者推論簡本的「簮」、「𡗜」並非「晉」或「祭」字，而是楚文的「蔡」字。「銘文中「蔡」字是寫从「大」、「毛」，如宣王元年蔡簋作「[illegible]」[94]，楚文則作「𡗜」。

（乙）簡本皆作「募」；禮記經本作「顧」。

另外，即使這條引文與《逸周書・祭公》內容相同，但《逸周書》中並未明載該文篇名是〈顧命〉，此段文字也未見於《尚書・顧命》，所以應是出自與《尚書・顧命》無關的古書。即便是後人注疏，也都針對《禮記・緇衣》而作，未見有其它來源，據之引證仍嫌不足。易言之，簡本的「簮公之募令（或命）」，無法在文獻中證明其即為《顧命》。

理論上，「募」依字形應係「寡」字，「寡」、「顧」古音同，但出土文獻中未見有以「寡」作「顧」之文例。觀諸銘文，西周中期作冊益卣與西周晚期毛公鼎皆有「鰥寡」一詞、春秋晚期杕氏壺有「多寡」、[95]戰國中山王嚳方壺與中山王嚳鼎有「寡人」，均以「寡」字本義行之。中山王嚳方壺銘文同時有「寡」、「顧」二字，「寡」字寫作與楚簡相同的「[illegible]」，「顧」字則寫作从「鳥」、「募」聲的「[illegible]」，雖然讀音从「寡」，但不能視為以「寡」作「顧」的文例。《說文》謂「顧」从「雇」得聲[96]；郭店簡無「顧」字，[97]而「寡」字都用以表達本義，如《老子・甲》第2簡「視索（素）保僕（樸），少私寡欲」；[98]《魯穆公問子思》第4簡「寡人」；[99]《尊德義》第15簡「寡信」。[100]

93 晉・杜預注、唐・孔穎達等正義，《春秋左傳正義》，頁2581-2582、2686。

94 《集成》器號4340，藏處不明。

95 《集成》器號9715，現藏於德國柏林國立博物館東洋美術部。

96 漢・許慎著、清・段玉裁注，《說文解字注》，頁418下。

97 目前出土的楚簡中未見有「顧」字，唯包山簡有「雇」字（簡121-123）。

98 相當於傳世本第十九章「見素抱樸少私寡欲」。

99 荊門市博物館編著，《郭店楚墓竹簡・太一生水、魯穆公問子思》，北京：文物出版社，2002，頁18。

100 荊門市博物館編著，《郭店楚墓竹簡・尊德義》，頁15。

「寡」字兩次出現在《緇衣》中，第二次是在簡本第十七章，相當於經本第二十四章，其曰：「君子寡言而行」，鄭玄注曰：「寡當為顧，聲之誤也」。[101]但此說頗為可疑，觀諸其它文獻，未見有「顧言」一詞，而「寡言」一詞反而出現於相關的文獻中，如《禮記・內則》曰：

> 必求其寬、裕、慈、惠、溫、良、恭、敬，慎而寡言者，使為子師。[102]

儒者將「寡言」列為子師道德之一，其概念相當清楚。何故鄭玄僅在《緇衣》中說「寡」係「顧」之誤，卻未在《內則》中建議將「寡」讀作「顧」？這個問題尚需重新探究。

郭店《緇衣》簡本的兩處「寡」字寫法不同，第 11 章作「寡」，第 17 章則作从「見」偏旁的「䙣」。我們或可推測這是因為兩字本非同義。第十七章「䙣」的字義顯然為「寡」，應是「寡」的異文；至於第十一章的「寡」，筆者以為或有兩種釋讀的可能性。其一，將「寡」視為「顧」字異體的省文；其二，「寡」的字義根本與「寡」無關，乃从「分」从「頁」，故為「頒」的同形字，其意為「頒告」，如：

> 頒比法于六鄉之大夫。(《周禮・地官・小司徒》)
> 正歲年以序事，頒之于官府及都鄙，頒告朔于邦國。(《周禮・春官・大史》)，鄭玄注：「鄭司農云：『頒讀為班。班，布也，以十二月朔，布告天下諸侯。』」[103]

因「晉公之寡令」並非《尚書・顧命》,《逸周書》亦闕書名，故以現有資料考量，讀之為「頒令」、「頒命」皆可。

辛、毋以少悹敗大悳／毋以小謀敗大作／汝無以小謀敗大作

（甲）簡本皆作「悳」；禮記經本與逸周書傳本皆作「作」。

李零先生讀簡本「悳」字為經本「作」字；[104]劉信芳先生認為「悳」是「都」的

101 漢・鄭玄注、唐・孔穎達疏，《禮記注疏》，頁 2322。
102 漢・鄭玄注、唐・孔穎達疏，《禮記注疏》，頁 1329-1330。
103 漢・鄭玄注、唐・賈公彥疏，《周禮注疏》，頁 1113、1117。
104 李零，《上博楚簡三篇・校讀記》，頁 54、91。

異文；[105]陳斯鵬先生則提出了兩種說法：「馬承源先生在討論《孔子詩簡》時引上博簡《魯邦大旱》有「圖」字从口從者，可為佐證。圖，亦謀也。圖謀由心出，故字从心作。另，此字讀『緒』亦可通。《爾雅・釋詁》：『緒，事也。』《廣雅・釋詁》：『緒，業也。』」[106]。此字釋讀仍待更多文獻佐證，就現有資料而言，劉信芳與陳斯鵬的想法皆可從。

（乙）在《逸周書》傳本中，這兩句順序倒置，且直接使用「汝」字表明教導的對象。

壬、以卑御⿰目息妝句／以辟御⿱聿皿妝后／以嬖御人疾莊后／以嬖御固莊后

（甲）郭店簡本作「卑」；上博簡本作「辟」；禮記經本與逸周傳本皆作「嬖」

上博簡本「辟」為「嬖」的本字，故可視其與經本、《逸周書》傳本用字相同。孔晁注：「嬖御，寵妾也」[107]；鄭玄注：「嬖御人，寵妾也」[108]。觀《國語・鄭語》，對此字可有更進一步的瞭解：

> 褒人褒姁有獄，而以為入於王，王遂置之，而嬖是女也，使至於為后而生伯服。

韋昭注：「以邪辟取愛曰嬖」；又，韋昭另注《國語・周語上》曰：「御，婦官也」。[109]

郭店簡本作「卑」，為「辟」、「嬖」的同音字，然其用意可能與本章旨趣更為相應。這或可從先秦兩漢文獻中的「卑」字用法看出端倪：

> 天尊地卑，乾坤定矣。卑高以陳，貴賤位矣。（《易・繫辭上》）
>
> 里語曰：「腐木不可以為柱，卑人不可以為主。」（《漢書・劉輔傳》）[110]

---

105 劉信芳，〈郭店簡《緇衣》解詁〉，頁 172。

106 陳斯鵬，〈初讀上博楚簡〉，《簡帛研究網》2002 年 2 月 5 日。http://www.jianbo.org/Wssf/2002/chensipeng01.htm.

107 黃懷信、張懋鎔，田旭東撰，《逸周書彙校集注》，頁 937。

108 漢・鄭玄注、唐・孔穎達疏，《禮記注疏》，頁 2321。

109 戰國周・左丘明著、上海師範大學古籍整理研究所校，《國語》，頁 519、522、9、

110 魏・王弼、晉・韓康伯注、唐・孔穎達等正義，《周易正義》，頁 527-528；漢・班固撰、唐・顏師古注，《漢書》，頁 3252。

郭店本使用「卑」字，意即強調姬妾家族地位之卑賤。其他版本所謂的「嬖御」則指寵姬，在身分卑賤這層意義上較為薄弱。雖然「卑」、「嬖」的音、義基本相近，但郭店簡本卻較其他版本多了另一層涵義。

郭店簡本的「**妝句**」係「莊后」異文。郭店本以「卑」、「莊」對照，更加明晰地突顯了「高下」、「尊卑」的相對意義。筆者認為，此處既言毋因卑賤的婦侍而屈抑端莊的王后，(鄭玄注：「**莊后，適夫人。**」[111])則當以郭店簡本的用字最為精確。

（乙）禮記經本增補「人」字，然就文義、語句節奏而論，均無需補此「人」字。也許只因後句作「嬖御士」三字，故此句亦隨之補齊三字。

（丙）郭店簡本作「⿱⿰自白心」；上博簡本作「**⿱聿⿰自白**」；禮記經本作「疾」；逸周書傳本作「固」。

郭店本「⿱⿰自白心」字从「心」、「⿰自白」聲，整理者視為「息」的繁寫，[112]學者們皆從之。基本上，迄今雖未見有从雙「自」的「息」字，但就字形論，將「⿱⿰自白心」讀為「息」的說法似乎可從。

東漢劉熙《釋名・釋言語》言：「**息，塞也。**」[113]學者們亦多以「塞」義解釋「⿱⿰自白心」字。清代王先謙說：「**段氏音韻表，息、塞同在一部。**」[114]若取此用意，則其「⿱⿰自白心」與《逸周書》傳本的「固」是同義字，都表示「閉塞」。孔晁注《逸周書》曰：「**固，戾也**」。[115]或許正是基於這種理解，《逸周書》的古代抄錄者纔以字義更加明確的「固」字取代了原本的「⿱⿰自白心」字。但劉熙用以解釋「息」字的「塞」字，並非閉塞之意，實際上，他反倒說「**塞，滿也。**」清代畢沅《疏證》曰之：「**言物滋息。**」此義顯與《祭公》此文無關，故以「⿱⿰自白心」釋為「塞」，在文意上並不合理。

若比較此字在兩種簡本的寫法，則以「⿱⿰自白心」為「息」的理解恐怕自始即有錯誤。此字上博本作「**⿱聿⿰自白**」，陳佩芬先生釋為「盡」字的省文，此說無庸置疑。但其謂：「**从聿，皕聲**」，[116]雖然獲學者們同意，卻不夠準確。嚴格來說，此字有从「聿」、「⿰自白」聲的結構。古代「自」、「白」、「百」經常混用，尤其金文中時有其例，如西

---

111 漢・鄭玄注、唐・孔穎達疏，《禮記注疏》，頁 2321。

112 荊門市博物館編著，《郭店楚墓竹簡》，頁 134。

113 漢・劉熙撰、清・畢沅疏證，《釋名疏證》，上海：商務印書館，1936，卷四，頁 111。

114 漢・劉熙撰、清・王先謙疏證補，《釋名疏證補》，上海：商務印書館，1937，卷四，頁 189-190。

115 黃懷信、張懋鎔，田旭東撰，《逸周書彙校集注》，頁 937。

116 陳佩芬，〈緇衣〉，頁 188。

周中期作冊益卣將「盡」寫从「⿰自目」的「[illegible]」（盡）；西周晚期多友鼎也寫从「⿰自自」的「[illegible]」，可知「⿰自自」實係「皕」字的異文。據之，則郭店本的「⿰自息」亦實係「盡」的異文，不過其字形確實容易被誤解為「息」。或許正因如此，文獻中亦可以發現以「息」字表達「盡」義的例子：

> 其人存則其政舉，其人亡則其政息。（《禮記・中庸》），鄭玄注：「息，猶滅也。」

筆者推斷，這裡的「息」即通假於「盡」。

《說文・血部》曰：「盡，傷痛也」，[117]在先秦文獻中，其字義亦同：

> 征（延）先盡死亡。（作冊益卣）
> 唯馬毆盡。（多友鼎）
> 民罔不盡傷心。（《書・酒誥》），孔傳：「民無不盡然痛傷其心」[118]

《禮記》經本的「疾」與「盡」的讀音相同，應該也是「盡」的假借字。在「毋以少謀敗大惪，毋以辟御盡妝后」兩句中，「敗」與「盡」作互文，二者字義非常接近，所以簡本的用字比經本更加精確。《逸周書》傳本所用的「固」字本非「盡」、「疾」的通用字，但仍有近似「滅」的文義，例如《國語・魯語上》：

> 夫莒太子殺其君而竊其寶來，不識窮固又求自邇，為我流之於夷。

韋昭注：「固，廢也」。[119]若以廢、破敗之意來解釋「固」字，其義應與「盡」的涵義類同。且「固」字與「以小謀敗大作」的「敗」字也有明確的呼應關係。也就是說，雖然《逸周書》與《緇衣》簡本用字有異，但涵義皆同。或許這也是源自不同時代或地區用字習慣的版本差異。

---

117 漢・許慎著、清・段玉裁注，《說文解字注》，頁 214 下。
118 漢・孔安國傳、唐・孔穎達等正義，《尚書正義》，頁 559。
119 戰國周・左丘明著、上海師範大學古籍整理研究所校，《國語》，頁 176-177。

癸、毋以卑士𢘓夫夫、卿事／毋以辟士𧫶夫夫、向使／毋以嬖御士疾莊士、大夫、卿／汝無以嬖御士疾莊士、大夫、卿士

（甲）郭店簡本作「卑士」；上博簡本作「辟士」：經傳本皆作「嬖御士」。

郭店本的「**卑士**」是「卑官」的意思，指職位低微的官吏。觀之前後文句，卑賤的婦侍相對於端莊的夫人；職位卑下的官吏相對於克敬職責的大夫、卿士，都有明確的相對意思。

上博簡本作「**辟士**」，雖然「卑」與「辟」音、義近同，但其帶有以邪僻取寵的意味。經本循此意作「**嬖御士**」，鄭玄注之曰：「**嬖御士，愛臣也。**」[120]另補充「莊士」二字，將簡本原意的官職高低對比，進一步改成褻臣與節夫的對比。

（乙）簡本皆作「夫夫」；經傳本皆作「大夫」。

因「大」與「夫」經常通用，簡本的「夫夫」即「大夫」異文。

（丙）郭店簡本作「卿事」；上博簡本作「向使」；經傳本皆作「卿士」。

因「卿」與「鄉」寫法接近，二者時常混用。而「鄉」、「嚮」、「向」古文字同，故此處「向」、「卿」混用，應無疑問。「事」、「史」、「吏」、「使」古代亦為同一字，皆常用作官名，先秦都作「卿事」。如西周昭王時期的夨令方尊：

> **王令周公：子明保尹三事四方，受卿事寮。**[121]

以及西周晚期的銘文：

> **亦有卿事寮、大史寮……**毛公鼎
>
> **……王令攝嗣公族、卿事、大史寮……**番生簋蓋
>
> **我用召卿事……**伯公父簠[122]

---

120 漢・鄭玄注、唐・孔穎達疏，《禮記注疏》，頁 2321。

121 《集成》器號 6016，現藏於臺北故宮博物院。

122 《集成》器號 4628，現藏於陝西周原博物館。關於周代官職制度參見郭沫若，《中國史稿》，北京：人民出版社，頁 1962-1963，第一冊第二編第三章第二節，頁 124-130。另見郭靜云，〈中華文明歷史觀念之形成芻議〉，《史學現代化問題國際學術研討會》，天津南開大學，2008年4月。

漢代「卿事」被改作「卿士」，所以傳世文獻中都作「卿士」。[123]

(四) 簡本釋文與譯文

經過上述考釋，可得第十一章釋文如下：

> 子曰：「大臣之不親也，則忠敬不足，而富貴已過也。邦家之不寧也，則大臣不司，而褻臣侂也。此以大臣不可不敬，民之繼也。」故君不與小謀大，則大臣不怨。蔡公之《頒命》(或《顧命》) 云：「毋以小謀敗大惷，毋以卑御盡莊后，毋以卑士盡大夫、卿事。」■

筆者語譯如下：

> 子曰：「尊貴的大臣沒有被統治者親近，將使社會中忠敬不夠，而財富過度受重視。國家沒有安寧，這就是大臣不司事，而褻臣互相託付，拉攏黨緣。所以不可不敬重大臣，他們保持君民之間的相互關聯。」是故，國君不與小人來圖謀邦國大事，大臣就不怨悲。蔡公之《頒命》云：「不可因小謀而敗壞大事；不可因卑賤的婦侍來敗滅敬端莊的皇后；不可因職位低微的卑官來敗滅敬職位的大夫、卿事。」

(五) 思想的詮釋

第十一章的重點在於敬重忠臣。筆者在探究《緇衣》第二至四章時，已提出儒家《緇衣》與法家《申子》兩篇文章似若針鋒相對的觀察，彷彿《緇衣》是專為批駁申不害的理論而寫，或者反之。而第十一章亦屬類似情況，其與《申子》討論的問題相同，但觀點恰好相反。《韓非子・外儲說左上》引其說曰：

123 如《書・牧誓》：「是信是使，是以為大夫卿士」，孔傳：「士，事也」；《詩・小雅・十月之交》：「皇父卿士， 番維司徒」；《左傳・隱公三年》：「鄭武公、莊公為平王卿士」；《史記・周本紀》：「厲王不聽，卒以榮公為卿士，用事」。參見漢・孔安國傳、唐・孔穎達等正義，《尚書正義》，頁 422；漢・毛公傳、鄭玄箋、唐・孔穎達等正義，《毛詩正義》，頁 1120；晉・杜預注、唐・孔穎達等正義，《春秋左傳正義》，頁 108；漢・司馬遷撰、日・瀧川龜太郎會注考證，《史記會注考證》，頁 71。

> 韓昭侯謂申子曰：「法度甚易行也。」申子曰：「法者見功而與賞，因能而受官。今君設法度而聽左右之請，此所以難行也。」昭侯曰：「吾自今以來知行法矣，寡人奚聽矣。」一日，申子請仕其從兄官，昭侯曰：「非所學於子也。聽子之謁敗子之道乎？亡其用子之謁。」申子辟舍請罪。[124]

子思學派與申子的目的相同，皆要防除國君聽用褻臣私謁的情況，但兩者提出的方法完全相反。申子認為統治者必須設置固定的賞刑法則，而摒絕臣僚的請託。子思學派則反而主張統治者應尊重大臣的意見、注意聽用他們的進言，由此瞭解民情眾望，同時藉由大臣將國君的旨意傳達全境。簡言之，法家對這個問題的觀點是不聽用任何人的話，純粹依法行政；子思學派則以為「**大臣不可不敬**」。

在論述大臣的重要性時，《緇衣》作者提出了「繼」的概念。此說源自《易・離卦》的「**大人以繼明照于四方**」。君王之「明」經由大臣之「繼」纔能照於四方。以大臣為「繼」，纔能讓君民前後相續，使君民「咸有一德」。《緇衣》自始即強調君民之間互不可缺的親密關係，在這個基礎上，第十一章陳明大臣的核心作用乃在於作君、民之間的媒介。進一步來說，要實行德政的國君不可能與小人謀畫大政，則其對大臣的重視程度可想而知。在《緇衣》的思想脈絡中，大臣的作用確實至為關鍵。

到了經本，不僅既有字詞遭到變換，也出現了許多後人的補充。首先，經本論述大臣對民眾的影響時，已不見大臣作為君民之「繼」的概念，而直述：「**大臣不可不敬也，是民之表也；邇臣不可不慎也，是民之道也**」。依筆者淺見，有此改變的原因，乃戰國時期「𢇍」、「㡭」兩個反義字被訛誤混用，致使後人將「[illegible]」誤認為「蕝」，遂釋為「表」，並由此獲得新意。經本的補充即為了配合這個新意，卻又與原意矛盾。

其二，簡、經本中，聖子說法和作者傳授兩部分的章文分段並不一致。

其三，《緇衣》作者以「不」作否定詞，經本則改成表達禁止的「毋」。不僅語氣因此產生變化，亦失去原文區別「統治者」與「君子」兩種概念的意涵。簡本說明真正的君子一定會重視大臣，而經本只是重了複引文的詞句，故而失去了幾個不同層面的涵義。

其四，經本所補充的「**君毋以小謀大，毋以遠言近，毋以內圖外，則大臣不**

124 戰國韓・韓非著、清・王先慎撰、鍾哲點校，《韓非子集解》，頁285。

怨，邇臣不疾，而遠臣不蔽矣。」對簡本表達的原意無法產生任何說明作用。筆者認為，這些補充模糊了整體文意的焦點且顯累贅，往往不如簡本扼要而精確，其意涵即使源自先秦文獻，也不會是《緇衣》原文所有。

其五，在引文的部分，經本不以「卑高」對立來譬喻小人與大臣的地位，而直接以「真偽」表達兩者的對照關係。不過從上博本可見，這種變異早在戰國晚期即已發生了，也因此喪失了郭店本所示的部分原義。

四、從賢師到忠臣

《禮記・緇衣》旨在討論刑法以及培養忠臣（或謂之「賢臣」）的問題，與先秦簡本《緇衣》的主題不同。但經本的修改畢竟不能脫離原文，「賢臣」主題亦非憑空而來，簡本《緇衣》第十至十一章即專論賢臣。筆者針對這兩章的簡、經本進行比較研究後，發現兩者雖然論述的問題相同，但表達的意義差異頗多。

首先，簡本並非廣義地討論國君如何選用臣僚，其所謂的「賢」，乃專指孔子賢人及儒家子師而言。春秋戰國時期的諸君，雖然在表面上尊崇孔子，卻未能實際遵循儒家的德政之教，在此歷史背景下，先秦儒師纔悲觀地陳述「大人不親其所賢，而信其所賤。」尊賢卻不親近儒家賢人，反倒信用不值得看重的譖人，乃使國家教化轉趨邪偽。緊接著又在引文強調：諸君雖可見孔子聖人，卻不依其聖道。換言之，簡本並沒有提到如何培養賢臣，反而說已有賢人，但統治者不肯用他。在其思想脈絡中，賢臣指涉的並非統治者培養的忠臣，而是實行德政必須任用的儒家賢師。是以，簡本根本不必重視如何選用賢臣。

簡、經本在第十章引用《君陳》時，出現了關鍵性的差異。簡本對世人不願依聖受教表示悲慽之意，但未曾以為人們沒有遵從聖道的能力；經本則不關心人們遵從聖道的意願，反倒強調凡人自然沒有遵從聖道的能力。筆者認為此一差異反映出了先秦到兩漢間的思想變化。先秦儒家認為凡人皆能當聖人，此觀點在《孟子》中表達得最為明顯，然而漢代董仲舒、王充以來，反而強調凡人均難通達聖道。簡本《緇衣》的出土，證明了先秦思孟學派確實以為「聖人與我同類者」、「人皆可以為堯舜」。所以《緇衣》引用《君陳》，並不是表達凡人不能依循聖道，而是已有明確可見的聖道，但諸君不願依循。

第十一章則繼續論證賢臣的重要性，並提出了「繼」的概念。「繼」的概念源自《易・離卦》「大人以繼明照于四方」，即君王大人之「明」必須經由大臣之「繼」

纔能照於四方。大臣發揮了「繼」的作用，方能讓君民前後相續，而「**咸有一德**」。《緇衣》自始即一貫地強調君民間有互不可缺的密切關係，第十一章據此為基礎，進一步地說明作為君、民互動的媒介者，正是大臣的核心作用，而此一作用確實在《緇衣》的思想脈絡中至為關鍵，是故可知「**大臣不可不敬**」。

經本因為在此處出現了訛字，導致文意出現不妥當的變化。據簡本的邏輯，為民表率乃統治者本身的責任，並非大臣的作用；但經本卻反以大臣為民眾的表率。此外，經本此章亦有部分文句變化可見於上博簡本，故可知這些改動應早在先秦時即已發生。就目前所見的各種版本中，應以郭店本的用字最為精準，論述概念亦最清楚，是可推知最接近《緇衣》原意的，當屬郭店簡本。

先秦《緇衣》第十至十一章的主要內容在於論述任用大臣的重要性，筆者推論其文中所謂「**大人不親其所賢，而信其所賤**」，正表達了先秦儒師對當時列國政治的悲觀。春秋戰國時期的王侯公伯雖然表面上尊崇孔子為聖人，實際上卻不依循儒家的聖道，在政治上也不親近儒家賢人，反而信用那些不值得看重的譖人，導致國君對百姓的教化轉向邪偽。

藉由簡、經本間的對照，亦揭示了：簡本從儒家自由文人的角度論述諸君不聽用賢師的教育，經本《緇衣》則從統治者的角度，把「賢師」意指作「忠臣」，且將此選臣的議題擴充作全篇重點，原先《緇衣》的本旨也因出現變化。

拾

親民和刑政
——並論經本主題的來源

禮學傳統中，《禮記・緇衣》旨在論述刑措概念，故經本竄入的新首章曰：「為上易事也；為下易知也，則刑不煩矣。」鄭玄循之，並進一步強調「君不苟虐，臣無姦心，則刑可以措。」[1]然而刑措並非先秦《緇衣》唯一的寫作目的。我們在前文中已詳細地討論過《緇衣》從先秦到漢代的主題變化。為了使新主題能夠確立，經本整理者採用了三個明顯的手段：（一）作了新的篇首；（二）修改了原來的首章且竄入了簡本所無的「爵不瀆而民作愿，刑不試而民咸服」文句；（三）將原來的第十二章移至第三章的位置。

在先秦的《緇衣》中，第十二至十三章的段落專論刑措觀點。所以經本的新主題並非憑空插入，刑措的論述雖不為簡本《緇衣》的全篇主題，但也是其中的一個環結。先秦儒家思想自始至終一直涵蓋著刑措的理想。衹不過，簡本第十二、十三章對刑法的論述明顯構成完整的思想體系，而經本因兩章被分開、文字遭到修改，因此在論述上失去了精準性；況且簡、經本的論述角度亦有明顯差距。

下文將透過簡本第十二、十三章與經本第三、十三章的比較，闡明簡、經本刑措概念的角度差異、漢代經籍的變修趨勢，[2]並探究《緇衣》原本在刑措上的系統性構思。

此外，從上述各章校讐中可見，兩種先秦《緇衣》簡本幾乎相同，而經本則有很多不同之處。然而在第十二章的部分中，郭店、上博本卻出現了明顯的不同。這可能代表著《緇衣》在先秦時已有不同版本流傳，故郭店、上博簡本的文意未必隨處皆同。以鄙見，第十二章可揭示戰國早中期至晚期的思想演化，如何對儒家文本造成影響，甚至產生編變。

---

1 漢・鄭玄注、唐・孔穎達疏，《禮記注疏》，頁 2307。

2 關於此一問題，筆者曾作專文討論。請參拙著，〈楚簡《緇衣》論刑、親民和靈命之問題〉。

一、簡本第十二章與經本第三章的比較研究

(一)原文並列

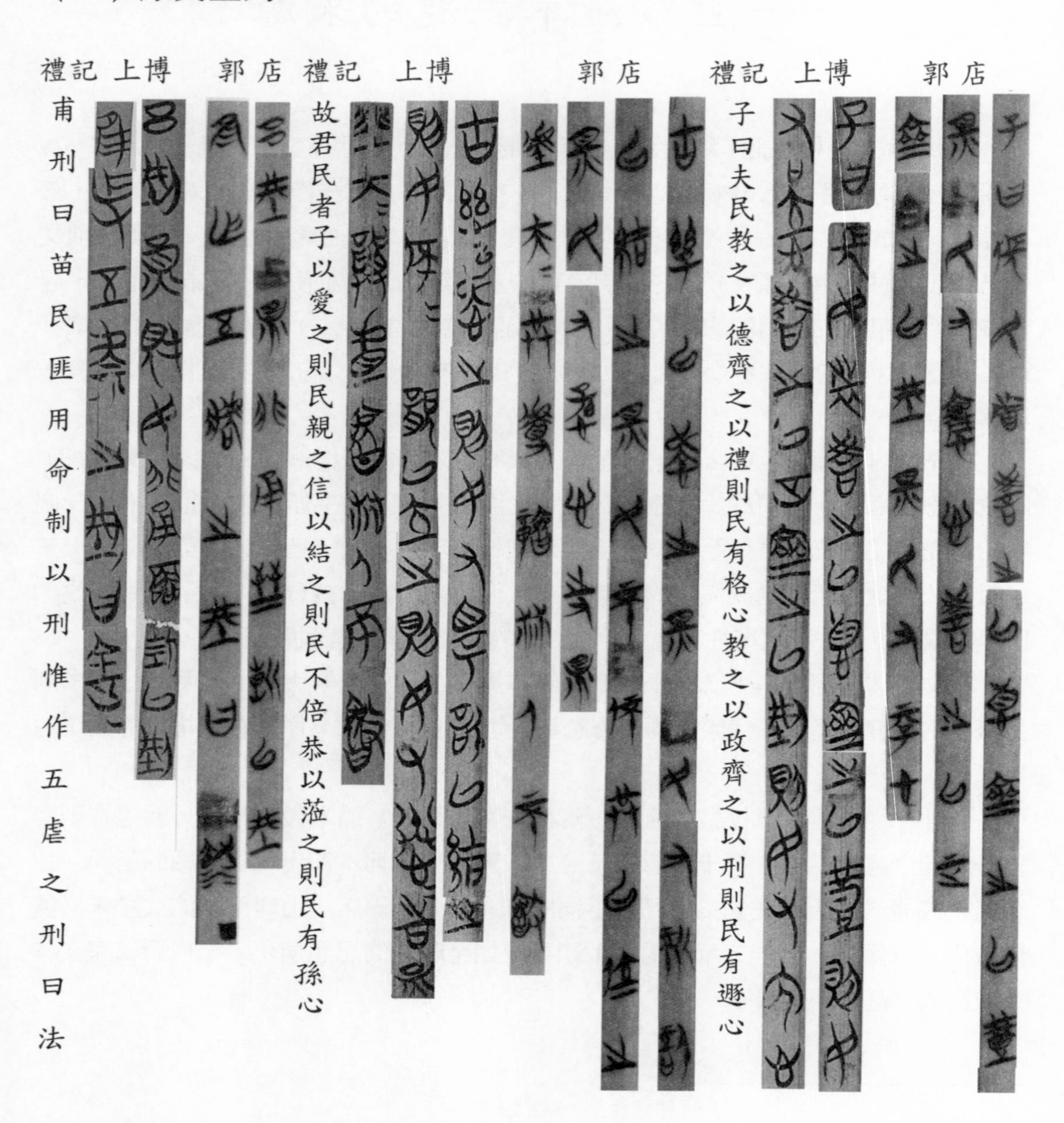

（二）釋文校勘

郭店第十二章：子曰：　倀民者誨之XXIII以悳，齊之以豊，𡉏民又懽心；誨之以正，齊之以埜，

上博第十二章：子曰：XII長民者誨之　以悳，齊之以豊，則民又㤅心；誨之以正，齊之以型，

禮記第三章：　子曰：夫民教之　以德，齊之以禮，則民有格心；教之以政，齊之以刑，

𡉏民又孚心XXIV。古　　𡙕以悉之，𡉏民又新；信以結之，𡉏民不伓；

則民又免心。　古　　慈以悉之，則民又睪；信以結之，則民伓=；

則民有遯心。　故君民者，子以愛之，則民親之；信以結之，則民不倍；

共以位之，𡉏民XXV又愻心。《𦘦》員：　虘夫=共叡𩐁，林人不歆。

龍以立之，則民　又恭=　。《㫐》員：XIII虘大=𢍰虘會，林人不歆。

恭以蒞之，則民　有孫心。

《呂埜》員：　非甬臸，斳以埜XXVI，隹乍五瘧之埜曰灋。■

《呂型》員：䚕民非甬霝，斳以型，　隹乍五㾐之型曰金。

《甫刑》曰：苗民匪用命，制以刑，　惟作五虐之刑曰法。是以民有惡德，而遂絕其世也。

尚書經本：　苗民弗用靈，制以刑，　惟作五虐之刑曰法。（〈呂刑〉篇）

墨子傳本：　苗民否用練，折則刑，　唯作五殺之刑曰法。（〈尚同中〉篇）

（三）文字的考釋及訓詁

在「子曰」部分，最關鍵之處即對民心的定語。由於三個版本均不相同，故在學術界引起了許多爭論；學者們極力尋找其中的通假關係，冀望能將三種版本加以統一。不過筆者推想，字彙差異牽涉著不同版本的流傳、各時代與地區的用字習慣、學者辯論等等今日難以探究的問題。因此，與其牽強地統一各種版本，不如尊

重每一種版本的用字和獨立性。在幾百年的歷程中，有不同版本流傳於天下是很自然的事，因此筆者將針對三種版本的用字作各別的討論。

甲、店簡本以「懽心」相對於「孚心」。

（甲）郭店簡本的「懽心」學者們多讀為「勸心」，[3]然「懽心」一詞之意義淺顯明白，實無需再作通假解釋。尤其是古代文獻中未見「勸心」一詞，而「懽心」卻現在《孝經・孝治》中：

> 子曰：「昔者明王之以孝治天下也，不敢遺小國之臣，而況於公侯伯子男乎。故得萬國之懽心，以事其先王。治國者，不敢侮於鰥寡，而況於士民乎。故得百姓之懽心，以事其先君。治家者，不敢失於臣妾，而況於妻子乎。故得人之懽心，以事其親。」[4]

關於《孝經》「懽心」之用意，虞萬里先生認為：「雖可釋為歡快，然審其後文，『以事其先王』『以事其先君』仍有『來』義『敬』義。」[5]筆者贊同此說，《孝經》用「懽心」並非單純用以描述喜悅之心，也不完全是「來」或「敬」的意思。依鄙見，「懽」應近於「合懽」之義。唐代元宗注云：「言行孝道以理天下，皆得歡心，則各以其職來助祭也。……諸侯能行孝理，得所統之懽心，則皆恭事，助其祭享也。……卿大夫位以材進，受祿養視，若能孝理其家，則得小大之懽心，助於奉養。」[6]此處正好也強調藉由「皆得歡心」、「統之懽心」、「得小大之懽心」，以達到「各來助祭」、「皆恭事」等相輔合懽的結果。

《大戴禮記・曾子立孝》於討論孝道時，也使用了「懽」字，其云：

> 君子之孝也，忠愛以敬；反是，亂也。盡力而有禮，莊敬而安之；微諫不倦，聽從而不怠，懽欣忠信，咎故不生，可謂孝矣。

3 如劉釗，《郭店楚簡校釋》，頁 60；黃人二，《上海博物館藏戰國楚竹書（一）研究》，頁 318 等。

4 唐・元宗皇帝御注、宋・邢昺疏，《孝經注疏》，頁 71-76。鄭玄注本作「歡心」。

5 虞萬里，〈上海簡、郭店簡《緇衣》與傳本合校補證，中〉，頁 78。

6 唐・元宗皇帝御注、宋・邢昺疏，《孝經注疏》，頁 71-76。

清代王聘珍解詁：「懽欣忠信者，樂父母之從，益盡其中心之誠也。」[7]高明先生今註：「懽欣忠信：是說由於父母聽從他的話，就懽樂喜悅，更竭盡他中心的誠信。」[8]根據〈孝治〉、〈曾子立孝〉的本文，與歷代經學家們的共同理解，「懽」是一種孝道概念，表達忠誠的孝愛，並意味著合懽、相懽、交懽等意涵。《大戴禮記・文王官人》亦有「懽忠」一詞，王聘珍《解詁》：「懽忠者，中心悅而誠服也。」[9]高明先生在此處將「懽」釋為「交懽」。[10]

郭店《緇衣》「懽心」之說正好符合此種思想脈絡。如果國君以德教化民眾，以禮整頓國家，則臣民皆有懽心，定將忠誠地悅服在國君治下。

（乙）在郭店版本中「懽心」與「孚心」為一組相對、相反的概念。學界曾對「孚」字的釋讀有過一些辯論，[11]不過目前大多數學者都遵循李家浩先生的見解，將之通假為「免」，[12]或讀為「娩」。[13]然依筆者淺見，此說證據仍不夠充分，因此有必要重新討論「孚」字的解讀問題。。

郭店簡本之「孛」（孚）字亦可見於包山、望山楚簡，張光裕先生釋之為「孛」。[14]就字形而言，筆者認為此說應屬準確。然該字在包山簡上用作人名，難以認定字義；而望山簡中兩次出現「心孛」一詞（在第 17 和 37 簡上），[15]與郭店「孚心」的用法顯然有互通之處。此外，望山簡第 38 簡上尚有从「心」、「孛」的「悖」字，與「孛」字同樣用於「心孛」一詞。[16]如果「孛」是「孛」，則「悖」即「悖」字，「孛」係「悖」的本字，尤其兩者均用於「心孛」一詞。「心孛」即是「悖」的字形結構，

---

7 漢・戴德撰、清・王聘珍解詁，《大戴禮記解詁》，《四部刊要・經部・三禮類》，臺北：漢京文化事業有限公司，2004，頁 81。

8 漢・戴德撰、高明註譯，《大戴禮記今註今譯》，臺北：商務印書館，1982，頁 176。

9 漢・戴德撰、清・王聘珍解詁，《大戴禮記解詁》，頁 193。

10 漢・戴德撰、高明註譯，《大戴禮記今註今譯》，頁 398。

11 如王寧讀為「惎」，然此說並無根據。參見王寧，〈郭店楚簡《緇衣》文字補釋〉，簡帛網 2002-9-12, http://www.jianbo.org/Wssf/2002/wangning03.htm.

12 參見李家浩，《九店楚簡》，中華書局，2000，頁 146；白於藍：《「孚」字補釋》，《上博館藏戰國楚竹書研究》，上海：上海書店出版社，2002，頁 456-459。

13 趙平安，〈從楚簡「娩」字的釋讀談到甲骨文的「娩」——附釋古文字中的「冥」〉，李學勤、謝桂華主編：《簡帛研究 2001》，桂林：廣西師範大學出版社，2001，頁 55-59；趙平安，〈郭店楚簡與商周古文字考釋〉，《古籍整理研究學刊》，2003 年 1 期，頁 1-3；馮勝君〈從出土材料談今本《老子》中「孩」字的釋讀問題〉，《古籍整理研究學刊》，2005 年第 2 期，頁 27-29。

14 張光裕主編、袁國華合編，《包山楚簡文字編》，頁 121。

15 張光裕主編、袁國華合編，《望山楚簡校錄附文字編》，頁 18。

16 張光裕主編、袁國華合編，《望山楚簡校錄附文字編》，頁 193。

由此推論，楚簡的「[illegible]」與「[illegible]」皆是「悖」字。就字形來看，筆者認為將此字釋讀作「免」和「悗」，並不如釋讀作「悖」字合理。

關於「悖」字之用意，《說文・言部》曰：「誖，亂也，从言，孛聲。悖，誖或从心。」《玉篇・心部》：「悖，逆也，亂也。」[17]

在郭店《成之聞之》第二十三簡上亦出現「[illegible]」字，目前讀為「勉」[18]不好通。其言「[illegible]之述也」。關於「述」字之義，《尚書・五子之歌》：「五子咸怨，述大禹之戒以作歌」，孔安國傳：「述，循也。」[19]正好與「悖」字相反。如果將「[illegible]」釋為「悖」，則「悖之述也」意為「雖然悖逆，但終將順從」。上海博物館《申公臣靈王》第八簡有言：「臣為君王臣，君王孚（悖）之死」[20]，若讀為「悖」，其文義亦通順。故以「[illegible]」為「悖」的釋讀在楚簡中是可以通用。

「悖」字在先秦與秦漢文獻中，均用以表達違逆、怨恨、乖戾、叛亂之義（有某些版本「悖」亦作「勃」的假借字），如：

> 徹志之勃（悖），解心之謬，去德之累，達道之塞。（《莊子・庚桑楚》）[21]
>
> 利在故新相反，前後相悖。（《韓非子・定法》）[22]
>
> 身之所長，上雖不知，不以悖君。（《荀子・不苟》）
>
> 王先謙《集解》引王引之曰：「悖，怨懟也。謂君雖不知而不怨君也。」[23]
>
> 萬物並育而不相害，道並行而不相悖。（《禮記・中庸》）

---

17 漢・許慎著、清・段玉裁，《說文解字注》，頁 97 下；梁・顧野王著：《大廣益會玉篇》，頁 38 下右。

18 荊門市博物館編著，《郭店楚墓竹簡・成之聞之》，頁 23。

19 漢・鄭玄注、唐・孔穎達疏，《禮記注疏》，頁 2317；漢・孔安國傳、唐・孔穎達等正義，《尚書正義》，265 頁。

20 馬承源主編，《上海博物館藏戰國楚竹書（六）》，頁 250。

21 成疏：「徹，毀也。勃，亂也。」釋文：「勃，本又作悖。」章太炎云：「作悖者與謬同意，然文當從勃為故書。」奚侗云：「悖正字，勃假字也。《呂覽・有度》篇『通志之悖。』（悖為誖之或體。）《廣雅》：『誖，癡也。』《荀子・正名篇》：『足以喻治之所悖。』楊注：『悖，惑也。』『徹志之悖。』言通其癡惑者也。」《呂覽》將此句寫：「通志之悖」。《說文》：「徹，通也。悖，亂也。」高注《呂覽》亦云：「悖，亂也。」戰國宋・莊周著、王叔岷，《莊子校詮》，頁 906-908。

22 王先慎曰：「乾道本『悖』作『勃』。顧廣圻云『今本「勃」作「悖」，誤。』先慎案：《說文》『誖』下云『亂也』，或從心作『悖』，『勃』下云『排也』。明乘亂之字應作『悖』，而『勃』為假借字。顧氏以正字為誤，蓋未知審耳，今據改。」戰國韓・韓非、清・王先慎撰、鍾哲點校，《韓非子集解》，頁 392。

23 趙・荀況撰、清・王先謙集解，《荀子集解》，頁 31。

致義，則上下不悖逆矣。(《禮記・祭義》)
於是有悖逆詐偽之心，有淫泆作亂之事。(《禮記・樂記》) [24]
有逆悖之心，無忠愛之義。(《漢書・燕王劉旦傳》) [25]

《漢書》此句明確地表達了「悖心」之義。若釋「孛」字為「悖」，則「民有悖心」文義通順。「懽」與「悖」是反義字，前者表達上下合懽、忠誠悅服、欣悅的孝愛關係；後者則表達上下相牴觸、怨恨的悖逆、悖亂。所以從字形、字義來看，郭店本《緇衣》中的「懽心」與「悖心」都是相對的概念。

乙、在上博簡本上「𧮫心」相對於「免心」。

（甲）上博簡本的「𧮫心」一詞，在釋讀上頗有困難。雖然在包山簡上早已出現「𧮫」(𧮫)與从「邑」的「𨛜」(𨛜)兩個字形，兩者用法相同，但字意不明，至今仍無圓滿的解釋。據郭店與禮記的版本，可知「𧮫」字應有正面的意思，但難知其準確的字義。學者們提出的推測頗多，但大都只是嘗試解決難題，尚未達完全定論的程度。[26]此處筆者从「𧮫」的字形著眼，再提出兩種證據仍未充分的想法。

其一，因古代「口」和「日」偏旁常被混用，所以「𧮫」可為「昱」字之異文，但依此解，「昱心」一詞究竟何指卻不夠清楚。其二，「𧮫」可釋為「音」字之異文，雖然《說文解字》「音」字寫法為「𠫷」，[27]與楚簡之「𧮫」相差甚遠，但理論上，「𧮫」確實可以隸為「音」字無疑。循之，我們可推測包山簡的「𨛜」應為「部」字，而上博簡的「音」或許可讀為「陪」，即陪輔、配合的意思。然而這些解釋都頗為牽強。從上博本第十二章全文來看，其內容與經本較近，在沒有其他線索的情況下，目前只能將「𧮫」視為「格」的異文（而包山的「𨛜」或許即為「𨸏各」[28]的異文）。

（乙）在上博本中「𧮫心」與「免心」相對，應有反義字的關係。在解釋上博本「免心」一詞時，學者們常引《論語・為政》所言：

24 漢・鄭玄注、唐・孔穎達疏，《禮記注疏》，頁 2245、2036、1666。
25 漢・班固撰、唐・顏師古注：《漢書》，頁 2758。
26 關於學界辯論的概況，參見季旭昇主編，陳霖慶、鄭玉姍、鄒濬智合撰，《上海博物館藏戰國楚竹書（一）讀本》，頁 118-119。
27 漢・許慎著、清・段玉裁，《說文解字注》，頁 215 上。
28 據《史記》年表，漢有張𨸏各，故「𨸏各」為人名，然字義不詳，參見漢語大字典編纂委員會編：《漢語大字典》，卷六，頁 4127。

子曰：「道之以政，齊之以刑，民免而無恥；道之以德，齊之以禮，有恥且格。」

孔子的意思是，若以政權教導百姓，以刑法整理國家，則人們只會想方設法苟免刑罰，而不會懷有內在的道德，亦即沒有「恥心」。何晏注：「孔曰：免，苟免。」邢昺疏：「言君上化民不以德，而以法制刑罰，則民皆巧詐苟免，而心無愧恥也。」這兩段注文顯示出儒家傳統中，對這一句話的理解向來如此。[29]

若從「免」字在《論語・為政》裡的用意，理解上博本《緇衣》的這句話，則「免心」應表達巧詐的思維。這種意思與郭店「悖心」有所不同，而與禮記的「遯心」相同。唐代陸德明釋文曰：「遯，徒遜反，亦作遁。」元代陳澔《禮記集說》：亦謂「遯，謂逃遯苟免也。」[30]可見「免」和「遯」可連接為同一個概念。

在探究上博本的「免心」之義時，或許還可以考慮「悗心」一詞。[31]先秦以來「悗心」即為養生學用詞，表達一種煩悶的感覺。「悗」字在《黃帝內經・靈樞經》中曾多次出現，如：

黃帝曰：「何謂逆而亂？」岐伯曰：「清氣在陰，濁氣在陽，營氣順脈，衛氣逆行，清濁相干，亂于胸中，是謂大悗。」（〈五亂〉）

馬蒔曰：「亂在胸中，是之謂大悶也。」

張介賓曰：「亂于胸中而為悗悶。」

楊上善曰：「營氣逆行，衛氣順行，即逆順亂矣。�，因悶。」

桂山先生曰：「『悗』又作『鞔』。《呂覽》「胃充則中大鞔」是也。」

黃帝曰：「甘走肉，多食之。令人悗心，何也？……蟲動則令人悗心。」（〈五味論〉）

下氣不足，則乃為痿厥心悗。（〈口問〉）[32]

筆者認為，「悗心」一詞在先秦的版本中，應可寫作「免心」。這種「悗心」的概

29 魏・何晏等注、宋・邢昺疏，《論語注疏》，頁 38-39。

30 元・陳澔注，《禮記集說》，臺北：台灣啟明書局，1952 年，頁 299-300。

31 汪中文先生曾提出將郭店本此處讀作「悗心」的假設，但筆者認為應是上博本釋讀為「悗」，而非郭店本。參見汪中文，〈《郭店・緇衣》「則民有悗心」解〉，簡帛研究網，2004/3/21，http://www.jianbo.org/admin3/list.asp?id=1121/。

32 日・澀江抽齋著，《靈樞講義》，北京：學苑出版社，2003 年，頁 610-611、845、573。

念，表達的是全身逆亂的狀態，與郭店本「悖心」有相同的意味，而與禮記「遯心」的意思不同。雖然這是養生學的用詞，但先秦養生學已有很濃厚的思想內涵，足以影響百家的思想。《莊子・大宗師》曰：

> 悗乎忘其言也。成玄英疏：「悗，無心貌。」[33]

桂山先生認為：「『悗』又作『鞔』。」李家浩先生認為包山楚簡與信陽楚簡的「韓」也是「鞔」，然而「韓」字的結構是从「韋」、「孛」的「韓」，[34]楚文「革」字的寫法卻是「[illegible]」，與「[illegible]」（韋）不相似，「[illegible]」（孛）與「[illegible]」（免）也不同。所以從字形來說，「孛」、「韓」與「免」、「鞔」均不相干。但從養生學中的「悗」概念來看，卻可發現「悗心」與「悖心」的同義性。或許養生學的「悗心」概念可作為郭店的「悖心」與禮記的「遯心」（免心）之間的橋樑。

以筆者淺見，上博本的「免」字可能尚無「苟免」之義，而僅是「悗」字異文，與郭店本的「悖」字同樣表示逆、亂的狀態。換言之，郭店、上博二本字雖異而義相同，僅不同時代間用字習慣有別而已。然因歷史語言演變，後人把「免」理解為「苟免」，才進一步寫作「遯」字。

丙、在禮記經本上「格心」相對於「遯心」。

及至經本「格心」與「遯心」的概念，後者可能源自戰國晚期版本所用的「免心」一詞，只是被理解為「苟免」之義。「遯」的字義也是「苟免」，然同時也帶有《易》裡面的「遯」卦概念，或許經本用「遯」與此有關。雖然「遯」卦主要是與「大壯」卦相對，但在文王卦序中，「遯」卦與「恆」卦正好處於兩個相對之中點位置。《序卦》言：

> 恆者久也。物不可以久居其所，故受之以遯。遯者退也。[35]

這說明了在漢朝人的認知裡，《易》的「遯」與「恆」是兩種相反的概念。經本《緇衣》最後一章以「恆」作結，將「恆」視為極高的理想，並補充、強調《易》的智

33 戰國宋・莊周著、王叔岷，《莊子校詮》，215-220。
34 李家浩，《九店楚簡》，頁 146。
35 魏・王弼、晉・韓康伯注、唐・孔穎達等正義，《周易正義》，頁 692。

慧。因此，在經本的思想脈絡中，「遯」確實有負面意思。或許經本所用的「遯心」一詞，原本就蘊含著這種內在邏輯。

關於經本的「格心」，孔穎達疏：「格，來也。君若教民以德，整民以禮，則民有歸上之心，故《論語》云『有恥且格』。」[36]「各」和「格」的本義確實是「來」，此處「格」字用以表達其本義，因而便構成「格」與「遯」兩種概念上的相對。

丁、孳以悉之／慈以悉之／子以愛之

因學術界普遍認為三種版本之文句相同，故對異體字未作進一步討論。其中「孳」、「慈」、「子」基本上是同一字。關於「悉」字，《玉篇・心部》云：「悉，《說文》：『惠也』，今作愛。」[37]將「悉」定為「愛」的古字，因此從字面來看，三種版本間並無概念上的差異。但若細究之，同樣可以發現從簡本到經本之間的歷史語言變化，並造成文義上的些微不同。

（甲）釋「悉」

《說文・心部》曰：「悉，惠也」，段玉裁引許慎的定義，並建立了精確的描述：「叀部曰：『惠，仁也』。仁者，親也。」[38]據此可知，「悉」字所表達的概念恰可與《緇衣》的思想脈絡契合。依《緇衣》前文的論述，「𢘅」是通篇的中心概念，並用以表達「親」的本意。所以從《緇衣》的思想角度來看，段玉裁揭示的「悉」與「𢘅」之間的概念連繫，正是其中關鍵所在。

在郭店簡上屢次出現「悉」字，如《五行》簡 XXI 曰：

> 不新（親）不悉，不悉不𢘅。[39]

很清楚地揭示了「親」、「悉」、「𢘅」（仁）等概念之間的密切關係。《唐虞之道》簡 VI-XIII 也對「親」、「悉」、「𢘅」、「孝」這些概念作了系統性的論述：

> 堯舜之行，悉 VI 睪（親），隣睪（尊親），古（故）孝；隣臤（尊臤（賢）），古（故）播。孝之蚄（方），悉天下之民。播之流，世亡，忈直。孝，𢘅之免

---

36 漢・鄭玄注、唐・孔穎達疏，《禮記注疏》，頁 2310。

37 梁・顧野王著，《大廣益會玉篇》，頁 41 上左。

38 漢・許慎著、清・段玉裁，《說文解字注》，頁 506 上。

39 荊門市博物館編著，《郭店楚墓竹簡・五行》，頁 21。

> （冕）也。VII……悉㚟（親），忎臤（賢），㥁而未義也。……VIII……IX悉㚟（親），障臤（尊賢），吳（虞）舜其人也。……X-XII……悉而正之，吳昰（虞夏）之㓥（司）也。[40]

在戰國時期的金文上，「悉」字的思想範疇亦同，如中山王嚳方壺：

> 夫古之聖王敄（務）纔得賢，其即得民，㫾（故）辞（辭）豊（禮）敬則賢人至，惪悉深則賢人新（親）。[41]

《說文》在定義「悉」字之後接續曰：「㤅，古文。」包山楚簡、郭店楚簡中亦屢次出現「㤅」字：

> 㤅膳（善）之胃（謂）㥁。（郭店《語叢一》簡 XCII）
> 㤅生於眚（性），㚟（親）生於㤅。（郭店《語叢二》簡 VIII）
> 父孝子㤅，非又（有）為也。（郭店《語叢三》簡 VIII[42]）

從這些文例可知，「㤅」與「悉」乃同一字的兩種寫法。質言之，「㤅」在楚簡文獻中確如許慎所言，乃「悉」的繁文；但同時「㤅」亦可釋作「慨」字。《說文・心部》雖然另有「慨」字，然「㤅」的篆文寫作「[illegible]」，「慨」篆文作「[illegible]」，兩字結構皆从「既」、「心」，讀音亦同。關於「慨」字，許慎云：「慨，忼慨也」，關於「忼」（慷）字，又云：「忼，忼慨，壯士不得志於心也。」[43]「慨」字亦有寬厚慈惠、不吝嗇等意思，因此可與「㤅」、「悉」字義互通。就語文字彙的發展過程而言，先秦的「㤅」應是漢代「慨」字的本字，先秦時均用以表達「仁惠」之義。漢代以來，「慨」字另外蘊含了「感慨」之義。但關鍵點在於「悉」、「㤅」兩字均非「愛」的本字。

《說文・夊部》有「憂」字，一般被視為「愛」字的篆字，其云：「憂，行皃，从夊，悉聲。」許慎明確地揭示出漢代「憂」字的意思不在「仁惠」的範圍中，「悉」

---

40 荊門市博物館編著，《郭店楚墓竹簡・唐虞之道》，頁 6-13。郭店《尊德義》、《成之聞之》「悉」字的用意亦相同。

41 戰國早期的中山國𦉜䖣壺「昔者先王孳（慈）㤅百每」，實際上也是「悉」字的筆誤，寫法很接近。參見《集成》器號 9734，現藏於河北省文物研究所。

42 張光裕主編、袁國華合編，《郭店楚簡文字編》，頁 624、629、637。

43 漢・許慎著、清・段玉裁，《說文解字注》，頁 503 上。

字被用作「㤅」字的聲符，但非其本字。所以段玉裁、朱駿聲等清代說文專家都把「愛」定為語音假借字，如段玉裁云：「今字假愛為㤅，而㤅廢矣。」[44]既然《說文》中的「愛」字尚未發展出「仁愛」、「愛情」等字義，我們可以從而肯定，「愛」取代「㤅」字的情況必然是漢代之後纔發生的，所以《禮記》今傳本用「愛」字，已是漢代之後的修改，漢代的經本應不會用「愛」字。況且，「愛」今字與「㤅」古字的意義範圍並不相同，這點相當關鍵。雖然「愛」假借了「㤅」字的「仁惠」之意，但它更有「感情」、「喜愛」等古「㤅」字所無的涵義，「愛」字也涵蓋了男女間之「愛戀」，以及與「㤅」完全相反的「吝惜」之義。從「愛」字的指涉範圍來看，無法建立起上述「親」、「㤅」、「仁」之間的概念關係。是故，從歷史語言和儒家思想本義的角度來看，原本的「㤅」字纔是精確的字彙。漢代以後的版本根據後世歷史語言，以「愛」字取代了「㤅」字，也一併失去了這些古字間的內在邏輯。因此，今日出土的先秦版本實有助於我們理解《緇衣》中各種概念之間的相互關係，使我們能更準確地欣賞此一精彩的論述的過程。。

（乙）「孳」、「慈」與「子」之異同

「孳」、「慈」為同一字之兩種寫法。經本的「子」字亦有類似用意，如《詩・周頌・時邁》云：「時邁其邦，昊天其子之。」鄭玄箋：「天其子愛之。」[45]然而「子」與「慈」的意味稍微不同，「慈」與「子」都表達「將之當作親生子女」的意思，但比起「子」字，「慈」更有濃厚的「父愛」意味，更強調「愛」的感覺。關於「孳」、「慈」與「子」的差異，筆者推測，或許後來的版本以「子」字取代了原本的「慈」，也和「㤅」字被「愛」取代有關。「愛」的今字涵義過於偏向愛情，所以「慈以愛之」的意思似乎有重複累贅的感覺，若換成「子」字，則「愛之如同親生子女」的意思會更加順暢，且無重複之感。原來的「㤅」字非指「愛情」，而是純取其「仁惠」之意，所以先秦簡本並無用字重複的感覺，關於儒家孝道的「慈」概念，其用字相當精確。

---

44 漢・許慎著、清・段玉裁，《說文解字注》，頁 233 上；清・朱駿聲撰《說文通訓定聲》，北京：中華書局，1998，頁 578 下。

45 漢・毛公傳、鄭玄箋、唐・孔穎達等正義，《毛詩正義》，頁 1981-1982。此外，《禮記・禮運》亦言：「故人不獨親其親，不獨子其子。」漢・鄭玄注、唐・孔穎達疏，《禮記注疏》，頁 1026。

戊、民不伓／民伓=／民不倍

上博本的重文符號僅標示右側偏旁的重複，故與郭店本無異。楚文中的「倍」都表達違背的意思，如馬王堆漢墓帛書《黃帝四經・經法・論約》：「**伓天之道，國乃無主。**」或《黃帝四經・經法・四度》：「**伓約則窘（窘），達刑則傷。**」[46]因此三個版本的用字皆為「不背」的異文，「背」與「結」是反義詞，「結」與「背」相對，構成此一文句之思想重點。

己、共以位之，昗民又悉心／龍以立之，則民又劵=／恭以莅之，則民有孫心

（甲）郭店簡本作「**共**」；上博簡本作「**龍**」；禮記經本作「**恭**」。

《緇衣》第二章引了《詩・小雅・小明》「**靖恭爾位**」之句。在這一句上郭店簡本用「共」字，上博簡本用「龔」，皆為「恭」之異文，第十二章亦如此。

（乙）郭店簡本作「**位**」；上博簡本作「**立**」；禮記經本作「**莅**」。

至於「位」字，在兩個簡本的第二章中均寫作「立」，而郭店簡本此處卻寫作「位」，可知此「立」與「位」應非同字，尤其經本此二字亦有區分。古代的「位」字常用以表達「莅」的字義，如《戰國策・韓策三》：「今王位正」，王念孫《讀書雜志・戰國策三》云：「位讀為『涖』，正讀為『政』。言自今王涖政以來……僖三年《穀梁傳》曰：『莅者位也。』『位』與『涖』莅義同而聲相近，故字亦相通。《周官・肆師》：『用牲於社宗則為位。』故書『位』為『涖』，是也。《秦冊》曰：『臣聞明主莅正。』即『莅政』也。」[47]所以此處三個版本的用字，應均為「莅」之異文，故三者的文句亦相同。

（丙）「悉心」、「孫心」與「劵=」

在文獻中，「孫」、「悉」、「遜」三字通用，如：

> 悉，順也。（《說文・心部》）
>
> 孫，猶恭順。（鄭玄注《禮記・學記》）
>
> 邦無道，危行言孫。（《論語・憲問》），何注：「孫，順也。」

---

[46] 馬王堆漢墓出土帛書、陳鼓應註譯，《黃帝四經今註今譯》，頁160、122。

[47] 漢・劉向集錄、范祥雍箋證、范邦瑾協校，《戰國策箋證》，頁1619-1622。

百姓不親，五品不遜（或作愻）。（《書・舜典》），孔傳：「遜，順也。」[48]

故此處郭店簡本與經本相同。

然而上博本的「䙴=」不可能是「愻」的異文。陳佩芬先生認為：「『䙴』字下有合文符，為『䙴心』兩字。中山國《𠫑𧊒壺》銘文『隹（惟）送（朕）先王』，『䙴』字所從之『关』之相同。」[49]戰國晚期《𠫑𧊒壺》的銘文有「[illegible]」字，[50]其中「[illegible]」部分與上博簡本「[illegible]」字的「[illegible]」部分確實相同；信陽長臺關楚簡、望山楚簡、傳信漢簡的「关」亦寫作「[illegible]」、「[illegible]」、「[illegible]」，與上博簡相近。[51]因此陳佩芬先生的隸定方法是準確的，然有關該字的解釋，筆者仍感疑惑。

因上博「关」字相當於郭店的「愻」，多數學者循著整理者的見解，將之讀為「愻」。此外，因郭店《尊德義》將「尊」字寫从「酉」、「关」，[52]劉國勝先生乃將信陽簡上的「关」字讀為「寸」。[53]如此，文義雖然可通，但基本疑問仍未解決，亦即，「关」（朕）字的古音與「愻」、「寸」不同。[54]沈培先生發現，雖然「关」本為「朕」古字，但亦可作為「勝」字聲符，且在地方語言中可讀為「遁」、「循」，[55]故「䙴」可為「愻」的語音假借字。

將上博簡「䙴」字讀為「愻」，此說可從。但這裡尚有另一種可能性，張亞初先生在戰國時期的董武鐘銘文上早已發現用作人名的「䙴」字，而釋作「惓」的省

48 漢・許慎著、清・段玉裁，《說文解字注》，頁 504 下；漢・鄭玄注、唐・孔穎達疏，《禮記注疏》，頁 306；魏・何晏等注、宋・邢昺疏，《論語注疏》，頁 306；漢・孔安國傳、唐・孔穎達等正義，《尚書正義》，頁 117。

49 馬承源主編，《上海博物館藏戰國楚竹書（一）》，頁 188。

50 《集成》器號 9734，現藏於河北省文物研究所。

51 參見滕壬生編著，《楚系簡帛文字編（增訂本）》，武漢：湖北教育出版社，2008 年，頁 206；張光裕主編、袁國華合編，《望山楚簡校錄附文字編》，頁 40、212、216。

52 荊門市博物館編著，《郭店楚墓竹簡》，頁 174。然金文中，「关」均為「朕」、「勝」、「塍」「[illegible]」、「賸」「[illegible]」「縢」「[illegible]」、「[illegible]」字的聲符，何琳儀先生乃將「尊德」讀為「勝德」，參見何琳儀，〈郭店竹簡選釋〉，《簡帛研究二〇〇一》，桂林：廣西師範大學出版社，2001，頁 65。不過陳偉先生早已指出文獻中未見「勝德」一詞，而「尊德」可見於《孟子》和《孝經》，故此一問題尚有討論餘地，參見陳偉，《郭店竹書別釋》，頁 135-136。

53 劉國勝，〈信陽長臺關楚簡《遣策》編聯二題〉，《江漢考古》，2001 年第 3 期，頁 66-70。

54 望山簡該字用義不詳，而張德芳先生將傳信簡的「[illegible]」讀為「共」，然從字形而言，此種釋讀恐有疑問，參見張德芳，〈懸泉漢簡中的「傳信簡」考述〉，《出土文獻研究》第七輯，上海：上海古籍出版社，2005，頁 71、圖版頁 5。

55 沈培，〈上博簡《緇衣》篇「䙴」字解〉，《華學》第六輯，北京：禁城出版社，2003，頁 68-74。

文。銘文載：「巻乍禾□」（惓作龢〔鐘〕）。[56]筆者認為，張亞初先生的釋讀合理，且可適用於上博本《緇衣》。《漢書・劉向傳》：「欲終不言，念忠臣雖在甽畝，猶不忘君，惓惓之義也。」顏師古注：「惓惓，忠謹之意。」[57]不同版本的用字未必相同，且未必有密切的假借關係，因此我們不能排除「巻」可釋讀為「惓」的可能性。郭店的「愻心」意為「恭順之心」，而「惓心」係「忠謹之心」，兩者意思相近。其間的差異可能源自不同版本的流傳。

筆者認為，「愻心」一詞可用以強調君民之間猶如父子的關係，更能符合《緇衣》的思想脈絡。

庚、虐夫=共叡贛，林人不歛／虐大=龏虘會，林人不歛

禮記經本無此段引文，三家《詩》中亦無此詩。學者們公認這段逸詩的釋文為：「吾大夫靡人不斂」。[58]

筆者考證其字體如下：

（甲）「虐」係「吾」，「叡」係「且」，此釋讀已毋庸置疑。

（乙）「歛」係「斂」，「贛」則與「歛」不同，應讀為「儉」，「恭且儉」，恭儉也。

（丙）關於「林」字，《說文・林部》將「林」釋為「葩之總名」，[59]「葩」字意指華麗，如同花形裝飾，如張衡《西京賦》：「驪駕四鹿，芝蓋九葩」；《思玄賦》：「轙琱輿而樹葩兮」，李善注：「葩，蓋之金華也。」[60]「靡」字亦有相同的用意，如《漢書・韓信傳》：「靡衣媮食」，顏師古注：「靡，輕麗也」。[61]「靡」字的寫法从「林」，據許慎的定義，「林」的字義與「靡」有關。是故，「吾大夫恭且儉，靡人不斂」的釋讀，基本上是準確的。但此處「靡」字不會是「輕麗」的意思。從這個文句的結構來看《詩・邶風・泉水》相同：

56 《集成》器號 34，藏處不明，張亞初編著：《殷周金文集成引得》，北京：中華書局，2001，頁 1。

57 漢・班固撰、唐・顏師古注，《漢書》，頁 1932-1933。

58 劉信芳，〈郭店簡《緇衣》解詁〉，頁 173；劉釗，《郭店楚簡校釋》，頁 61；李零，《上博楚簡三篇・校讀記》，頁 55；季旭昇主編，陳霖慶、鄭玉姍、鄒濬智合撰，《上海博物館藏戰國楚竹書（一）讀本》，頁 120；黃人二，《上海博物館藏戰國楚竹書（一）研究》，頁 138。

59 漢・許慎著、清・段玉裁，《說文解字注》，頁 335 下。

60 漢・張衡著、張震澤校注，《張衡詩文集校注》，頁 78、229、231。

61 漢・班固撰、唐・顏師古注，《漢書》，頁 1871。

有懷於衛，靡日不思。鄭玄箋：「靡，無也。」[62]

黃德寬與徐在國先生將「**靡人不斂**」釋為「**無人不斂**」，[63]應是。不過依筆者淺見，或許把「靡」釋為「莫」會更為準確，「靡」與「莫」古音同，古代「靡」、「磨」、「劘」、「莫」通用的文例，可散見於各種文獻中。[64]《邶風・泉水》「**靡日不思**」即是說「沒有一日不思念」，而「**靡人不斂**」應該就是「無人不聚集」的意思。

（丁）季旭昇先生認為，「儉」與「斂」都有節儉、約束之義。[65]但筆者以為兩字在文本有明顯的區別，其不僅字形不同，表達的字義也不同。

（戊）據筆者的理解，《緇衣》引詩言：「我的大夫恭敬且節儉，所以莫人不聚集，皆要來作我國的國民」。

辛、非甬巠／覒民非甬霝／苗民匪用命／苗民弗用靈／苗民否用練

（甲）郭店簡本無前兩字；上博簡本作「**覒民**」；禮記與尚書經本及墨子傳本皆作「**苗民**」。

「覒民」乃是「苗民」之古代寫法，對此參見虞萬里先生的訓詁。[66]

郭店簡本無「**覒民**」或「苗民」兩字。關於這個問題，學者們均一致認為：《呂刑》原文就有討論「苗民」虐性的內容，但郭店《緇衣》在引用時刪除了。程元敏先生說：「**《緇衣》泛引典故以證凡民有惡德，遂絕其世，不必限指苗民，故引經『苗民』二字可省，《郭簡》是，今本後儒竄多**」。[67]劉信方先生說：「**竹簡鈔錄者不錄『苗民』二字，蓋其時楚與苗雜居，是以有筆削也。**」。[68]因上博簡本有「**覒民**」

---

62 漢・毛公傳、鄭玄箋、唐・孔穎達等正義，《毛詩正義》，頁 277。

63 黃德寬、徐在國，〈郭店楚簡文字續考〉，《江漢考古》1999 年第 2 期。徐寶貴先生的考證更加詳細，但看法與之相同，參見徐寶貴，〈郭店楚簡研究三則〉，《古籍整理研究所期刊》，2003 年第 3 期，頁 22-25。

64 例如，高享先生曾蒐集資料顯示，《周易》不同版本同處文字有分用「靡」和「劘」的情況；而《淮南子》用「靡」，《太平御覽》引文則作「劘」；同時《管子・制分》：「**屠牛坦朝解九牛，而刀可以莫鐵。**」「莫」為「劘」的假借字。參見高享纂著、董治安整理，《古字通假會典》，頁 692。

65 季旭昇主編，陳霖慶、鄭玉姍、鄒濬智合撰，《上海博物館藏戰國楚竹書（一）讀本》，頁 120。

66 虞萬里，〈上海簡、郭店簡《緇衣》與傳本合校補證，中〉，頁 78-79。

67 程元敏，〈郭店楚簡《緇衣》引書考〉，頁 37-40。

68 劉信芳著，〈郭店簡《緇衣》解詁〉，頁 173。

兩字，虞萬里先生推斷：「今上博簡參證，似乎郭店簡鈔脫之可能性為大」。[69]然而，郭店簡本不僅未提及苗民，也沒有使用「命」（或靈）的概念，而用「巠」字。筆者認為，這兩項差異間有其關聯性，下文將專節探究。

（乙）簡本皆作「非」；禮記經本作「匪」；上書經本作「弗」；墨子傳本作「否」。

此處否定詞的差異，應未造成文義變化。

（丙）簡本皆作「甬」；經、傳本皆作「用」。「甬」、「用」經常混用，故此處三種版本皆同。

（丁）郭店簡本作「巠」；上博簡本作「霝」；禮記經本作「命」；尚書經本作「靈」；墨子傳本作「練」。上博本的「霝」是「靈」的本字，尚書經本用「靈」，墨子傳本的「練」與「靈」古音同，「命」與「靈」亦有些音、義的關係。而郭店本的「巠」與其他版本用字並無相干。

此處兩種先秦簡本間有相當明顯的差異，必須加以關注。筆者認為從研究者的角度而言，應該尊重不同版本各自的獨立性。故以下將針對各種文本進行文義的考據。

（戊）試釋郭店簡本的「非用巠」之本旨。

雖然學者們傾力尋找郭店本「巠」字與「命」（或「靈」）之間的互通關係，但這些字詞明顯不同。因此，可能原來的《呂刑》本就流傳有幾個不同的版本，其中有些版本並不採用苗民的典故來討論刑措概念。

晁福林先生曾提出一種想法：「《緇衣》篇是在說明教而後刑的道理，與今本《呂刑》篇的主旨並不一致。」[70]筆者認為此言頗有洞察力，不僅今日所見《呂刑》全篇之主旨與先秦《緇衣》簡本有思想上的牴觸，批判「苗民非用靈」的觀點亦不合乎《緇衣》第十二章的意思。為說明此點，筆者將重新論述「苗民非用霊」中的「靈」概念本旨，並闡述「靈」與「巠」的關鍵性差異。

因《禮記・緇衣》作「命」而《尚書・呂刑》作「靈」，《墨子・尚同中》又作「練」，所以自古以來文人對此三種版本差異已多有論述。其主流之說法有二。

第一種說法以鄭玄注為基礎。鄭玄注《禮記・緇衣》云：

> 命，謂政令也。高辛氏之末，諸侯有三苗者作亂，其治民不用政令，專制御

69 虞萬里，〈上海簡、郭店簡《緇衣》與傳本合校補證，中〉，頁 79。
70 晁福林〈郭店楚簡《緇衣》與《尚書・呂刑》〉，《史學史研究》2002 年第二期，頁 27。

之以嚴刑，乃作五虐蚩尤之刑以是為法，於是民皆為惡，起倍畔也，三苗由此見滅，無後世，由不任德。

孔穎達循之疏曰：

命，謂政令。言苗民為君非用政令以教於下。[71]

曾運乾《尚書正讀》：

「靈」當為「令」，聲之譌也。《禮・緇衣》引《甫刑》作「苗民匪用命」。注，「命」為政令也。古文「命」、「令」字通。苗民弗用靈者，弗用其政令也。[72]

曾運乾的理解與鄭、孔一致，然屈萬里先生從「政令」的意思出發，卻獲得相反的理解：

苗民，鄭玄謂是九黎之君（見正義）；君，疑民之誤。靈《禮・緇衣》引作「命」。按：古與「令」通。令，古與「命」通。弗用靈，謂不聽命。[73]

鄭玄將「苗民」視為苗人的意思，而用命者（或用靈者）係苗人之君。此處屈萬里先生似乎將「苗民」解釋為民眾的意思，[74]所以「弗用命」被解釋為苗國百姓不聽命的意思。王夢鷗先生亦贊同此說，其謂：

《尚書・甫刑》說：苗人不肯聽命，要用刑罰制裁……[75]

李漁叔先生也同樣採用「苗民不肯聽命」的解釋，其註《墨子》曰：

---

71 漢・鄭玄注、唐・孔穎達疏，《禮記注疏》，頁 2310。
72 曾運乾著，《尚書正讀》，頁 84。
73 屈萬里註譯，《尚書今註今譯》，臺北：臺灣商務印書館，1969，頁 184。
74 屈萬里先生在《尚書集釋》中的說法：「苗民，乃包括苗民之君」。參見屈萬里，《尚書集釋》，臺北：聯經，1983，頁 252。
75 王夢鷗註譯，《禮記今註今譯》，頁 874。

苗民否用練折則刑：「否用」與「不用」同。練折，《古文尚書》作「弗用靈制以刑。」「靈」就是「令」，「折」就是「制」，是說苗民不聽命令就加之刑。[76]

此種理解能否合乎今本《呂刑》的意旨仍需討論，但基本上，這已違背了《緇衣》之思想。民眾不肯聽命，故施以刑罰，這不正是被《緇衣》所否定的法家思想嗎？鄭、孔原來的注疏裡並無此義，何故近代學者會將「用命」誤解為「聽命」？筆者認為這導源於鄭玄將「命」解釋為「政令」的內在矛盾。「用政令」和「用刑」實際上並無牴觸，頒佈政令後，在民不聽從時則施以刑罰，這是法家制度的核心，可知「政令」不可能具有和「刑法」相反的涵義。因此，若以「政令」的觀點出發，則近代學者們的釋讀自然通順，比鄭、孔的解釋反而還更加清楚，故而使我們更明確地了解，「命」解釋為「政令」的意思與《緇衣》的論述完全相左。

換言之，經本《緇衣》的鄭、孔注疏將「命」釋為「政令」，本即已存疑，尤其是該章本文曰：「教之以政，齊之以刑，則民有悖心（免心、遯心）」，將「政」與「刑」視為同類相輔的現象，兩者均具負面的意思。不可能在同一章辭中，本文視為相類的概念，到了引文卻變成相反的概念；也不可能本文否定的觀點，卻在引文裡大表認同。倘若原來《呂刑》的涵義即是如此，《緇衣》的作者根本不可能採用《呂刑》來引證聖師之言。亦即第一種說法自始至終不符《緇衣》的本旨。

第二種說法以孔安國注為基礎。其注《尚書・呂刑》曰：

三苗之君習蚩尤之惡，不用善化民，而制以重刑，惟為五虐之刑，自謂得法。

據此正義曰：「靈，善也。」[77]清段玉裁《古文尚書撰異》卷二十九亦循此說，其謂：

靈作練赭，雙聲也。依《墨子》上下文觀之，練亦`訓善，與孔正同。[78]

---

76 戰國宋・墨翟著、李漁叔註譯，《墨子今註今譯》，臺北：商務印書館，1974 年，頁 84。

77 漢・孔安國傳、唐・孔穎達等正義，《尚書正義》，頁 786、789。

78 清・段玉裁。《古文尚書撰異》卷 29，《皇清經解》（影印本）卷 596，上海：上海書店，

清孫詒讓《墨子閒詁》同樣遵守此種理解：

> 畢云：「《孔書》作『弗用靈，制以刑』，『靈』『練』、『否』『弗』、『折』『制』音同。」錢大昕云：「古書『弗』與『不』同。『否』即『不』字。『靈』、『練』聲相近。《緇衣》引作『匪用命』，『命』當是『令』之譌，『令』與『靈』古文多通用。『令』、『靈』皆有善義。鄭康成注《禮》解為政令，似遠。」王鳴盛云：「古文靈讀若連，故轉為練也。折為制，古字亦通。古文《論語》云『片言可以折獄』，《魯語》『折』作『制』是也。」段玉裁云：「靈作練赭，雙聲也。依《墨子》上下文觀之，練亦『訓善』，與孔正同。」詒讓案：偽《孔傳》云：『三苗之君……，習蚩尤之惡，不用善化民，而制以重刑。三苗帝堯所誅。』《呂刑》及《緇衣》孔疏引《書》鄭注云：「苗民，謂九黎之君也。九黎之君於少昊氏衰而棄善道，上效蚩尤重刑。必變九黎言苗民者，有苗，九黎之後，顓頊代少昊誅九黎，分流其子孫，為居於西裔者三國。至高辛之衰，又復九黎之君，惡。堯興，又誅之。堯末又在朝，舜時又竄之。後禹攝位，又在洞庭逆命，禹又誅之。後王深惡此族三生凶惡，故著其氏而謂之民。民者，冥也，言未見仁道。」又鄭《緇衣》注云：「命，謂政令也。高辛氏之末，諸侯有三苗者作亂，其治民不用政令，專制御之以嚴刑，乃作五虐蚩尤之刑以是為法。」案：鄭《書》、《禮》二注不同，《書》注與此合，於義為長。《戰國策・魏策》：「吳起云：昔者三苗之居，左彭蠡之波，右洞庭之水，文山在其南，而衡山在其北，恃此險也，為政不善，而禹放逐之。」……案古三苗國當在今湖南、湖北境。[79]

孫詒讓先生經過仔細研考，推斷「不用靈（命、練）」並沒有政令的意思。因為《魏策》有「為政不善」一語，直接表示「政」與「刑」是同一現象，而「靈」（命、練）與「政」的意思相反，因此釋讀作「令」並不妥當。於是，孫詒讓將之讀作「善」。

由於第二種說法把「靈」（命、練）釋為「善」，所以學者們採此義來解釋郭店本的「巠」字。劉信芳先生認為：「非用巠今本作『苗民匪用命』，今《書・呂刑》

1988，冊 4，頁 109 中。

79 宋・墨翟著、清・孫詒讓閒詁、孫啟治點校，《墨子閒詁》，北京：中華書局，2001，頁 84。

作『苗民弗用靈。』按『逕』讀為『旨』，《易・繫辭下》：『其旨遠，其辭文。』」[80] 李零先生認為：「『逕』見《說文》卷十二上至部，許慎訓『到也』音義與『臻』相通，是完美之義，今本作『命』，乃『令』之借，《呂刑》原文作『靈』，『靈』與『臻』含義相近。」[81]然從《說文》將該字訓為「到」來看，顏世弦先生將「逕」釋為「至」的繁文應可無疑，且在先秦古籍中「至」有「善」義，與『命』、『靈』同義。[82]廖名春先生也認為「『逕』乃『至』的繁文，而『至』有『善』義。《玉篇・至部》：『至，善也。』」[83]

因為將「逕」（至）釋為「善」，在文句解讀上可自圓其說，如鄭玄注《周禮・考工記・弓人》言：「至，猶善也。」故此說近來在學界遂成為主流。[84]然通過文本比較，此說仍有一些問題未能解決。「善」字本身的意思過於廣泛，幾乎所有正面的評價都可以用「善」來表達，容易將原本相當具體的觀念混為一談。《緇衣》論理用字向來精緻準確，幾乎很少使用這類模糊的字彙來表達其重要的概念。尤其「命」、「靈」本身含有鮮明濃厚的觀念取向，那麼早期的「至」應該也有更精確的涵義纔是。所以筆者重新參考「至」字在先秦文獻中的用意，發現《詩・小雅・蓼莪》云：

> 無父何怙？無母何恃？出則銜恤，入則靡至。
>
> 馬瑞辰《通釋》：「《說文》：『親，至也。』靡至，猶云靡親耳。」

《禮記・坊記》亦言：

> 昏禮：婿親迎，見於舅姑，舅姑承子以授婿。恐事之違也。以此坊民，婦猶有不至者。
>
> 鄭玄注：「不至，不親夫以孝舅姑也。」

---

80 劉信芳，〈郭店簡《緇衣》解詁〉，頁 173；劉釗，《郭店楚簡校釋》，頁 61。

81 李零，《上博楚簡三篇・校讀記》，頁 55。

82 顏世弦，〈郭店楚簡淺釋〉，《張以仁先生七秩慶論文集》，臺北：學生書局，上冊，頁 383-384。

83 廖名春，《新出楚簡試論》，頁 89。

84 參見虞萬里，〈上海簡、郭店簡《緇衣》與傳本合校補證，中〉，頁 79。季旭昇主編，陳霖慶、鄭玉姍、鄒濬智合撰，《上海博物館藏戰國楚竹書（一）讀本》，頁 121；黃人二，《上海博物館藏戰國楚竹書（一）研究》，頁 139 等等。

此解若用於《緇衣》，確實使文意暢通，令人豁然開朗！其實「至」是「姪」字的聲符，無怪乎本身亦具「親」的意涵。[85]

在《緇衣》全篇的理論中，「親」正好是重點概念，儒家呼籲統治者以「親」為中心建立君民之間的關聯，看待自國民眾猶如親子一般。在其論述中，第十二章正好討論到「慈」與「愻」的關係，特別強調君民之間「有親」的目的，並且以「親」與「刑」相對，說明兩種治國概念的差異。在該章的論述脈絡中，引文「**非用至，折以刑**」顯然也表達了「親」與「刑」的相對性，其意為「不用仁親教化人民，而用刑法折服他們」。如從此說，引文可以完美地配合本文，使全章論述通暢無礙。

據上所述，筆者雖不敢判斷《呂刑》原文如何，但至少可推論《緇衣》原本應是較近於郭店簡本。且《緇衣》原本應無「苗民」兩字。此處筆者贊同晁福林先生的想法，苗民的典故和寓意並不符合《緇衣》的思想。或許因為《呂刑》的主流版本沒有「非用至」一語，卻有「苗民非用靈」的句子，所以後來的抄錄者才根據《呂刑》的常見版本作了修正，卻未能考慮到《緇衣》本來的撰文宗旨。

（己）試釋上博簡本、禮記與尚書經本「**苗民非用霊（命）**」之本旨。

學者們大多認為，「靈」與「命」兩字之間，可用「令」字作為統合彼此的橋樑，故多從「令」字討論此句涵義，而不從「靈」或「命」本身的涵義作解釋。古代「令」字確實常用以表達「命」義，「命」這個字是從西周下半葉纔逐漸開始使用的，前此大多以「令」為「命」。然而在《呂刑》成書的時代，「命」字不可能尚未出現。當時雖然還有許多文獻繼續用「令」字表達「命」的涵義，可是「令」與「命」的概念範圍已經有了區分，因此在解讀文獻時，我們不能隨意地以「令」字取代「命」字。這句「**苗民非用霊（命、練）**」，可見於《尚書》、《禮記》、《墨子》、上博簡，共四種版本中，卻無任何一種版本使用「令」字（郭店簡也不用「令」字），故以「令」字解釋「靈」與「命」的關係，基礎證據仍嫌不足。尤其是最近出

---

85 晁福林先生已提出過：「專家或謂簡文『詿（至）』之義為『善』，雖然信而有徵，但於釋解簡文之義，仍黨有待商討餘地。」晁先生認為此處「至」用以表達其「至極」之義即可，並引《禮記・孔子閒居》：「志氣基於天地，此之謂五至」，認為：「郭店簡《緇衣》之語所謂的『詿（至）』即『五至』的簡稱。」參晁福林，〈郭店楚簡《緇衣》與《尚書・呂刑》〉，頁 26-27。雖然這種說法也有自己的道理，但釋為「親」在內容上更符合《緇衣》的論述範圍，其用意也更精確。其實，我們還可以從甲骨、金、簡、篆文中的「晉」字作考慮，「晉」通作「晉」，從「日」、「詿」，故「詿」另可視為「晉」的省文，何琳儀和白于藍先生早已提出了這種假設，參見何琳儀，〈郭店竹簡選釋〉，頁 61；白於藍，〈郭店楚簡補釋〉，《漢江考古》，2001 年第 2 期，頁 57-58。而「晉」、「進」、「近」、「親」四字皆可通。

土的先秦版本揭示出，早期應用「靈」字，「靈」與「命」之間卻未必有「令」字。所以筆者認為，為理解古書原義，我們不宜以文本中所無的「令」字，作為討論《呂刑》本旨的根據，也不應靠「令」字討論「靈」與「命」之間的關係。

實際上，「靈」與「命」本身是同音字，不需有第三字居中輾轉聯絡，況且除讀音外，「靈」與「命」還有觀念上的深刻關係，即兩者都牽涉到「天命」概念。

古代「霝」的觀念，是表達神天通過各種神祕的方法，表現出靈驗事實。《管子・五行》曰：「然則神筮不靈，神龜不卜。」《史記・龜策列傳序》亦言：「略聞夏殷欲卜者，乃取蓍龜，已則棄去之，以為龜藏則不靈，蓍久則不神。」[86]西晉陸機《漢高祖功臣頌》引《大雅・文王》：「永言配命，自求多福。」和《大雅・皇矣》：「因心則靈」兩句詩文，聯成「永言配命，因心則靈」，直接聯合天命與靈驗的概念。朱子《詩集傳》：「配，合也。命，天命也。」毛傳：「因，親也。」今張啟成先生對陸士衡：「永言配命，因心則靈」的理解是「永合天命，靈驗在於親誠之心」。[87]換言之，靈驗於帝王心中，即指天命在其心中。在古人的信仰中，「天命」實際上指由皇天所賜命，而表現出的極高靈驗。

古書中很清楚地闡明何種皇天靈驗纔能被視為天命的表現，如稀少罕見的五星連珠現象，故「天命」亦可謂之「星命」（參見靈命之象圖）。

《太平御覽・天部七・瑞星》載：

> 《易坤靈圖》曰：「至德之萌，五星若貫珠。」
>
> 《尚書考靈曜》曰：「天地開闢，元曆名月首，甲子冬首。日月五星，俱起牽牛。初，日月若懸璧，五星若編珠。」
>
> 《禹時鈞命決》曰：「星累累若貫珠，炳炳如連璧。」[88]

根據古代信仰，每當改朝換代時，皇天都會以五星連珠來顯示靈象，讓人知道至德已萌生於天下。文獻中最早提及夏禹的星命靈驗。[89]《竹書紀年・周武王》敘述文王

---

86 齊・管仲、黎翔鳳撰、梁運華整理，《管子校注》，頁 860；漢・司馬遷撰、日・瀧川龜太郎會注考證，《史記會注考證》，頁 1306。

87 梁・蕭統編、張啟成、徐達等譯注：《昭明文選》，頁 3677-3679。

88 宋・李昉撰，《太平御覽》，北京：中華書局，1960，第一冊，第一部，卷七，頁 34。

89 用現代的天文推算方法可知，公元前 1953 年陽曆 2 月 24 日確實發生了非常緊密的五星連珠。班大維先生也早已將夏禹的五星連珠與其它相類的記載相結合，並提出討論。目前此一問題已有深厚的研究傳統。參見 Pankenier, David W., “The cosmo-political background of Heaven’s

受命：

> 孟春六旬，五緯聚房。後有鳳皇銜書，遊文王之都。書又曰：「殷帝無道，虐亂天下。星命已移，不得復久。靈祇遠離，百神吹去。五星聚房，昭理四海。」文王既沒，太子發代立，是為武王。[90]

《春秋元命苞》亦記錄：「商紂之時，五星聚于房。房者，蒼神之精，周據而興。」《太平御覽・天部五・星上》引之。[91]《馬王堆帛書・五星占》說漢高祖的天命：

> 元年冬十月，五星聚於東井，沛公至霸上。[92]

《史記・天官書》亦言：「漢之興，五星聚於東井。」[93]《漢書・高帝紀》：「元年冬十月，五星聚于東井。占見天文志。」應劭注：「五星所在，其下當有聖人以義取天下。」[94]在這些文獻中，皆以五星靈象來描述夏禹、周文王、漢高祖受天命。古人非常重視天命，唯有被天命確定的政權纔能被視為正統，而天命是不可違背的，文獻還描述了天命崇高恆常的神秘性，其謂：

> 先王有服，恪謹天命。(《尚書・盤庚》)
> 惟王受命，無疆惟休，亦無疆惟恤。(《尚書・召誥》)[95]

---

mandate". *Early China*, No20. 1995, PP.121-176.

90 王國維，《今年竹書紀年疏證》，載方詩銘、王修齡撰，《古本竹書紀年輯證》，上海：上海古籍出版社，2005，頁 241-242。在歷史學界中，一般認為這指公元前 1059 年陽曆 5 月 22 日發生的五星連珠。

91 漢・無名、清・黃奭輯，《春秋元命苞》台北：藝文印書館，1972；《太平御覽》，24。

92 馬王堆漢墓帛書整理小組，〈馬王堆漢墓帛書《五星占》釋文〉，《中國天文學史文集》，北京：科學出版社，1978，頁 1-13。

93 漢・司馬遷撰、日・瀧川資言考證，《史記會注考證》，頁 479。

94 參見漢・班固撰、唐・顏師古注、楊家駱主編，《新校本漢書并附編二種》，冊 1，頁 22-23，《漢書・天文志》亦重複載錄此段。此書中頗有附會，實際上五星連珠是於公元前 205 年 5 月纔發生的，當時劉邦已君臨天下了。況且公元前 185 年 3 月 23 日發生了更緊密的五星連珠，但文獻並不記錄。古代史官故意把天命的靈象移至前一年，由此在史書中強調，高祖是先受命而後纔得天下。

95 參見漢・孔安國傳、唐・孔穎達等正義，《尚書正義》，頁 338、581。

靈命之象圖一

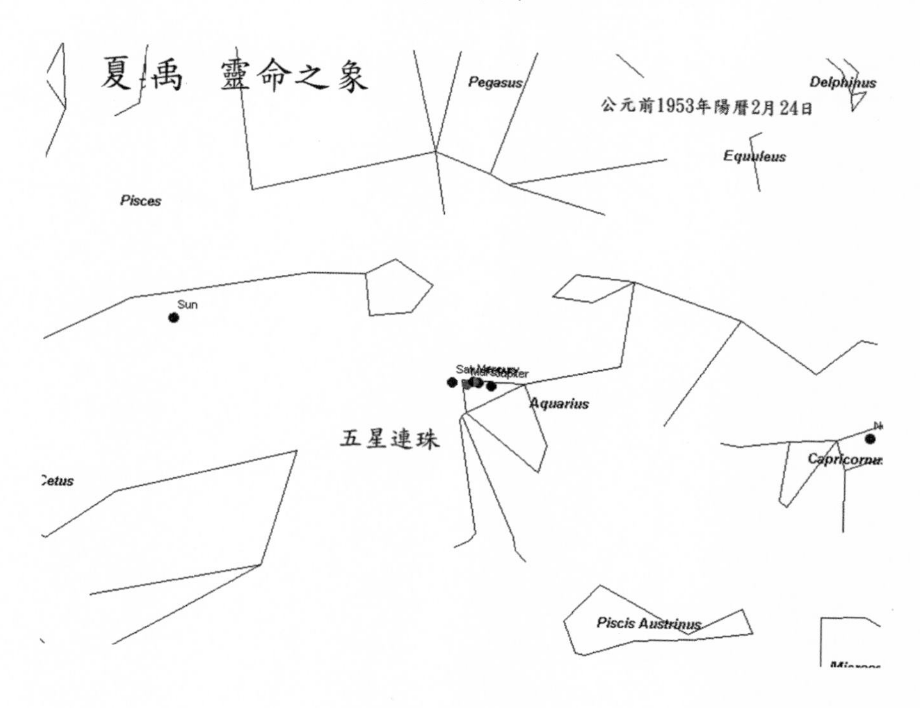

靈命之象圖二

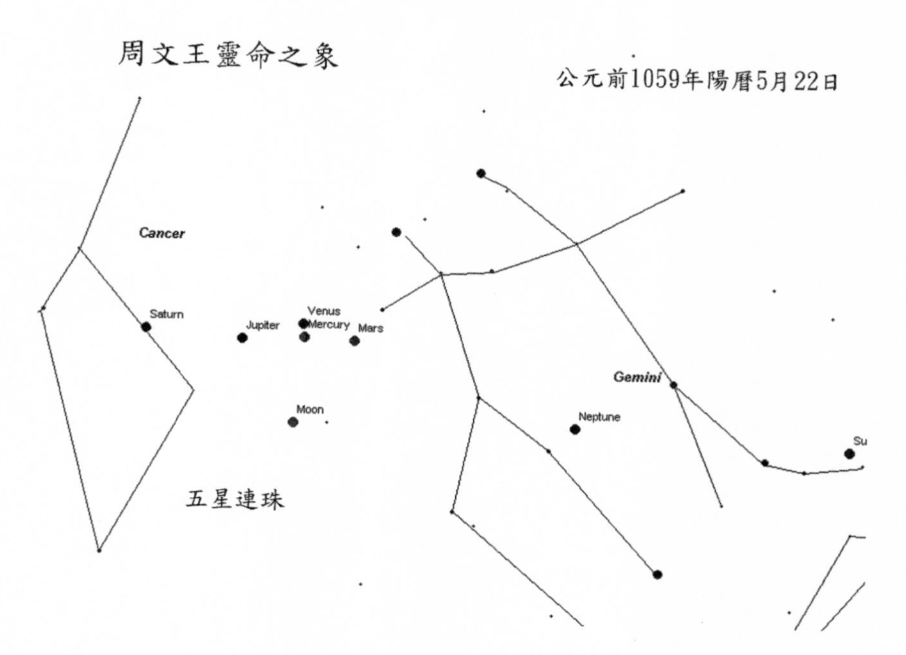

靈命之象圖三

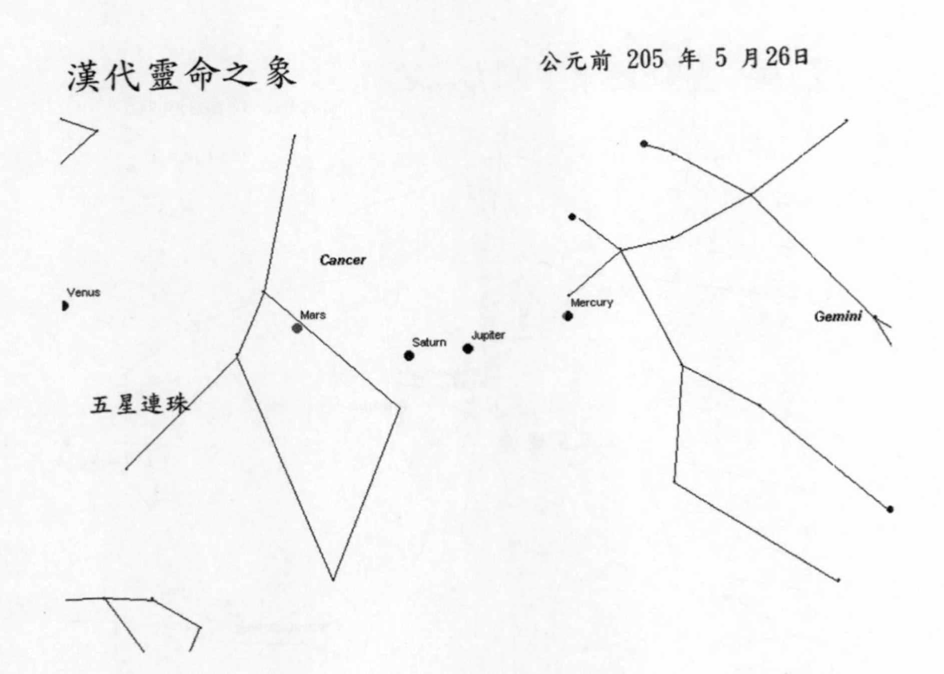

靈命之象圖四

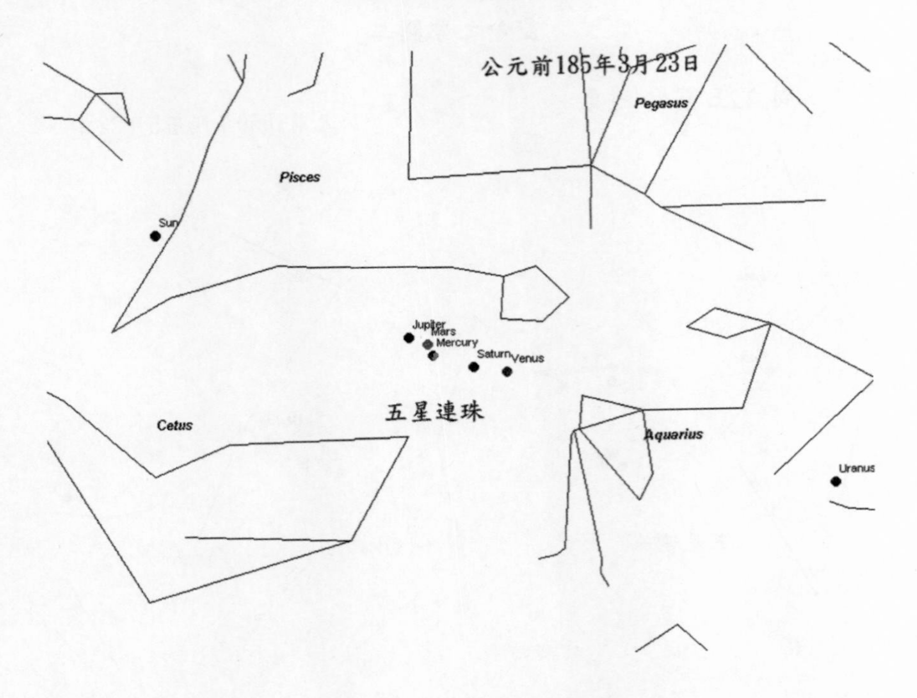

自古受命而王。(《史記・日者列傳》)

周德雖衰，天命未改，鼎之輕重，未可問也。(《左傳・宣公三年》)[96]

昊天通過靈象表現出天命，所以「霝」與「命」二字不僅是讀音相同，更有密切的觀念性連繫，有了可驗證的「霝」，就知道「命」的歸屬。

《呂刑》提及三苗的故事，傳說三苗是蚩尤之國，顓頊、黃帝、堯舜、夏禹、帝嚳等所有聖王都把三苗當作主要的敵國而大加誅伐。「**苗民匪用靈**」的說法出現在此一故事的脈絡中，意指華夏誅伐三苗，首先即否定了九黎之君的正統性，認為堯舜禹嚳都是承受了天命，具有被皇天指認的身分，而苗君的政權竟敢不從天命。同時，這句話也有道德上的意義，由天所定的權威，纔能含靈於心，而表達為天德，故受靈者以天德治民，實現天恩與崇高的善性。毫無疑問地，「靈命」具有善的意思，然此非人之「善」，而為天之「善」也，亦即天恩之表現。在華夏傳統中，強調三苗敵國之君不以天霝、天命治理民眾，其不懷天德，也不以天的善德作治民的方法，卻使用人造的刑法，其不以天意教導民眾，而用刑法制服他們。在古代社會信仰中，皇天已表現其善德，民眾都樂於信從，聖王實無需制服民眾。換言之，《呂刑》此語意在表達「天霝」與「人法」的相對。

若進一步考察，筆者以為三種版本的「霝」與《禮記・緇衣》的「命」仍有些微差異。「霝」是純粹表達天恩的意思，而「命」更帶有天命正統的意思。也就是說，「**苗民非用靈，折以刑**」是指不用天恩而用人法；而「**苗民匪用命，制以刑**」，則在這層意思外，還意味著九黎君未受天命。筆者推想，古代可能有用「霝」和用「命」兩種不同版本流傳於世。

據上推斷，雖然《呂刑》的「霝」與郭店《緇衣》的「至」皆有「善」義，但其具體的涵義並不一致。前者表達天德、天恩之義，而後者則表達仁親之義。在《緇衣》第十二章的思想脈絡中，「仁親」之義可證諸前後文。《呂刑》的「靈命」之義反而與《緇衣》的思想有矛盾。《緇衣》第八章曰：「**子曰：『下之事上也，不從其所以命，而從其所行。』**」雖然經本改作「**不從其所令**」，將「命」改作「令」，並刪除「以」字，但筆者認為，據簡本的用字和文法釋讀，聖子所表達的是：「**臣民侍奉君王，不是因為君王所承繼的天命，而是根據君王實際的行為。**」此言並非儒家否定天命，只是從政治倫理的角度來教導統治者：其受命的地位往往不足以保證臣

---

96 漢・司馬遷撰、日・瀧川龜太郎會注考證，《史記會注考證》，頁 1302；晉・杜預注、唐・孔穎達等正義，《春秋左傳正義》，頁 958-959。

民必皆服從。

因為本文的探究對象並非《尚書》，而是《緇衣》原貌，故筆者認為郭店簡本可為其代表。

（辛）對於墨子傳本的「苗民否用練」芻議。

至於《墨子》所用的「練」字，應如王鳴盛所言：「古文霝讀若連，故轉為練也。」不過也不能完全否定古代可能有其它意義不一致的版本存在。例如「練」亦可作「揀」字解，《大戴禮記・保傅》：「成王有知，而選太公為師，周公為傅，此前有與計，而後有與慮，是以封泰山而禪梁甫，朝諸侯而一天下。猶此觀之，王左右不可不練也。」孔廣森《補注》：「練，擇也。」[97]如此說，「不選擇有仁性之大臣，而用無仁性的刑法」同樣可以構成相對概念，意思亦頗通順。[98]文獻在社會中輾轉傳抄，會受不少修變。子思學派不需要「天霝」的意思，此處也用不到「霝」的概念，故而採用「至」的版本。或許某學派要強調「王左右不可不練」的意思，所以把「霝」改作「練」字，而《墨子》的傳本正好傳抄自這個版本。晁福林先生研考《呂刑》篇的成書年代，推論：「《尚書》的《呂刑》篇出現的時代雖然在郭店簡以前，但其寫定的時代（亦即今本《呂刑》文本定型的時間）則當在郭店楚簡以後，最終形成可以說是戰國後期的述古之作，具體時間可能與《周官》，《王度記》相近，其最後寫定者可能屬於戰國後期齊國的法家學派。」[99]也就是說定型之前，《呂刑》可能有不同的版本流傳，尤其儒家和墨家所用的版本出現了觀念上的歧異。郭店《緇衣》的引文，應源自戰國前半葉儒家編輯的《呂刑》（戰國後半葉的上博簡本根據當時已寫定的《呂刑》修改了《緇衣》之引文），至於今傳《墨子》的引文，則應有其他不同的來源。

壬、㪿以埑／斷以型／制以刑／折則刑

（甲）郭店簡本作「㪿」；上博簡本作「斷」；經本皆作「制」；墨子傳本作「折」。

關於上博本的「𣃔」（斷）字，馬王堆帛書已見有此字，作「折」用。由於在包

97 漢・戴德撰、清・王聘珍解詁，《大戴禮記解詁》，頁 62-63。

98 或如晁福林先生建議，在這裡的「練」或可釋如《呂氏春秋・簡選》「可以勝人精士練材」的「練」義（漢・高誘注：「練材拳勇有力之材」）。晁福林：〈郭店楚簡《緇衣》與《尚書・呂刑》〉，頁 28。不過筆者認為這種釋讀較牽強。

99 晁福林：〈郭店楚簡《緇衣》與《尚書・呂刑》〉，頁 26。

山簡上的「𥾝」字寫作「[illegible]」，故郭店簡本的「[illegible]」（𢇍）應亦是「折」。對於此字，學術界看法一致，且所有學者都將其通假為「制」字。然依筆者淺見，「折以刑」的意思是以刑罰折服民眾，而「制以刑」，是以刑法專制民眾，此二說莫可比勝，兩者皆通順。若從《緇衣》的涵義來看，用「折」字可能會更準確。《緇衣》論述了以「教化」引導民眾的方法，但折服與教化的意思正好相反，思孟學派反對以法規來強迫折服民眾的作法，而推揚用仁德教化的方法。在傳世文獻中，《墨子・尚同中》亦引述此句，且與簡本《緇衣》同樣使用「折」字，保留了先秦版本的用字。是故，筆者不贊同將「折」釋讀為「制」的看法，認為應保留原字。

（乙）緇衣三本與尚書皆作「以」；墨子傳本作「則」

墨子的引法，雖沒有文意上的差別，但文法不同。「折以刑」指以刑法折服他人，「折則刑」乃指「折服他人，使其以法規為模則」，將「則」用作動詞。

癸、隹乍五[illegible]之𡉚曰灋／隹乍五虐之型曰𠅏／惟作五虐之刑曰法／唯作五殺之刑曰法

（甲）簡本皆作「隹」；經本皆作「惟」；墨子傳本作「唯」。

上文論述第四章時，已探討過「惟」與「唯」的差別。「惟」都作虛詞，而「唯」除作虛詞之外，也用以表達因果關係。在此處，或許讀為「唯」較有內涵，此句即說：「因作了五虐之刑，故而以為這就是『法』」。

（乙）郭店簡本作「[illegible]」；上博簡本作「虐」；經本皆作「虐」；墨子傳本作「殺」。

郭店簡本「[illegible]」字从「[illegible]」、「爿」，《說文・虍部》：「[illegible]，古文虐如此。」[100]而「爿」係「疒」的本文。故「[illegible]」即為「[illegible]」，「[illegible]」、「虐」、「虐」均是「虐」的異文。墨子傳本作的「殺」，用字不同，但涵義接近。

（丙）郭店簡本作「灋」；上博簡本作「𠅏」；經、傳本皆作「法」。

「灋」是古代典型的「法」字，後被簡化作「法」，而「𠅏」乃楚文常見的「法」字異文。上博本第五章和第十二章採用不同「法」字的寫法。

100 漢・許慎著、清・段玉裁，《說文解字注》，頁 209 下。

（四）簡本釋文與譯文

經過上述對文字的考釋，可得釋文如下：

> 子曰：「長者教之以德，齊之以禮，則民有懽心；教之以政，齊之以刑，則民有悖心。」故慈以悉之，則民有親；信以結之，則民不倍；恭以蒞之，則民有愻心。《詩》云：「吾大夫恭且儉，莫人不斂。」《呂刑》云：「非用臸，折以刑，唯作五虐之刑，曰法。」■

筆者譯文如次：

> 子曰：「如果國君以德來教導其民，以禮來整理其國，則臣民統有懽心，將忠誠地悅服其君；但如果國君以政來教導其民，以刑來整理其國，則臣民只能有逆悖之心，怨恨其君。」是故，若國君慈愛以惠育其民，則國民有親近的感覺；若用信任以結合國民，則國民不會違背國君；若國君本身尊賢敬義、敬事不懈，以治理其民，則國民有遜順的孝心。《詩》云：「我的大夫恭敬且節儉，所以莫人不聚集，皆要來作我國的國民。」《呂刑》云：「不用親民，而用刑罰折服民眾，建立了五種殘虐的刑罰，且以為這可謂之『法』。」

（五）思想的詮釋

甲、聖子之言

（甲）郭店本原文：

> 子曰：「長者教之以德，齊之以禮，則民有懽心；教之以政，齊之以刑，則民有悖心。」

這一段論述必須放在儒家「孝」的概念脈絡中，纔能加以理解。儒師要說明，培養臣民孝德是統治者的責任，國君施行德政纔能教化民眾有孝心，使用刑法的政權反而會造成臣民違逆，並導致國家叛亂。

聖師用「教化」和「整齊」兩個概念。儒家思想一致強調統治者的教化作用，此處子思學家主張教化應以仁德的方法，而非使用法政等權力，這種觀點實際上與孝道的中心思想相關。《孝經・感應》曰：

> 孝悌之至，通於神明，光于四海，無所不通。[101]

這句話所表達孝道的基礎，是建立在完整的宇宙觀上，把「孝」看作上下、中方自然合德的媒介或啟動力。[102]若無孝，天地、中方、父子、君民皆交而不合。因「孝」具有自然性，所以只能被教，不可被強迫。嚴格的法規、上人的權力在孝道中不起作用。上下相配，即《緇衣》第三章所引用的《尚書》「咸有一德」之理想，相互關照、彼此信任纔是行孝道的途徑。

出土的《緇衣》顯然比經本更貼近於《孝經》的理念，這一點已有學者們認同。如李文玲先生透過這兩篇對照而結論：「子思之作《緇衣》、《表記》、《坊記》、《中庸》中有關孝道的論述與《孝經》極為相近，此四篇體例與《孝經》大致相同……尤其是郭店楚簡《緇衣》的出土更為這種體例的早期出現提供了有力的佐證。」[103]

在信仰與哲學上，「孝」的概念已有兩千餘年的探討傳統。筆者並不準備深入究探，這一傳統，此處對「孝」進行各方面的論證，只是為了指出一些與《緇衣》有關的重點。「孝」的概念並非從儒家纔開始，其源自華夏先民信仰，據西周金文可知，當時「孝」的概念已臻於成熟。西周早中期引尊言：

---

101 唐・元宗皇帝御注、宋・邢昺疏，《孝經注疏》，頁 117。在漢代墓石銘文中，「孝悌之至，通於神明」該文句成為常見的套語，如元興元年（105A.D.）刻的《幽州書佐秦君石闕》即謂：「孝弟之至，通於神明，子孫奉祠，欣肅慎焉。」（《漢代石刻集成》，頁 1-32）或《武梁祠堂題字》上，第一石三〈十一幅〉：「曾子質孝，以通神明。貫感神祇，著號來方。後世凱式，俾□憮綱。讒言三至，慈母投杼。」參見高文：《漢碑集釋》，開封：河南大學出版社，1997 年，頁 116-126；日・永田英正，《漢代石刻集成》，京都：同朋舍，1994 年。這些文句都證明《孝經》的內容在古代社會的重要性。

102 關於筆者對《孝經》此句的詮釋，參見拙著：〈先秦易學的「神明」概念與荀子的「神明」觀〉，《周易研究》2008 年 3 期。

103 李文玲，〈《孝經》為子思撰新考〉，《管子學刊》，2002 年第 2 期，頁 57-61。

引為魌膚寶障（尊）彝，用永孝。[104]

西周中期「孝」字的用法具有明顯的一致性和規律性：

虘乍（且作）寶鐘，用追孝于己白（伯）。（虘鐘）[105]
追孝于高且（祖）辛公、文且（祖）乙公、皇考丁公。（𤼈鐘）
師器父乍障（作尊）鼎，用亯（享）孝于宗室。（師器父鼎）[106]
乍（作）寶鬻障（尊）鼎，其用夙夜亯（享）孝于氒（厥）文且（祖）乙公。（㦰方鼎・乙）[107]
乍（作）文且（祖）考障（尊）寶簋，用孝于宗室。（䢅簋）[108]
用乍（作）朕皇且（祖）考障（尊）簋，用亯（享）孝于前文人。（追簋）[109]
用夙夜障（尊）亯（享）孝于氒（厥）文母。（㦰簋）
用乍（作）朕剌考障（尊）壺，幾父用追孝。（幾父壺）[110]

在西周晚期、春秋時期的銘文中，「孝」的字義均同，指子孫對自己家族的祖先的恭敬與享祀。這是祖先崇拜信仰中的「孝」概念。因此金文的「孝」與「考」經常被混用。

儒家的「孝」概念，基本上傳承了祖先崇拜的「孝」義；但在此一基礎上，筆者認為還有兩項關鍵性的新意。其一，祖先崇拜的「孝」只有一個方向，即表達後裔對前輩的恭德；而儒家思想的「孝」是指上下、前後、中方之間雙向關聯的核心範疇。其二，儒家把家族的「孝」概念用擴展到社會範疇。也就是說，儒家的社會思想把國家當作與家族相類的社會結構；把傳統家族生存的原則用來當作國家生存的原則，其中最關鍵的父子關聯又被當作君民關聯的規範。把國家當作家族的思想，即是儒家的「親」概念。梁立勇先生曾注意到：「孔子所言的『孝』基本上都是

104 《集成》器號 5950，現藏於北京故宮博物院。
105 《集成》器號 88-90，現藏於北京故宮博物院、日本京都泉屋博古館。
106 《集成》器號 2727，現藏於扶風縣博物館。
107 《集成》器號 2789，現藏於扶風縣博物館。
108 《集成》器號 4098，藏處不明。
109 《集成》器號 4219-4224，現藏於北京故宮博物院、臺北故宮博物院、美國舊金山亞洲美術博物館布倫戴奇藏品、日本東京書道博物館（蓋）。
110 《集成》器號 9721-9722，現藏於陝西省歷史博物館。

指孝順父母，沒有其他涵義。而孔子之後的儒家卻賦予『孝』更廣泛的涵義，如《大學》說：『孝者，所以事君也。』[111]」或許後來儒家所謂的「孝」，是由子思子學派所衍生的思想系統。

《緇衣》完整、通徹地論述儒家的「親」概念。位居在《緇衣》全篇結構中心的第十二章，即是專門討論君民之「親」。彭林先生早已發現《緇衣》與《孝經》各方面的相關，認為這兩篇的相似並非偶然，兩者所表達的均是子思子的學說。[112]

將國家社會和家族關係作比類與諧和的思想模式，為第十二章所用概念範疇的基礎。從其它眾多先秦儒家文獻中，亦能看出國家與家族的比類。[113]然而荀子並不接受子思學派的這種比類，且不贊同「齊之以禮」的觀點。《荀子・富國》曰：

> 必將脩禮以齊朝，正法以齊官，平政以齊民；然後節奏齊於朝，百事齊於官，眾庶齊於下。[114]

雖然荀子在各方面一直推揚「禮」的概念，但實際上卻認為只有朝廷纔可以整齊以禮，至於整齊臣民則需用政法；針對百官用「法」，針對民眾則用「政」。由此，我們得以重見兩千餘年前孟、荀學家之間的牴觸和論辨，確實非常嚴重，甚至牽涉到彼此的立論基礎。

荀子建議以政法整齊國民，因此無子思學派「民有懽心」的理想，也不相信國家可倚靠民眾的懽心。荀子的這種悲觀，或許是出自不同時代的社會情況。《緇衣》的理論是在戰國前半葉社會中形成的，而荀子則表達戰國晚期人的看法。

郭店本《緇衣》所用的「懽心」亦是孝道概念之一，表達相交合懽與懽忠之義。國君以德和禮培養臣民具有懽心，但國君若用政權與刑法，則臣民反而會起逆悖之心。郭店本用「悖心」一詞，其意思與忠誠悅服恰好相反。《禮記・樂記》曰：

---

111 梁立勇，〈郭店簡以「孝」釋「仁」平議〉，《湖北大學學報》，2009 年第 1 期，頁 34-37。

112 彭林，〈子思作《孝經》說新論〉，《中國哲學史》，2000 年第 3 期，頁 54-66。

113 例如《大學》即更廣泛地表達出這種思想，顯示自小而大，從本身到天下的關聯性。《禮記・大學》云：「古之欲明明德於天下者，先治其國；欲治其國者，先齊其家；欲齊其家者，先脩其身。」漢・鄭玄注、唐・孔穎達疏，《禮記注疏》，頁 2447。

114 戰國趙・荀況撰、清・王先謙集解，《荀子集解》，頁 310。熊公哲今譯言：「必修明禮義，以齊一朝廷；端正法度，以齊一百官；公平政法，以齊一人民，然後禮節齊于朝，百事齊于官，眾庶齊于下。」趙・荀況撰、熊公哲註譯，《荀子今註今譯》，臺北：臺灣商務印書館，1984，頁 203-204。

> 好惡無節於內，知誘於外，不能反躬，天理滅矣。夫物之感人無窮，而人之好惡無節，則是物至而人化物也。人化物也者，滅天理而窮人欲者也。於是有悖逆詐偽之心，有淫泆作亂之事。[115]

上述的「悖心」之義明晰可見，且《樂記》此段所論問題是「好惡之節」，與《緇衣》完全相同。《緇衣》從首章一貫地論述好惡的區分標準，其思路可簡化如下：於內，統治者心裡首先必須對好惡有所節度。於外，必須讓臣民清楚、容易地知道其心思與行為的理由，藉此培育臣民欲望的方向、預防民淫。《樂記》則說明：若於內無好惡之節，於外又不能節制慾誘，而引於淫泆，則人們將產生悖逆詐偽之心，進而造成事理變亂的狀況。

《漢書》從另一種角度探討「悖逆之心」的問題：

> 今王骨肉至親，敵吾一體，乃與他姓異族謀害社稷，親其所疏，疏其所親，有逆悖之心，無忠愛之義。[116]

此說與《緇衣》第十二章頗為相近，其觀點是，若君主以政權來折服其民，以刑法來整齊其國，則人們會把國君看成敵人一樣對待，由此國家中的君民、主臣的關係將如同「敵吾一體」(《緇衣》作者在第五章已強調了「君民為一體」之觀點)。若君民之關係猶如「敵吾一體」，即使國民與國君繼續共同生活在一國之內，也無法忠誠地悅服其君，且一直懷有逆悖之心。

（乙）上博簡本的差異。

上博本將第一句的「懽心」與「悖心」改作「豆 心」與「免心」。「豆 」字的意思不詳。關於「悖」與「免」的意思，筆者以為其原義相同，「免」原來用以表達「悗」義，而「悗」與「悖」都表達「逆」和「亂」的意思。換言之，「悖心」和「悗心」都指逆悖殘虐的心思。然在表達《緇衣》論點時，「悗心」仍不如郭店本「悖心」準確，前引的《黃帝內經》雖和《莊子》所用「悗」字相近，但與《韓非子・忠孝》中的用意相去甚遠：

115 漢・鄭玄注、唐・孔穎達疏，《禮記注疏》，頁 1666。
116 漢・班固撰、唐・顏師古注，《漢書》，頁 2758。

古者黔首悗密惷愚，故可以虛名取也。宋本注云：「『悗』，忘情貌。」[117]

基於文本的流傳範圍考量，「悗」字在不同地區和歷史語言中的涵義可能有些出入，然而在持續傳流的過程中，後人循著歷史語言的演變，把「免」讀為「苟免」之意，因此「悗心」也被釋為巧詐苟免刑罰之心思。

第三，「孫心」寫為「劵心」，「劵」或為「孫」的假借字，或為「惓」字。「惓心」是指「忠謹之心」。若「劵」為「惓」字，則「惓心」與「孫心」雖然意思相近，但也失去君民與父子關係的類比意味。

（丙）禮記經本與簡本的差異。

經本循著上博這類的版本，把「免」讀為「苟免」的意思，並進而改作「遯心」。依鄙見，先秦時可能已有用「遯心」的版本，「遯」也表達「苟免」的意思，但「遯」字同時也具備《易・遯卦》的豐富內涵。

乙、《緇衣》作者的發揮。

故慈以悉之，則民有親；信以結之，則民不倍；恭以蒞之，則民有孫心。

由聖師之言出發，《緇衣》作者建立了從慈至孫的一貫邏輯，此為融合孝道與禮義的「父慈子孝」核心概念。例如《左傳・昭公二十六年》曰：

禮之可以為國也久矣，與天地並。君令臣共，父慈子孝，兄愛弟敬，夫和妻柔，姑慈婦聽，禮也。君令而不違，臣共而不貳；父慈而教，子孝而箴；兄愛而友，弟敬而順；夫和而義，妻柔而正；姑慈而從，婦聽而婉，禮之善物也。[118]

《逸周書・諡法》將「慈」概念連繫於「文」、「惠」、「孝」、「仁」、「順」等儒家孝道的核心概念：

慈惠愛民曰文。

117 戰國韓・韓非著、陳啟天校釋，《韓非子校釋》，頁 863。
118 晉・杜預注、唐・孔穎達等正義，《春秋左傳正義》，頁 2337。

陳逢衡注云：「春秋邾文公卜遷于繹，志在利民，亦慈惠愛民之一證也。」

《孟子·滕文公》疏：「以其能詞彙愛民，故以文為謚。」

慈惠愛親曰釐。

《彙校》：「按：此條盧從《史記正義》移『五宗安之曰孝』條下，『釐』改『孝』，潘、陳、丁、朱從。」盧文弨云：「『孝』舊作『釐』，與釐謚一類。《正義》作『孝』，在『五宗』句下，『秉德』、『協時』二句之上。案：慈惠愛親於孝為允，於釐義太闊，故定從《正義》移此。《魏書·甄琛傳》云：『慈惠愛民曰孝。』」

柔質授課曰惠。

俞樾云：「此句與上文『柔質慈民曰惠，愛民好與曰惠』本為一條。」

慈仁短折曰懷。

慈和徧服曰順。

《左傳·昭公二十八年》《服虔》注：「上愛下曰慈。」[119]

上述例證明顯地揭示出，「孝」的概念涵蓋下者對上者遜，與上者對下者慈，這兩個互不可缺的成分。

《緇衣》所表述的子思學家觀點，是社會中的上者必須負責培養下者的遜孝。換言之，在神祖與子孫之間的關係裡，因人們不能要求天上之祖先，所以保持「孝」存有不滅的責任落在子孫身上；但在社會中，君民之間的關係正好相反，保持「孝」存有不滅責任是在君的身上。若公侯不遵從慈惠之道，其本身即違背孝道，而其百姓則更加會逆悖孝道。因此，國君之慈惠實為國民遜心的基礎。因此《緇衣》作者從「慈」概念開始發揮聖師之言。

（甲）據先秦文獻可知，在孝、仁、禮的學說體系中，「慈」是一種精確的概念，《緇衣》所用的「慈」概念屬先秦儒家藉由討論，與其他文獻構成的公認概念範圍內。而前文所引先秦傳世文獻使用「子」字的文例則不在此範圍中，所以經本將「慈」改成「子」，《緇衣》與其他先秦文獻的統屬關係就由此散亂了。

第一步為確定「慈」與「悉」的重要性。「慈以悉之」的「悉」字也是一個表達精確概念的字彙，其字義僅限於表達「仁惠」的概念，沒有後期的「愛」字那麼廣

119 黃懷信、張懋鎔，田旭東撰：《逸周書彙校集注》，頁 636、648-650、665、670、695；《詩·大雅·皇矣》《毛傳》亦言：「慈和服遍曰順。」孔穎達疏引東漢服虔亦曰：「上愛下曰慈。」漢·毛公傳、鄭玄箋、唐·孔穎達等正義，《毛詩正義》，頁 1569。

閫。上文所引之出土文獻顯示先秦的「悉」與「親」和「㥞」為幾個互補相關的思想範疇。《緇衣》的社會理論中，以「㥞」作為全篇論述的中心環節。從第五章「君與民如心與體之關係」所發展出來的「㥞」概念，與「㥞」字的「親」本義相關。「㥞」概念旨在以「親」主宰社會中的一切，使之上下關聯，以「㥞」治理的社會纔能保留理想中的家族親密性，纔能不致散亂。是故，「㥞」概念可說是全篇思想的中心環節，《緇衣》呼籲王侯切勿仰賴法規制度治民，當如祖父對子孫般的「親」來引導百姓，此即為《緇衣》中的「㥞」概念。第十二章所言：「**慈以悉之，則民有親**」貫徹且發展了對「㥞」主題的論述。

此外，筆者認為，「**慈以悉之**」尚有一種意味，即以「悉」概念強調上者慈愛以惠育下者，並非讓人們放恣，而是教化他們。簡本第四章已提出上位者的責任是培養「民欲」以掃除「民淫」；第十一章亦指出：「**忠敬不足，而富貴已過**」；第十二章的「**慈以悉之**」亦連續地論述這些問題。儒家旨在教人順服忠敬，所以統治者既不必依靠使用刑罰，亦不必過度運用爵賞，應以教導忠敬來約束民淫。仁惠之道，既無刑虐，亦無富貴，纔能稱為國君慈仁的教化。今傳世經本的「愛」是漢代之後的假借字，漢代經本應該也不用此字。今傳世經本有一種歷史語言方面之修改，即把「悉」字改作「愛」，因此使得原本精確的用字和論述被糢糊了。原文的「悉」是以「仁惠」為中心，而今傳世經本的「愛」卻可以泛指各種「愛情」，實不如簡本精確。由於今本換用「愛」字，所以千年以來，都無法看出《緇衣》原來的理論竟是如此精彩，每個字的用處都蘊含了確切的內在意義。

《緇衣》作者說明了統治者的慈愛，乃以惠育其民為目的，使其百姓與國君感覺親近，也唯有君民「有親」，國君纔可以期待人民的忠誠，君若親民，則國民不會違背其君。

（乙）循此，《緇衣》作者言：「**信以結之，則民不倍**」。此論點實際上接合了全篇思路。子思學家把君民之間的信任當作全國安穩的條件，因此《緇衣》全篇推揚政權的透明性，即為了君民彼此信任，王侯心中所思所想，及其行為都必須透明、易知。第十二章更進一步說明「信」與「結」概念的關係。民眾不散而結合成為完整國家的國民，乃是國君的目標之一。《緇衣》作者說明了信任是結民的條件，若君民互相信任，則民眾皆來服從，不會違背。

至於如何使君民互相信任？《緇衣》作者於前文已述明其方法。第三章更詳細地論證為政透明性的優勢，「**子曰：『為上可望而知也，為下可類而等也，則君不疑其臣，臣不惑於君。』**」即是其理。

（丙）《緇衣》作者續言「**恭以莅之，則民有悉心**」。其以「悉」、「結」、「莅」三種概念表達國君在教化與整齊上應有的作為。前已述及「悉」為仁惠，「結」為結合，至於「涖」的涵義，《穀梁傳・昭公七年》曰：

> 叔孫婼如齊涖盟。莅，位也。內之前定之辭謂之涖，外之前定之辭謂之來。[120]

此顯示出「涖」與「內」的相關，其為「內之前定」，非來自「外之前定」。筆者認為，實際上《易・明夷》的《象傳》已清楚地解釋「涖」義：

> 象曰：「明入地中，明夷。君子以涖眾，用晦而明。」
> 王弼注：「莅眾顯明，蔽偽百姓者也，故以蒙養正，以明夷莅眾。藏明於內，乃得明也。顯明於外，巧所辟也。」
> 孔穎達《正義》曰：「莅眾顯明蔽偽百姓者也，所以君子能用此明夷之道以臨於眾，冕旒垂目，黈纊塞耳，無為清靜，民化不欺，若運其聰明，顯其智慧，民即逃其密網，姦詐愈生，豈非藏明用晦，反得其明也，故曰：君子以莅眾，用晦而明也。」[121]

「涖」蘊含內理、來臨、親近、教化及治理的意思，君子近民猶如日落入於地中，以其明智教育童蒙。南懷瑾與徐芹庭先生總結前人對《象傳》此句的解釋云：

> 光明入于地中，這是明夷的現象，君子體察此現象，以涖臨政事治理大眾時，用平易近人的易知易行之法，晦藏其聰明睿智於內，而收治功的成就，光明於外。[122]

學者們在解釋《周易》的「涖」概念時，恰好採用《緇衣》「易知、易行」的核心觀點。《緇衣》一直強調：統治者應讓民眾知道其心思與行為，否則臣民迷惑，國家即亂。第十二章所用的「涖」字正好指出親民、讓民易知的教化和治理方法。由此可知《緇衣》的理論是基於非常精確的概念推演，每一字都各有用處及確切表達的字

120 晉・范寧注、唐・楊士勛疏，《春秋穀梁傳注疏》，頁 469。
121 魏・王弼、晉・韓康伯注、唐・孔穎達等正義，《周易正義》，頁 312-313。
122 南懷瑾、徐芹庭註譯，《周易今註今譯》，臺北：商務印書館，1984，頁 236。

義。

筆者進一步思考國君的「悉」、「結」、「莅」三種作法，認為三者之間有內在的發展邏輯。《緇衣》作者教導統治者如何達成治理民眾的目的。第一步先要實現仁惠，若統治者不用仁惠，則無法治理民眾。第二步是結合，讓眾民結合而成為完整國家的國民，民眾對其君的仁惠產生合懽、親近的感覺之後，國君以彼此信任的方法達成結合國民的狀態。結合國民之後，纔真正可以實現親近的教化與治理，即進入第三步的「莅」。

在說明「莅」時，《緇衣》作者採用了「恭」的概念。第二章引用《詩・小雅・小明》:「靖恭爾位」表達穩定且不懈於位的意思。孔穎達《尚書正義》引鄭玄曰：

> 不懈於位曰恭。

《逸周書・諡法》亦載：

> 敬事供上曰恭。
>
> 朱右曾云:「敬事，不懈於位。」
>
> 尊賢貴義曰恭。[123]

此即說明，若統治者本身尊賢貴義、敬事不懈於位，以親近易知的方法教化與治理民眾，則民眾皆有遜順的孝心。

上兩條引文的意旨都與此章本文相關。

丙、逸詩

> 《詩》云:「吾大夫恭且儉，莫人不斂。」

此條引文用以證明本章「結」的概念。國君治理其國時，聚合民眾乃關鍵目的之一。本章所言「信以結之，則民不倍」即在討論民眾聚集而結合的問題。此條引文被用以說明：若我的大夫恭敬而節儉，則各地之民眾都會樂意來作我的國民。

123 黃懷信、張懋鎔，田旭東撰，《逸周書彙校集注》，頁 639。

丁、《呂刑》

（甲）郭店本原文：

《呂刑》云：「非用臸，折以刑，唯作五虐之刑，曰法。」

郭店《緇衣》引用的《呂刑》版本與上博、經本不同，既未提及苗民，亦採入「靈」的概念，而用「至」字。「至」的涵義應該與上文所引《詩・小雅・蓼莪》、《禮記・坊記》相同，表達「親」的概念。換言之，郭店《緇衣》引《呂刑》的意思是，不以君民親近的方式來教化民眾、整齊國家，反而用殘虐的刑罰來折服民眾。這種說法與第十二章本文的內容是一致的，所以筆者認為郭店版本纔符合《緇衣》原文的意旨。

不過這裡仍有一個難題，亦即我們無法知道《緇衣》作者是否為了配合自己的需求，而自行編修《呂刑》的文字，或者古代確實有不同的《呂刑》版本？從今日所有的資料來看，因今傳的版本及上博簡本均載有苗民的典故，所以《緇衣》作者有意刪除「三苗」二字的可能性極大。但我們仍無法排除，今本自漢代以來經過互相影響，才導致後來文本出現統一樣貌的可能性。若原來《呂刑》涵義與《緇衣》相去甚遠，則《緇衣》作者應該根本不會用《呂刑》來引證聖子之言。所以《呂刑》的原始版本問題仍然不能清楚。

晁福林認為今傳的《呂刑》篇是齊國法家在戰國後期才寫定的文本，且於寫定之前流傳有他種版本，他認為：

> 戰國後期所寫定的《呂刑》對於原始的文本（或者說是流傳的文本），進行過改造。原始文本可能出自戰國前期的儒家，其所表述的主題應當時符合儒家教化思想的言論。孔子謂：「不教而殺謂之虐，不戒視成謂之暴」（《論語・堯曰》）。在教化的理論中孔子強調「為政以德」、「道之以德，齊之以禮」（《論語・為政》）。簡本所謂「長民者教以德……」與《論語》所反映的孔子教化思想如出一轍。簡本所引用的《呂刑》強調「臸」，即儒家重視教化的思想體現。戰國後期的齊法家改造《呂刑》之文本時，將重視教化變更為重視刑罰。[124]

124 晁福林：〈郭店楚簡《緇衣》與《尚書・呂刑》〉，頁 27。

晁福林先生的說法亦有其道理，可作一家之言，尚待再有戰國中期以前的資料出現，才能再作補證。目前只能從本文中論證「親」概念的邏輯一貫性，解釋《緇衣》原文引《呂刑》卻無苗民的典故，而且不用「靈命」概念的緣由。

就「**唯作五虐之刑曰法**」一句來說，如果「唯」視為表達因果關係，則可以推論，原文《呂刑》並不否定「法」的概念，反而說明殘虐的刑罰不可當作「法」。

（乙）上博本的差異：

> **《呂刑》曰：「苗民非用靈，折以形。」**

此言苗民的君權並未承受天意的靈象，故不靠天德，不以天恩，而用人造的刑法來折服民眾。筆者推測《呂刑》此處所用的典故實源自先民各族群間的衝突，因此在華夏傳說中一直否定三苗君權有合乎天意的正統性。《呂刑》上博簡本的時代比郭店晚，所引的《呂刑》文句與今傳世版本相同。或許至晚在上博本《緇衣》流傳的年代，抄錄者就已經根據《呂刑》的主流版本修改了《緇衣》的內容，然此一更動顯然未經仔細考慮：辯論「靈命」與「刑法」優勢誰屬，與《緇衣》的理論根本毫不相干。

晁福林先生早已發現《緇衣》與今本《呂刑》篇的主旨並不一致。《緇衣》不僅不去談論靈命的重要性，反而提出「**下之事上也，不從其所以命，而從其所行**」，呼籲王公不應只靠天命，應以實際行為彰顯恭德，以作民眾表率。

天命在春秋晚期至戰國早期社會中，已是各國統治者公認的思想，儒家並未否定它，但於教導王侯時，並沒有以「天命」為先的必要，因為這是王侯早已知道並認同的。故在春秋晚期、戰國早期的社會中，儒、法的爭論主要涉及「㥁」與「法」的政治理論。但在戰國社會中，周人舉為傳統的「天命」思想逐漸衰落，繼起的是列國公侯普遍使用的法家政治思想。在此社會背景之下，遵守「禮」的儒家遂開始強調天命的重要性。筆者認為郭店《緇衣》的版本最接近作者原文，因為在其論述脈絡中，並非推先天命，而是系統性地討論君權要如何以「㥁」為基礎。這一點，不只見於郭店本第十二章所引《書・呂刑》，我們在第八章同樣可以看出，推揚「天命」並非先秦《緇衣》的意旨所在。

上博本的時代比郭店晚，後人根據主流的《書》文修改《緇衣》引文。郭店《緇衣》全篇與上博本基本相同，然在第十二章部分卻有所差異，其中又以引文的差異最為關鍵。而這些版本的差異或許正反映出戰國時期社會思想的多元性。郭店

《緇衣》所引《呂刑》，符合戰國早期儒家的政治理想。從後來文獻的變化，亦可看出戰國晚期以來社會思想的演化，其中最突出的，正是儒家思想中的「天命」概念。

（丙）禮記經本與簡本的差異：

> 《甫刑》曰：「苗民匪用命，制以刑，惟作五虐之刑曰法。」是以民有惡德，而遂絕其世也。

經本所引的《呂刑》內容與上博本大致相同，只是「靈」字改寫作「命」，使「天命」概念更加突出。接著經本補充「**是以民有惡德，而遂絕其世也。**」筆者認為，這段文字乃接續上文討論苗民惡德和絕世的情況，故與《緇衣》的本文內容無關，且原始《呂刑》應無此段文字。

但此處補充在意旨和結構上產生了兩種問題。就意旨來說，經本的修改加強了苗民的典故，若制以刑則將絕於世。就結構來說，其他傳世的《尚書》版本和引文皆無此句，故傳統經學家們多將它當作《緇衣》作者在引文之後多加的一句話。若然，則該章的結構就脫離了全篇以子曰、發揮、引證三段組成的規範，因此，這處補句的來源問題，仍必須加以研究。

戊、第十二章在全篇結構中的位置。

在全篇二十三章的結構中，第十二章正好居於中央的位置。根據原來的結構，第一至九章的「內篇」，闡述了君民間的仁道理想、君對民的教化責任等問題，更呼籲國君應自己為正，纔能引導百姓為正。第九章可視為延續前八章脈絡而來的結語；然而結語的末尾，《緇衣》作者卻悲觀地慨言當時社會上的公侯，既不要儒師賢人當官，亦不信受儒師的教導，看待儒師仍然是「**執我仇仇**」，「**弗迪聖**」。故第十、十一章即隨之教導統治者多聽賢師之言，避免國家永亂不寧。第十二章在這個基礎上開始強調，諸君所用的刑政方法無法使國家安寧，是因為不能善化臣民。只有透過「仁孝」，纔能使人們有順和的心情，君民互補，彼此間沒有矛盾。位居全篇中心的第十二章，結合論述了通篇的核心概念，其內容既有豐富的「孝」概念，並牽涉「禮」的概念，而串連起這些中心環節的即是「親」。從父子關係伸展到全國性的君民來往。該章頗為系統地否定了法家思想。循此思路，第十三章則更明確地說明了子思子學派對刑政的看法。簡本第十三章明顯地承續第十二章的論述，但兩章在經本中卻被分了開來，使得論述的脈絡通暢為之散亂難明。

二、簡本與經本第十三章的比較研究

（一）原文並列

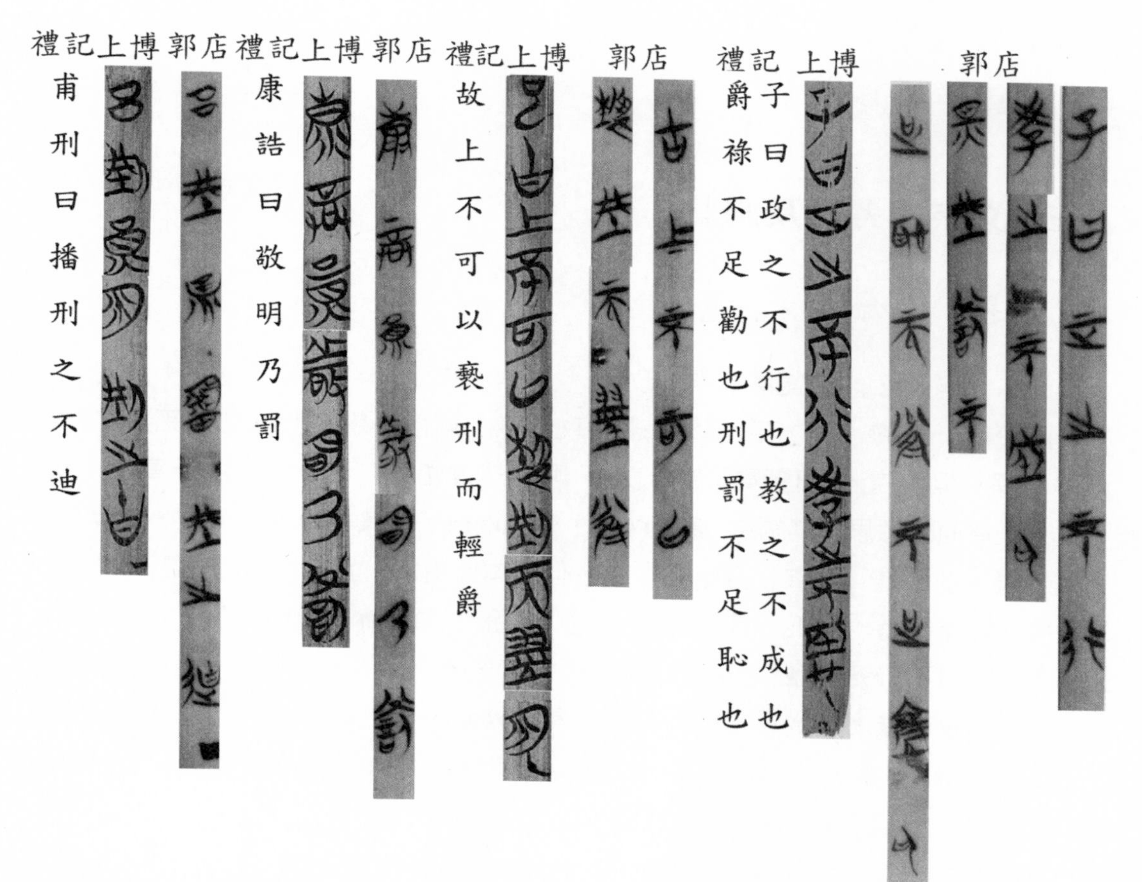

（二）釋文校勘

郭店第十三章：子曰：正之不行，𡥈之不城也，県坓罰不XXVII足恥，而雀不足懽也。

上博第十三章：子曰：正之不行，𡥈之不城也，□□□□ □□，□□□□□XIV也。

禮記第十三章：子曰：政之不行也，教之不成也，爵祿不足勸也，刑罰不足恥也。

古上不可以埶坓而翟雀。《康誥》員：敬XXVIII明乃罰。《呂坓》員：膰坓之

迪。■

古上不可以婁型而翟少。《康弃》員：敬　明乃罰。《呂型》員：䍙型之

由。＿

故上不可以褻刑而輕爵。《康誥》曰：敬　明乃罰。《甫刑》曰：播刑之不

迪。

尚書經本《康誥》：　敬　明乃罰。

尚書經本《呂刑》：　播刑之

迪。

(三) 文字的考釋及訓詁

甲、正之不行／政之不行也

簡本皆作「正」；禮記經本作「政」。

由於前一章的「正」字用以表達「政」義，無怪乎學者們均把「正」字釋作「政」解。但此處若同樣釋讀為「政」，則必然會產生一個矛盾，前一章用「正」（政）是負面的意思，其謂：「**教之以政，齊之以刑，則民有悖心（免心、遯心）**」，「政」與「刑」是《緇衣》否定的作法，但簡本此處的「正」字卻有正面的意思。然此字亦不能視為「端正」，郭店本在表達「端正」之意時，所用的乃是「貞」字，如第二章引詩「**好是貞植**」、第五章引詩「**不自為貞**」，均是用「貞」字。筆者根據「**正之不行也，教之不成也**」與前章的「**教之以政，齊之以刑**」的比較，推論此處「正」字應讀為「整齊」的「整」，這樣兩章之間的意思纔能連貫通順，二者所討論的均為國君教化其民與整齊其國的問題。

經本此處增補了「也」字，應屬語言上的修飾，無礙於文意。

乙、而雀不足懽也／爵祿不足勸也

此處上博本殘缺。

「「爵」與「雀」是語音假借字，這在傳世文獻中早有例證。經本將「而爵」改補為「爵祿」，或許是漢代之後的對語文的修飾，「刑罰」與「爵祿」互文。

關於「懽」心學者們皆讀為「勸心」，但筆者在分析十二章時，已發現「懽心」是儒家孝道的概念，表達合懽而忠誠悅服的意思。第十三章與第十二章在論題上有

接續關係，所以仍繼續使用前文所提出之概念。

丙、埶坓而翌雀／埶型而翌[illegible]／褻刑而輕爵

（甲）簡本皆作「埶」；禮記經本作「褻」。

「埶」係「埶」字的古字，在第十一章用作「褻」的意思，所以大部分學者在這裡亦釋為「褻」，但筆者認為直接用作「埶」義即可。「埶刑」的意思應與《尚書・君陳》相近：

> 王曰：「君陳，爾惟弘周公丕訓，無依埶作威，無倚法以削。」[125]

《荀子・解蔽》亦有言：「申子蔽於埶而不知知。」楊倞注：「其說但賢得權埶，以刑法馭下。」[126]

（乙）簡本皆作「翌」；禮記經本作「輕」。

「翌」是从「羽」的「輕」字，「羽」為義符，「青」為聲符，輕佻的意思。《左傳・僖公三十三年》載：「秦師輕而無禮，必敗。」楊伯峻注：「輕指超乘，謂其輕佻不莊重也。」[127]

（丙）郭店簡本作「雀」；上博簡本作「[illegible]」；禮記經本作「爵」。

上博本的「[illegible]」字已在學界引起了一些爭論。陳佩芬認為：「[illegible]，字形从氒从少」，[128]「氒」（厥）讀如「爵」，所以此說法可通。然因古代「氒」（[illegible]）與「斗」（[illegible]）是同形字，而「爵」是酒器象形，所以後來馮勝君先生推論：「[illegible]」是从「斗」，「少」聲，[129]劉彬徽先生也將此字也隸定从「斗」、「少」，[130]各說皆有其根據。黃德寬和徐在國認為：「隸作『[illegible]』誤。古音氒，見紐月部；雀、爵，精紐藥部。聲、韻均相隔很遠，『氒』既非聲符，也非義符。此字應徑釋為『爵』。當源於『[illegible]』（縣妃簋）……徐沈尹鉦有字作『[illegible]』。[131]」以筆者淺見，黃德寬和徐在國先生

125 漢・孔安國傳、唐・孔穎達等正義，《尚書正義》，頁 726。

126 戰國趙・荀況撰、清・王先謙集解，《荀子集解》，頁 262。

127 楊伯峻，《春秋左傳注》，頁 494。

128 陳佩芬，〈緇衣〉，頁 191。

129 馮勝君，〈讀上博館緇衣劄記二則〉，《上博館藏戰國楚竹書研究》，上海：上海書店出版社，2002 年，頁 452。

130 劉彬徽，〈讀上博楚簡小識〉，《考古與文物》，2003 年第 4 期，頁 92-93。

131 徐在國、黃德寬，〈《上海博物館藏戰國楚竹書（一）・緇衣、性情論》釋文補正〉，頁 3。

的見解應是準確的。

丁、膰坓之迪／𢻯型之由／播刑之不迪／播刑之迪

（甲）郭店簡本作「膰」；上博簡本作「𢻯」；經本皆作「播」。

虞萬里先生認為：《說文》的「𢻯」為「番」的古字，與上博本的字形相同，故皆可釋為「播」。[132]

（乙）禮記經本增補了「不」字，致使與其它版本出現文意上的歧義。

（四）簡本釋文與譯文

經過上述考釋，可得此章釋文如下：

子曰：「整之不行，教之不成也，則刑罰不足恥，而爵不足懽也。」故上不可以埶刑而輕爵。《康誥》云：敬明乃罰。《呂刑》云：播刑之迪。■

其譯文如次：

子曰：「如果整齊沒有被推行，教化沒有成功，則用刑罰不足以使人感到羞恥，爵祿亦不足以使人統有合懽之心，忠誠地悅服其君。」故上既不可依埶作威而用刑折人，亦不可輕義而用爵祿。《康誥》云：「要謹慎地使你的刑罰公明。」《呂刑》云：「傳布刑法之道理」。

（五）思想的詮釋

就第十三章的論述可見，子思學派並非完全否定用刑。如《論語・堯曰》所言：「不教而殺謂之虐」，其觀點強調統治者有教化其民、整齊其國的責任。所以統治者首先要自己明確區分善惡，纔能讓民眾分清是非與愛憎的對象，以建立社會同一的價值觀。如果國君將自為正，使社會中的價值觀走向正途，教化成功，但個別罪人卻違背正道，在這種情況下纔可用公明的刑罰。反之，若不重視教化作用，在

132 詳細關於此字的論述參見虞萬里，〈上海簡、郭店簡《緇衣》與傳本合校補證，下〉，頁 61。

未教之前已經用上了刑罰，則無法讓民眾感到羞恥，只會讓他們產生反感，反而促使其巧免之行為。此即《論語・為政》所言：

> 子曰：「道之以政，齊之以刑，民免而無恥；道之以德，齊之以禮，有恥且格。」

爵刑制度無法產生教化作用。故《緇衣》作者認為，強執刑法而輕用爵祿，將陷國家於危境之中。

對此《康誥》云：「敬明乃罰。」屈萬里先生的譯文是：「要謹慎地使你的刑罰公明。」[133]筆者亦認同此說。引證於《呂刑》，即用以強調傳布刑法必須基於明確的道理。

對法家來說，爵刑乃是普行制度、治民的唯一方法，韓非所謂之「二柄」：

> 明主之所導制其臣者，二柄而已矣。二柄者，刑、德也。何謂刑、德？曰：殺戮之謂刑，慶賞之謂德。《韓非子・二柄》[134]

儒家的重點，並非完全否定爵刑，只是以為爵刑對國民教化不起正面作用。爵刑只能幫助解決某些具體發生的困難，無法預防人民犯罪。《緇衣》提出的教化方法，是為了穩定、改善國內的人際互動。

在禮記經本的《呂刑》引文中，增多了一個「不」字，但《緇衣》簡本又證明了尚書經本沒有「不」字才符合原文。今本《尚書・呂刑》中這一段如下：

> 王曰：嗟！四方司政典獄。非爾惟作天牧？今爾何監，非時伯夷播刑之迪？其今爾何懲？惟時苗民，匪察于獄之麗，罔擇吉人，觀于五刑之中，惟時庶威奪貨，斷制五刑，以亂無辜。上帝不蠲，降咎于苗。苗民無辭于罰，乃絕厥世。

筆者亦贊同屈萬里先生的譯文，其說：

---

133 屈萬里，《尚書今註今譯》，頁 99。
134 戰國韓・韓非、清・王先慎撰、鍾哲點校，《韓非子集解》，頁 39。

> 王說：「唉！你們四方管理政治的人和主持刑獄的官員們。你們不是替老天管理民眾的嗎？現在你們要如何所取法呢?那不就是伯夷所傳布下來的刑法的道理嗎?現在你們要以甚麼作為懲戒呢？就是這些苗民（指苗民之君言），不能詳察於判案子的刑法；不能選擇善良的人，（讓他們）仔細觀察五刑的適當辦法；他們只是（任用）一些暴虐的人、以及掠奪財物的人，來照著五刑法審判案子，因而擾亂了無罪的人。上帝不能再赦免他們了，就降了災殃給苗民（苗民之君）；苗民對於上帝的懲罰也無話可說，所以就斷絕了他們的後代。」[135]

《緇衣》引《呂刑》時並未用其典故，只是引用了「傳布刑法的道理」一語，以表達刑法的公開性。民眾都要理解用刑的道理，社會中的善惡標準必須很清楚，在此一基礎上用刑，纔不會造成民眾的疑問。

關於禮記經本引《呂刑》，卻多了否定詞，鄭玄曰：「播猶施也，不，衍字耳。迪，道也。言施刑之道。」[136]因《尚書・呂刑》無「不」字，故於經學界早已討論過這個問題。如清代皮錫瑞認為：「今文《尚書》當有『不』字，非衍文也。」據皮錫瑞的《呂刑》斷句，應作「今爾何監，非時伯夷？播刑之不迪，其今爾何懲？」「若播刑之不迪，其今爾何以懲也。」[137]今日以兩種簡本為據，可確認《呂刑》此句無「不」字。關於《禮記》經本衍增「不」字，虞萬里先生推論：

> 其所以衍「不」字，很可能因《盤庚中》有「乃有不吉不迪」、《西伯戡黎》有「不迪率典」、《泰誓下》「不迪有顯戮」諸語，遂相涉而衍。[138]

晁福林先生的推想甚為合理，其謂：

> 是章稱引《康誥》與《呂刑》之語，皆為此義提供依據，其重點在於強調統治者（即「播刑」者）要依道行事。而傳世本《緇衣》篇在迪前增一「不」

---

135 屈萬里：《尚書今註今譯》，頁 179。

136 漢・鄭玄注、唐・孔穎達疏，《禮記注疏》，頁 2320。

137 清・皮錫瑞撰、盛冬鈴、陳抗點校，《今文尚書考證三十卷》卷 26，北京：中華書局，1989 年，頁 448。

138 虞萬里，〈上海簡、郭店簡《緇衣》與傳本合校補證，下〉，頁 62。

> 字，則所強調的重點就變為被「播刑」者，亦即那些不聽政令教化的人。這種變化，蓋為戰國後期儒家學者聽取法家理論的結果。[139]

儒、法之合乃漢代正統儒家思想的主要特點。由此可以進一步推論，否詞的補充或許代表漢代政治的需求。

三、「外篇題二」在全篇的位置

綜上所述，《緇衣》全篇結構如下。第一至九章為全篇核心，旨在論證儒家的社會理想：上下互相親近、透明互信，具有一致的社會價值觀，而「咸有一德」；國君將百姓看作親生子女，以父愛教育他們；百姓尊重國君如同親父，遵從國君立下的道德標準，以此而有善心；國君不扭曲倫常，知道國君為萬民所望，盡量作萬民榜樣。這種理想上的極高標準即「緇衣」的樸實性，實行方法乃「自己為正」，且「以仁導」百姓。這一段乃系統性的理想描述。結束後，《緇衣》作者轉向討論實際的情況：戰國諸君欣賞儒家理想，卻不聽用，繼續親近賤人，相信盜言。因此，對民眾的教化顛仆失敗，民眾由此轉向詭詐，基本上違背了忠信。第十一章賡續對統治者解釋「不親大人」而「以小謀大」的後果，乃因為倫常標準扭曲，致使教化不成，國家不寧。

第十二至十三章的寫作目的，在於進一步說服諸國國君，若對百姓的教化不成功，即便刑法備具也是徒然。「教之以政，齊之以刑」的結果，只能使民眾反感、背離，無法達到真正的治國目的。

簡本第十二章的內容非常豐富，且完整地表達了思孟學家的德政究竟所指何義。首先德政的方法源自儒家「孝」的概念。儒家「孝」的概念傳承了源自祖先崇拜的「孝」，又於此基礎上提出兩項關鍵性的新意。第一，儒家把家族的「孝」概念用於社會範疇；把家族的父子關聯用作君民關聯的規範。第二，祖先崇拜中的「孝」只有一個方向，即後裔對前輩之恭德，而儒家思想中的「孝」是指上下、前後、中方之間的雙向關聯，且在社會關係裡，上者對下者應盡的父慈責任最為重要。在神祖與子孫之間的關係上，因人不能要求天上的祖先，所以保持「孝」存有不滅的責任是落在子孫身上，但在君民關係中卻正好相反，保持「孝」存有不滅的

---

139 晁福林，〈郭店楚簡《緇衣》與《尚書・呂刑》〉，頁 28。

責任是在君的身上，其目的是營造一個「父慈子孝」的理想社會。《緇衣》的理論是用「親」的概念表達君民之間的關係。「親」包含了君的「慈」與民的「遜」，《緇衣》一貫而清楚地說明：國君作父的慈惠，和國民作子的遜心實具有因果關係。「親」、「慈」、「遜」是第十二章所建立的明確概念，在傳世文獻中均可窺見這些概念如何用於儒家孝道理想的論述上。

據聖師所言，國君必須實行教化國民、整齊全國之事。「教化」與「整齊」亦是《緇衣》第十二、十三章所建立的概念。法家以為用刑法足以教民，儒家卻否定刑法的功能，並強調以德教化的方法。唯有如此，國君的德政纔能發揮教化民眾孝心的功能，而用刑法的政權反而會造成臣民的違逆、導致國家叛亂。《緇衣》又建立「懽心」與「悖心」兩個相對概念，「懽心」亦是孝道概念之一，表達相交合懽與懽忠之義。國君以德和禮培養臣民的懽心，但如果國君用政權與刑法，則臣民反而會有逆悖之心。

思孟學家認為，唯用「禮」之方法纔能達成整齊全國的目的。但在後世的歷史上，荀子否定思孟學家的理論，認為僅朝廷纔可整齊以禮，整齊臣民則需用政法，針對百官用「法」，針對民眾則用「政」。然根據《緇衣》理論，絕不可用政權與刑法整齊臣民，否則臣民會把國君當成敵人，而心懷「悖心」。

先秦《緇衣》還提出了「㤅」的概念，「㤅」字的意思與後期版本所用的「愛」字不完全相同。先秦「㤅」與「親」、「𢘓」為是具有互補關係的思想範疇，專用以表達「仁惠」，且沒有其他與「𢘓」、「親」無關的涵義。

《緇衣》作者將「㤅」的概念與「結」、「莅」聯成一條循序漸進的治國方法。第一步先實現仁惠，若統治者不用仁惠，則無法治理民眾。第二步是結合，結合各家，使之成為完整國家中的國民。民眾對國君的仁惠有了合懽、親近的感覺後，國君以彼此信任的方法結合全國民眾。國民結合之後，纔真正可以實現君民相親的教化與治理，此即第三步的「莅」。「莅」蘊含內理、來臨、親近、教化及治理之意，也是以親民達成教民、齊民目的的具體方法。由此可見《緇衣》原文的用字有相當明確的內在邏輯。

第十二章引用《呂刑》的內容曾引發學界爭論。筆者認為，原引文一貫地表達以「親」治民的觀點，及至後期受到《呂刑》篇不同版本的影響而作修改，造成《緇衣》的引文與本文不一致。除郭店本外，此處其他版本均用上了「靈命」概念，不但未能推揚「親民」理念，還強調統治者的「天命」地位，這些變化同時亦牽涉到儒家思想在歷史上之演變。

孔子自始未曾否定天命，但在春秋晚期社會中，此為各國統治者公認的思想。在教導王侯時並無推先「天命」的必要性，因為這早已是王侯們知道且認同的。所以儒家思想反而強調，王侯並非因為承受天命就足以使民眾服從，而必須舉行德政，才能使四方順之。《緇衣》於第八章中即已提出此想法，然於戰國社會中，周代傳統的「天命」思想逐漸衰落，而列國公侯普遍信用的法家政治思想繼之崛起，在這種社會背景下，遵守「禮」的儒家纔開始強調天命之重要性。

第十三章延續了子思學家對刑法的態度。我們從而可知，子思學家並非完全否定用刑，其觀點是國君首先要以「仁」、「德」、「禮」教化其民、整齊其國，以本身的行為建立社會公認的價值觀。若社會的價值觀正確，教化成功，卻有個別罪人違背正道，此時纔可施用公明的刑罰。但在未教之前施用刑罰，則無法收到教化效果，使民眾對罪行感到羞恥心。

《禮記・緇衣》篇的主題是討論刑法，然而最近出土的先秦《緇衣》則顯示《禮記》的主題與經傳不同。雖簡本亦論及刑法，可是這並非全篇主題，而僅限於第十二至十三章的討論議題。況且，先秦版本討論刑法的重點又與經本有頗多的差異。

據上可知，原本《緇衣》討論刑法是提出一套系統性的理論，但後期的版本因對字詞有些微誤解和修變，故而已失去了原本精彩的理論內涵與結構。經本《緇衣》雖將用刑問題當作其唯一的主題，卻不如簡本在思想、表達上均呈現了精確、豐富的內涵。對漢代以來的儒家而言，失去《緇衣》本意確實是一件頗為遺憾的事。但透過今日各種文獻的陸續出土，使我們有機會回歸、貼近先秦時代的《緇衣》原本，亦可說是對千年來的學術缺憾，作了一些小小的補償。

結　語

儒家思想源自先秦，然而兩千年來的儒家典籍均非先秦「原本」，而是經過多次修補的「經本」。因只有傳世的文本，漢代以降的學者們對於「儒經如何形成」這個問題，一直都難窺堂奧。不過，近幾十年的考古發掘終於為這個領域提供了一些寶貴的先秦簡帛文獻資料。雖然這些出土文獻仍屬有限，但在經典思想的溯源研究上，卻是直接、可靠的第一手證據。是故，簡帛研究在經學中開啟了新機，並產生了「經典形成」這個新學門。

這些出土文獻一方面證明了所謂的「先秦古籍」，確實有先於秦代的版本；另一方面則直接證明了先秦的版本與傳世的修本究竟是如何的不同。藉著這些文獻，吾人既可探索先秦思想的原貌，也可以考證這批文獻從先秦至漢代的演變過程。嚴格說來，只有這些未經後人編修的出土文獻，纔能被稱作是真正的「先秦古籍」。而兩千餘年來所知的先秦典籍，則多是經過漢代學者之手，屢屢編修過的傳本。

漢代以後傳世的儒家經書，目前可見於出土文獻者仍是極少數，然《緇衣》一篇卻很難得地有兩種先秦版本出土。雖然出土古籍本身帶有偶然性，但在先秦文獻如此稀少的情況下，竟能出土兩種不同版本，我們約略可推知在先秦社會中，《緇衣》已是一篇相當流行且重要的著作。是故，在先秦社會的思想研究中，如何理解《緇衣》本意應是一項頗為關鍵之研究課題。據郭店楚墓出土和上海博物館收藏的《緇衣》簡，我們可以看到原來子思學派著作的原貌。

從時間脈絡來說，郭店墓出土的版本是公元前 IV 世紀的簡本，其抄寫年代比子思子的生活年代僅僅晚五十到一百年而已，所以應該非常接近作者的原文。

《緇衣》每一章的結構包含三個部分：儒師的話語（「子曰」）；本篇作者的傳；用《詩》、《書》的經文引證。目前學界針對「子曰」的部分看法不一致，或認為「子曰」代表孔子的話，或認為「子曰」代表子思子的話。如果是子思子的話，則《緇衣》應是戰國早中期子思弟子的作品；如果是孔子的話，則我們手裡可能就有了一篇出自子思手筆的珍貴文章。

就《緇衣》全篇結構而言，筆者認為，其各章之間存在著敘述邏輯的關係。不過第一至九章當為全篇的論述核心，應是一位儒師撰寫的著作，可謂《緇衣》「內篇」。第十章之後是對內篇意旨的發揮，其寫作年代應與「內篇」相近，或由同一學派的儒師撰成，也可能與「內篇」作者相同，但討論的內容是「內篇」結論之外的延伸問題，故可稱之為《緇衣》「外篇」。根據討論的議題，又可分為「外篇題一」（第十至十一章）、「外篇題二」（第十二至十三章）、「外篇題三」（第十四至十九章）。不過漢代編成的《禮記・緇衣》為因應正統化過程中的政治需求，而將「外篇題二」變成全文唯一的主題，「外篇題一」則經過了關鍵性的變化，成為全文的附題。這也造成了全篇論述結構的改動。

藉由出土簡本，我們可以窺知子思子學說的思想重點，以及先秦《緇衣》的敘述邏輯和全篇結構。其第一至九章的論述如下：

> 子曰：「好嬍如好緇衣，惡惡如惡巷伯，則民咸服而型不屯。」《詩》云：「儀型文王，萬邦作孚。」■
> 子曰：「有國者，章好章惡，以視民厚，則民情不弍。」《詩》云：「靜（靖）恭爾位，好是貞植。」■
> 子曰：「為上可望而知也，為下可類而等也，則君不疑其臣，臣不惑於君。」《詩》云：「淑人君子，其義不忒。」《尹告》云：「惟尹俊及湯，咸有一德。」■
> 子曰：「上人疑，則百姓䞋；下難知，則君倀勞。」故君民者，章好以視民慾，慬惡以渫民淫，則民不䞋；臣事君，言其所不能，不詞其所能，則君不勞。《大雅》云：「上帝板板，下民瘁癉。」《小雅》云：「非其止之，共唯王功。」■
> 子曰：「民以君為心，君以民為體，心好則體安之，君好則民慾之。」故心以體法，君以民望。《詩》云：「唯秉國城，不自為正，瘁勞百姓。」《君雅》云：「日暑雨少，民唯日怨；晉冬耆滄，少民亦唯日怨。」
> 子曰：「上好𢚩，則下之為𢚩爭先。」故長民者章志以昭百姓，則民至行己以悅上。《詩》云：「有舉德行，四方順之。」■
> 子曰：「禹位三年，百姓以𢚩導。豈必盡𢚩？」《詩》云：「成王之孚，下土之式。」《呂刑》云：「一人有慶，萬民賴之。」■
> 子曰：「下之事上也，不從其所以命，而從其所行。上好此物也，下必有甚焉者矣。」故上之好惡，不可不誓也，民之標也。《詩》云：「虩虩師尹，民具爾瞻。」■
> 子曰：「長民者衣備不改，蹇頌（從容）有常，則民德壹。」《詩》云：「其頌不改，出言有丨，黎民所信。」■

筆者譯文如次：

子曰：「如果對孅善的愛好，猶如對樸素的『緇衣』純德的愛好，且同時對邪惡的憎惡，猶如對萋斐和譖言的憎惡，則民眾皆會服從，而效法此君的德性佳範也不困難。」《詩》云：「效法文王，則萬邦孚佑。」

子曰：「既然統治者明確地區分所好和所憎，以培養臣民的敦厚，於是臣民不疑心亦不背棄。」《詩》曰：「穩定地不懈於位，愛好真理，堅固根本。」

子曰：「如果王侯的心思透明，臣民可以比類而永誌於心中，則君臣彼此相信，君不疑於其臣，而臣不惑於其君。」《詩》云：「淑人君子，其義不忒。」《尹告》云：「惟尹俊及湯，咸有一德。」

子曰：「如果君讓人疑惑，則百姓將因無法辨清孅惡而迷惑；同樣的，如果百姓讓君難以知曉，則君將無所適從而徒勞。」因此，君民者必須張揚其所愛，以培養臣民有德性的慾望，同時必須勇決地表示對惡的悲哀反感，以掃除臣民的淫蕩。如果君的治國方法如此，則民將不會迷惑，而君臣之間也能互相信任。若能互相信任，那麼臣民在侍奉君王時，就能坦白說出自己所不能之事，而不必誇耀自己所能之事，那麼君王治民將不會勞累。《大雅》云：「上帝板板，王反先王之道；則天下亂而民眾勞累痛苦。」《小雅》亦云：「非其止之，共唯王功。王沒有阻止讒佞的甘言，故國家長亂，這都是王所造成的。」

子曰：「民以君為心，君以民為體。若心能得其所好，身體也能舒服安穩；同樣地，君所愛好的事物，也是臣民所慾望的事物。」是故，心使身體效法它而行動，國君也使百姓以他為榜樣。《詩》云：「因有秉權者掌握國城，卻不自為正，故使國民百姓勞累。」《君雅》也說：「日暑雨少時，人們為日怨忿；來冬惡寒時，少有人為日怨忿。」

子曰：「如果王侯愛好㥁，則臣民都將搶先去行㥁。」是故，長民者彰顯志向以教導百姓，於是臣民也會追求行己以悅其君。《詩》云：「若舉行德政，則四方皆會順從。」

子曰：「禹在位三年，以㥁教導百姓。難道依百姓的本性，原本就會盡心去行㥁道嗎？」《詩》云：「成王之孚。下土之式。」《呂刑》云：「一人有慶，萬民賴之。」

子曰：「國民侍奉國君，不是因為國君所承繼的天命，而是根據國君實際的行為。若君愛好某事物，則人民中必有比君更愛好此物的人。」是故，君不可不謹慎區分愛憎的對象，因為君是民的表率。《詩》云：「光輝威明的尹太師，民眾皆瞻仰著你。」

子曰：「王侯不改其表現，舉止恆常，由此使得國民有同一的德性。」《詩》云：「他的儀容穩重不變，說話前後貫通一致，因此民眾信任他。」

「內篇」章辭採循序漸進的論證方式，彷彿一位名儒為統治者的教育所準備教學順序正是逐步地朝著一個統一的教學目標來進行的。這一系列課程的出發點在於首章，其以《詩・鄭風・緇衣》所述的爝善樸實，及《詩・小雅・巷伯》所痛斥的邪惡虛偽作對比，指陳君子必須堅守詩中的爝惡準則，以成為臣民表率。第一章猶如第一堂課先建立爝惡區分的標準。開宗明義後，各章便順此理路一貫地呼籲王侯們愛好樸素純德、憎惡奇巧虛偽。因此前幾章的結構均採用成對的好惡概念或事例，以針對此一主題展開討論。

在第二堂課上，儒師進一步對統治者說：除了自己的「貞植」外，亦必須將自己的態度明確表達給臣民知道，以養視臣民之敦厚，讓民情無有疑貳，這纔是治國愛民的途徑。因此第二章強調，統治者必須區分其愛好與憎惡的對象，並明確地堅持此一價值根基，君子對爝惡之態度無有疑貳，以使臣民亦無疑貳，且能明確地看到正道的方向。

循此發展，來到第三章，在這第三節「課」上，儒師繼續發展此一思路主題，並進而陳述德政的原理，建立「君臣相互透明」的核心概念。如果君臣相知，則彼此就不會有疑惑，臣民辨清爝惡，深受教化，就能效法國君而共同達成同一德性。在何種條件下，臣民會順服地效法國君，進而達成與其等同的德性？第一章已闡明了這些條件：若國君持守如「緇衣」般的樸素純德，則此種境界並不難達成；第二和三章也補充說明了：國君應該明白表達他的心思，讓臣知其君而無疑。

儒師給統治者上的第四節課，延續前幾章對政權透明性的論述，進一步說明了如果統治者的態度不一致或被隱藏，則臣民將會因此而迷惑，致使國家難治、民心難知。國君何以難知其民情？此即導因於君心曖昧不明，行為不一致，模糊了標準而使人民迷惑所致。這些論述具體地證明了政權透明化的必要和好處。在此基礎上，儒師便提出：君臣行為的相互因果關係，以及君王的「責任」概念，此乃第四章不可互缺的兩項主題。到了這第五節課，儒師在讀者心中先建立了上下、君民、心體的互動關係，再提出「君以民望」的概念，以及君民關聯的自然性。必須在前五節課的基礎上，《緇衣》作者纔能更進一步提出理想的治國方法。

可見，《緇衣》原本的論述策略是由基本的政治價值觀與原則出發，接續論證君臣關係和君王的責任問題。到了第五章，便從而建立起「君民」關係如同「心體」

的核心概念。何以王侯必須明確不貳地區分媺惡？不僅因為他們是臣民的倫常標準所繫，而且因為「**民以君為心，君以民為體**」，若君心不明，將連帶讓民情更加不明，也會致使國政難治。換言之，先秦《緇衣》在討論治國方法前，已先描繪出基本的社會倫理概念，把「好媺惡惡」、「立是廢非」定為治國之本，並賡續指出，王侯的責任在於以「親民」的方法教化人民，並掃除民淫。

《緇衣》第六章繼承前說，提出以「㤅」（仁）為主的教化方法。「君民」如「心體」，彼此互不可缺，所以統治者只能以「㤅」治民，天下纔能安穩。從《緇衣》逐層推衍的思路看來，這樣的結構相當明晰合理。且若能釐清「㤅」在此論證邏輯中的位置和作用，亦有助於我們瞭解先秦儒家「㤅」概念的確旨。第六章提出了「㤅」這個基本概念後，《緇衣》作者繼以夏禹聖王為例，說明以「㤅」導民對「教化」的益處。

「教化」的概念乃是《緇衣》的表述核心之一，且為全篇論述的目的所在。根據《緇衣》的邏輯，君民間的心體關係是以「㤅」教導百姓的基礎。在一國之中，只有「㤅」纔能達到教民、治民的效果。故第六章曰：「**章志以詔百姓**」，強調國君應以彰顯志向來教導百姓；第七章曰：「**百姓以㤅導**」，又曰：「**萬民賴之**」，乃是對以㤅導民的治國方針再作確認，同時強調萬民倚賴且受其教化的標準，正是國君的德行。

在簡本中，第八章的論述被歸入「內篇」主題，君如何能為萬民表率，以教化其民。第七章以夏禹聖王作為證明㤅治優勢的例證，夏禹是受天命的聖王，但「**萬民賴之**」並不是因為他的天命，而是因為他「**以㤅導**」百姓。第八章循此脈絡，強調萬民所倚賴的並非君王身為受命者的地位和權力，而是國君的實際行為。身為國君，不可忘記「**民具爾瞻**」，所有民眾都仰望著你，故國君必須保持德行，纔能作為教導人民的依據。

另外，若從簡本結構來探索《緇衣》先秦原本的思想，則可發現此文通篇以「衣」來譬喻倫常，首章（經本第二章）從「緇衣」開展理論，之後第九章（經本亦第九章）、第十九章（經本第二十三章）亦直接採用這個譬喻。而第一至九章、第十至十九章正好是全篇最為完整的兩個段落，也就是說，「衣」的譬喻並不是在某章裡加以具體討論的問題，而是全篇的基礎，是故全篇以「衣」為名，以「衣」開端、也以「衣」作結。儒家思想中，多以衣冠譬喻內在道德與外在德行，這也是《緇衣》運用譬喻的意旨。

鑑於簡本的敘述邏輯和章節之間的關係，筆者推論簡本《緇衣》第一至九章實為全篇之核心，針對國君行為對國民的教化作用提出完整的論述。此段的出發點在於以「緇衣」來比喻統治者的「純德」、政權的樸實性與透明性，以及親民仁政的理念。這一段的終點則歸結於「**衣備不改**」，亦即呼籲統治者堅守其德性。《詩・鄭風・緇衣》曰：「緇衣之宜兮，敝予又改為兮。」而儒師則從倫理的角度將「緇衣」當作純德的象徵，故「**衣備不改**」，即意指堅守緇衣純性而不易其志。由第一章和第九章間的關聯性，即可看出這應是一個論述完整、首尾互應的圓滿段落。

簡言之，在《緇衣》簡本的結構中，從第一章提出「緇衣」純真的理想概念，到第九章強調恆常守真、不改緇衣，顯示這是一次完整的思想討論，而第九章正是此一連貫思路的總結。故可謂，第九章係《緇衣》「內篇」之總結。

「內篇」的焦點集中在統治者的品德和責任，第十至十一章則將注意力從統治者本身轉向其任用的臣僚。其論述如下：

> **子曰：「大人不親其所賢，而信其所賤；教此以蹥，民此以變。」《詩》云：「彼求我則，如不我得；執我仇仇，亦不我力。」《君陳》云：「未見聖，如其弗克見，我既見，我弗迪聖。」■**
> **子曰：「大臣之不親也，則忠敬不足，而富貴已過也。邦家之不寧也，則大臣不司，而褻臣伲也。此以大臣不可不敬，民之繼也。」故君不與小謀大，則大臣不怨。蔡公之《頌命》（或《顧命》）云：「毋以小謀敗大惹，毋以卑御蠹莊后，毋以卑士蠹大夫、卿事。」■**

筆者譯文如次：

> 子曰：「國君不親近自己所崇重的人，而信用自己所輕視的人，國君對黎民的教導即由此而顛仆無用了，民眾由此便違背忠信、傾危變詐，使得國家會變亂了。」《詩》云：「君始求我如恐不得我，既得我，持我仇仇然不堅固，亦不力用我，是不親信我也。」《君陳》云：「未見聖時，好像永遠不可得見；我既已見到聖，卻不遵從聖道。」
> 子曰：「尊貴的大臣沒有被統治者親近，將使社會中忠敬不夠，而財富過度受重視。國家沒有安寧，這就是大臣不司事，而褻臣互相託付，拉攏夤緣。所以不可不敬重大臣，他們保持君民之間的相互關聯。」是故，國君不與小人來圖謀邦國大事，大臣就不怨悲。蔡公之《頌命》云：「不可因小謀而敗壞大事；

不可因卑賤的婦侍來敗滅敬端莊的皇后；不可因職位低微的卑官來敗滅敬職位的大夫、卿事。」

可見，《緇衣》並非廣義地討論國君如何選用臣僚，其所謂的「賢」，乃專指孔子賢人及儒家子師而言。春秋戰國時期的諸君，表面上雖然尊崇孔子，卻未能實際遵循儒家的德政之教，在此歷史背景下，先秦儒師纔悲觀地陳述「**大人不親其所賢，而信其所賤。**」尊賢卻不親近儒家賢人，反倒信用不值得看重的譖人，乃使國家教化轉趨邪偽。緊接著又在引文強調：諸君雖然都親眼見到了孔子聖人，卻不依其聖道。換言之，先秦《緇衣》並沒有提到如何培養賢臣，反而說已有賢人，但統治者卻不肯用他。在其思想脈絡中，賢臣指涉的並非統治者培養的忠臣，而是實行德政必須任用的儒家賢師。

第十一章則繼續論證賢臣的重要性，並提出了「繼」的概念。「繼」的概念源自《易・離卦》，即君王大人之「明」必須經由大臣之「繼」纔能照於四方，恩澤及於全國百姓。大臣發揮了「繼」的作用，方能讓君民前後相續，而「**咸有一德**」。《緇衣》自始即一貫地強調君民間有互不可缺的密切關係，第十一章據此為基礎，進一步地說明作為君、民互動的媒介者，正是大臣的核心作用，而此一作用確實在《緇衣》的思想脈絡中至為關鍵，是故可知「**大臣不可不敬**」。

禮學傳統中，《禮記・緇衣》旨在論述刑措概念，故經本竄入的新首章曰：「**為上易事也；為下易知也，則刑不煩矣。**」鄭玄循之，並進一步強調「**君不苟虐，臣無姦心，則刑可以措。**」然而刑措並非先秦《緇衣》唯一的寫作目的。我們在前文中已詳細地討論過《緇衣》從先秦到漢代的主題變化。為了使新主題能夠確立，經本整理者採用了三個明顯的手段：（一）作了新的篇首；（二）修改了原來的首章且竄入了簡本所無的「**爵不瀆而民作愿，刑不試而民咸服**」文句；（三）將原來的第十二章移至第三章的位置。

在先秦的《緇衣》中，第十二至十三章的段落專論刑措觀點。所以經本的新主題並非憑空插入，刑措的論述雖然不是簡本《緇衣》的通篇主題，但也是其中的一個環結。先秦儒家思想自始至終一直涵蓋著刑措的理想。祇不過，簡本第十二、十三章對刑法的論述明顯構成完整的思想體系，而經本因兩章被分開、文字遭到修改，因此在論述上失去了精準性；況且簡、經本的論述角度亦有明顯差距。

先秦《緇衣》第十二、十三章的論述如下：

子曰：「長者教之以德，齊之以禮，則民有懽心；教之以政，齊之以刑，則民

有悖心。」故慈以炁之，則民有親；信以結之，則民不倍；恭以蒞之，則民有愻心。《詩》云：「吾大夫恭且儉，莫人不斂。」《呂刑》云：「非用臸，折以刑，唯作五虐之刑，曰法。」■

子曰：「整之不行，教之不成也，則刑罰不足恥，而爵不足懽也。」故上不可以埶刑而輕爵。《康誥》云：敬明乃罰。《呂刑》云：播刑之迪。■

筆者譯文如次：

子曰：「如果國君以德來教導其民，以禮來整理其國，則臣民統有懽心，將忠誠地悅服其君；但如果國君以政來教導其民，以刑來整理其國，則臣民只能有逆悖之心，怨恨其君。」是故，若國君慈愛以惠育其民，則國民有親近的感覺；若用信任以結合國民，則國民不會違背國君；若國君本身尊賢敬義、敬事不懈，以治理其民，則國民有遜順的孝心。《詩》云：「我的大夫恭敬且節儉，所以莫人不聚集，皆要來作我國的國民。」《呂刑》云：「不用親民，而用刑罰折服民眾，建立了五種殘虐的刑罰，且以為這可謂之『法』。」

子曰：「如果整齊沒有被推行，教化沒有成功，則用刑罰不足以使人感到羞恥，爵祿亦不足以使人統有合懽之心，忠誠地悅服其君。」故上既不可依埶作威而用刑折人，亦不可輕義而用爵祿。《康誥》云：「要謹慎地使你的刑罰公明」。《呂刑》云：「傳布刑法之道理」。

第十二至十三章的寫作目的，在於進一步說服諸國國君，若對百姓的教化不成功，即便刑法備具也是徒然。「教之以政，齊之以刑」的結果，只能使民眾反感、背離，無法達到真正的治國目的。

簡本第十二章的內容非常豐富，且完整地表達了思孟學家的德政究竟所指何義。首先德政的方法源自儒家「孝」的概念。《緇衣》的理論是用「親」的概念表達君民之間的關係。「親」包含了君的「慈」與民的「遜」，《緇衣》一貫而清楚地說明：國君作父的慈惠，和國民作子的遜心實具有因果關係。「親」、「慈」、「遜」是第十二章所建立的明確概念，在傳世文獻中均可窺見這些概念如何用於儒家孝道理想的論述上。

據聖師所言，國君必須實行教化國民、整齊全國之事。「教化」與「整齊」亦是《緇衣》第十二、十三章所建立的概念。法家以為用刑法足以教民，儒家卻否定刑法的功能，並強調以德教化的方法。唯有如此，國君的德政纔能發揮教化民眾孝心的功能，而一味施用刑法的政權反而會造成臣民的違逆、導致國家叛亂。《緇衣》又建立「懽心」與「悖心」兩個相對概念，「懽心」亦是孝道概念之一，表達相交合懽與懽忠之義。國君以德和禮培養臣民的懽心，但如果國君用政權與刑法，則臣民反而會有逆悖之心。

《緇衣》作者將「㤅」的概念與「結」、「蒞」聯成一條循序漸進的治國方法。第一步先實現仁惠，若統治者不用仁惠，則無法治理民眾。第二步是結合，結合各家，使之成為完整國家中的國民。民眾對國君的仁惠有了合懽、親近的感覺後，國君必須以彼此信任的方法結合全國民眾。國民結合之後，纔真正可以實現君民相親的教化與治理，此即第三步的「蒞」。「蒞」蘊含內理、來臨、親近、教化及治理之意，也是以親民達成教民、齊民目的的具體方法。由此可見《緇衣》原文的用字有相當明確的內在邏輯。

第十二章引用《呂刑》的內容曾引發學界爭論。筆者認為，原引文一貫地表達以「親」治民的觀點，及至後期受到《呂刑》篇不同版本的影響而作修改，造成《緇衣》的引文與本文不一致。除郭店本外，此處其他版本均用上了「靈命」概念，不但未能推揚「親民」理念，還強調統治者的「天命」地位，這些變化同時亦牽涉到儒家思想在歷史上之演變。孔子自始未曾否定天命，但在春秋晚期社會中，此為各國統治者公認的思想。在教導王侯時並無推先「天命」的必要性，因為這早已是王侯們知道且認同的。所以儒家思想反而強調，王侯並非因為承受天命就足以使民眾服從，而必須舉行德政，才能使四方順之。

第十三章延續了子思學家對刑法的態度。我們從而可知，子思學家並非完全否定用刑，其觀點是國君首先要以「仁」、「德」、「禮」教化其民、整齊其國，以本身的行為建立社會公認的價值觀。若社會的價值觀正確，教化成功，卻有個別罪人違背正道，此時纔可施用公明的刑罰。但在未教之前施用刑罰，則無法收到教化效果，使民眾對罪行感到羞恥心。

《禮記・緇衣》篇的主題是討論刑法，然而最近出土的先秦《緇衣》則顯示《禮記》的主題與經傳不同。簡本雖亦論及刑法，但討論篇幅僅限於第十二至十三章；然而在經本的編排下，刑法卻成為全篇主題。

經本的章次，實際上也是根據其自有思路而展開的。在前三章（包括簡本所無的經本首章、被修改的簡本第一章和簡本第十二章）確立刑措概念的主題後，經本《緇衣》乃開始著重討論如何以德行治理百姓。故首先提出「不以令，而以行」的政治理念（經本第四章即修改後的簡本第八章），接著論及昔日聖王以「仁」治民（經本第五章，簡本第七章）的例子，此後便確立了王侯愛好仁德的必要性（第六章）。綜括經本意旨，此種論述順序很合理；但若與簡本作比較就會發現，兩者間的排序差異實際上是出自不同的思路模式。

此外，先秦版本討論刑法的重點又與經本有頗多的差異。原本《緇衣》討論刑法是提出一套系統性的理論，但後期的版本因對字詞有些微誤解和修變，故而已失去了原本精彩的理論內涵與結構。經本《緇衣》雖將用刑問題當作其唯一的主題，卻不如簡本在思想、表達上均呈現了精確、豐富的內涵。對漢代以來的儒家而言，失去《緇衣》本意確實是一件頗為遺憾的事。但透過今日各種文獻的陸續出土，使我們有機會回歸、貼近先秦時代的《緇衣》原本，亦可說是對千年來的學術缺憾，稍作了一些補償。

至於先秦《緇衣》後半段的十四至二十三章，及這部分內容在經本的編修問題，筆者擬於日後再作專文探討。

附錄

引用書目

一、出土文獻（以年代早晚排序）

中國社會科學院考古研究所編著，《殷墟花園莊東地甲骨》，昆明：雲南人民出版社 2003 年。
中國社會科學院歷史研究所編、郭沫若主編，《甲骨文合集》，北京：中華書局，1982 年。
中國社會科學院考古研究所編，《殷周金文集成》，北京：中華書局，1984~1994 年。
張亞初編著，《殷周金文集成引得》，北京：中華書局，2001 年。
湖北省博物館編，《曾侯乙墓》北京：文物出版社，1989 年。
荊門市博物館編著，《郭店楚墓竹簡》，北京：文物出版社 1998 年。
荊門市博物館編著，《郭店楚墓竹簡・緇衣》，北京：文物出版社，2002 年。
荊門市博物館編著，《郭店楚墓竹簡・老子甲》，北京：文物出版社，2002 年。
荊門市博物館編著，《郭店楚墓竹簡・老子乙、丙》，北京：文物出版社，2002 年。
荊門市博物館編著，《郭店楚墓竹簡・太一生水、魯穆公問子思》，北京：文物出版社，2002 年。
荊門市博物館編著，《郭店楚墓竹簡・忠信之道、窮達以時》，北京：文物出版社，2002 年。
荊門市博物館編著，《郭店楚墓竹簡・五行》，北京：文物出版社，2002 年。
荊門市博物館編著，《郭店楚墓竹簡・尊德義》，北京：文物出版社，2002 年。
荊門市博物館編著，《郭店楚墓竹簡・性自命出》，北京：文物出版社，2002 年。
荊門市博物館編著，《郭店楚墓竹簡・唐虞之道》，北京：文物出版社，2002 年。
荊門市博物館編著，《郭店楚墓竹簡・語叢二》，北京：文物出版社，2002 年。
荊門市博物館編著，《郭店楚墓竹簡・語叢三》，北京：文物出版社，2002 年。
荊門市博物館編著，《郭店楚墓竹簡・語叢四》，北京：文物出版社，2002 年。
荊門市博物館編著，《郭店楚墓竹簡・六德》，北京：文物出版社，2003 年。
荊門市博物館編著，《郭店楚墓竹簡・成之聞之》，北京：文物出版社，2003 年。

荊門市博物館編著，《郭店楚墓竹簡・語叢一》，北京：文物出版社，2003 年。
馬承源主編，《上海博物館藏戰國楚竹書（一）》，上海：上海古籍出版社 2001 年。
馬承源主編，《上海博物館藏戰國楚竹書（二）》，上海：上海古籍出版社 2002 年。
馬承源主編，《上海博物館藏戰國楚竹書（三）》，上海：上海古籍出版社 2003 年。
馬承源主編，《上海博物館藏戰國楚竹書（四）》，上海：上海古籍出版社 2004 年。
馬承源主編，《上海博物館藏戰國楚竹書（五）》，上海：上海古籍出版社，2005 年。
馬承源主編，《上海博物館藏戰國楚竹書（六）》，上海：上海古籍出版社，2006 年。
馬承源主編，《上海博物館藏戰國楚竹書（七）》，上海：上海古籍出版社，2007 年。
睡虎地秦墓竹簡整理小組編，《睡虎地秦墓竹簡》，北京：文物出版社，2001 年。
李均明、何雙全編，《散見簡牘合輯》，北京：文物出版社，1990 年。
馬王堆漢墓帛書整理小組編，《馬王堆漢墓帛書》北京：文物出版社，1974 年。
馬王堆漢墓帛書整理小組編《經法》，北京：文物出版社，1976 年。
馬王堆漢墓帛書整理小組編，《戰國縱橫家書：馬王堆漢墓帛書》，北京：文物出版社，1976 年。
東京大學馬王堆帛書研究會編集，《馬王堆漢墓出土帛書周易二三子問篇譯注》，東京：東京大學馬王堆帛書研究會，1997 年。
馬王堆漢墓出土帛書、、高明校注，《帛書老子校注》，北京：中華書局，1996 年。
馬王堆漢墓出土帛書、陳鼓應註譯，《黃帝四經今註今譯》，臺北：臺灣商務印書館，1995 年。
馬王堆漢墓帛書整理小組，〈馬王堆漢墓帛書《五星占》釋文〉，《中國天文學史文集》，北京：科學出版社，1978 年。
日・永田英正，《漢代石刻集成》，京都：同朋舍，1994 年。

二、傳世文獻資料（以年代早晚排序）

《禮記》唐開成二年拓本。
魏・王弼、晉・韓康伯注、唐・孔穎達等正義，《周易正義》，《十三經注疏》，臺北：新文豐出版公司，2001 年。
漢・孔安國傳、唐・孔穎達等正義，《尚書正義》，《十三經注疏》，臺北：新文豐出版公司，2001 年。
漢・毛公傳、鄭玄箋、唐・孔穎達等正義，《毛詩正義》，《十三經注疏》，臺北：新文豐出版公司，2001 年。
漢・鄭玄注、唐・賈公彥疏，《周禮注疏》，《十三經注疏》，臺北：新文豐出版公司，2001 年。
漢・鄭玄注、唐・孔穎達疏，《禮記注疏》，《十三經注疏》，臺北：新文豐出版公司，2001 年。
晉・杜預注、唐・孔穎達等正義，《春秋左傳正義》，《十三經注疏》，臺北：新文豐出版公司，2001 年。
漢・何休注、唐・徐彥疏，《春秋公羊傳注疏》，《十三經注疏》，臺北：新文豐出版公司，2001 年。
晉・范寧注、唐・楊士勛疏，《春秋穀梁傳注疏》，《十三經注疏》，臺北：新文豐出版公司，2001 年。
魏・何晏等注、宋・邢昺疏，《論語注疏》，《十三經注疏》，臺北：新文豐出版公司，2001 年。
唐・元宗皇帝御注、宋・邢昺疏，《孝經注疏》，《十三經注疏》，臺北：新文豐出版公司，2001 年。
晉・郭璞注、宋・邢昺疏，《爾雅注疏》，《十三經注疏》，臺北：新文豐出版公司，2001 年。
漢・趙岐注、宋・孫奭疏，《孟子注疏》，《十三經注疏》，臺北：新文豐出版公司，2001 年。
宋・朱熹，《四書章句集注》，《四書章句集注》，北京：中華書局，2007 年。
宋・朱熹，《四書章句集注》，卷四三一，載《宋元明清十三經注疏彙要》，北京：中央黨校出版社，1996 年。
清・孫星衍撰，《尚書今古文注疏》，《清人注疏十三經》第一冊，北京：中華書局，1998 年。
清・段玉裁，《古文尚書撰異》，《皇清經解》（影印本），上海：上海書店，1988 年。
清・皮錫瑞清・皮錫瑞撰、盛冬鈴、陳抗點校，《今文尚書考證三十卷》，北京：中華書局，1989 年。
曾運乾著，《尚書正讀》，臺北：華正書局，1983 年。
屈萬里註譯，《尚書今註今譯》，臺北：臺灣商務印書館，1969 年。
屈萬里，《尚書集釋》，臺北：聯經，1983 年。
南懷瑾、徐芹庭註譯，《周易今註今譯》，臺北：臺灣商務印書館，1984 年。

清・孫詒讓著、中華書局點校，《周禮正義》，陸費逵總勘，《四部備要》，臺北：中華書局，1965年。
清・王先謙撰，《詩三家義集疏》，北京：中華書局，1987年。
清・王先謙撰、吳格點校，《詩三家義集疏》，臺北：明文書局，1988年。
漢・韓嬰撰，《詩外傳十卷》，《四部叢刊・初編・經部》，冊 1（11），臺北：臺灣商務印書館，1965年。
日・竹添光鴻撰，《毛詩會箋》，臺北：華國出版社，1975年。
宋・朱熹，《詩集傳》，上海：上海古籍出版社，1980年。
袁梅譯注，《詩經譯注》，濟南：齊魯書社，1985年。
楊伯峻編，《春秋左傳注》，北京：中華書局，1990年。
元・陳澔注，《禮記集說》，臺北：臺灣啟明書局，1952年。
元・陳澔注，《禮記集說》，上海：上海古籍出版社，1987年。
王夢鷗註譯，《禮記今註今譯》，臺北：臺灣商務印書館，1984年。
《論語集說》，《漢文大系》，臺北：新文豐出版公司，1978年。
晉・孔晁注，《逸周書》，《四部備要・史部》，第86冊，臺北：臺灣中華書局，1965年。
黃懷信、張懋鎔，田旭東撰，《逸周書彙校集注》，上海：上海古籍出版社，2007年。
方詩銘、王修齡撰，《古本竹書紀年輯證》，上海：上海古籍出版社，2005年。
春秋齊・管仲撰、慧豐學會編，《管子纂詁》，臺北：新文豐出版公司，1978年。
春秋齊・管仲、黎翔鳳撰、梁運華整理，《管子校注》，北京：中華書局，2006年。
春秋齊・管仲撰、李免注譯，《管子今注今譯》，臺北：臺灣商務印書館，1994年。
戰國衛・商鞅撰、賀凌虛注譯，《商君書今注今譯》，臺北：商務印書館，1985年。
戰國楚・屈原著、宋・洪興祖補注，《楚辭補注》，臺北：大安出版社，2004年。
戰國楚・屈原著、宋・朱熹集注，《楚辭集注》，上海：上海古籍出版社、合肥：安徽教育出版社，2001年。
戰國楚・屈原著、陳子展撰述、杜月村、范祥雍校，《楚辭直解》，南京：江蘇古籍出版社，1988年。
戰國宋・莊周著作、王叔岷校，《莊子校詮》，臺北：中央研究院歷史語言研究所，1999年。
戰國宋・墨翟著、吳毓江撰、孫啟治點校，《墨子校注十五卷》，北京：中華書局，1993年。
戰國宋・墨翟著、清・孫詒讓閒詁、孫啟治點校，《墨子閒詁》，北京：中華書局，

2001年。
戰國宋・墨翟著、李漁叔註譯，《墨子今註今譯》，臺北：商務印書館，1974年。
戰國周・晏嬰撰、陳益標點，《新式標點晏子春秋》，臺北：新文豐出版公司，1978年。
戰國周・晏嬰撰、王更生校注，《新編晏子春秋》，臺北：臺灣古籍，2001年。
駢宇騫著，《銀雀山竹簡《晏子春秋》校釋》，臺北：萬卷樓，1998年。
戰國周・左丘明撰、吳・韋昭注，《國語》，《四部刊要・史部・雜史類・事實之屬》，臺北：漢京文化事業有限公司，1983年。
戰國周・左丘明著、上海師範大學古籍整理研究所校，《國語》，上海：上海古籍出版社，1988年。
戰國周・左丘明撰、吳・韋昭注，《國語韋昭注》，臺北：藝文印書館，1954年。
戰國周・列禦寇著、漢・張湛注，《列子》，臺北：臺灣中華書局，1981年。
清・張隱庵，《黃帝內經素問集注》，北京：學苑出版社，2002年。
日・澀江抽齋著，《靈樞講義》，北京：學苑出版社，2003年。
戰國趙・荀況撰、唐・楊倞注，《荀子嘉善謝氏校本》，《子書二十八種》，臺北：廣文書局，1991年。
戰國趙・荀況撰、清・王先謙集解，《荀子集解》，臺北：華正書局，1991年。
戰國趙・荀況撰、熊公哲註譯，《荀子今註今譯》，臺北：臺灣商務印書館，1984年。
戰國韓・韓非、清・王先慎撰、鍾哲點校，《韓非子集解》，北京：中華書局，1998年。
戰國韓・韓非著、陳啟天校釋，《韓非子校釋》，臺北：臺灣商務印書館，1960年。
楊朝明主編，《孔子家語通解——附出土資料與相關研究》，臺北：萬卷樓，2005年。
漢・高誘注，《戰國策》，《四部備要・史部》，冊284，臺北：臺灣中華書局，1981年。
漢・劉向集錄、范祥雍箋證、范邦瑾協校，《戰國策箋證》，上海：上海古籍出版社，2006年。
秦・呂不韋著，林品石註譯，《呂氏春秋今註今譯》，臺北：臺灣商務印書館，1983年。
何寧撰，《淮南子集釋》，北京：中華書局，1998年。
漢・戴德撰、清・王聘珍解詁，《大戴禮記解詁》，《四部刊要・經部・三禮類》，臺北：漢京文化事業有限公司，2004年。
漢・戴德撰、高明註譯，《大戴禮記今註今譯》，臺北：臺灣商務印書館，1982年。
漢・司馬遷撰，《史記》，上海：上海古籍出版社，1997年。
漢・司馬遷撰、日・瀧川龜太郎會注考證，《史記會注考證》，臺北：大安出版社，1998年。

漢・無名、清・黃奭輯《春秋元命苞》，臺北：藝文印書館，1972 年。
漢・董仲舒，《春秋繁露》，臺北：中國子學名著集成編印基金會，1978 年。
漢・董仲舒、清・蘇興著，《春秋繁露義證》，北京：中華書局，1992 年。
清・姚鼐編撰，《古文辭類纂》，陸費逵總勘：《四部備要》，冊 567，臺北：中華書局，1991 年。
漢・桓寬，《鹽鐵論校注》，上海：古典文學出版社，1958 年。
漢・賈誼撰、清・盧文弨校，《新書》，卷八，《叢書集成・初編》，冊 519，北京：中華書局，1985 年。
漢・劉向著、盧元駿、陳貽鈺注譯，《說苑今注今譯》，臺北：臺灣商務印書館，1988 年。
漢・王符著、彭丙成注譯、陳滿銘校閱，《新譯潛夫論》，臺北：三民書局，1998 年。
漢・王充撰、蕭登福校注，《新編論衡》，臺北：臺灣古籍，2000 年。
漢・許慎著、清・段玉裁注，《說文解字注》，臺北：藝文印書館，1966 年。
清・朱駿聲撰《說文通訓定聲》，北京：中華書局，1998 年。
漢・班固撰、唐・顏師古注，《漢書》，北京：中華書局，1962 年。
漢・班固撰、唐・顏師古注、楊家駱主編，《新校本漢書并附編二種》，臺北：鼎文書局，1986 年。
東漢・張衡著、張震澤校注，《張衡詩文集校注》，上海：古籍出版社，1986 年。
漢・劉熙撰，《釋名》，《叢書集成・初編》，冊 1151，北京：中華書局，1985 年。
漢・劉熙撰、清・畢沅疏證，《釋名疏證》，上海：商務印書館，1936 年。
漢・劉熙撰、清・王先謙疏證補，《釋名疏證補》，上海：商務印書館，1937 年。
魏・酈道元，《水經注》，臺北：世界書局，1956 年。
晉・呂忱撰，《字林一卷》，《叢書集成續編・語文學類第》，冊 69，臺北：新文豐出版公司，1989 年。
劉宋・范曄撰、唐・李賢等注、晉・司馬彪補志、楊家駱主編，《新校本後漢書并附編十三種》，臺北：鼎文書局，1981 年。
劉宋・范曄撰，《後漢書》，西安：三秦出版社，2004 年。
清・嚴可均校輯，《全上古三代秦漢三國六朝文》，北京：中華書局，1958 年。
梁・蕭統編、唐・李善注，《文選六十卷》，臺北：文津出版社，1987 年。
梁・蕭統編、張啟成、徐達等譯注，《昭明文選》，臺北：臺灣古籍，2001 年。
三國魏・張揖原著、徐復主編，《廣雅詁林》，南京：江蘇古籍出版社，2000 年。

梁・顧野王著，《大廣益會玉篇》，北京：中華書局，1987 年。

北周・郭忠恕撰、清・鄭珍、清・鄭知同箋正，《汗簡箋正》，臺北：藝文印書館，1991 年。

北周・郭忠恕編、宋・夏竦編、李零、劉新光整理，《汗簡；古文四聲韻》，北京：中華書局，1983 年。

宋・陸游，《陸放翁全集》，台北：世界書局，1990 年。

宋・聶崇義撰，《三禮圖集注二十卷》，《景印文淵閣四庫全書》，冊 129，臺北：臺灣商務印書館，1983 年。

宋・李昉撰，《太平御覽》，北京：中華書局，1960 年。

宋・王應麟著，《三字經》，張河、牧之編：《中國古代蒙書集錦》，濟南，山東友誼書社，1989 年。

宋・丁度宋、陸費逵總勘，《集韻》，臺北：中華書局，1965 年。

遼・釋行均編《龍龕手鏡（高麗本）》，北京：中華書局，1985 年。

明・馮夢龍、清・蔡元放著，《東周列國志》，北京：人民文學出版社，1975 年。

清・錢彩，《說岳全傳》，上海：上海古籍出版社，1979 年。

清・阮元，《揅經室集》，《國學基本叢書》，臺灣：臺灣商務印書館，1966 年。

清・顧炎武著，《原抄本顧亭林日知錄》，臺北：文史哲出版社，1979 年。

清・姚鼐編撰，《古文辭類纂》，陸費逵總勘《四部備要》，冊 567，臺北：中華書局，1991 年。

二、近人論著

中文（以筆畫數）

于茀，〈郭店楚簡《緇衣》引詩補釋〉，《北方論從》，2001 年第 5 期。

于省吾主編、姚孝遂按語編撰，《甲骨文字詁林》，北京：中華書局，1996 年。

王力波，《郭店楚簡《緇衣》校釋》，碩士學位論文，東北師範大學，2002 年。

王中江，〈「身心合一」之「仁」與儒家德性倫理——郭店竹簡「𢚧」字及儒家仁愛的構成〉，《中國哲學史》，2006 年第 1 期。

王平，〈上海博物館藏《戰國楚竹書・緇衣》引《詩》異文考〉，《華東師範大學學報》，卷 35 帝 4 期，2003 年 7 月。

王平，〈上博簡《緇衣》引《詩》中的「又共悳行，四或川之」〉，《天津師範大學學報》，2002 年第 2 期。

王貴民著，〈說御史〉，《甲骨探史錄》，北京：三聯書店，1982 年。

王博，《簡帛思想》，臺北：臺灣古籍，2001 年。

王寧，〈郭店楚簡《緇衣》文字補釋〉，簡帛網 2002-9-12, http://www.jianbo.org/Wssf/2002/wangning03.htm.

王輝、焦南鋒、馬振智，〈秦公大墓石磬殘銘考釋〉，《中央研究院歷史語言研究所集刊》，第 67 本第二分，1996 年 6 月。

中央研究院歷史語言研究所金文工作室編《殷周金文暨青銅器資料庫》https://db1n.sinica.edu.tw/textdb/test/bronze/qry_bronze.php.

中華民國教育部國語推行委員會編輯，《異體字字典》中華民國教育部，2004 年，http://dict.variants.moe.edu.tw.

方述鑫，〈甲骨文口形偏旁釋例〉，《古文字研究論文集》，《四川大學學報叢刊》第十期，1982 年。

孔仲溫，〈郭店楚簡《緇衣》字詞補釋〉，《古文字研究》22 輯，北京：中華書局，2000 年。

孔德立，〈郭店楚簡所見《子思》的修身思想〉，《管子學刊》，2002 年第 2 期。

白於藍，《「孚」字補釋》，上海大學古代文明研究中心、清華大學思想文化研究所編，《上博館藏戰國楚竹書研究》，上海：上海書店出版社，2002 年。

白於藍，〈郭店楚簡補釋〉，《漢江考古》，2001 年第 2 期。

白奚，〈「仁民而愛物」的現代啟示〉，《河北學刊》，2001 年第 2 期。

白奚，〈「仁」字古文考辯〉，《中國哲學史》，2003 年第 3 期。

白奚，〈「仁」與「相人偶」——對「仁」字的構形及其原初意義的再考察〉，《哲學研究》，2003 年第 7 期。

白奚，〈仁愛觀念與生態倫理〉，《首都師範大學學報》，2002 年第 1 期。

白奚，〈「全德之名」和仁聖關系——關於「仁」在孔子學說中的地位的思考〉，《孔子研究》，2002 年第 4 期。

白奚，〈孟子對孔子仁學的推進及其思想史意義〉，《哲學研究》，2005 年第 3 期。

白奚，〈援仁入禮 仁禮互動——對「克己復禮為仁」的再考察〉，《中國哲學史》，2008 年第 1 期。

邢文，〈楚簡《緇衣》與先秦禮學〉，《郭店楚簡國際學術研討會論文集》，武漢：湖北人民出版社，2000 年。
巫雪如，〈由先秦指代詞用法探討郭店、上博及今本《禮記》〈緇衣〉之相關問題——兼探三本〈緇衣〉之流傳〉，《2007 中國簡帛學國際論壇論文集》，臺北：臺灣大學，2007 年 11 月。
李二民，《緇衣研究》碩士學位論文，北京大學，2001 年。
李文玲，〈《孝經》為子思撰新考〉，《管子學刊》，2002 年第 2 期。
李存山，〈先秦儒家的政治倫理教科書——讀楚簡《忠信之道》及其他〉，《中國文化研究》，1998 年冬之卷（總第 22 期）。
李孝定編述，《甲骨文字集釋》，臺北：中央研究院歷史語言研究所，1991 年。
李哲賢，《荀子名學析論》，臺北：文津出版社，2005 年。
李家浩，《九店楚簡》，中華書局，2000 年。
李健勝，〈《子思子》內容考釋〉，《青海師範大學學報》，2005 年第 5 期。
李零，《上博楚簡三篇・校讀記》，臺北：萬卷樓，2002 年。
李零，〈上博楚簡校讀記（之二）：《緇衣》〉，上海大學古代文明研究中心、清華大學思想文化研究所編，《上博館藏戰國楚竹書研究》，上海：上海書局，2002 年。
李零，《郭店楚簡校讀記》，《道家文化研究》第 17 輯，1999 年。
李學勤，〈荊門郭店楚簡中的《子思子》：郭店楚簡研究〉，《中國哲學》第二十輯，瀋陽：遼寧教育出版社，2000 年。
李學勤，〈郭店楚簡儒家典籍的性質與年代〉，《李學勤文集》，上海：上海辭書出版社，2005 年。
李學勤，〈論上海博物館所藏的一支《緇衣》簡〉，《齊魯學刊》，1999 年第二期。
李學勤，〈釋郭店簡祭公之顧命〉，《文物》，1998 年第 7 期。
吳建偉，〈上博簡《緇衣》文字考釋四則〉，《語言研究》卷 26 第 2 期，2006 年 6 月。
吳榮曾，〈《緇衣》簡本、今本引《詩》考辨〉，《文史》，2002 年第 3 期。
吳闓生著，《詩義會通四卷》，北京：中華書局，1959 年。
呂紹綱，〈《郭店楚墓竹簡》辨疑兩題〉，《史學集刊》第 1 期，2001 年 2 月。
何琳儀，〈郭店竹簡選釋〉，《簡帛研究二〇〇一》，桂林：廣西師範大學出版社，2001 年。
何琳儀，《戰國古文字典》，北京：中華書局，2004 年。
何琳儀、房振三，〈釋巴〉，《東南文化》，2008 年第 1 期。
汪中文，〈《郭店・緇衣》「則民有悗心」解〉，簡帛研究網，2004/3/21，

http://www.jianbo.org/admin3/list.asp?id=1121/。
沈培，〈上博簡《緇衣》篇「卷」字解〉，《華學》第六輯，北京：禁城出版社，2003 年。
范鵬、白奚，〈「禮」、「忠」、「孝」的現代詮釋〉，《孔子研究》，1997 年第 4 期。
林沄，〈說戚、我〉，《古文字研究》，第十七輯，1989 年 6 月。
季旭昇主編，陳霖慶、鄭玉姍、鄒濬智合撰，《上海博物館藏戰國楚竹書（一）讀本》，臺北：萬卷樓圖書，2003 年。
季旭昇〈季康子問於孔子〉，簡帛資料文哲讀書會 2009 年 10 月，讀書會資料。
季旭昇，〈從《孔子詩論》與熹平石經談《小雅・都人士》首章的版本問題〉，《河北師範大學學報》，2006 年第 3 期。
周志煌，〈「類」與「教」——漢代「天人相應」與「天生人成」的思想綰合及其在風俗信仰的意義〉，《第六屆漢代文學與思想學術研討會》，臺北：國立政治大學中文系，2007 年 3 月 24-25 日。
周法高主編，《金文詁林》，香港：中文大學出版社，1974-1975 年。
周桂鈿，〈郭店楚墓竹簡《緇衣》研究札記〉，《孔子研究》，1999 年第 1 期。
周桂鈿，〈郭店楚簡《緇衣》校讀札記〉，《中國哲學》第 20 輯，瀋陽：遼寧教育出版社，1999 年。
周遠斌，〈《詩》字本義為祭哥考〉，《山東師範大學學報》，2007 年第 5 期。
周鳳五，〈郭店楚簡識字札記〉，《張以仁先生七秩壽慶論文集》，臺北：學生書局，1999 年。
孟蓬生，〈上博簡《緇衣》三解〉，上海大學古代文明研究中心、清華大學思想文化研究所編，《上博館藏戰國楚竹書研究》，上海：上海書店出版社，2002 年。
胡治洪，〈原始儒家德性政治思想的遮蔽與重光〉，《孔子研究》，2007 年第 1 期。
俞鹿年著，《中國官制大辭典》，哈爾濱：黑龍江人民出版社，1992 年。
姜廣輝，〈郭店楚簡與《子思子》〉，《中國哲學》第二十輯，瀋陽：遼寧教育出版社，2000 年。
韋政通，《荀子與古代哲學》，臺北：商務印書館，1966 年。
姚孝遂主編，《殷墟甲骨刻辭類纂》，北京：中華書局，1998 年。
姚孝遂、肖丁合著，《小屯南地甲骨考釋》，北京：中華書局，1985 年。
馬承源主編，《商周青銅器銘文選》，北京：文物出版社，1986 年。
夏含夷，〈釋「御方」〉，《古文字研究》第九輯，北京：中華書局，1984 年。
晁福林，〈郭店楚簡《緇衣》與《尚書・呂形》〉，《史學史研究》，2002 年第 2 期。

晁福林，〈從王權觀念變化看上博簡《詩論》的作者及年代〉，《中國社會科學》，2002年第6期。

晁福林，〈對於孔子教育思想的若干新認識〉，《孔子研究》，1999年第4期。

徐中舒，〈對〈金文編〉的幾點意見〉，《考古》，1959年第7期。

徐在國、黃德寬，〈《上海博物館藏戰國楚竹書（一）‧緇衣、性情論》釋文補正〉，《古籍整理研究學刊》，2002年第3期。

徐寶貴，〈郭店楚簡研究三則〉，《古籍整理研究所期刊》，2003年第3期。

高文，《漢碑集釋》，開封：河南大學出版社，1997年。

高亨纂著、董治安整理，《古字通假會典》，濟南：齊魯書社，1989年。

涂宗流、劉祖信〈郭店楚簡《緇衣》通釋〉，《郭店楚簡國際學術研討會論文集》，武漢：湖北人民出版社，2000年。

孫麗，〈「有耻且格」之「格」字訓釋探討〉，《文學語言學研究》，2007年11月號中旬刊。

曹峰，〈出土文獻可以改寫思想史嗎？〉，《文史哲》，2007年第5期。

曹峰，〈第十二章、儒家經典與出土文獻〉，鄭傑文、傅永軍主編，《儒學十二講》，北京：中華書局，2007年。

曹錦炎，〈凡物流形〉，馬承源主編，《上海博物館藏戰國楚竹書（七）》，上海：上海古籍出版社，2007年。

郭沫若：《中國史稿》，北京：人民出版社，1962-1963年。

郭梨華，〈曾子與郭店儒簡的身體哲學探究〉，《政大中文學報》2005年第3期。

郭靜云，〈中華文明歷史觀念之形成芻議〉，《史學現代化問題國際學術研討會》，天津南開大學，2008年4月。

郭靜云，〈由竹簡《緇衣》論戰國時期歷史語言的問題〉，《簡帛研究 2007、2008》，桂林：廣西師範大學出版，2010年。

郭靜云，〈由商周文字論」道」的本義〉，《甲骨文與殷商史》新一輯，北京：線裝書局，2009年。

郭靜云，〈由《緇衣》看討先秦與西漢儒家觀點之異同——以簡本第二至四章為中心〉，《中國經學》第4輯，桂林：廣西師範大學出版社，2008年。

郭靜云，〈由禮器紋飾、神話記載及文字論夏商雙嘴龍神信仰〉，《漢學研究》第二十五卷，第二期，臺北：國家圖書館，2007年。

郭靜云，〈由簡本與經本《緇衣》的異同論儒家經典的形成〉，《第五屆中國經學研究會國際學術研討會》，臺北：國立政治大學中文學系，2009 年。
郭靜云，〈甲骨、金、簡文「[illegible]」字的通考〉，《古文字研究》二十七輯，北京：中華書局，2008 年。
郭靜云，〈再論《[illegible]物流形》的「[illegible]」字與篇名之意〉，簡帛研究網 2010-3-24 發布，http://www.jianbo.org/admin3/2010/guojingyun005.htm..
郭靜云，〈先秦易學的「神明」概念與荀子的「神明」觀〉，《周易研究》，2008 年第 3 期。
郭靜云，〈《尚書・呂刑》不同版本及其思想研究〉，《史學史研究》，2009 年第 2 期。
郭靜云，〈郭店出土《太一》：社會歸於自然天地之道（再論老子丙組《大一》書文的結構）〉，《我注六經，六經注我》，《中國出土資料研究》第 13 號，東京：東京大學中國出土資料學會，2009 年。
郭靜云，〈試探西漢文官編修「天下之經」方法——以《緇衣》篇為例〉，《中國古中世史研究》（韓國）第二十輯，2008 年 8 月。
郭靜云，〈試論先秦儒家「息」概念之來源與本意〉，《孔子研究》，2010 年第 1 期。
郭靜云，〈道家『神明』觀〉，《道文化國際學術研討會論文集》，高雄：高雄師範大學，2006 年。
郭靜云，〈楚簡《緇衣》論刑、親民和靈命之問題〉，《中國經學》第 5 輯，桂林：廣西師範大學出版社，2009 年。
郭靜云，〈《緇衣》「君以民芒」原義之推論〉，《湖南大學學報》，2009 年第 2 期。
郭靜云，〈論中西古代個人像藝術及其觀念〉，《考古學報》，2007 年第 3 期。
郭靜云，〈論「光」、「散」、「微」、「媺」、「美」字的關係〉，《第五屆國際中國古文字學研討會論文集》，合肥：安徽大學，2008 年。
郭靜云，〈閱讀《恆先》〉，簡帛研究網 2008-7-25，http://jianbo.sdu.edu.cn/admin3/2008/guojingyun006.htm.
郭靜云，〈「[illegible]」與「御」：論二字在商周語文中的涵義以及其在戰國漢代時期的關係〉，《語言文字與教學的多元對話》，臺中：東海中文系，2009 年。
陳大齊，《荀子學說》，臺北：中華文化出版事業委員會，1954 年。
陳平伸，〈荀子的「類」觀念及其通類之道〉，《國立臺灣大學哲學論評》第 31 期，2005 年。
陳英杰，〈上海簡拾零〉，《學術研究》，2004 年第 4 期。
陳松長編著，《香港中文大學文物館藏簡牘》，《香港中文大學文物館藏品》專刊之七，2001 年。

陳佩芬，〈緇衣〉，《上海博物館藏戰國楚竹書（一）》，上海古籍出版社，2001 年。

陳金生，〈郭店楚簡《緇衣》校讀札記〉，《中國哲學》第 21 輯，瀋陽：遼寧教育出版社，2000 年。

陳高志，〈郭店楚墓竹簡緇衣篇部分文字隸定檢討〉，《張以仁先生七秩壽慶論文集》，臺北：學生書局，1999 年。

陳斯鵬，〈初讀上博楚簡〉，《簡帛研究網》2002 年 2 月 5 日，http://www.jianbo.org/Wssf/2002/chensipeng01.htm.

陳偉，《郭店竹書別釋》，武漢：湖北教育出版社，2002 年。

陳偉等著，《楚地出土戰國簡冊郭店竹書[四十種]》，北京：經濟科學出版社，2009 年。

陳煒湛著，《甲骨文論集》，上海：上海古籍出版社，2003 年。

陳劍，〈說慎〉，《簡帛研究》，桂林：廣西師範大學出版社，2001 年。

許萬宏，〈《詩經》中是否有一言句式〉，《黃山學院學報》，2006 年第 2 期。

許進雄，〈釋御〉，《中國文字》，臺北：藝文印書館，1963 年。

商承祚，《說文中之古文考》，上海：古籍出版社，1983 年。

張立文，〈略論郭店楚簡的「仁義」思想〉，《孔子研究》，1999 年第 1 期。

張玉金，〈字詞考釋四篇：《尚書》新證八則〉，《中國語言》第 312 期，2006 年第 3 期。

張光裕主編、袁國華合編，《包山楚簡文字編》，臺北：藝文印書館，1992 年。

張光裕主編、袁國華合編，《郭店楚簡文字編》，臺北：藝文印書館，1999 年。

張光裕主編、袁國華合編，《望山楚簡校錄附文字編》，臺北：藝文印書館，2002 年。

張宇衛，〈上博《緇衣》第七簡「[illegible]」字的解讀〉，簡帛研究網，2008/3/13, http://jianbo.sdu.edu.cn/admin3/2008/zhangyuwei001.htm.

張秀英，〈從《緇衣》看，《都人士・詩序》的編輯時代〉，《古籍整理研究學刊》，2007 年第 4 期。

張政烺，《馬王堆帛書周易經傳校讀》，北京：中華書局，2008 年。

張富海，《郭店楚簡〈緇衣〉篇研究》，北京大學中文系碩士學位論文，2002 年。

張德芳，《懸泉漢簡中的「傳信簡」考述》，《出土文獻研究》第七輯，上海：上海古籍出版社，2005 年。

梁立勇，〈郭店簡以「孝」釋「仁」平議〉，《湖北大學學報》，2009 年第 1 期。

梁雲，〈甘肅禮縣大堡子山青銅樂器坑探討〉，《中國歷史文物》，2008 年第 4 期。

梁濤，〈定縣竹簡《論語》與《論語》的成書問題〉，《管子學刊》，2005 第 1 期。
梁濤，〈郭店楚簡「㤅」字與孔子仁學〉，《哲學研究》，2005 第 5 期。
彭林，〈子思作《孝經》說新論〉，《中國哲學史》，2000 年第 3 期。
彭浩，〈郭店楚簡《緇衣》分章及相關的問題〉，《簡帛研究》第三輯，1998 年。
黃人二，《上海博物館藏戰國楚竹書（一）研究》，臺北：高文出版社，2002 年。
黃德寬、徐在國，〈郭店楚簡文字考釋〉，《吉林大學股及整理研究所十五周年紀念文集》，長春：吉林大學出版社，1998 年。
黃德寬、徐在國，〈郭店楚簡文字續考〉，《江漢考古》，1999 年第 2 期。
黃錫全，〈讀上博楚簡札記〉，《新出楚簡與儒學思想國際學術研討會論文集》，北京：清華大學思想文化研究所，臺灣輔仁大學，2002 年。
黃震云，〈郭店楚簡引《書》考〉，《南陽師范學院學報》，2003 年第 2 期。
程元敏，〈郭店楚簡《緇衣》引書考〉，《古文字與古文獻》試刊號，臺北：楚文化研究會，1999 年。
程元敏，《詩序新考》，臺灣：五南出版社，2005 年。
曾軍，〈從《緇衣》的三種文本看「引《詩》釋禮」的詮釋方法〉，《江淮論壇》，2007 年第 4 期。
曾憲通撰集，《長沙楚帛書文字編》，北京：中華書局，1993 年。
馮勝君〈郭店簡與上博簡《緇衣》對比研究叢札〉，《江漢考古》，2004 年第 4 期。
馮勝君〈從出土材料談今本《老子》中「孩」字的釋讀問題〉，《古籍整理研究學刊》，2005 年第 2 期。
馮勝君，〈讀上博簡《緇衣》札記一則〉，簡帛研究網 2002-1-21，http://www.jianbo.org/Wssf/2002/fengshengjun02.htm.
馮勝君〈讀上博館緇衣劄記二則〉，上海大學古代文明研究中心、清華大學思想文化研究所編，《上博館藏戰國楚竹書研究》，上海：上海書店出版社，2002 年。
葛榮晉，《中國哲學範疇通論》，北京：首都師範大學出版社，2001 年。
楊澤生，〈上海博物館所藏楚簡文字雜說〉，《江漢考古》第 84 期，2002 年第 3 期。
楊澤生，〈上博簡《用曰》中的「及」和郭店簡《緇衣》中的「出言有及，黎民所慎」〉，《簡帛網》，2007 年 7 月 30 日，http://www.bsm.org.cn/show_article.php?id=680.
楊儒賓，《儒家身體觀》，臺北：中央研究院中國文哲研究所籌備處，1996 年。
虞萬里，〈上海簡、郭店簡《緇衣》與傳本合校補證，上〉，《史林》2002 年 2 期。

虞萬里，〈上海簡、郭店簡《緇衣》與傳本合校補證，中〉，《史林》2003 年 3 期。
虞萬里，〈上海簡、郭店簡《緇衣》與傳本合校補證，下〉，《史林》2004 年 1 期。
虞萬里，〈竹簡《緇衣》與先秦君臣、君民關係索隱〉，《社會科學》2005 年第 5 期。
虞萬里，〈從簡本《緇衣》論《都人士》詩的綴合〉，《文學遺產》2007 年第 6 期，另載《新出楚簡國際學術研討會論文集》，武漢：武漢大學，2006 年。
虞萬里，〈從先秦禮制中的爵、服與德數字一體詮釋《緇衣》有關章旨〉，浙江大學古籍研究所編：《禮學與中國傳統文化》，北京，中華書局，2006 年。
虞萬里，〈《緇衣》簡本與傳本章次文字錯簡異同考徵〉，《中國經學》第一輯，桂林：廣西師範大學出版社，2005 年。
虞萬里，〈《鄭風・緇衣》詩旨與鄭國史實、封地索隱〉，《史林》2007 年第 1 期。
虞萬里，〈儒家經典《緇衣》的形成〉，中央研究院中國文哲研究所，「儒家經典之形成」計畫專題演講稿，臺北，2006 年 11 月（手稿）。
裘錫圭，〈以郭店《老子》為例談談古字的考釋〉，《郭店老子與太一生水》，北京：學苑出版社，2005 年。
裘錫圭，〈談談上博簡和郭店簡中的錯別字〉，《新出楚簡與儒學思想國際學術研討會論文集》，北京：清華大學思想文化研究所，臺灣輔仁大學，2002 年。
裘錫圭，〈釋郭店《緇衣》「出言有丨黎民所訂」——兼說「丨」為「針」之初文〉，《古墓新知——紀念郭店楚簡出土十周年論文專輯》，香港：國際炎黃文化出版社，2003 年。
裘錫圭，〈讀安陽新出土的牛胛骨及其刻辭〉，《考古》，1972 第 5 期。
趙平安，〈上博藏《緇衣》簡字詁四篇〉，上海大學古代文明研究中心、清華大學思想文化研究所編，《上博館藏戰國楚竹書研究》，上海：上海書店出版社，2002 年。
趙平安，〈郭店楚簡與商周古文字考釋〉，《古籍整理研究學刊》，2003 年 1 期。
趙平安，〈從楚簡「娩」字的釋讀談到甲骨文的「娩」——附釋古文字中的「冥」〉，李學勤、謝桂華主編：《簡帛研究 2001》，桂林：廣西師範大學出版社，2001 年。
臧克和，〈上海博物館藏《戰國楚竹書・緇衣》引《尚書》文字考——兼釋《戰國楚竹書・緇衣》有關的幾個字〉，《古籍整理研究學刊》，2003 年第 1 期。
臧克和、王平，《說文解字新定》，北京：中華書局，2002 年。
臧勵龢等編，《中國古今地名大辭典》，臺北：臺灣商務印書館，1993 年。
廖名春，〈「仁」字探原〉，劉東主編，《中國學術》，第 8 輯（2001 年第 4 期），北京：商務印書館，2001 年。

廖名春，〈荊門郭店楚簡與先秦儒學〉，《中國哲學》第 20 輯，瀋陽：遼寧教育出版社，1999 年。
廖名春，《新出楚簡試論》，臺北：臺灣古籍出版社，2001 年。
廖名春，〈郭店楚簡與《詩經》〉，《文學前沿》，2000 年第 1 期。
廖名春，〈郭店楚簡《緇衣》篇引《詩》考〉，《華學》第四期，北京：紫禁城出版社，2000 年。
廖名春，〈郭店楚簡儒家著作考〉，《孔子研究》，1998 年第 3 期。
廖名春，〈楚文字考釋三則〉，《吉林大學古籍整理研究所建所十五周年紀念文集》，長春：吉林大學出版社，1998 年。
漢語大字典編纂委員會編，《漢語大字典》，武漢：湖北辭書出版社、成都：四川辭書出版社，1986-1990 年。
歐陽禎人，〈郭店簡〈緇衣〉與〈禮記・緇衣〉的思想異同〉，《楚地出土簡帛文獻思想研究（二）》，武漢：湖北教育出版社，2005 年。
劉少剛，〈釋郭店楚簡中的「達」〉，《出土文獻研究》第六期，上海：上海古籍出版社，2004 年。
劉文英，〈「仁」之觀念的歷史探源〉，《天府新論》，1990 年第 6 期。
劉信芳，《包山楚簡解詁》，臺北：藝文印書館，2001 年。
劉信芳，《荊門郭店竹簡老子解詁》，臺北：藝文印書館，1999 年。
劉信芳，〈郭店簡《緇衣》解詁〉，《郭店楚簡國際學術研討會論文集》，武漢：湖北人民出版社，2000 年。
劉信芳，〈簡帛《五行》仁義禮知聖研究〉，簡帛研究網 2000-11-9，http://www.jianbo.org/Wssf/Liuxinfang1-01.htm.
劉釗，《郭店楚簡校釋》，福建：福建人民，2003 年。
劉釗，〈讀上海博物館藏戰國竹書〉，上海大學古代文明研究中心、清華大學思想文化研究所編，《上博館藏戰國楚竹書研究》，上海：上海書店出版社，2002 年。
劉彬徽，〈讀上博楚簡小識〉，《考古與文物》，2003 年第 4 期。
劉國勝，〈郭店竹簡識字八則〉，《武漢大學學報・哲學社會科學版》，1999 年第 5 期。
劉國勝，〈信陽長臺關楚簡《遣策》編聯二題〉，《江漢考古》，2001 第 3 期。
劉敏慶、郭萬金，〈子思子派《詩》學及其道德化傾向〉，《山西大同大學學報》，2007 年第 1 期。
劉樂賢，〈讀上博簡劄記〉，上海大學古代文明研究中心、清華大學思想文化研究所編，《上博館藏戰國楚竹書研究》，上海：上海書店出版社，2002 年。
劉曉東，〈郭店楚簡《緇衣》初探〉，《蘭州大學學報》，2000 年第 4 期。
劉豐，〈從郭店楚簡看先秦儒家的「仁內義外」說〉，《湖南大學學報》，2001 年第 2 期。
劉寶俊，〈郭店楚簡「仁」字三形的構形理據〉，《中南民族大學學報》，2005 年 9 期。
鄭傑文、傅永軍主編，《儒學十二講》，北京：中華書局，2007 年。
滕壬生編著，《楚系簡帛文字編（增訂本）》，武漢：湖北教育出版社，2008 年。
駢慧娟，〈從三種《緇衣》看先秦文獻的傳播〉，《上海師範大學學報》，卷 32，2003 年第 4 期。
禤健聰，〈讀楚簡零識〉，《中山大學研究生學刊》，第 26 卷 1 期，2006 年。
韓碧琴，〈《禮記・緇衣》與郭店楚簡〈緇衣〉之比較〉，《興大人文學報》第 33 期，2003 年。
鍾宗憲，〈《禮記・緇衣》的論述結構及其版本差異〉，《新出楚簡與儒家思想國際學術研討會論文集（續）》，武漢：湖北人民出版社，2000 年。
濮茅佐，〈季康子問於孔子〉，馬承源主編，《上海博物館藏戰國楚竹書（五）》，上海：上海古籍出版社，2005 年。
魏宜輝，〈再論郭店簡、上博簡《緇衣》用為「從」之字〉，張玉金主編，《出土文獻語言研究》，廣州：廣東高等教育出版社，2006 年。
龐樸，〈「仁」字臆斷〉，《尋根》，2001 年第 1 期。
龐樸，〈試析仁義內外之辨〉，《文史折》，2006 年第 5 期。
顏世弦，〈郭店楚簡淺釋〉，《張以仁先生七秩慶論文集》，上冊，臺北：學生書局，1999 年。
藪敏裕，〈《詩》的最初義與郭店楚簡《緇衣》篇〉，《清華大學學報》，2002 年第 2 期。
羅西章，〈扶風出土的商周青銅器〉，《考古與文物》，1980 年 4 期。
羅福頤主編、故宮博物院編，《古璽彙編》，北京：文物出版社、香港：中華書局香港分局，1981 年。
關村博道，〈《荀子》「類」概念的多重結構之解析〉，《「簡帛文獻與思想史研究」讀書班》，廣州：中山大學，2008 年 1 月（手稿）。
蘇建洲，〈《郭店・緇衣》考釋一則〉，《簡帛研究網》，2003 年 06 月 24 日，http://www. jianbo.org/Wssf/2003/sujianzhou21.htm
嚴一萍，〈釋㣎〉，《中國文字》第七冊，臺北：臺灣大學文學院中國文學系，1962 年。

日文（以筆畫數）

池田知久監修，《郭店楚墓簡《緇衣》譯注》，《郭店楚簡の思想史的研究》第三卷，東京：東京大學，2000 年。

眞崎清博，〈荀子の「類」〉，《史學研究》第 134 期，1976 年。

森川重昭，〈荀子思想における「類」概念について〉，《椙山女學園大學研究紀要》第 26 期，1995 年。

鄭宰相，〈荀子の「類」の概念について〉，《立命館東洋史學》24 號，2001 年。

英文

Pankenier, David W., “The cosmo-political background of Heaven’s mandate”. *Early China*, 1995.

Rubin, Vitaly A. *Individual and state in ancient China*: *essays on four Chinese philosophers*/ translated by Steven I. Levine. New York : Columbia University Press, 1976.

Sato, Masayuki. *The Confucian Quest for Order*. Leiden: Brill Academic Publishers, 2003.

Shaugnessy, Edward. *Rewriting Erly Chinese Texts*. N.Y.:St University of NY Press, 2006.

俄文

Рубин, В.А. Идеология и культура древнего Китая (четыре силуэта) М.: Наука, 1970.

Рубин, В.А. “Проблема секретности в древнекитайской мысли”. *Научная конференция «Общество и государство в Китае»*. М.: Наука, 1970, вып.2.

引用青銅器銘文表

年　代	器　名	《集成》器號	現　藏　處	引用頁碼
殷	殘銅片	10476	中國考古研究所安陽工作站	167
殷	莆戉父癸甗	846	北京故宮博物院	207
殷	[illegible]鼎	1031	旅順博物館	29
殷	[illegible]鼎	1091	藏處不明	168
殷	[illegible]父癸鼎	1687	北京故宮博物院	167
殷	亞[illegible]覃父甲鼎	1998	藏處不明	167
殷	[illegible]父乙簋	3149	渭南縣圖書館	167
殷	亞[illegible]父癸簋	3339	藏處不明	167
殷	亞[illegible]覃父乙簋	3419	臺北故宮博物院	167
殷	鈶生延簋	3935	藏處不明	168
殷	[illegible]卣	4783	中國考古研究所安陽工作站	167
殷	亞[illegible]且乙父已卣	5199	藏處不明	167
殷	亞覃尊	5911	中國考古研究所安陽工作站	167
殷	亞覃尊	5949	中國考古研究所安陽工作站	167
殷	共觚	6600	中國國家歷史博物館	168
殷	興爵	7461	北京故宮博物院	173
殷	興父辛爵	8616	上海博物館	173
殷	日辛[illegible]爵	8800	中國考古研究所安陽工作站	167
殷	[illegible]興父辛爵	8951	藏處不明	173
殷	莆亞作父癸角	9102	美國華盛頓弗里爾美術館	207
殷	亞[illegible]父丁角	9008	美國舊金山亞洲藝術博物館	167
殷	興斝	9128	美國米里阿波里斯美術博物館寄東皮斯柏藏品	173

年代	器名	《集成》器號	現藏處	引用頁碼
殷	興壺	9466	藏處不明	173
殷	印興瓿	9949	藏處不明。	173
殷	𠔁罐	9983	中國考古研究所安陽工作站	167
殷	𠔁鋅	11790	中國考古研究所安陽工作站	167
西周早期	𠔁父乙甗	809	鳳翔縣雍城文物管理所	167
西周早期	中甗	949	藏處不明	52、53
西周早期	𦣞婦鼎	1714	美國紐約某處	30
西周早期	亞𠔁父癸鼎	1892	藏處不明	167
西周早期	寧鼎	2740-2741	藏處不明	52
西周早期	庚嬴鼎	2748	藏處不明	88
西周早期	中鼎	2751-2752	藏處不明	52
西周早期	我方鼎	2763	臺北故宮博物院（器），中央研究院歷史語言研究所文物陳列館（蓋）	97
西周早期	師䢅鼎	2817	藏處不明	168
西周早期	善鼎	2820	法國巴黎賽爾諾什博物館	168
西周早期	大盂鼎	2837	中國國家歷史博物館	43、44、53、200
西周早期	小盂鼎	2839	藏處不明	53
西周早期	御簋	3468	美國哈佛大學福格美術博物館	96、101
西周早期	牧𠔁簋	3651	藏處不明	167
西周早期	明公簋	4029	上海博物館	52
西周早期	史䛠簋	4030	陝西省歷史博物館	72、171
西周早期	御正衛簋	4044	臺北故宮博物院	96、101
西周早期	伯𢦚簋	4115	藏處不明	168

年　代	器　名	《集成》器號	現　藏　處	引用頁碼
西周早期	御史競簋	4134	加拿大多倫多安大略博物館	96、101
西周早期	獻簋	4205	藏處不明	154
西周早期	靜簋	4273	美國紐約薩克勒氏（薩克勒 1990）	53
西周早期	宜侯夨簋	4320	中國國家歷史博物館	52
西周早期	班簋	4341	北京首都博物館	52
西周早期	𤼈盨	4462	周原扶風縣文物管理所	168
西周早期	伯作文公卣	5316	美國紐約大都會美術博物館	68
西周早期	保卣	5415	上海博物館	54
西周早期	叔趯父卣	5428	河北省文物研究所	100
西周早期	引尊	5950	北京故宮博物院	296
西周早期	保尊	6003	河南省博物館	54
西周早期	䀄尊	6014	寶雞市博物館	52、171
西周早期	禦父辛觶	6472	藏處不明	97
西周早期	達父己爵	9079	藏處不明	230
西周早期	朢父甲爵	9094	上海博物館	68
西周早期	御正良爵	9103	中國國家歷史博物館	101
西周早期	士上盉	9454	美國華盛頓弗里爾美術博物館	68
西周早期	麥盉	9451	日本京都泉屋博古館	96
西周早期	轉作寶盤	10055	藏處不明	244
西周早期	山御作父乙器	10568	藏處不明	96、101
西周中晚期	通彔鐘	64	日本大阪江口治郎處	154
西周中期	䖒鐘	88-90	北京故宮博物院、日本京都泉屋博古館	296
西周中期	𤼈鐘	246-256	周原扶風縣文管所	154、296

年代	器名	《集成》器號	現藏處	引用頁碼
西周中期	散伯䧳匕	972-973	陝西周原扶風文管所	29
西周中期	興鼎	1962-1963	陝西周原扶風文物管理所	173
西周中期	叀鼎	2490	藏處不明	29
西周中期	師趛鼎	2713	藏處不明	181
西周中期	𣪕鼎	2721	中央研究院歷史語言研究所文物陳列館	181
西周中期	師器父鼎	2727	藏處不明	296
西周中期	刺鼎	2776	廣州市博物館	97
西周中期	庚季鼎	2781	北京故宮博物院	247
西周中期	㦰方鼎・乙	2789	扶風縣博物館	296
西周中期	寶父鼎	2813	上海博物館	247
西周中期	㦰方鼎・甲	2824	扶風縣博物館	98
西周中期	曶鼎	2838	藏處不明	181
西周中期	㝬簋	4098	藏處不明	296
西周中期	追簋	4219-4224	北京故宮博物院、臺北故宮博物院、美國舊金山亞洲美術博物館布倫戴奇藏品、日本東京書道博物館（蓋）	296
西周中期	羖簋蓋	4243	天津市文物管理處	247
西周中期	即簋	4250	陝西省歷史博物館	247
西周中期	王臣簋	4268	澄城縣文物管理所	247
西周中期	彔伯㦰簋蓋	4302	藏處不明	200
西周中期	㦰簋	4322	扶風縣博物館	88、296
西周中期	散伯䧳簠	4681	陝西省周原博物館	29
西周中期	彔卣	5419-5420	臺北故宮博物院、美國普林斯頓大學美術博物館薩克勒氏藏品	53

年　代	器　名	《集成》器號	現　藏　處	引用頁碼
西周中期	作冊益卣	5427	上海博物館	97、258
西周早中期	傳尊	5864	藏處不明	193
西周早中期	夨令方尊	6016	臺北故宮博物院	259
西周中期	裘衛盉	9456	岐山縣博物館	29
西周中期	番匊生壺	9705	美國舊金山亞洲藝術博物館布倫戴奇藏品	172
西周中期	幾父壺	9721-9722	陝西省歷史博物館	296
西周中期	滔御事罍	9824	北京故宮博物院	96
西周中期	走馬休盤	10170	南京博物院	68、247
西周中期	散瘨盆	10324、10325	周原博物館	29
西周晚期	逆鐘	63	天津博物館	154
西周晚期	楚公逆鐘	106	藏處不明	154
西周晚期	士父鐘	145-148	湖南省博物館、北京故宮博物院	154
西周晚期	梁其鍾	187	藏處不明	44
西周晚期	虢叔旅鐘	238-242	北京故宮博物院、日本東京書道博物館、上海博物館	44、97
西周晚期	㝬鍾	260	臺北故宮博物院	52
西周晚期	五祀㝬鐘	358	陝西省歷史博物館	99、200
西周晚期	嗣工殘鼎	2501	扶風縣博物館	29、30
西周晚期	無叀鼎	2814	鎮江市博物館	68、247
西周晚期	寰鼎	2819	藏處不明	247
西周晚期	此鼎	2821-2823	岐山縣博物館、陝西省歷史博物館	247
西周晚期	善夫山鼎	2825	陝西省歷史博物館	247
西周晚期	頌鼎	2827-2829	北京故宮博物院、臺北故宮博物院、上海博物館	101、247

年　代	器　名	《集成》器號	現　藏　處	引用頁碼
西周晚期	禹鼎	2833-2834	中國國家歷史博物館	52
西周晚期	多友鼎	2835	陝西省歷史博物館	88、258
西周晚期	毛公鼎	2841	臺北故宮博物院	44、154 197、200 259、
西周晚期	王作䵼彝簋蓋	3389	扶風縣博物館	30
西周晚期	保子達簋	3787	上海博物館	229
西周晚期	達簋	3788	藏處不明	230
西周晚期	叔䟒父簋蓋	4068-4070	中央研究院歷史語言研究所文物陳列館、中國國家歷史博物館	96
西周晚期	事族簋蓋	4089	中國國家歷史博物館	68
西周晚期	叔向父禹簋	4242	上海博物館	154
西周晚期	弭伯師耤簋	4257	藍田縣文化館	247
西周晚期	害簋	4258-4260	藏處不明	247
西周晚期	師俞簋蓋	4277	藏處不明	168
西周晚期	諫簋	4285	北京故宮博物院	168
西周晚期	輔師𠭯簋	4286	中國國家歷史博物館	247
西周晚期	此簋	4303-4310	岐山縣博物館	247
西周晚期	師寰簋	4313-4314	上海博物館、美國堪薩斯市納爾遜美術陳列館	53、229
西周晚期	師虎簋	4316	上海博物館	44、180
西周晚期	㝬簋	4317	扶風縣博物館	97
西周晚期	訇簋	4321	藍田縣文物管理委員會	247
西周晚期	番生簋蓋	4326	美國堪薩斯市納爾遜美術陳列館	44、259
西周晚期	不𡢁簋	4329	中國國家歷史博物館	101

年　代	器　名	《集成》器號	現　藏　處	引用頁碼
西周晚期	北單歸夆伯簋	4331	中國國家歷史博物館	200
西周晚期	頌簋	4332-4339	美國堪薩斯市納爾遜美術陳列館、北京故宮博物院、上海博物館（器與蓋）、山東省博物館、日本兵庫縣黑川古文化研究所（蓋）	101、247
西周晚期	蔡簋	4340	藏處不明	254
西周晚期	班簋	4341	北京首都博物館	52、53、154
西周晚期	師訇簋	4342	藏處不明	154、200
西周晚期	牧簋	4343	藏處不明	45
西周晚期	鬲叔興父盨	4405	藏處不明	173
西周晚期	遅盨	4436	山東省博物館	181
西周晚期	師克盨	4467-4468	北京故宮博物院（器）、陝西省歷史博物館（蓋）	154、200
西周晚期	伯公父簠	4628	陝西周原博物館	259
西周晚期	頌壺	9731-9732	臺北故宮博物院	101、247
西周晚期	鑾伯盤	10167	湖北省浠水縣博物館	53
西周晚期	兮甲盤	10174	藏處不明	92
西周晚期	寰盤	10172	北京故宮博物院	247
西周晚期	史牆盤	10175	陝西省周原博物館	30
春秋晚期郲宣公	鼄（郲）公牼鐘	149-152	北京故宮博物院（音樂大系）、南京博物院、上海博物館。	40
春秋晚期	沇兒鎛	203	上海博物館	92
春秋晚期	蔡侯申鐘	210-218	安徽省博物館、中國國家歷史博物館	53

年代	器名	《集成》器號	現藏處	引用頁碼
春秋晚期	蔡侯申鎛	219-222	安徽省博物館、中國國家歷史博物館	53
春秋晚期	王孫遺者鐘	261	美國舊金山亞洲藝術博物館布倫戴奇藏品（彙編）	53
春秋早期	秦公鐘	262-266	寶雞市博物館	52、200、197
春秋早期	秦公鎛・乙	267-269	寶雞市博物館	52、200、197
春秋早期	秦公鎛・甲	270	藏處不明	44、54、201、197
春秋中晚期	齊侯鎛	271	中國國家歷史博物館	88、154
春秋齊靈公	叔尸鐘	273	藏處不明	88、168、197、180
春秋齊靈公	叔尸鐘	276	藏處不明	168、197、180
春秋齊靈公	叔尸鎛	285	藏處不明	168、197、180
春秋	郳伯御戎鼎	2525	藏處不明	97、101
春秋早期	宗婦鄁嫛鼎	2683-2689	上海博物館	54
春秋晚期	𥳑大史甲鼎	2732	藏處不明	99
春秋早期	曾子斿鼎	2757	上海博物館	54
春秋早期	宗婦鄁嫛簋	4076-4087	上海博物館	54
春秋早期	秦公簋	4315	中國國家歷史博物館	197、201、197
春秋	吳王御士叔緐簠	4527	北京首都博物館	101
春秋早期	曾伯霥簠	4631	中國國家歷史博物館	181

年　代	器　名	《集成》器號	現　藏　處	引用頁碼
春秋	拍敦	4644	藏處不明	247
春秋蔡昭侯	蔡侯尊	6010	中國國家歷史博物館	168
春秋晚期	郤王義楚觶	6513	臺北故宮博物院	154
春秋早期	宗婦鄁嬰壺	9698-9699	南京博物院	54
春秋	曩公壺	9704	藏處不明	154
春秋晚期	公子土折壺	9709	山東省博物館	154
春秋晚期	杕氏壺	9715	德國柏林國立博物館東洋美術部。	254
春秋	洹子孟姜壺	9729-9730	中國國家歷史博物館、上海博物館	97、232
春秋	魯正叔盤	10124	藏處不明	97
春秋早期	宗婦鄁嬰盤	10152	上海博物館	54
春秋早期	夆叔盤	10163	旅順博物館	154
春秋	慶叔匜	10280	藏處不明	154
春秋早期	夆叔匜	10282	上海博物館	154
春秋晚期	吳王夫差鑑	10294	現藏於中國國家歷史博物館、北京故宮博物院	97
春秋晚期	齊侯盂	10318	洛陽市博物館	154
春秋	晉公盆	10342	藏處不明	54、201、197
春秋	國差𦉜	10361	臺北故宮博物院	54
戰國	董武鐘	34	藏處不明	279
戰國	□外卒鐸	420	北京故宮博物院	88
戰國	國子鼎	1348,1935	山東省博物館	53
戰國晚期	楚王酓肯釶鼎	2479	安徽省博物館	168、169
戰國晚期	楚王酓肯鼎	2623	北京故宮博物院	168、169

年代	器名	《集成》器號	現藏處	引用頁碼
戰國晚期	楚王酓忎鼎	2794-2795		168、169
戰國中晚期	中山王譽鼎	2840	河北省文物研究所。	252、174
戰國晚期	楚王酓肯簠	4549-4550	北京故宮博物院	168、169
戰國中期	令狐君嗣子壺	9720	中國國家歷史博物館	196
戰國晚期	好蚉壺	9734	河北省文物研究所	275、278
戰國晚期	中山王譽方壺	9735	河北省文物研究所	32、275、174、172
戰國晚期	楚王酓忎盤	10158	北京故宮博物院	168、169
戰國晚期	御司馬戈	11059	藏處不明	101
戰國晚期	犢共畁氏戟	11113	中國國家歷史博物館	168
戰國晚期	郾王職戈	11236	遼寧省博物館	101
戰國晚期	郾王喜戈	11278	河北省文物研究所	101
戰國	悍距末	11915	藏處不明	53
戰國晚期	陳共車飾	12040	北京故宮博物院	168
戰國晚期	新郪虎符	12108	日本某氏（羅表）	173

國家圖書館出版品預行編目資料

親仁與天命：從《緇衣》看先秦儒學轉化成「經」
／郭靜云著. -- 初版. -- 臺北市：萬卷樓,
2010.03
面； 公分
參考書目：面
ISBN 978－957－739－673－0 (平裝)
1.儒學 2.先秦哲學 3.簡牘學 4.訓詁

121.2 99003525

親仁與天命

—從《緇衣》看先秦儒學轉化成「經」

著　　者：郭靜云
發 行 人：陳滿銘
出 版 者：萬卷樓圖書股份有限公司
臺北市羅斯福路二段 41 號 6 樓之 3
電話(02)23216565・23952992
傳真(02)23944113
劃撥帳號 15624015
出版登記證：新聞局局版臺業字第 5655 號
網　　址：http://www.wanjuan.com.tw
E－mail：wanjuan@tpts5.seed.net.tw
承印廠商：晟齊實業有限公司
定　　價：540 元
出版日期：2010 年 5 月初版

ISBN 978－957－739－673－0